Jörg Dieter

Webliteralität
Lesen und Schreiben im World Wide Web
Buchhandelsausgabe

Webliteralität

Lesen und Schreiben im World Wide Web

Buchhandelsausgabe

basierend auf der

Inauguraldissertation
zur Erlangung des Grades eines Doktors der Philosophie
im Fachbereich Neuere Philologien (10)
der Johann Wolfgang Goethe-Universität
zu Frankfurt am Main

vorgelegt von
Jörg Dieter
aus: Waiblingen

Einreichungsjahr: 2006
Erscheinungsjahr: 2007

1. Gutachter: Prof. Dr. Jakob Ossner (Universität Frankfurt)
2. Gutachter: Prof. Dr. Ulrich Schmitz (Universität Essen)

Tag der Promotion: 27.11.2006

Bibliografische Informationen der Deutschen Bibliothek
Die Deutsche Bibliothek verzeichnet diese Publikation in der
Deutschen Nationalbibliografie; detaillierte bibliografische
Daten sind im Internet über <http://dnb.ddb.de> abrufbar.

© 2007 Jörg Dieter
Herstellung und Verlag: Books on Demand GmbH, Norderstedt
Umschlaggestaltung: Michael Weißhaupt <www.monsterdisein.de>
ISBN 978-3-8334-9729-2

Inhaltsübersicht

VORWORT 1

EINLEITUNG 3

Worum geht es in dieser Arbeit? 3

Warum ist diese Arbeit notwendig? 4
Ein interessantes Forschungsgebiet für die Sprachwissenschaft 4
Bisherige Auseinandersetzung mit dem Thema 5
Die gesellschaftliche Bedeutung des World Wide Web 6
Die Notwendigkeit didaktischer Aufbereitung 7

Was will diese Arbeit? 8

Welche Vorgehensweise ist sinnvoll? 8
Der empirisch-linguistische Zugang 8
Der empirisch-kommunikationswissenschaftliche Zugang 9
Der phänomenologische Zugang 10
Der didaktische Zugang 11

Welche Begriffe sind im Vorfeld zu klären? 11
Der Formatbegriff als Schlüssel 12
Format und Schriftsprache 12
Format und Websites 14
Format, Medium und Kommunikationsform 14

Wie ist die Arbeit aufgebaut? 16

DIE GESCHICHTE DES WORLD WIDE WEB 17

Die Entwicklung eines kommunikativen Formats 17

Die Vorläufer des neuen Formats 17
Die kommunikative Nutzung der Elektrizität 17
E-Mail, Mailinglisten und Newsgroups 18
MUD und IRC 19

Die strukturelle Grundlage des World Wide Web 20

Die technische Grundlage des World Wide Web 23
HTML die Sprache des World Wide Web 23
Die Entwicklung von HTML 25
Erweiterungen von HTML 28

Zugriff auf das Format 29

Wichtige Eigenschaften des Formats 31
Links halten das Web zusammen 31
Strukturen im Web 34
Zusammenfassung 37

KOMMUNIKATION MIT DEN FINGERSPITZEN **38**
  Der Computer als Universalmaschine **38**
  Die Überwindung von Raum und Zeit 39
  Kommunikation ohne Grenzen? 40
  Multifunktionalität **42**
  Ein Blick in die Zukunft **44**

WEBLITERALITÄT **47**
  Lesen **47**
    Der Leseprozess 48
    Kohärenz 49
    Kohäsion 49
    Inferenz 50
    Textoptimierung 51
  Lesen im Websiteformat **55**
    Institutioneller Rahmen 56
    Konventionalisierter Aufbau 58
    Lesesituation 61
    Multimedialität 63
    Multilinearität 66
    Orientierung 67
    Treffen von Entscheidungen 74
    Kohärenzbildung im Websiteformat 76
    Kohäsionsmittel im Websiteformat 78
    Inferenz im Websiteformat 81
  Textoptimierung im Websiteformat **82**
    Sprachliche Einfachheit 82
    Informationsdichte 82
    Kognitive Gliederung 83
    Motivationale Stimulanz 85
  Die Beschreibung und Analyse von Websites **88**
    Das Groninger Textverständlichkeitsmodell 88
    Ein Analyseraster für Websites 92

WEBRHETORIK **95**
  Aspekte der Schriftsprachlichkeit **95**
    Ablösung von der unmittelbaren Sprechsituation 95
    Der Text als Produkt des Schreibens 96
    Einflussnahme auf die Leser 98
    Fehlender gemeinsamer Kontext 99
    Text kann gestaltet werden 99
    Intra- und intertextuelle Bezüge 100
    Problemlöseprozess und Problemlösestrategie 101

Der Schreibprozess 101
Das Schreibmodell von Hayes und Flower 101
Das Parallel-Stadien-Modell von Beaugrande 103
Bereiters Modell der Entwicklung von Schreibstrategien 104
Bewertung der verschiedenen Schreibmodelle 106

Schreiben im Websiteformat 107
Erstellen von Websites und Schreiben für Websites 107
Schreibwerkzeuge 108
Einfluss der Schreibwerkzeuge auf den Schreibprozess 110

Planungsphase 111
Die Entwicklung von Schreibzielen 112
Rhetorische Planung 113
Zielgruppe 114
Die Auswahl von Inhalten 120
Strukturierung von Inhalten 122
Strategische Planung 127
Zusammenfassung 130

Ausführungsphase 131
Globale Ebene 133
Zugänglichkeit 133
Nachvollziehbarkeit 134
Mittlere Ebene 134
Überschaubarkeit 135
Gestaffeltheit 136
Lokale Ebene 137
Leserlichkeit 137
Verstehbarkeit 137
Zusatztexte 137
Zusammenfassung 139

Evaluationsphase 139
Evaluieren und Überarbeiten 139
Evaluation mit Hilfe des Rasters zur Analyse von Websites 139
Evaluation durch Angehörige der Zielgruppe 140
Evaluation nach der Veröffentlichung 141
Zusammenfassung 142

Ausblick 143

WEBDIDAKTIK 145

Bildungsstandards 146
Warum sind nationale Bildungsstandards notwendig? 146
Was sind Bildungsstandards? 146
Kompetenzen und Kompetenzmodelle 147
Bildungsstandards für das Schreiben im Websiteformat 149

Bildungsziele und das Erstellen von Websites **150**
    Bedeutung für die Gesellschaft 152
    Bedeutung für die Zukunft der Schüler 153
    Bedeutung für das aktuelle Leben der Schüler 154
    Ausdifferenzierung des Bildungsauftrags 155

Kompetenzen für das Erstellen von Websites **155**
    Kompetenzen in Ratgebern und Seminaren 156
    Aufstellen eines Kompetenzmodells 160
    Technische Kompetenzen 163
    Kommunikative Kompetenzen 167
    Schreibkompetenzen 171

Rahmenbedingungen **177**
    Institutioneller Rahmen 177
    Fachliche Verortung 178
    Zeitliche Verortung 179
    Wechselwirkungen mit anderen Inhalten des Deutschunterrichts 179

ZUSAMMENFASSUNG **183**

Die Geschichte des World Wide Web **183**

Kommunikation mit den Fingerspitzen **183**

Webliteralität **184**

Webrhetorik **184**

Webdidaktik **185**

Was noch zu tun bleibt **185**

Schlusswort **186**

DANKSAGUNGEN **188**

LITERATURVERZEICHNIS **189**

ONLINEQUELLEN **193**

ANHANG: CHECKLISTE ZUR ANALYSE VON WEBSITES **196**

*„Vielleicht ist das Surfen zu später Stunde
doch keine so große Zeitverschwendung:
Das Web ist einfach nur dabei zu träumen."
(Tim Berners-Lee)*

Vorwort

Das Internet – unendliche Weiten. Ein Fenster in eine neue, noch unerforschte Welt schien sich im Herbst 1997 zu öffnen, als mir mein altersschwacher 486er nach zähem Ringen mit den Unbillen der Technik endlich die erste Website anzeigte. Voller Eifer begann ich, die noch unbekannte Welt zu erschließen. Die scheinbar grenzenlose Fülle an Material faszinierte mich und machte mich mitunter schwindlig, die Maschine schien mich zu absorbieren und durch die kleine Monitoröffnung in eine verheißungsvolle Terra Incognita hineinzuziehen, so dass ich mitunter meinen Platz am Computer mit dumpfen Kopf und dem Bedürfnis nach viel frischer Luft verließ. Die Faszination wich jedoch bald der Ernüchterung darüber, wie chaotisch und zugemüllt die neue Welt war und wie schwierig und zeitaufwändig es war, das Gold, das sie verheißen hatte, zu heben. Zunächst heftig schwankend zwischen Euphorie und Frustration entwickelte ich im Laufe der Zeit eine sachliche Beziehung zu dem neuen Medium und begann es zu verwenden wie andere Medien auch - und so hätte es eigentlich bleiben können...

Im September 2000 begann ich in der 8. Klasse einer Realschule im ländlichen Baden-Württemberg, Deutsch zu unterrichten. Dabei stand auch das Thema „Neue Medien" auf dem Programm und weil ich selbst schon einige Zeit an einer Website gebastelt hatte, entschied ich mich dafür, das auch mit meinen Schülern zu tun. Das brachte mich in die Verlegenheit, meinen Schülern erklären zu müssen, was eigentlich gute Websites sind und wie man sie erstellt. – Reichte es aus, Schülertexte einfach mit ein paar bunten Bildern vermengt in das neue Medium zu übertragen oder mussten die Schüler für das neue Medium vielleicht ganz neu und anders schreiben lernen? – Über diese Fragen hatte ich mir bisher noch nicht viele Gedanken gemacht und um mir diese Arbeit auch in Zukunft zu ersparen, beschloss ich einen Blick in die einschlägige Literatur zu werfen. Es wurde ein ausgiebiger und sehr ernüchternder Blick.

Zwar fand ich zahlreiche populäre Ratgeber, die alle sehr genau wussten, was eine gute Website ist, sich aber zum Teil diametral widersprachen und das, was sie als letzte Wahrheiten verkündeten, nur selten begründeten. Immer noch hoffnungsvoll wandte ich mich daraufhin der linguistischen Fachliteratur zu, die langsam begann, sich mit der Thematik zu befassen. Doch auch hier wurde ich enttäuscht. Ein Großteil dieser Literatur schwankte zwischen stammelndem Staunen und pedantischer Erbsenzählerei und war bar jeder Relevanz für meine ganz praktischen Fragen. Der Graben zwischen der praxisbezogenen, jedoch oft unreflektierten Ratgeberliteratur und der hochwissenschaftlichen Fachliteratur, der sich hier auftat, schien fast unüberbrückbar.

Gezwungenermaßen begann ich, selbst über die Verwendung von Sprache im World Wide Web nachzudenken, wobei mir mehr und mehr die große Bedeutung der Thematik bewusst wurde. Hatte das World Wide Web in den letzten Jahren bereits meine eigenen Arbeits- und Lebensgewohnheiten verändert, um wie viel mehr würde es dann das Leben meiner Schüler beeinflussen? Die wachsende Bedeutung des neuen Mediums für alle gesellschaftlichen Bereiche begann sich immer deutlicher abzuzeichnen und Sprache schien der Schlüssel zu sein, der über Erfolg oder Misserfolg in der neuen Welt entschied.

Mit der Zeit kam so eins zum andern und schließlich entstand die Konzeption zu der Arbeit, die Sie hier in Händen halten. Ich hoffe, sie hilft eine Brücke zu schlagen zwischen der oft allzu kochbuchartigen Populärliteratur und der Fachliteratur, die mitunter so trocken ist, dass ihr ein paar Gewürze und ein wenig spritziger Wein ganz gut tun würden. Allen Lesern wünsche ich viele neue Einsichten, Anregungen für die Praxis und vor allem viel Freude!

Weitere Informationen zu meiner Person und einige Aufsätz, die im Umfeld dieser Arbeit entstanden sind, finden Sie im World Wide Web unter www.webrhetorik.de.

Einleitung

Worum geht es in dieser Arbeit?

Dies ist eine Arbeit über Websites. Darüber, wie sie gelesen und geschrieben werden und wie man das lernen kann. Da es in dieser Arbeit um Lesen, Schreiben und Lernen geht, fließen in sie sowohl Aspekte der Sprachwissenschaft als auch der Sprachdidaktik ein.

Websites bilden einen Teil des World Wide Web, das wiederum auf dem Internet basiert. Das Internet ist in den letzten Jahren mit atemberaubender Geschwindigkeit gewachsen. Gutenbergs Buchdruckkunst, Radio oder Fernsehen verbreiteten sich im Vergleich dazu im Schneckentempo. Die gesellschaftlichen Kommunikationsprozesse, die sich durch das Internet verändern, beeinflussen Kultur, Wirtschaft, Politik und die Lebensgewohnheiten vieler einzelner Menschen.[1]

Als alles anfing, dachte daran allerdings noch niemand. Zur Sicherung des technischen Fortschritts gegenüber der „sowjetischen Bedrohung" wurde 1957 in den USA die ARPA (Advanced Research Projects Agency) gegründet. Anfang der 70er Jahre hatte sie ein dezentrales Computernetzwerk entwickelt, welches die Kommunikation auch für den Fall eines Atombombenangriffs sicherstellen sollte. Neben dem ARPANET entstanden im Lauf der Zeit eine Reihe kleinerer, auf derselben Technologie basierender Netzwerke. 1977 wurde ein Protokoll entwickelt, das es ermöglichte, Daten zwischen verschiedenen Netzwerken auszutauschen. Das Internet war geboren.

Schon bald zeigten Universitäten Interesse an der neuen Technologie und so entstanden in den frühen 80er Jahren die ersten Forschungsnetzwerke. Auf der Grundlage der technischen Plattform, die das Internet bildete, entwickelten sich in der folgenden Zeit eine ganze Reihe von kommunikativen Formaten wie E-Mail, das USENET und Chat. Ins Bewusstsein der breiten Öffentlichkeit rückte das Internet jedoch erst mit der Entwicklung des World Wide Web im Jahr 1991. Dieses ermöglichte es, Dokumente mit immer mehr multimedialen Eigenschaften auszustatten. Im folgenden Jahrzehnt trat das World Wide Web seinen Siegeszug um die Welt an.

Während in der Frühzeit des Internets jeweils spezielle Programme genutzt wurden, um auf die verschiedenen kommunikativen Formate zuzugreifen, ist dies inzwischen alles mit dem Browser möglich, einem Programm, das ursprünglich lediglich zur Rezeption von Websites konzipiert war. Durch diese Möglichkeiten des Browsers können fast alle kommunikativen Formate, die auf der technischen Plattform, die das Internet bietet, aufsetzen, in Websites integriert werden. Websites kristallisieren sich dadurch immer mehr als das verbindende Element heraus, das die verschiedenen Teile des Internets zusammenhält und sie dem unbedarften Betrachter gegenüber fast wie eine Einheit erscheinen lässt. Zudem handelt es sich beim World Wide Web um den seit Jahren am schnellsten wachsenden Teil des Internets.[2] Auf Grund der Möglichkeit, andere kommunikative Formate in Websites zu integrieren, werden die Begriffe World Wide Web und Internet in der Umgangssprache sehr oft synonym verwendet, was sich auch in

---

[1] vgl. Maier-Rabler u. Latzer 2001: S. 11f
[2] vgl. Onlinequellen: Hobbes Internet Timeline

Begriffen wie Internetsurfen und Internetseite niederschlägt. Ich möchte diese begriffliche Unschärfe hier vermeiden. Daher verwende ich im Rahmen dieser Arbeit *Internet* stets für die technische Plattform und *World Wide Web* für das darauf aufsetzende kommunikative Format.

Beschäftigt man sich als Sprachwissenschaftler mit dem World Wide Web, so sieht man sich einer unglaublichen Fülle an verschiedenen Elementen gegenüber. Möchte man von dieser Fülle nicht überwältigt werden, so ist es notwendig, sich eine Orientierung über die verschiedenen Strukturebenen des World Wide Web zu verschaffen. Zentrales Element ist hierbei die einzelne *Webseite* oder *Webpage*. Eine Webseite kann Texte, Bilder, Filme, Animationen und Töne enthalten, wird vom Browser jedoch als eine Einheit dargestellt und entsprechend vom Nutzer auch so wahrgenommen. Über Querverweise, so genannte *Hyperlinks*, können Webseiten miteinander verbunden werden. Mehrere zusammengehörige[3] Webseiten bilden eine *Website*. Die Gesamtheit der Websites bildet schließlich das World Wide Web.

Das World Wide Web lebt von den Verbindungen der verschiedenen Webseiten und Websites untereinander. Legt man einen erweiterten Textbegriff zu Grunde, wäre es deshalb möglich, das gesamte World Wide Web als einen einzigen großen Text zu verstehen. Um hier keine begriffliche Unschärfe aufkommen zu lassen, wird in dieser Arbeit für einzelne Webseiten der Begriff *Dokument* und für die im engeren Sinne textuellen Bestandteile von Webseiten der Begriff *Textsegment* verwendet. Wird von *Texten im Websiteformat*[4] gesprochen, so sind damit sowohl einzelne Webseiten als auch ganze Websites mitsamt allen multimedialen Elementen gemeint.

Warum ist diese Arbeit notwendig?
Lesen und Schreiben lernt man in der Schule. Beherrscht man diese Kulturtechniken, dann ist es nicht allzu schwer, das Surfen im World Wide Web zu erlernen. Darüber hinaus gibt es bereits eine fast unüberschaubare Menge an Ratgebern, die versprechen, schnell und problemlos in die Gestaltung von Websites einzuführen. Welchen Sinn hat es da, über eben diese Themen eine Arbeit aus sprachwissenschaftlicher und sprachdidaktischer Perspektive zu schreiben?

Ein interessantes Forschungsgebiet für die Sprachwissenschaft
Zunächst einmal ist Lesen nicht gleich Lesen und Schreiben nicht gleich Schreiben. Der Redakteur einer Tageszeitung geht mit Sprache anders um als der Autor eines Romans. Der Grund dafür ist einfach: Tageszeitungen und Romane erfüllen ganz verschiedene Funktionen im kommunikativen Prozess, sie werden unterschiedlich gelesen, daher müssen sie sprachlich auch anders gestaltet werden.

Webseiten liegen nicht auf Papier, sondern in elektronischer Form vor und werden infolgedessen meist am Monitor rezipiert. Darüber hinaus können sie mit Hilfe von Hyperlinks miteinander verbunden werden. Sie unterscheiden sich auf Grund dieser Eigenschaften stark von Texten in den verschiedenen Druckformaten. Diese Unterschiede führen dazu, dass sich das Lesen und Schreiben von Webseiten vom Lesen und Schreiben gedruckter Texte unterscheidet. Die Unterschiede im Rezeptions- und

---

[3] In welcher Form sich diese Zusammengehörigkeit ausdrücken kann, wird im Laufe dieser Arbeit noch ausführlich erörtert.
[4] Der Begriff des Formats wird im Verlauf der Einleitung noch ausführlich erläutert.

Produktionsprozess wirken dabei in zunehmendem Maße auf die verwendete Sprache zurück.

Betrachtet man die Frühzeit von Telefon, Radio oder Fernsehen, so wird deutlich, „dass sehr oft nur ‚Altes' in den ‚neuen' Medien geboten wird, denn diese werden ja besonders in ihrer Anfangsphase – das zeigt die gesamte Mediengeschichte – noch gar nicht in ihrer Medienspezifik [...] genutzt, sondern nach dem Vorbild anderer Medien: etwa Telefon als Übertragungslautsprecher für Konzerte, Radio als verlesene Zeitung, Fernsehen als bebildertes Radio oder Heimkino usw."[5] Ähnliches ließ sich in den letzten Jahren auch an der Entwicklung des World Wide Web verfolgen. Nachdem lange Zeit Druckformate wie Broschüren, Zeitungs- und Zeitschriftenartikel, ja selbst komplette Bücher fast eins zu eins in das World Wide Web übertragen wurden – was immer noch häufig geschieht – bilden sich inzwischen nach und nach Gestaltungsweisen heraus, die versuchen, die besonderen Möglichkeiten, die das World Wide Web bietet, zu berücksichtigen. Die Veränderung von Sprache, die dabei stattfindet und die zur Zeit im World Wide Web live beobachtet werden kann, macht es für sprachwissenschaftliche Untersuchungen sehr interessant.

Bisherige Auseinandersetzung mit dem Thema

Im Vorwort des 1998 erschienen Bandes „Sprache und Kommunikation im Internet." heißt es: „Bisher liegen nur vereinzelt systematische Analysen zur Sprache und Kommunikation im Internet vor. Die meisten der bisherigen und durchaus nicht zahlreichen Publikationen gehen von empirisch ungeprüften Hypothesen aus und kommen folglich zu fraglichen Generalisierungen."[6] Seit dieser Zeit sind im deutschsprachigen Raum zahlreiche Arbeiten und Sammelbände erschienen, die sich aus sprachwissenschaftlicher Perspektive mit dem World Wide Web, dem Internet und verwandten Themen beschäftigen. Zu verweisen ist hier zum Beispiel auf die Sammelbände: „Sprachwandel und Computer"[7], „Textproduktion in elektronischer Umgebung"[8], „Textproduktion. Hypertext, Text, KonText"[9], „Text im digitalen Medium"[10], „Hypermedien und Wissenskonstruktion"[11] und „Schreibprozesse im medialen Wandel".[12] Auch einige Publikationen der Onlinereihe „Networx" zeigen interessante Aspekte der Thematik auf.

Die Vielzahl an Publikationen, die in rascher Folge erschienen, bewegte im Jahr 2001 die Herausgeber des Bandes „Hypermedien und Wissenskonstruktion" zu der Aussage: „Der seit Ende der neunziger Jahre auch in der Linguistik zu beobachtende Boom an Arbeiten zu Hypermedien und die Vielzahl an Projekten, in denen man sich mit der Produktion und Rezeption meist internetbasierter hypermedialer Lernsoftware befasst, führen uns heute eher zu neuen Fragen: Wie ist es um eine kritische Reflexion neuer Medien und vor allem um die Gefahr einer (auch in didaktischer Sicht) Überschätzung eben dieser Medien bestellt?"[13] Nachdem es zunächst nur sehr wenige Arbeiten gab, die sich mit dem World Wide Web auseinander setzten, wird nun, angesichts einer

---

[5] Holly 1997: S. 8
[6] Runkehl, Schlobinski und Siever 1998: S. 7
[7] vgl. Weingarten 1997
[8] vgl. Knorr u. Jakobs 1997
[9] vgl. Jakobs, Knorr u. Pogner 1999
[10] vgl. Lobin 1999
[11] vgl. Cölfen, Liebert u. Storrer 2001
[12] vgl. Blatt u. Hartmann 2004
[13] Cölfen, Liebert u. Storrer 2001: S. 5

regelrechten Schwemme von Arbeiten, mehr und mehr deutlich, wie wichtig eine sorgfältige und kritische Beschäftigung mit dem Thema ist.

Die Entwicklung im englischen Sprachraum scheint in Bezug auf die sprachwissenschaftliche Auseinandersetzung mit Internet und World Wide Web etwas hinterher zu sein. Dort überwogen lange Zeit populärwissenschaftliche Arbeiten sowie Arbeiten aus dem Umfeld der Berufe, die mit World Wide Web und Internet direkt zu tun haben, wie beispielsweise Nielsens „Erfolg des Einfachen", in dem das Konzept der *Usability*, der möglichst einfachen Benutzbarkeit einer Website, propagiert wird. In Bezug auf den Forschungsstand im englischen Sprachraum schreibt Crystal im Vorwort seines 2001 veröffentlichten Buches „Language and the Internet": „I wrote this book, because I wanted to find out about the role of language in the Internet and the effect of the Internet on language and could find no account already written."[14]

Betrachtet man die vorhandenen Arbeiten, so scheint die sprachwissenschaftliche Untersuchung von E-Mail- und Chatkommunikation[15] bereits etwas weiter fortgeschritten zu sein, als die Auseinandersetzung mit der Sprache von Websites. Dies ist verständlich, ist es doch bei den relativ eng eingrenzbaren Bereichen der Sprache von E-Mails und Chat viel einfacher, sinnvolle empirische Untersuchungen durchzuführen als beim fast uferlosen World Wide Web. Es erscheinen inzwischen aber auch in zunehmendem Maße empirische Untersuchungen zur Verwendung von Sprache[16] und zu den Nutzergewohnheiten[17] im World Wide Web. Was lange Zeit fehlte, war eine Arbeit, welche die verschiedenen Aspekte des Lesens und Schreibens im Websiteformat in Beziehung zueinander setzt und so eine Grundlage für weiterführendes empirisches Arbeiten bietet.

Die gesellschaftliche Bedeutung des World Wide Web

Das World Wide Web ist in den letzten Jahren nicht nur populär geworden, auch seine gesellschaftliche Bedeutung wächst ständig. Nach der ARD/ZDF-Online-Studie 2004[18] nutzen inzwischen mehr als 50% der über 14jährigen Deutschen das World Wide Web. Es wird verwendet, um sich zu informieren, sich zu unterhalten, um einzukaufen, Kontakte zu knüpfen, sich politisch zu betätigen und zu vielen anderen Dingen. Die Krise der New-Economy und die Pleite zahlreicher Firmen, die sich im World Wide Web engagierten, darf nicht darüber hinwegtäuschen, dass in den Industrieländern für viele Menschen die Nutzung des World Wide Web inzwischen zu einem festen Bestandteil des Lebens geworden ist. Im Umkehrschluss bedeutet dies, dass diejenigen, denen aus irgendwelchen Gründen der Zugang zum World Wide Web verwehrt ist, in ihrer Möglichkeit zur gesellschaftlichen Partizipation zunehmend eingeschränkt sind. Da eine demokratische Gesellschaft von der Partizipation möglichst vieler an den gesellschaftlichen Prozessen lebt, ist es von größter Wichtigkeit, hier eine sinnvolle Hilfestellung anzubieten: es sind Angebote notwendig, die den Menschen helfen, das World Wide Web rezep-

---

[14] Crystal 2001: S. viii
[15] vgl. z.B.: Beißwenger 2000, Dürscheid 1999, Runkehl, Schlobinski und Siever 1998, Schütte 2000
[16] Für den englischen Sprachraum geben hier die regelmäßigen Publikationen des Software Usability Research Laboratory der Wichita State University einen guten Überblick, für den deutschen Sprachraum ist die Website www.websprache.net eine gute Adresse zur Orientierung.
[17] Für den deutschsprachigen Raum sind hier vor allem die jährlich erscheinende ARD/ZDF-Online-Studie (Eimeren, Gerhard u. Frees 2003 und 2004) und der (N)onliner Atlas des Emnid Instiuts (TNS-Emnid 2004) zu nennen.
[18] vgl. Eimeren, Gerhard u. Frees 2004: S. 351

tiv und produktiv zu nutzen. Für die heranwachsende Generation sind diese natürlicherweise in der Schule zu verorten.

Die Notwendigkeit didaktischer Aufbereitung

Damit die Auseinandersetzung mit Lesen und Schreiben im World Wide Web im Schulunterricht effektiv sein kann, ist eine fundierte didaktische Aufbereitung notwendig, die sich auf sprachwissenschaftliche Erkenntnisse stützt. So schreibt z.B. Kubicek: „Erfahrungen in einigen Bremer Jugendzentren zeigen allerdings, dass die erforderliche Qualifizierung nicht durch das Aufstellen von Computern erfolgt. Die Hoffnung, über spielerische Anwendungen wie Chatten und Downloads schrittweise zu den stärker berufsrelevanten Anwendungen wie Informationsrecherche zu gelangen, hat sich bei den meisten Jugendlichen aus benachteiligten Verhältnissen nicht bestätigt. Ihnen fehlen sowohl die Sprachkompetenz und die Rechtschreibkenntnisse als auch die Disziplin zum Lernen."[19]

In ihrem Aufsatz „Schreiben und Schreibenlernen mit neuen Medien" gibt Inge Blatt „einen Überblick über die deutsch- und mediendidaktischen Bestrebungen, die neuen Schreibmedien im Unterricht zu erproben und zu erforschen."[20] Darin bemängelt sie, dass der Einsatz von Hypertextsystemen im Unterricht lange Zeit vor allem in Form von Erfahrungsberichten ohne empirische Grundlage abgehandelt wurde.[21]

Inzwischen scheint die erste Euphorie über das Internet als „pädagogische Wunschmaschine"[22] verflogen zu sein und die im Unterricht gewonnenen Erfahrungen mit dem Einsatz des Computers und insbesondere des World Wide Web werden zunehmend kritisch interpretiert: „Unterrichtserfahrungen zeigten, dass Schüler keineswegs automatisch vom Computereinsatz profitierten. Gerade der Einsatz des Internets machte deutlich, dass im Unterricht gezielt an der Entwicklung von Kompetenzen gearbeitet werden muss, damit sinnvoll mit den neuen Medien gelernt werden kann [...]."[23] Trotz des zunehmend kritischen und reflektierten Blicks auf den Einsatz des World Wide Web im Unterricht sind empirische Untersuchungen in diesem Zusammenhang immer noch Mangelware. Das verwundert nicht, da empirische Arbeiten einen theoretischen Hintergrund benötigen, der in Bezug auf den Einsatz des World Wide Web im Unterricht kaum vorhanden ist. Was bislang fehlt, ist eine Arbeit, die sprachwissenschaftliche Erkenntnisse über die Besonderheiten des World Wide Web zu Ergebnissen der Lese- und Schreibforschung in Beziehung setzt und damit als Grundlage für die didaktische Modellierung sowie die zukünftige empirische Unterrichtsforschung dienen kann.

Um den Anforderungen der Unterrichtsforschung gerecht zu werden, muss eine solche Arbeit über den reinen Deskriptivismus hinausgehen, der linguistische Arbeiten oft beherrscht, und die Bedürfnisse der Praxis wahrnehmen, um die gewonnen Erkenntnisse in diesem Licht sinnvoll auszuwerten. Damit rückt sie in den Bereich der von Antos eingeforderten „angewandten Linguistik, die bei der Wahl ihrer Gegenstände von Bedürfnissen und Problemen der Öffentlichkeit ausgeht und sprachlich-kommunikative Wissens- und Fertigkeitsdefizienzen sowie Optimierungsmöglichkeiten im Kontext einer

---

[19] Kubicek 2004: S. 33
[20] Blatt u. Hartmann 2004: S. 30
[21] vgl. Blatt u. Hartmann 2004: S. 32
[22] vgl. Onlinequellen: Beck
[23] Blatt u. Hartmann 2004: S. 36

Theorie der (produktiven wie rezeptiven) Sprachverarbeitung theoretisch zu erklären versucht."[24]

Was will diese Arbeit?

Diese Arbeit hat zwei Ziele, ein sprachwissenschaftliches und ein sprachdidaktisches. In sprachwissenschaftlicher Hinsicht sollen, auf der Grundlage einer gründlichen Analyse seiner Eigenschaften, die Besonderheiten des Lesens und Schreibens im World Wide Web herausgearbeitet werden. Aufbauend auf dieser Analyse sollen im sprachdidaktischen Teil der Arbeit die Kompetenzen ermittelt und in Beziehung zueinander gesetzt werden, die zur Erstellung von Websites notwendig sind. Das so entstehende Kompetenzmodell bildet die Basis für eine zielgerichtete, effektive und evaluierbare Umsetzung der Gestaltung von Websites in der Schule und die Grundlage für weiterführende empirische Arbeiten.

Welche Vorgehensweise ist sinnvoll?

Wie geht man vor, um der eben erläuterten doppelten Fragestellung am Besten gerecht zu werden? In Bezug auf die sprachwissenschaftliche Fragestellung, welche die Grundlage der didaktischen Fragestellung bildet, bieten sich mehrere methodische Ansätze an, die ihre jeweils spezifischen Stärken und Schwächen haben.

Der empirisch-linguistische Zugang

Möchte man etwas über das Lesen und Schreiben im World Wide Web erfahren, so besteht ein möglicher Zugang darin, Websites selbst zu analysieren. Diese sind zum einen das Produkt von Schreibprozessen und bilden zum anderen die Grundlage für Leseprozesse im World Wide Web. Dies würde bedeuten, ein gewisses Korpus an Websites auszuwählen und dieses einer gründlichen Untersuchung zu unterziehen, wie es etwa in der Text- oder Gesprächsanalyse gang und gäbe ist. Was auf den ersten Blick einfach aussieht, führt im Falle des World Wide Web jedoch zu einer ganzen Reihe von Problemen:

Die Anzahl existierender Websites ist inzwischen sehr groß und wächst ständig weiter. Darüber hinaus sind diese Websites von unterschiedlichster Art und dienen ganz verschiedenen kommunikativen Zwecken. Diese Umstände machen es fast unmöglich, ein Korpus auszuwählen, das für das World Wide Web als Ganzes auch nur annährend repräsentativ ist. Arbeiten, die dem empirisch-linguistischen Ansatz folgen, schränken sich aus diesem Grund oft auf die Untersuchung einer bestimmten Art von Websites ein, z.B. Websites von Privatpersonen, von Zeitschriften oder bestimmten Institutionen.

Ein weiteres Problem ist die Flüchtigkeit von Websites. Was man heute untersucht, kann morgen schon aus dem Netz verschwunden sein. Standards und Moden im World Wide Web wechseln schnell. So ist es möglich, dass eine zur Zeit der Konzeption hochaktuelle Arbeit schon bei ihrer Fertigstellung nur noch historischen Wert besitzt.

Wie eingangs bereits erläutert wurde, ist eine Besonderheit von Texten im Websiteformat, dass sie mit Hilfe von Hyperlinks miteinander verbunden werden können. Durch diese Querverweise entstehen multilineare Strukturen, die sich dem gängigen Instrumentarium der Textanalyse teilweise entziehen: „Fragen der Verständlichkeit werden

---

[24] Antos 1996: S. 2

dementsprechend auf Fragen der sprachlichen und textlichen Gestaltung beschränkt. Diese Blindheit gegenüber der medialen Vermitteltheit jeder Form der Kommunikation mag im Falle von Face-to-Face-Dialogen oder im Falle monologischer Schriftkommunikation forschungsstrategisch sinnvoll sein. Hinsichtlich non-linearer Formen der Kommunikation bleiben durch diese Ausblendung allerdings gerade jene Aspekte außer Sichtweise, die das Spezifische dieser Kommunikationsformen ausmachen."[25]

Etwas einfacher fällt es, die Besonderheiten der multilinearen Strukturierung von Texten im Websiteformat herauszuarbeiten, wenn man einen Medienvergleich, z.B. zwischen den Druck- und Onlineausgaben von Zeitschriften, anstellt – wie er, vermutlich unter anderem aus diesem Grund, in der jüngeren Forschung relativ häufig zu finden ist.[26]

Schließlich besteht bei einer reinen Analyse von Websites die Gefahr, die Prozesshaftigkeit des Lesens und Schreibens, die durch die Ergebnisse der Lese- und Schreibforschung[27] ausführlich dokumentiert ist, aus den Augen zu verlieren.

Der empirisch-kommunikationswissenschaftliche Zugang

Ist es in Anbetracht all dieser Probleme vielleicht sinnvoller, nicht die Dokumente im World Wide Web selbst, sondern den Nutzer beim Umgang mit diesen Dokumenten zu untersuchen? In Bezug auf Dokumente im World Wide Web bietet sich hier eine Möglichkeit, die bei gedruckten Texten so nicht existiert: „Während die Lektüre monologischer Texte weitestgehend still erfolgt, ist für die Rezeption non-linearer, digitaler Kommunikationsangebote eine Sequenz von Aneignungshandlungen konstitutiv, die manifest beobachtbar sind: Wer Hypertexte und Hypermedia-Angebote nutzen will, muss den Cursor bewegen, Seiten scrollen, Links aktivieren, zurücknavigieren, auf Dialogfragen antworten, Seitenadressen eingeben, nach Verknüpfungsstellen suchen usw."[28] In ganz ähnlicher Weise steht auch der Prozess der Produktion von Websites der Beobachtung offen.

Dieser Zugang hat den entscheidenden Vorteil, dass die Prozesshaftigkeit des Lesens und Schreibens nicht nur berücksichtigt wird, sondern im Zentrum der Untersuchung steht. Aber auch hier tun sich eine ganze Reihe von Problemen auf, die ihren Ursprung vor allem darin haben, dass es nur schwer möglich ist, das beobachtete Nutzerverhalten mit spezifischen Eigenschaften der rezipierten Dokumente im World Wide Web in Verbindung zu bringen. Quantitative Daten, wie die Verweildauer auf einer Seite, die Klickhäufigkeit usw. sind für sich allein genommen nur wenig aussagekräftig. So kann eine lange Verweildauer sowohl für die große Attraktivität einer Seite sprechen als auch für eine schlechte Strukturierung, die langes Suchen nach den gewünschten Informationen zur Folge hat. Fragebögen, mit denen der subjektive Eindruck der Nutzer erfasst werden soll, haben den Nachteil, dass die Befragten beim Ausfüllen oft ganz andere Absichten verfolgen als die Interviewer, z.B. die Darstellung eines möglichst positiven Selbstbildes.[29]

---

[25] Bucher 2001: S. 46
[26] vgl. z.B. Bucher 1999, Bucher u. Püschel 2001, Neuberger u. Tonnenmacher 2000 und Rada 1999
[27] Zur Leseforschung findet sich ein guter Überblick bei Christmann u. Groeben 2001, zur Schreibprozessforschung bei Eigler 1985.
[28] Bucher 2001: S. 49f
[29] vgl. Bucher 2001: S. 52f

Bucher geht davon aus, dass eine solche Untersuchung nur dann Aussicht auf Erfolg hat, wenn sie Angebotsvariablen, Nutzervariablen und die Variablen des Rezeptionsvorganges erfasst und diese in Verbindung miteinander bringt.[30] In Folge dessen zeichnet er, bei der von ihm durchgeführten Untersuchung zur Rezeption von Online-Zeitungen, die Navigationshandlungen auf dem Bildschirm auf, filmt die Nutzer beim Navigieren und versucht zusätzlich durch die Methode des lauten Denkens, den Rezeptionsvorgang transparent zu machen.

Mit diesem Verfahren scheinen die wichtigsten Probleme dieses Zuganges ausgeräumt zu sein. Die Vorgehensweise gestaltet sich allerdings, insbesondere bei einem größeren Korpus, so aufwändig, dass zu ihrer Durchführung erhebliche technische und personelle Ressourcen notwendig sind. Dies mag der Grund dafür sein, dass bislang nicht sehr viele Studien auf diese Weise durchgeführt wurden.[31]

Der phänomenologische Zugang

Angesichts der offensichtlichen Schwierigkeiten von empirischen Zugangsweisen scheint es sinnvoll zu sein, die Besonderheiten, die bei der Rezeption und Produktion von Websites auftreten könnten, einmal aus den technischen und strukturellen Eigenschaften des World Wide Webs selbst abzuleiten. Aus diesen Eigenschaften ergeben sich die Funktionen, die das World Wide Web im kommunikativen Prozess übernehmen kann. Vor dem Hintergrund der Lese- und Schreibprozessforschung wäre dann zu fragen, in welcher Weise sich für den Rezipienten das Lesen im World Wide Web vom Lesen in einem Buch oder einer Zeitschrift unterscheidet bzw. in welcher Weise die Produktion von Texten für das World Wide Web oder von ganzen Websites dem Produzenten eine neue Arbeitsweise abverlangt. Beide Fragen hängen eng miteinander zusammen, da der Produzent von Texten für das World Wide Web gezwungen ist, die besonderen Bedürfnisse des Rezipienten beim Lesen im World Wide Web zu berücksichtigen, wenn er erfolgreich kommunizieren möchte.

Diese Überlegungen werden sicherlich zu einigen interessanten Ergebnissen in Bezug auf das Lesen und Schreiben im World Wide Web führen, die sich schlüssig aus seinen besonderen Eigenschaften ableiten lassen. Menschen handeln allerdings nicht immer rational. Will man nicht nur etwas über Lesen und Schreiben in einem angenommenen, idealen World Wide Web erfahren, sondern darüber, wie sich Produzenten und Rezipienten tatsächlich verhalten, dann können solche Überlegungen allein die Empirie nicht ersetzen.

Diese Schwäche des phänomenologischen Ansatzes kann jedoch ausgeglichen werden, indem auf die bereits erwähnten, immer zahlreicher werdenden Ergebnisse empirischer Untersuchungen zur Verwendung von Sprache und zu den Nutzergewohnheiten zurückgegriffen wird. Die theoretischen, auf den Besonderheiten des World Wide Web basierenden Überlegungen, können dann einen Kontext bilden, in dem die noch vereinzelten Ergebnisse empirischer Forschung sinnvoll interpretiert werden können. Auf diese Weise entsteht ein sowohl theoretisch als auch empirisch fundiertes Gesamtbild, das eine solide Grundlage für zukünftige Forschungsvorhaben bietet. Dieser Weg wird in der vorliegenden Arbeit eingeschlagen.

---

[30] vgl. Bucher 2001: S. 53f
[31] Einige interessante Beispiele finden sich auf der Website des Software Usability Research Laboratory der Wichita State University. (vgl. Onlinequellen: Wichita State University)

Der didaktische Zugang

Auf Grund von Zweifeln an der Leistungsfähigkeit des deutschen Bildungssystems, wie sie beispielsweise durch die internationalen Vergleichstudien TIMMS und PISA ausgelöst wurden, sind sowohl in der Bildungspolitik als auch in der Fachdidaktik *Bildungsstandards* in den Brennpunkt des Interesses gerückt. Bildungsstandards legen auf der Grundlage der politisch gewollten Bildungsziele und einer fachdidaktischen Modellierung des Gegenstandsbereichs fest, welche Kompetenzen die Schüler bis zu einer bestimmten Jahrgangsstufe mindestens erworben haben müssen und beschreiben diese Kompetenzen so konkret, dass sie zu Aufgabenstellungen umgesetzt und mit Hilfe von Testverfahren überprüft werden können.[32] Durch diese fachdidaktische Modellierung, die ein Referenzsystem schafft, das trotz seiner Verbindlichkeit viel Freiraum für die individuelle Planung lässt, helfen Bildungsstandards zum einen den Lehrkräften und Schulen dabei, die angestrebten Bildungsziele im Unterrichte umzusetzen, und erlauben es zum anderen, durch die systematische Erfassung und Bewertung von Lernergebnissen festzustellen, in wie weit die angestrebten Bildungsziele durch das Bildungssystem tatsächlich erreicht werden.[33]

Im sprachdidaktischen Teil der Arbeit wird diese Diskussion um die Festlegung nationaler Bildungsstandards aufgegriffen. Die Erkenntnisse über das Lesen und Schreiben im Websiteformat, die im sprachwissenschaftlichen Teil dieser Arbeit gewonnen wurden, können dabei als Grundlage zur Aufstellung von Bildungsstandards für den Bereich der Websitegestaltung in der Schule genutzt werden. Für die Ausarbeitung der Bildungsstandards sind mehrere Schritte notwendig: Zunächst muss unter Berücksichtigung der politisch gewollten Bildungsziele entschieden werden, ob und in welchem Umfang das Erstellen von Websites im Schulunterricht behandelt werden soll. Danach muss auf der Grundlage fachwissenschaftlicher und fachdidaktischer Erkenntnisse ein Kompetenzmodell entwickelt werden, welches das Zusammenwirken der für die Erstellung von Websites notwendigen Kompetenzen beschreibt. Dieses Kompetenzmodell bildet schließlich die Basis für die Festlegung der Bildungsstandards und die Beschreibung der Rahmenbedingungen, unter denen diese in der Schule verwirklicht werden können.

Sowohl das auf diese Weise entstehende Kompetenzmodell als auch die aus den Bildungszielen abgeleiteten und normativ festgelegten Bildungsstandards müssen im Anschluss daran noch einer empirischen Überprüfung unterzogen werden. In dieser Arbeit soll in Bezug auf die Entwicklung von Bildungsstandards für das Schreiben im Websiteformat jedoch zunächst die analytische Grundlage für die weiterführende empirische Forschung geschaffen werden.

Welche Begriffe sind im Vorfeld zu klären?

Wenn man die Sprache im World Wide Web thematisiert, gibt es naturgemäß eine Vielzahl technischer Begriffe, die erläutert werden müssen. In den meisten Fällen ist es nicht notwendig, diese Begriffe im Vorfeld zu klären, es gibt jedoch einen Begriff, dem innerhalb dieser Arbeit eine ganz besondere Bedeutung zukommt und der wesentlich für den Aufbau und die Struktur der Arbeit ist: der Begriff des *Formats*. Weil dieser Begriff innerhalb der Arbeit in einer ganz spezifischen Weise verwendet wird, bedarf es hierzu einiger Erläuterungen.

---

[32] vgl. Klieme u.a. 2003: S. 9
[33] vgl. Klieme u.a. 2003: S. 9f

Der Formatbegriff als Schlüssel

Der Begriff *Format* ist vom lateinischen formare (formen, ordnen) abgeleitet. Formatum ist das substantivierte Partizip dieses Verbs, also das Geformte bzw. das Geordnete. Im Gegensatz zur *Form*, die eine mehr oder weniger beliebige Gestalt beschreiben kann, muss ein *Format* einer ganzen Reihe von Regeln, Bedingungen oder Konventionen genügen. Im 16. Jahrhundert wurde Format zunächst als Fachwort in der gerade aufblühenden Buchdruckerei verwendet. Dabei bezeichnete es die nach Länge und Breite genormten Größenverhältnisse von Papierbogen. Später bildete sich eine auf Personen bezogene übertragene Bedeutung heraus: Eine Person von Format ist eine Person mit klar definierten Charaktereigenschaften.[34]

Ein Format bildet die Schnittstelle zwischen dem Gegenstand, der das Format besitzt und seiner Umwelt, so dass sich zwei Relationen ergeben: die Relation zwischen dem Format und dem Gegenstand, der in das Format gefasst ist und die Relation zwischen dem Format und seiner Umgebung. Soll ein Gegenstand in ein Format gefasst werden, so macht das Format zunächst Vorgaben und setzt Grenzen für die Form, die der Gegenstand annehmen darf. Ein Gegenstand, dessen Form diese Vorgaben erfüllt, entspricht dem Format. Die Einschränkungen, die ein Format bei der Gestaltung eines Gegenstandes auferlegt, können sehr hilfreich dabei sein, Dinge, Inhalte oder Vorgänge klar zu strukturieren. Dinge und Inhalte, die in einem bekannten Format vorliegen, sind zudem leichter zu erfassen oder zu verstehen als solche in einem unbekannten Format.

Mitunter schränkt ein Format einen Gegenstand zu sehr ein, man kann dann auch davon sprechen, dass der Gegenstand das Format sprengt. Dies kann zur Entwicklung von neuen, dem Gegenstand angemesseneren Formaten führen. Ein Format kann zu einer bestimmten Umgebung, einer bestimmten Situation passen oder nicht passen; es kann angemessen oder unangemessen, kompatibel oder inkompatibel sein.

Sowohl materielle als auch immaterielle Entitäten können ein Format besitzen. Auf dieser Grundlage lassen sich *äußere* oder *technische* und *innere* oder *strukturelle Formate* unterscheiden.

Format und Schriftsprache

Innere und äußere Formate lassen sich auch im Bereich der Schriftsprache unterscheiden. Innere Formate werden zum einen durch das verwendete Schriftsystem und seine orthographischen und grammatischen Regeln und zum anderen durch die Normen, die für verschiedene Textsorten und Gattungen gelten, festgelegt. Wie sich beispielsweise an der Diskussion um die deutsche Rechtschreibung erkennen lässt, können sich diese inneren Formate im Lauf der Zeit verändern.

Innere oder strukturelle Formate stehen oft in Verbindung mit äußeren oder technischen Formaten. So kann derselbe Text in Stein gemeißelt, auf eine Papyrusrolle geschrieben, in ein Buch gedruckt oder auf einer Diskette gespeichert werden. Das äußere Format ändert sich dabei jeweils, während das innere gleich bleibt. Obwohl das innere Format eines Textes hier gleich bleibt, ändert sich mit dem äußeren Format auch seine kommunikative Wirkung, denn es macht einen Unterschied, ob man eine Botschaft auf einer Pergamentrolle überreicht oder per E-Mail geschickt bekommt.

---

[34] vgl. Duden Etymologie 1963: S 181

Äußere und innere Formate beeinflussen sich gegenseitig. So kann die Entwicklung neuer äußerer Formate zur Veränderung bereits bestehender innerer Formate und zur Entwicklung von neuen kommunikativen Formaten beitragen: „Die Nutzung des teuren Pergaments als Trägermedium führte in Rom dazu, dass die griechische Antiquaschrift ganz aufgegeben wurde und die Uniziale immer schmaler dargestellt wurde. Als dann das in China um 100 n. Chr. erfundene Baumwolllumpenpapier im 12. Jahrhundert in Europa durch leinenbasiertes Papier ersetzt und in Papiermühlen in großen Mengen hergestellt wurde, waren Beschränkungen in der Schriftgröße und Positionierung dank des billigeren Materials nicht mehr notwendig. Die Handschriften wurden nicht nur wieder größer, das neue Medium erlaubte auch die häufigere Hervorhebung von Wörtern durch Majuskeln und auffällige Initialen, die Gliederung durch Absätze, die Isolierstellung von Wörtern, um Aufmerksamkeit zu wecken, und den Kapitelbeginn auf neuen Seiten."[35] In ähnlicher Weise kann das Bedürfnis, eine angemessene Gestaltungsmöglichkeit zur Darstellung von inneren Formaten zur Verfügung zu haben, die Entwicklung äußerer Formate beeinflussen. Dies lässt sich an der Entwicklung des HTML-Formats sehr gut beobachten, die in dieser Arbeit noch ausführlich geschildert wird.

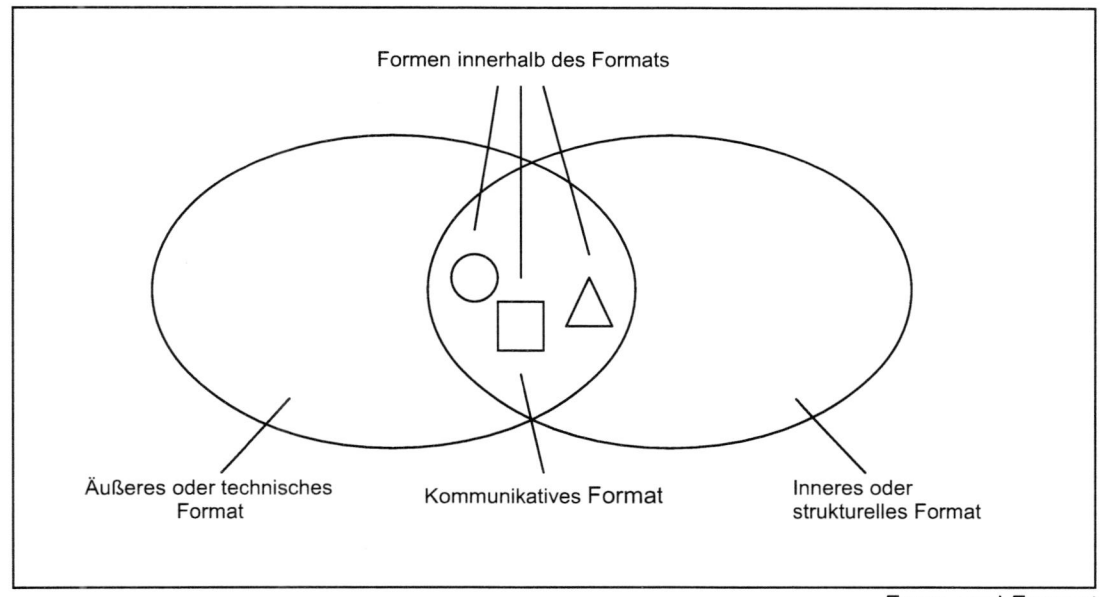

Form und Format

Äußere und innere Formate gehen oft Verbindungen ein. Bewährt sich eine solche Verbindung, so dass sie immer wieder verwendet wird, entsteht ein *kommunikatives Format*. Ein kommunikatives Format wird sowohl von technischen als auch von strukturellen Eigenschaften geprägt.

Ein sehr bekanntes kommunikatives Format ist beispielsweise das Telefongespräch. Es besitzt ein technisches Format. Jeder Gesprächsteilnehmer hat ein Telefon mit einem Lautsprecher und einem Mikrofon, die dazu dienen, Schall, vor allem in der Form gesprochener Sprache, in elektronische Signale umzuwandeln, die auf diese Weise mittels Leitungsnetz oder Funk über lange Strecken transportiert werden können, um schließlich wieder in Schall umgewandelt zu werden. Des Weiteren besteht die Möglichkeit,

---

[35] Hartmann 2004: S. 26

über das Wählen einer Nummer einen bestimmten anderen Telefonanschluss auszuwählen. Das strukturelle Format eines Telefongesprächs gliedert sich in Gesprächsannahme, das eigentliche Gespräch und die Gesprächsbeendigung. Wenn das Telefon klingelt, meldet sich ein Gesprächsteilnehmer normalerweise entweder mit Namen oder einer anderen Äußerung, die seinem Gesprächspartner zeigt, dass er zur Gesprächsaufnahme bereit ist. Das Gespräch kann dabei ganz verschiedene Formen annehmen, denen durch das Format jedoch bestimmte Grenzen gesetzt sind. Die Beendigung des Gesprächs wird gewöhnlich durch eine Abschiedsformel eingeleitet. Damit eine kommunikative Form als Telefongespräch eingeordnet werden kann, muss sie den Vorgaben des strukturellen und des technischen Formats genügen. Bei einem Gespräch zwischen zwei Leuten, die sich von Fenster zu Fenster unterhalten, handelt es sich nicht um ein Telefongespräch, auch wenn es eine ganz ähnliche Struktur haben mag. Ebenso wenig handelt es sich um ein Telefongespräch, wenn die technische Einrichtung Telefon lediglich dazu genutzt wird, Daten von einem Computer zu einem anderen zu übertragen.

Format und Websites
Um ein kommunikatives Format handelt es sich auch bei Seiten im World Wide Web. Das strukturelle Format von Websites ist eine Sonderform des Hypertextformats, während das technische Format in der spezifischen Umsetzung von Hypertext mit Hilfe von vernetzten Computern und einer Reihe technischer Standards besteht. Ich möchte das kommunikative Format von Seiten im World Wide Web im Folgenden als *Websiteformat* bezeichnen.

Notwendige Bedingung dafür, dass eine Form innerhalb des kommunikativen Formats funktioniert, ist, dass sie den Anforderungen der strukturellen und technischen Formate genügt, die seine Grundlage bilden. Eine Website muss also sowohl das Konzept des Hypertextes als auch die technischen Möglichkeiten, die im World Wide Web zur Verfügung stehen, sinnvoll nutzen. Um diese notwendige Bedingung erfüllen zu können, ist es wichtig, sich gründlich mit den strukturellen und technischen Grundlagen des Websiteformats auseinander zu setzen.

Damit eine Form innerhalb eines kommunikativen Formats *gut* funktioniert, muss zusätzlich berücksichtigt werden, welche besondere Rolle dieses Format im kommunikativen Prozess spielt und welche Stärken und Schwächen es im Vergleich mit anderen kommunikativen Formaten hat. Nur dann kann eine Form gefunden werden, welche die Stärken des Websiteformats ausnützt und seine Schwächen so weit wie möglich kompensiert.

Format, Medium und Kommunikationsform
In anderen Arbeiten über das World Wide Web wird an der Stelle, an der ich den Begriff des Formats verwende, oft der Begriff des Mediums, mitunter auch der Begriff der Kommunikationsform verwendet. Es gibt einige gute Gründe dafür, bei einer Untersuchung von Websites den Begriff des Formats vorzuziehen.

Der Medienbegriff wird in zahlreichen Wissenschaften verwendet und fast jede versteht darunter etwas anderes:
- Ein sehr weit gefasster Medienbegriff, der vor allem in der Soziologie seine Anwendung findet, versteht unter Medien alle Arten von abstrakten Vermittlungsinstanzen.

Die große Spannweite dieses Medienbegriffes zeigt sich an Phänomenen wie Sprache, Geld, Gesundheit, Macht, Intelligenz, Kunst, Freude, Liebe, Glaube, etc., die von verschiedenen Autoren alle in der einen oder anderen Weise als Medien verstanden werden.[36] Für die Untersuchung zwischenmenschlicher und institutioneller Beziehungen durchaus interessant, ist dieser weite Begriff für eine Analyse des World Wide Webs wenig tauglich.

- Eine zweite Weise, den Medienbegriff zu fassen, bezieht sich auf den semiotischen Prozess und versteht unter Medium alles, was als Mittel oder Mittler an diesem Prozess beteiligt ist. Auch dieser Begriff ist für die Bedürfnisse einer Analyse des World Wide Webs noch relativ weit, umfasst er doch neben technischen Medien, wie z.B. Fernsehapparaten auch biologische – die an der Kommunikation beteiligten Körperorgane, physikalische – elektromagnetische Felder, welche die Grundlage für den Funkverkehr bilden, etc.[37]
- Schließlich gibt es den in der Kommunikationswissenschaft gängigen Medienbegriff, der als Medien vor allem die klassischen Massenmedien Presse, Radio und Fernsehen versteht.[38] Schon an der Tatsache, dass das World Wide Web in dieser Aufzählung fehlt, lässt sich erkennen, dass dieser Medienbegriff für die Zwecke dieser Arbeit zu eng ist.

Holly, der sich teilweise selbst mit dem World Wide Web auseinandersetzt, versucht eine Definition von Medium zu finden, die für eine solche Auseinandersetzung geeignet ist: „Medien sind technische Artefakte; sie dienen der Zeichenherstellung, -speicherung oder -übertragung und damit der zwischenmenschlichen Kommunikation, deren raumzeitliche Beschränkung durch sie überwunden werden kann."[39]

Durch diese zwar präzise, aber durch ihre Präzision auch relativ enge Definition, nach der sowohl Schrift und Sprache als auch Websites, E-Mail etc. keine Medien mehr wären, sieht sich Holly gezwungen, zwei weitere Begriffe einzuführen. Sprache und Schrift bezeichnet er als Zeichensysteme und Websites, E-Mail etc. als Kommunikationsformen. Diese Einteilung schafft zwar eine gewisse begriffliche Differenzierung, für die Analyse ist damit allerdings nicht viel gewonnen. Auch der von Holly vorgeschlagene Begriff der Kommunikationsform scheint mir nicht besonders geeignet zu sein, da Form etwas relativ Beliebiges ist und nicht die Implikation fester Grenzen enthält, wie der Begriff des Formats.

Der Begriff des Formats hilft, die ganze Konfusion und begriffliche Unschärfe, die eine Verwendung des Medienbegriffs mit sich bringt, zu vermeiden. Während man bei einer Verwendung des Medienbegriffes immer wieder entscheiden muss, ob es sich bei einer Sache um ein Medium handelt oder nicht, tritt dieses Problem bei der Verwendung des Formatbegriffs nicht auf. Denn während Sachen Medien sind oder auch nicht, haben sie ein Format. Buchstaben haben ein Format, Sätze haben ein Format, Dateien haben ein Format, Websites haben ein Format, ohne dass dadurch Probleme entstehen würden, dass Websites einerseits in Form von Dateien vorliegen und andererseits Sätze enthalten, die ihrerseits wieder Buchstaben enthalten. Jeder dieser Gegenstände besitzt sein Format, innerhalb dessen sich eine ganze Variante an Formen entwickeln kann, ohne

---

[36] Holly 2000: S. 82
[37] Holly 2000: S. 82
[38] Holly 2000: S. 82
[39] Holly 2000: S. 84

dass dadurch Mehrdeutigkeiten entstehen würden, da sich immer genau angeben lässt, über welches Format gerade geredet wird.

Die zusätzliche Differenzierung in technisches, strukturelles und kommunikatives Format hilft bei der Untersuchung komplexer Formate wie Websites, Aspekte und Zusammenhänge in den Vordergrund zu rücken, die ansonsten eventuell untergegangen wären. Auf diese Weise hilft der Formatbegriff dabei, die Form von Websites zu beschreiben, zu bewerten und zu optimieren.

Wie ist die Arbeit aufgebaut?
Aus der Zielsetzung der Arbeit, den methodologischen Überlegungen und der Begriffsklärung ergibt sich folgender Aufbau der Arbeit:

Im ersten Kapitel der Arbeit wird die Entwicklung der technischen und strukturellen Formate geschildert, welche die Grundlage des Websiteformats bilden. Darauf aufbauend werden seine wichtigsten Eigenschaften beschrieben.

Im zweiten Kapitel wird das Websiteformat von anderen kommunikativen Formaten abgegrenzt und mit Hilfe der besonderen Charakteristika, die es besitzt, sein überwältigender Erfolg erklärt.

Im dritten Kapitel wird unter Rückgriff auf Ergebnisse der Leseforschung und empirische Untersuchungen zum Lesen im World Wide Web erarbeitet, welchen Einfluss das Websiteformat auf das Lesen von Texten hat und welche Unterschiede es zum Lesen von Texten in anderen kommunikativen Formaten gibt. Auf dieser Grundlage wird ein Bewertungs- und Analyseraster für die Lesbarkeit von Texten im Websiteformat entwickelt.

Im vierten Kapitel wird auf der Grundlage verschiedener Modelle des Schreibprozesses dargestellt, was das Schreiben für das Websiteformat vom Schreiben für andere Formate unterscheidet, was dabei besonders beachtet werden muss und welche Entwicklungen für die Zukunft zu erwarten sind. Dabei werden, unter Berücksichtigung des in Kapitel drei erarbeiteten Bewertungs- und Analyserasters, Hinweise für eine sinnvolle Vorgehensweise bei der Gestaltung von Websites gegeben.

Im fünften Kapitel wird vor dem Hintergrund der aktuellen bildungspolitischen Diskussion ein Kompetenzmodell für die Gestaltung von Websites entwickelt, das als Basis für die Festlegung von Bildungsstandards und die Beschreibung der Rahmenbedingungen dient, unter denen diese in der Schule verwirklicht werden können.

In einer abschließenden Diskussion werden die wichtigsten Ergebnisse nochmals herausgearbeitet und es wird auf Perspektiven für zukünftige sprachwissenschaftliche und sprachdidaktische Forschungsvorhaben hingewiesen.

Die Geschichte des World Wide Web

Die Entwicklung eines kommunikativen Formats

Das Websiteformat ist noch relativ jung und besitzt dennoch bereits eine Geschichte, die sich aus unterschiedlichen Quellen speist. Da ist zum einen die Idee, Dokumente durch Querverweise miteinander zu verbinden und durch Kommentare und anderes Zusatzmaterial anzureichern, die sich ansatzweise bereits in klassischen Texten der Antike findet und in der Mitte des letzten Jahrhunderts von Vannevar Bush radikal weiter gedacht wurde – zum anderen die technische Entwicklung im Bereich der Computer-Hard- und Software, die es erlaubte, diese Idee auf eine bisher nicht gekannte Weise umzusetzen. Dazu kommen weitere kommunikative Formate wie E-Mail, Chat usw., die mit dem Websiteformat in engem Kontakt stehen und teilweise in dieses Format integriert werden können. Um die heutigen Eigenschaften von Websites und die Art ihrer Nutzung zu verstehen, ist es hilfreich, einen Blick auf die Entwicklung zu werfen, die schließlich zu diesem neuen kommunikativen Format führte.

Da es bereits eine ganze Reihe von Büchern und Websites gibt, in denen die Geschichte des Internet und des World Wide Web von den Anfängen bis heute ausführlich nachgezeichnet wird,[40] möchte ich mich in dieser Arbeit darauf beschränken, die Entwicklungsschritte darzustellen, die auf die Kommunikation im Internet, insbesondere aber auf das Lesen und Schreiben im World Wide Web, den größten Einfluss hatten und zu den Rahmenbedingungen des Formats führten, denen sich Autoren und Nutzer von Websites heute gegenübersehen. Im Anschluss daran werde ich einige Perspektiven und Szenarien für die zukünftige Entwicklung des Internets aufzeigen.

Die Vorläufer des neuen Formats

Die kommunikative Nutzung der Elektrizität

Kaum war die Elektrizität so weit erforscht und beherrschbar geworden, dass sie sich technisch nutzbar machen ließ, wurde sie auch schon für kommunikative Zwecke eingesetzt. 1837 meldete Charles Wheatstone den „electric telegraph" zum Patent an und 1868 wurde die erste dauerhaft funktionsfähige transatlantische Telegraphenverbindung eingerichtet; dadurch konnten Nachrichten von Europa in die USA, die mit dem Schiff mindestens zehn Tage gebraucht hätten, innerhalb weniger Minuten übertragen werden. Die Welt schrumpfte zusammen.

Die Erfindung des Telefons durch Alexander Graham Bell im Jahr 1876 ermöglichte schließlich auch die Übertragung von Sprache über große Entfernungen. Waren Telegraph und Telefon auf jeweils zwei oder zumindest wenige Kommunikationspartner beschränkt, so ermöglichte die Entwicklung des Radios in den zwanziger und dreißiger Jahren des zwanzigsten Jahrhunderts die elektronische Massenkommunikation.[41]

---

[40] Ich möchte hier besonders verweisen auf Hafner u. Lyon 1997, Berners-Lee 1999 und Gillies u. Caillia 2002. Eine gute Zusammenfassung findet sich in Runkehl, Schlobinski und Siever 1998, S. 9-23. Eine ausgezeichnete Onlinequelle zum Thema bietet Hobbes Internet Timeline.
[41] vgl. Gaebert 1974, S. 217ff und Onlinequellen: Varney.

Zunächst ganz unabhängig von diesen kommunikativen Entwicklungen, die rasch den Massenmarkt eroberten, entwickelten sich Computer lange Zeit in fast verborgenen Nischen. Die unhandlichen Maschinen fanden sich vor allem in wissenschaftlichen Institutionen, später in militärischen Einrichtungen und bei einigen wenigen Firmen. Die Kommunikation zwischen Mensch und Computer war anfangs ein mühsames und langwieriges Unterfangen und die Verbindung verschiedener Computer zu Netzwerken konnte sich zunächst kaum jemand vorstellen.[42]

E-Mail, Mailinglisten und Newsgroups

Im Rahmen eines Forschungsprojektes der ARPA, einer US-Einrichtung, die den Auftrag hatte, militärisch verwertbare Grundlagenforschung zu betreiben, wurden 1965 das erste Mal zwei Computer direkt miteinander verbunden. Bei den Netzwerkexperimenten, die in den nächsten Jahren folgten, ging es vor allem um den Zugriff auf entfernte Großrechner und um die Übertragung von Dateien mit Hilfe von Protokollen wie FTP.[43] Dies änderte sich mit einem Schlag, als 1971 das erste E-Mailprogramm entwickelt wurde. Dadurch wurde es möglich, ohne großen Aufwand Textnachrichten über das Netzwerk zu versenden, das inzwischen aus den Bemühungen der ARPA entstanden war. Ein neues Format für die sprachliche Kommunikation wurde geboren und von den ARPANET-Nutzern sogleich stark genutzt.[44]

Der große Erfolg von E-Mail ist vermutlich dadurch zu erklären, dass es sich in seiner Funktionsweise an zwei bereits gut eingeführte schriftliche Formate anlehnt und viele ihrer Vorzüge miteinander vereint: Telegraphie und Briefpost. Wie bei einer telegraphierten Nachricht geschieht die Übermittlung einer E-Mail fast augenblicklich. Sofern Sender oder Empfänger Zugang zu einem Computer oder Terminal mit E-Mailfunktion besitzen, sind jedoch weder Telegrafenamt noch Morsekenntnisse notwendig. Eine Nachricht kann jederzeit über die Tastatur eingegeben und beim Empfänger als Text auf Bildschirm oder Drucker ausgegeben werden. Wie ein Brief ist eine E-Mail auf Seiten des Empfängers praktisch beliebig lange verfügbar. Neben der unschlagbaren Geschwindigkeit bietet das E-Mail-Format gegenüber der Briefpost noch weitere Vorteile: Nachrichten lassen sich unkompliziert an mehrere Teilnehmer gleichzeitig verschicken, sind leicht kommentierbar und können verändert und weitergeleitet werden.[45] Bei all diesen Vorteilen verwundert es kaum, dass E-Mail bereits 1973, kaum zwei Jahre nach ihrer Einführung, 75% des gesamten Datenverkehrs im ARPANET ausmachte.[46]

Die besonderen Möglichkeiten der E-Mail-Kommunikation führten 1975 schließlich zu einem weiteren Format im Internet, den sogenannten Mailinglisten. Bei einer Mailingliste schicken alle Listenteilnehmer ihre Nachrichten per E-Mail an einen Verteiler, der sie wiederum an sämtliche anderen Listenteilnehmer weiterleitet. Dieser Verteiler kann entweder ein Mailserver sein, der die Beiträge vollautomatisch verarbeitet oder ein menschlicher Moderator, der nur ausgewählte Beiträge zulässt. Man spricht in diesem Zusammenhang auch von unmoderierten und moderierten Mailinglisten.[47]

---

[42] vgl. Gillies u. Cailla 2002: S. 11ff
[43] Bei FTP (File Transfer Protocol) handelt es sich um ein Protokoll, das es ermöglicht, über ein Netzwerk Dateien zwischen verschiedenen Computern auszutauschen.
[44] vgl. Gillies u. Cailla 2002: S. 34 und Onlinequellen: Hobbes Internet Timeline
[45] Zu einer ausführlichen Erörterung der kommunikativen Eigenschaften und technischen Funktionsweise von E-Mail vgl. Runkehl, Schlobinski und Siever 1998: S. 28ff
[46] vgl. Gillies u. Cailla 2002: S. 34 und Onlinequellen: Hobbes Internet Timeline
[47] vgl. Runkehl, Schlobinski und Siever 1998: S. 45ff und Onlinequellen: Hobbes Internet Timeline

Die Newsgroups des USENET, das 1979 eingerichtet wurde, ähneln in ihrer Funktionsweise den Mailinglisten, tragen aber einen öffentlicheren Charakter. Die Nachrichten werden hier nicht lediglich an eine begrenzte Zahl von Listenteilnehmern verschickt, sondern in den thematisch geordneten Newsgroups gespeichert. Dort ist es jedem möglich, sie einzusehen und um weitere Beiträge zu ergänzen.[48]

Deutlich lässt sich an Hand der E-Mail und verwandter kommunikativer Formate eine Entwicklung aufzeigen: Die einfache E-Mail besitzt nur einen einzigen oder wenige Empfänger, die dem Sender der E-Mail bekannt sind. Die Empfängerzahl von Mailinglisten kann recht groß sein, diese sind zwar irgendwo registriert, dem einzelnen Listennutzer aber nicht immer bekannt. Im USENET schließlich sehen sich die Verfasser der Beiträge einer Vielzahl anonymer Leser gegenüber. Die logische Fortsetzung dieses Prozesses bildet die Einführung von moderierten Newsgroups innerhalb des USENET 1984. Der Zugang für die Leser der Newsgroup blieb zwar offen, auf der Produzentenseite wurde der Zugang jedoch beschränkt.[49] Die neuen kommunikativen Formate nahmen zusehends die Züge eines Massenmediums an, das von einer kleinen aktiven Gruppe für eine große Zahl anonymer und passiver Rezipienten produziert wurde.

MUD und IRC
Auch die Veröffentlichung des ersten MUD (Multi User Dungeon) 1979 lässt sich in diese Entwicklung einordnen. Durch das Aufrufen eines MUDs über das Internet betritt man eine neue Welt, die in der Frühzeit der MUDs fast nur durch Texte, inzwischen auch häufig mit Hilfe von Grafiken, erschaffen wird. Man nimmt einen Charakter an, der sich in dieser Welt eine Existenz aufbaut, Abenteuer erlebt und vor allem mit den oft vielen hundert anderen Benutzern kommuniziert und interagiert, die sich zur gleichen Zeit in derselben virtuellen Welt tummeln.[50] Oder, um es mit den Worten passionierter MUD-Spieler zu sagen: „Nun, ein MUD ist eine Form des Rollenspiels, bei dem die Mitspielenden jedoch nicht Chips essend und Cola trinkend um einen Tisch bei Kerzenlicht mit Würfeln bewaffnet herumsitzen sondern stattdessen Chips essend und Cola trinkend bei Kerzenlicht an einem Rechner sitzen, nur bewaffnet mit der Tastatur... Und, die Mitspielenden sitzen auch nicht beieinander um einen Tisch herum sondern an Rechnern auf der ganzen Welt verteilt. Nachdem eine Spielfigur die MUD - Welt betreten hat kann sie sich dort bewegen und herumlaufen, sich umschauen, Gegenstände finden und näher untersuchen, sich mit anderen unterhalten, Pilze pflücken und essen, Säfte trinken, Gegenden erforschen, Spiele spielen, Abenteuer bestehen, und und und..."[51]
Mit den MUDs wurde das Internet erstmals als Unterhaltungsmedium genutzt. Dabei wurde, wenn auch die Kommunikation innerhalb eines MUD relativ gleichberechtigt ablief, die Technik selbst von einigen wenigen Produzenten für eine große Zahl von Benutzern bereitgestellt.[52]

Einen Kontrapunkt zur Entwicklung der Netzkommunikation in Richtung Massenmedium setzte die ab 1988 verfügbare Technik des IRC (Inter Relay Chats). Damit wurde wieder ein stark auf die individuelle Kommunikation zugeschnittenes Element in den

---

[48] vgl. Runkehl, Schlobinski und Siever 1998: S. 53
[49] vgl. Onlinequellen: Hobbes Internet Timeline
[50] Den besten Eindruck von der Kommunikation in einem MUD erhält man, wenn man sich selbst in eines hineinwagt. Ich empfehle hierzu das an der Universität Stuttgart entwickelte MUD Unitopia. Zugang erhält man über die Internetseite http://unitopia.uni-stuttgart.de/. Dort findet man auch viele weiterführende Informationen zum Thema MUDs.
[51] Onlinequellen: Trägerkreis Unitopia e.V.
[52] vgl. Runkehl, Schlobinski und Siever 1998: S. 117ff und Onlinequellen: Hobbes Internet Timeline

Reigen der kommunikativen Formate im Internet eingefügt. Beim Chat können sich die Teilnehmer in virtuelle Räume begeben. Jeder Gesprächsteilnehmer kann per Tastatur Gesprächsbeiträge eintippen und abschicken. Die Gesprächsbeiträge aller Teilnehmer werden fortlaufend auf dem Bildschirm dargestellt, wodurch etwas entsteht, was einem geschriebenen Gespräch ähnelt. Durch die Geschwindigkeit mit der ein Chat abläuft, haben sich zahlreiche sprachliche Kurz- und Sonderformen herausgebildet, dazu gehören unter anderem Abkürzungen, Emotikons, lautmalerische Elemente und in Asterixen gesetzte Verbstämme, wie *freu* oder *heul*, die in der Regel über die eigene Befindlichkeit Auskunft geben. Andere sprachliche Konventionen wie Rechtschreibung und Satzbau werden hingegen relativ lax gehandhabt.[53]

Die strukturelle Grundlage des World Wide Web

Während die im vorigen Abschnitt beschriebenen Formate vor allem durch ihre technischen Eigenschaften charakterisiert wurden, wird ein Hypertext vor allem durch seine Struktur gekennzeichnet, die von der technischen Umsetzung zunächst unabhängig ist. Die meisten Definitionen gehen davon aus, dass Hypertexte aus einer Menge von Teiltexten bestehen, die oft auch *Hypertexteinheiten* oder *Hypertextknoten* genannt werden. Diese Teiltexte sind durch Verweise, auch *Hyperlinks* genannt, miteinander verbunden.[54] Einige Definitionen geben als zusätzliches Merkmal an, dass ein Hypertext elektronisch realisiert sei oder die Links in einer Datenbank verwaltet würden und vermischen damit technische und strukturelle Aspekte.[55] Diese Einschränkungen sind jedoch nicht notwendig, lassen sich doch Lexika mit ihren Querverweisen oder Werke wie beispielsweise Arno Schmidts „Zettels Traum" ebenso als Hypertexte betrachten.[56]

So dachte auch schon Jahrzehnte, bevor die dafür benötigte Technik tatsächlich verfügbar wurde, der Elektroingenieur Vannevar Bush über ein Hypertextsystem nach. In einem 1945 im Atlantic Monthly erschienen Artikel mit dem Titel „As We May Think"[57] beschrieb er ein System namens Memex. Dieses sollte der schnellen Speicherung, Rückgewinnung und Bearbeitung von Informationen dienen und auf diese Weise das menschliche Gedächtnis bei der Bewältigung der wachsenden Informationsfülle unterstützen. Dabei sollten die Informationen nicht hierarchisch, wie in einem Bibliothekskatalog, sondern assoziativ, durch beliebig vom Benutzer anlegbare Verbindungen zwischen einzelnen Texten verknüpft werden.[58] Dies entspricht ziemlich genau dem, was heute allgemein unter Hypertext verstanden wird und geht mit der Forderung nach Assoziativität sogar noch über darüber hinaus.

Gut zwanzig Jahre später war die Technik dann so weit, dass die Vision von Vannevar Bush tatsächlich in die Realität umgesetzt werden konnte. Am Stanford Research Institut erstellte Doug Engelbart NLS, das erste funktionierende Hypertextsystem, das 1968 auf der Joint Computer Konferenz in San Francisco vorgestellt wurde. Das NLS System besaß bereits interne und externe Hyperlinks und ermöglichte somit Sprünge sowohl innerhalb eines Dokuments als auch zu anderen Dokumenten, die in Fenstern parallel dargestellt werden konnten. Darüber hinaus erlaubte es mehreren Nutzern, über ein

---

[53] vgl. Runkehl, Schlobinski und Siever 1998: S. 72ff
[54] vgl. z.B. Storrer 1997: S. 121, Ramm 1995 S. 1, Onlinequellen: Schönefeld, Onlinequellen: Prokopczuk u. Tiutenko
[55] vgl. z.B. Storrer 1997: S. 121, Storrer 1999: S 35, Onlinequellen: Schönefeld
[56] vgl. Onlinequellen: Münz – Arnold Schmidt und sein „Zettels Traum"
[57] vgl. Onlinequellen: Bush
[58] vgl. Gillies u. Cailla 2002: S. 99ff

Netzwerk gleichzeitig auf ein Dokument zuzugreifen und im Wechsel Änderungen daran vorzunehmen. Um die Bedienung seines Systems zu vereinfachen, erfand Engelbart ganz nebenbei die heute allgegenwärtige Computermaus.[59] Mit der Implementierung dieses ersten Hypertextsystems wurde die Tür aufgestoßen zu einer neuen Form des Schreibens und Lesens.

Der Begriff Hypertext wurde schließlich von Ted Nelson geprägt. Er ersann ein fast allumfassendes Hypertextsystem namens Xanadu, das sich in seiner Konzeption in einigen wichtigen Punkten vom heutigen World Wide Web unterschied. Es sollte bi-direktionale Links besitzen: wann immer ein Link von Seite A auf Seite B eingefügt würde, entstünde auch ein Link von Seite B auf Seite A. Auch Zahlungen von Tantiemen an Autoren von Seiten, die innerhalb des Systems aufgerufen würden, waren vorgesehen. Das Besondere an der Konzeption dieses Systems war aber, dass darin nichts gelöscht werden sollte. Neue Versionen eines Textes sollten den alten hinzugefügt werden und alle parallel zugänglich sein. Auf diese Weise sollte Xanadu in der Lage sein, die Gesamtheit alles Geschriebenen zu bewahren.[60] Xanadu wurde bis heute nicht fertig gestellt, obwohl Nelson nach wie vor daran arbeitet und teilweise heftig gegen das aus seiner Sicht unausgegorene World Wide Web polemisiert.[61]

Von den frühen Visionären inspiriert, entstanden in der Folgezeit eine ganze Reihe von Hypertextsystemen, die alle eine Gemeinsamkeit aufwiesen: Links wurden nicht innerhalb der Textelemente verwaltet, sondern in einer separaten Linkdatenbank. Daraus ergaben sich eine ganze Reihe von Vorteilen: Die Erstellung von bi-direktionalen Links wurde ermöglicht, gleichzeitig konnten tote Links, wie sie im World Wide Web so oft auftreten, vermieden werden und schließlich ließen sich mehrere verschiedene Linknetze, die z.B. von unterschiedlichen Personen erstellt wurden, über dasselbe Quellenmaterial legen. Dieser Ansatz wies jedoch auch ein Problem auf: Hypertextsysteme, die mit einer Linkdatenbank arbeiteten, waren nur schwer skalierbar und erforderten eine zentrale Verwaltung. Ab einer gewissen Größe des Systems wuchs der Verwaltungsaufwand für die Linkdatenbank fast ins Unermessliche. Da die damaligen Hypertextanwendungen aber vor allem für Einzelnutzer oder kleine, abgeschlossene Netzwerke konzipiert waren, fiel dieser Nachteil, wenn er überhaupt bemerkt wurde, zunächst kaum ins Gewicht.[62]

Schon die erwähnten frühen Hypertextsysteme lassen erkennen, dass das strukturelle Format des Hypertextes technisch sehr unterschiedlich umgesetzt werden kann, wodurch sich ganz verschiedene kommunikative Eigenschaften ergeben. Die Unterschiede können z.B. darin liegen, wie die Verwaltung der Links organisiert ist, welche multimedialen Elemente in den Hypertext integriert werden können, inwieweit die Darstellung des Hypertextes vom Rezipienten beeinflusst werden kann, etc.[63]

---

[59] Gillies u. Cailla 2002: S. 101ff
[60] Gillies u. Cailla 2002: S. 109ff und Berners-Lee 1999: S. 17f
[61] „The Web isn't hypertext, it's DECORATED DIRECTORIES! What we have instead is the vacuous victory of typesetters over authors, and the most trivial form of hypertext that could have been imagined.
The original hypertext project, Xanadu®, has always been about pure document structures where authors and readers don't have to think about computerish structures of files and hierarchical directories. The Xanadu project has endeavored to implement a pure structure of links and facilitated re-use of content in any amounts and ways, allowing authors to concentrate on what mattered." (Onlinequellen: Nelson)
[62] Gillies u. Cailla 2002: S. 139ff
[63] Jakob Nielsen gibt in seinem Buch „Multimedia, Hypertext und Internet" einen interessanten, wenn auch nicht mehr ganz aktuellen, Überblick über verschiedene Hypertextsysteme. (vgl. Nielsen 1996)

Das World Wide Web ist nur eines von vielen verschiedenen elektronischen Hypertextsystemen, wenn auch das mit Abstand am weitesten verbreitete. Um die kommunikativen Eigenschaften von Websites und die Besonderheiten ihrer Produktion und Rezeption zu analysieren, ist es wichtig zu verstehen, dass Hypertext die strukturelle Grundlage des World Wide Web bildet. Aber auch die technische Umsetzung muss berücksichtigt werden, die Hypertext im World Wide Web eine ganz besondere Ausprägung gibt und das kommunikative Format der Website entstehen lässt. Diese technische Umsetzung geht vor allem auf die Arbeit zurück, die Tim Berners-Lee in den frühen 90er Jahren am Europäischen Labor für Teilchenphysik (CERN) in Genf leistete. Die Vision, die ihn bei seiner Arbeit antrieb, hilft zu verstehen, wie Hypertext im World Wide Web seine charakteristische Ausprägung erhielt: Er träumte von einer vernetzten Welt, „die neue Freiheiten eröffnet und schnelleren Fortschritt erlaubt, als es durch die Fesseln jener hierarchischen Klassifikationssysteme möglich wäre, an die wir uns selbst gebunden haben. In dieser Vision überdauern alle bisherigen Arten zu arbeiten – als eine Vorgehensweise unter vielen. [...] Und die Funktionsweise der Gesellschaft nähert sich der Funktionsweise unseres Gehirns an."[64]

Meilensteine auf dem Weg zur Entwicklung des Websiteformats	
1837	Patentierung des elektrischen Telegraphen
1868	Erste dauerhaft funktionsfähige transatlantische Telegraphenverbindung
1876	Erfindung des Telefons
1945	Vannevar Bush veröffentlicht den Artikel „As We May Think"
1965	Erste Verbindung zwischen zwei Computern
1968	Doug Engelbart erstellt das erste funktionsfähige Hypertextsystem
1969	Start des ARPANET
1971	E-Mail
1975	Mailinglisten
1979	USENET und MUDs (Multi User Dungeons)
1984	Moderierte Newsgroups
1988	IRC (Inter Relay Chat)
1991	World Wide Web

Meilensteine auf dem Weg zur Entwicklung des Websiteformats

Bernes-Lee war klar: um seine Vision in die Realität umzusetzen, bedurfte es nicht nur eines ausgeklügelten Systems, wie z.B. Ted Nelsons Xanadu, dieses System musste sich vor allem schnell verbreiten und allgemein angenommen werden. Um das zu erreichen, hielt er sich bei der Entwicklung des World Wide Web an eine Reihe von Grundsätzen. Das System sollte so einfach wie möglich und leicht zu verstehen sein, es sollte plattformübergreifend, von verschiedenen Computern zugänglich sein und es sollte in der Lage sein, bisher vorhandene Formate und Arbeitsweisen zu integrieren. Aus diesem Grund verzichtete er zunächst auf vieles, was in anderen Hypertextsystemen bereits Standard war. Ganz bewusst entschied er sich z.B. dafür, Links nicht in einer externen Datenbank, sondern in den Dokumenten selbst zu verwalten. Dies bedeutete zwar, dass bi-direktionale Links nicht möglich waren und es leicht zu Fehler-

---

[64] Berners-Lee 1999: S. 11f

meldungen kommen konnte, wenn ein verlinktes Dokument entfernt wurde, es garantierte aber, dass das World Wide Web einfach und unproblematisch zu erweitern war.[65]

Die technische Grundlage des World Wide Web

Die Technik war inzwischen so weit fortgeschritten, dass Berners-Lee die Puzzelteile nur noch zusammensetzen musste: „Ich kam zufällig zur rechten Zeit und mit den passenden Interessen und Neigungen, nachdem der Hypertext und das Internet ihre Volljährigkeit erreicht hatten. Die einzige Aufgabe, die mir blieb, war es, die beiden miteinander zu verheiraten."[66] Die besondere Leistung von Berners-Lee war, ein strukturelles Format mit einem ihm angemessenen technischen Format zu verbinden. Alles was dazu noch fehlte, war eine Reihe von Protokollen, welche die Kommunikation zwischen verschiedenen Computern regelte. Diese Protokolle bilden bis heute die Grundlage des World Wide Web: URIs (Universal Resource Identifiers), oft auch als URLs (Universal Source Locators) bezeichnet, stellten einen eindeutigen Namen dar, der jedem Dokument zugewiesen werden konnte und der es ermöglichte, dieses Dokument zu finden und in angemessener Weise darauf zuzugreifen. HTTP, das Hypertext Transfer Protokoll, wurde von Rechnern verwendet, um miteinander zu kommunizieren, Dokumente und mit diesen zusammenhängende Metadaten anzufordern und zu versenden. Das System war dabei so offen gehalten, dass es auch den Zugriff auf andere zur Entstehungszeit des World Wide Web verbreitete Dienste wie FTP, WAIS und Gopher erlaubte.[67]

HTML die Sprache des World Wide Web

Um seine Vision zu verwirklichen, benötigte Berners-Lee noch ein Dateiformat, das so universell und einfach war, dass es von jedem Computersystem verarbeitet und angemessen dargestellt werden konnte und das es gleichzeitig ermöglichte, Hypertextlinks einzubinden. Zu diesem Zweck entwickelte Berners-Lee, auf der Grundlage der bereits gut eingeführten aber für das World Wide Web zu komplizierten Standard Generalized Markup Language (SGML), die Hypertext Markup Language (HTML). HTML, das ursprünglich eher als Hilfskonstrukt oder Brückensprache konzipiert war, entwickelte sich binnen kürzester Zeit zum Standarddateiformat des rasch wachsenden World Wide Web.[68]

Ein HTML-Dokument enthält sowohl den später tatsächlich angezeigten Text, als auch zusätzliche Informationen in Form von Auszeichnungen, so genannten *Tags*, die Informationen darüber enthalten, welche Struktur ein Dokument hat und – auch wenn dies nicht unbedingt der ursprünglichen Konzeption von HTML entspricht – in welcher Weise der Text darzustellen ist. Tags werden immer von spitzen Klammern eingerahmt.

---

[65] vgl. Berners-Lee 1999: S. 61ff
[66] Berners-Lee, 1999: S. 19
[67] vgl. Berners-Lee 1999: S. 67ff
[68] vgl. Berners-Lee 1999: S. 69ff

```
<!DOCTYPE HTML PUBLIC "-//W3C//DTD HTML 3.2 Final//EN">

<HTML>
<HEAD>
<TITLE>Ein einfaches HTML-Beispiel</TITLE>
</HEAD>

<BODY>

<H1>Das ist eine Überschrift, Größe 1</H1>

<P>Willkommen im World Wide Web.
Das ist eine Absatzmarke (Paragraph).<P>

Und dies ist eine zweite.<P>

<I>Dieser Text ist kursiv</I><P>

<B>und dieser fett gedruckt</B><P>

</BODY>
</HTML>
```

Ein einfaches HTML-Dokument[69]

In der ersten Zeile des Beispieldokuments wird zunächst die verwendete HTML-Version genannt. Im gleich darauffolgenden Head-Bereich des Dokuments wird der Dokumententitel als „Ein einfaches HTML-Beispiel" festgelegt, dieser wird nicht innerhalb des Browserfensters angezeigt, sondern in der Statuszeile des Browsers. Der Head-Bereich kann noch weitere Informationen enthalten, die das gesamte Dokument betreffen. Hier stehen häufig solche Informationen, die nicht im Browser angezeigt werden, aber beispielsweise für die Kategorisierung durch Suchmaschinen wichtig sind. Im Body-Bereich findet sich der sichtbare Text zusammen mit Informationen über seine Strukturierung und Gestaltung. Die Leerzeilen sind nicht unbedingt notwendig und dienen lediglich der besseren Lesbarkeit.

Das ist eine Überschrift, Größe 1

Willkommen im World Wide Web. Das ist eine Absatzmarke (Paragraph).

Und dies ist eine zweite.

Dieser Text ist kursiv

und dieser fett gedruckt

Je nach Browser wird das obige HTML-Dokument so oder ähnlich dargestellt[70]

---

[69] Beispiel entnommen aus: Onlinequellen: Dippelhofer

Die Entwicklung von HTML

Nach dem erfolgreichen Start des World Wide Web begannen bald einige Leute die von Berners-Lee eingeführten Protokolle, insbesondere HTML, zu „verbessern", indem sie beispielsweise neue Tags wie <blink>[71] hinzufügten. Dieser Wildwuchs gefährdete die allgemeine Zugänglichkeit der Daten im Web und damit dessen weitere Entwicklung. Darum trieb Berners-Lee die Gründung des W3C[72] voran, eines am Massachusetts Institute of Technology (MIT) beheimateten Konsortiums, das einheitliche Standards für das Web festlegen, weiter entwickeln und über ihre Einhaltung wachen sollte.[73] Die Entwicklung dieser Standards wirft ein interessantes Licht auf die sich allmählich verändernde Rolle und Nutzung von Text im World Wide Web.

HTML sollte ein Standard sein, um eine Brücke zwischen verschiedenen Computersystemen zu schlagen. Da die Darstellung von in HTML erstellten Dokumente auch auf älteren Großrechnern möglich sein sollte, die in ihren Möglichkeiten zur Anzeige von Grafik und Schrift sehr eingeschränkt waren, enthielt die erste, von Berners Lee erstellte HTML-Version kaum Befehle zur Textgestaltung: Es gab nur eine Schriftart und -größe, Text konnte fett, kursiv und unterstrichen dargestellt werden und in den Text ließen sich Absätze einfügen. Damit waren die Gestaltungsmöglichkeiten auch schon erschöpft.[74]

Mit der Entwicklung und zunehmenden Verbreitung von Browsern für PC und Mac, deren typographische Fähigkeiten weit größer waren als die der alten Großrechner, wuchs der Bedarf nach mehr Gestaltungsmöglichkeiten. Teilweise wurden von den Programmierern der Browser einfach neue HTML-Tags eingeführt, diese konnten dann jedoch nur auf einzelnen Systemen und mit bestimmten Browsern richtig interpretiert werden, was die Funktion von HTML als Brückensprache stark gefährdete. Der aus diesem Grund von Tim Berners-Lee und Dave Raggett vorgeschlagene Standard HTML 1.0 wurde von den Browserprogrammierern mehr oder weniger ignoriert.[75]

Erst mit HTML 2.0 gelang es dem W3C 1995 dem Chaos einigermaßen Herr zu werden und einen Standard einzuführen, der praktisch von allen Browserherstellern unterstützt wurde, auch wenn die meisten noch eine ganze Reihe zusätzlicher HTML-Tags verwendeten, die in diesem Standard nicht enthalten waren. Der nur wenig später vom W3C vorgeschlagene Standard 3.0 wurde hingegen von den Browserherstellern nicht angenommen. Das Projekt war zu ambitioniert und die Änderungen zu groß, so dass die Browserhersteller nicht willens oder in der Lage waren, sie umzusetzen. Erst mit HTML 3.2, dessen Möglichkeiten im Vergleich zu HTML 3.0 deutlich eingeschränkt waren, gelang es 1997 wieder einen gemeinsamen Standard zu etablieren. Als letzte Version „klassischen" HTMLs wurde schließlich 1998 HTML 4.0 zum neuen Standard erklärt. Zusammen mit HTML 4.0 kam eine weitere wichtige Neuerung Cascading Stylesheets (CSS).[76]

---

[70] Beispiel entnommen aus: Onlinequellen: Dippelhofer
[71] Wie der Name schon sagt, bringt der <blink>-Tag Text innerhalb eines HTML-Dokuments zum Blinken.
[72] vgl. Onlinequellen: World Wide Web Consortium
[73] vgl. Gillies u. Cailla 2002: S. 297ff
[74] vgl. Gillies u. Cailla 2002: S. 231ff
[75] vgl. Onlinequellen: Wilson
[76] vgl. Onlinequellen: Wilson und Onlinequellen: Shannon

Jede der neuen HTML-Versionen hatte eine ganze Reihe von neuen Möglichkeiten zur Textgestaltung gebracht. Zuerst wurden Querstriche möglich, etwas später Tabellen, die neue Formen der Textanordnung auf dem Bildschirm ermöglichten. Graphiken konnten in den Text integriert werden und es wurde möglich, den Text um die Graphiken herumfließen zu lassen. Die umstrittenen Frames, die es erlaubten, die Inhalte mehrer URIs zu einer Seite zusammenzufügen, wurden eingeführt und natürlich die Möglichkeit Schriftart, Schriftgröße und Schriftfarbe zu manipulieren. Gerade letzteres wurde aber von vielen nicht gerne gesehen, da es im Widerspruch zu einem wichtigen Prinzip von SGML stand, der Trennung von Struktur und Darstellung.

Nach dem ursprünglichen HTML-Konzept sollte lediglich die Textstruktur, z.B. verschiedene Ebenen von Überschriften ausgezeichnet werden. Auf welche Weise diese Struktur dann dargestellt wurde, sollte dem Browser überlassen werden, der das Dokument verarbeitete. Viele Gestalter von Webseiten verlangten aber mehr Kontrolle über das Aussehen ihrer Seiten und so wurde dieses Prinzip mehr und mehr unterlaufen. CSS (Cascading Style Sheets) stellt eine elegante Lösung für diesen Konflikt dar. In HTML wird, wie ursprünglich gedacht, lediglich die Struktur ausgezeichnet. Gleichzeitig werden Stylesheets erstellt und dem Dokument zugeordnet, die Informationen darüber enthalten, wie das Dokument vom Browser dargestellt werden soll. Auf diese Weise konnten neue Gestaltungsmöglichkeiten eingeführt und dennoch der eigentliche HTML-Code sauber gehalten werden. Zusätzlich erleichterte CSS auch die Verwaltung großer Websites, da man nur noch eine Änderung in den Stylesheets vornehmen musste, um das Aussehen aller Dokumente gleichzeitig zu ändern. Es dauerte einige Zeit, bis CSS von den wichtigsten Browsern ordentlich unterstützt wurde, inzwischen ist dies aber weitgehend geschehen.[77]

Zur Zeit findet die Umstellung des klassischen HTML auf XHTML statt. Im Gegensatz zu HTML, das auf SGML basiert, beruht XHTML auf XML, einer weiteren Markup-Sprache, die zwar auch von SGML abgeleitet, aber sehr viel einfacher ist. Die Syntax von XHTML ist im Vergleich zu HTML sehr strikt, was die korrekte Darstellung von Seiten auf verschiedenen Plattformen garantieren soll. Außerdem besteht die Möglichkeit, nur einzelne Module von XHTML zu verwenden. Das ist vor allem dann von Bedeutung, wenn Geräte mit minimaler Prozessorleistung ans World Wide Web angeschlossen werden, wie es in Zukunft z.B. für Haushaltsgeräte wie Kaffeemaschinen, Waschmaschinen und Kühlschränke vorgesehen ist, die sich auf diese Weise vom Bürocomputer oder vom Handy aus fernsteuern lassen.[78]

Zusammen mit weiteren Standards dienen XML und XHTML dem Aufbau des *Semantic Web*. Dabei handelt es sich um ein von Tim Berners-Lee und dem W3C vorangetriebenes Projekt, das es sich zum Ziel gesetzt hat, dafür zu sorgen, dass die unglaubliche Menge an Daten im World Wide Web für Computer interpretierbar wird.[79]

Bislang sind HTML-Dokumente in zwei Teile aufgeteilt: in *Head* und *Body*. Die Textauszeichnungen im Body enthalten dabei vor allem Informationen zur Strukturierung des Dokuments und zu seiner Darstellung im Browser. Die im Head enthaltenen Daten bekommt der Nutzer normalerweise nicht zu Gesicht. Sie enthalten Informationen über

---

[77] vgl. Onlinequellen: Wilson und Onlinequellen: Shannon
[78] vgl. Onlinequellen: Wilson und Onlinequellen: Shannon
[79] vgl. Berners-Lee 1999: S. 257ff, Onlinequellen: Berners-Lee, Onlinequellen: World Wide Web Consortium

den Autor des Dokumentes, Erstellungsdatum, Schlagwörter für Suchmaschinen etc. in Form so genannter Meta-Tags. Im Semantic Web soll die Möglichkeit, Webdokumente mit maschinenlesbaren Auszeichnungen zu versehen, stark ausgeweitet und erheblich verfeinert werden. Es werden nicht nur zahlreiche neue maschinenlesbare Kategorien eingeführt, sondern auch die Möglichkeit, Beziehungen zwischen diesen Kategorien zu definieren, so dass sich das World Wide Web in Richtung einer gigantischen relationalen Datenbank entwickeln wird.[80]

Die englische Version der Online-Enzyklopädie Wikipedia erläutert die Unterschiede zu "gewöhnlichen" HTML-Seiten und Dokumenten im Semantic Web am Beispiel eines Onlinekatalogs: „For example, with HTML and a tool to render it (perhaps Web browser software, perhaps another user agent), one can create and present a page that lists items for sale. The HTML of this catalog page can make simple, document-level assertions such as "this document's title is 'Widget Superstore'". But there is no capability within the HTML itself to unambiguously assert that, say, item number X586172 is an Acme Gizmo with a retail price of €200, or that it is a consumer product. Rather, HTML can only say that the span of text "X586172" is something that should be positioned near "Acme Gizmo" and "€200", etc. There is no way to say "this is a catalog" or even to establish that "Acme Gizmo" is a kind of title or that "€200" is a price. There is also no way to express that these pieces of information are bound together in describing a discrete item, distinct from other items perhaps listed on the page. The Semantic Web addresses this shortcoming, using the descriptive technologies RDF and OWL, and the data-centric, customizable markup language XML. These technologies are combined in order to provide descriptions that supplement or replace the content of Web documents. Thus, content may manifest as descriptive data stored in Web-accessible databases, or as markup within documents (particularly, in XHTML interspersed with XML, or, more often, purely in XML, with layout/rendering cues stored separately). The machine-readable descriptions allow content managers to add meaning to the content, thereby facilitating automated information gathering and research by computers."[81]

Durch das Hinzufügen dieser maschinenlesbaren Komponenten soll die Funktionalität des World Wide Web in verschiedenen Bereichen stark erweitert werden:[82]
- Suchmaschinen sollen weit treffsicherer werden, als sie es heute sind. So wird es z.B. bei der Eingabe des Schlagwortes „Käfer" möglich sein, zu definieren, ob man Informationen über Autos oder Insekten möchte. Da auch viele Websites entsprechend ausgezeichnet sein werden, können die für die Suchanfrage tatsächlich relevanten Treffer problemlos selektiert werden.
- In einem weiteren Schritt sollen spezielle Programme, so genannte Software-Agenten, im Semantic Web eigenständig Recherchen durchführen und auch Vereinbarungen treffen können. Ein solcher Software Agent kann z.B. beauftragt werden, einen Ohrenarzt im Umkreis von 30 km um einen beliebigen Ort zu finden, der an einem bestimmten Tag um 10.00 Uhr einen Termin frei hat. Mit Hilfe des Semantic Web kann der Software Agent einen solchen Arzt nicht nur finden, sondern auch gleich einen Termin vereinbaren.
- Das Semantic Web wird auch die Entwicklung von vorgefertigten Standard-Websites, die jeder Benutzer zu Gesicht bekommt, hin zu dynamischen Seiten, die

---

[80] vgl. Berners-Lee 1999: S. 262f
[81] Onlinequellen: Wikipedia – Semantic Web
[82] vgl. Berners-Lee 1999: S. 223ff

für den einzelnen Benutzer individuell aus einer Datenbank zusammengestellt werden, verstärken. Eine Technik, die bereits heute von großen Portalseiten und kommerziellen Anwendern wie Yahoo und Amazon genutzt wird.[83] Darüber hinaus ermöglicht das Semantic Web die flexible Strukturierung von Inhalten in Form so genannter *Topic Maps*, die dem Nutzer die effektive und schnelle Orientierung in großen Datenbeständen ermöglichen sollen.

Einer der größten Kritikpunkte am Semantic Web ist, dass Datensammlern und Manipulateuren Tür und Tor geöffnet wird. So können beispielsweise die Nutzerprofile, auf denen die Zusammenstellung dynamischer Seiten beruht, sowohl mit als auch ohne Wissen und Einverständnis der Nutzer zu Stande kommen. Begegnet werden soll dieser Gefahr mit Hilfe von Zertifikaten, durch die sich Nutzer und Websites gegenseitig Vertrauen und Verlässlichkeit bescheinigen. Mit ihrer Hilfe sollen menschliche Netzwerke nachgebildet werden.[84] Inwieweit sich die Neuerungen, die das Semantic Web bietet, durchsetzen werden, ist abzuwarten. Die technischen Grundlagen dafür sind bereits vorhanden.

Erweiterungen von HTML

Von seiner ursprünglichen Konzeption her war HTML eine Sprache zur Darstellung statischer Dokumente. Um dem Format der Website einen interaktiveren Charakter geben zu können, wünschten sich viele Entwickler jedoch die Möglichkeit, Seiten zu erstellen, die dynamisch auf das reagieren konnten, was der Benutzer am Bildschirm tat. Mit der Programmiersprache Java schuf die Firma Sun Microsystems 1995 die Möglichkeit hierfür. Java erzeugt auf dem Rechner des Benutzers einen virtuellen Computer, in dem kleine Programme „Java-Applets" ausgeführt werden können. Durch diesen Kunstgriff sind Java Applets plattformübergreifend auf praktisch allen Rechnern lauffähig.[85]

Java hatte jedoch den Nachteil, dass es für viele Einsatzbereiche, z.B. der Farbänderung von Buttons bei Mauskontakt, schlicht zu langsam war. Um diese Lücke zu schließen, führte die Firma Netscape kurze Zeit später JavaScript ein, eine Kommandosprache, die viel einfacher war als Java selbst und die vom Browser direkt interpretiert werden konnte. JavaScript ermöglichte es zum einen, auf die Handlungen des Nutzers mit Maus und Tastatur so zu reagieren, dass der Eindruck von Interaktivität entstand und zum anderen die Darstellung von Webseiten an die Gegebenheiten auf dem Computer des Benutzers, z.B. die Bildschirmgröße anzupassen. Auch bei JavaScript gab es anfangs große Kompatibilitätsprobleme zwischen den einzelnen Browsern, die inzwischen jedoch durch die Standardisierungsbemühungen des W3C weitgehend ausgeräumt sind.[86]

---

[83] vgl. Lobin 1999: S. 157f
[84] vgl. Berners-Lee 1999: S. 223ff
[85] vgl. Berners-Lee 1999: S. 154ff und Onlinequellen: Shannon
[86] vgl. Onlinequellen: Shannon

Auch Plugins dienen der Bereicherung des Website Formats. Dabei handelt es sich um Programmmodule, die dazu dienen, die Fähigkeiten eines Browsers zu erweitern, so dass dieser Datenformate verarbeiten kann, die vom Hersteller des Browsers ursprünglich nicht vorgesehen waren. So ermöglicht z.B. das Shockwave Flash Plugin die Darstellung animierter Vektorgraphiken, mit Hilfe des RealPlayer Plugins ist die Wiedergabe von Ton- und Filmdateien schon während des Ladevorgangs aus dem Netz möglich, usw. Viele der multimedialen Inhalte des World Wide Webs, wurden erst durch den Einsatz solcher Plugins möglich.

Datum	Zahl der Websites[87]
Juni 1993	130
Juni 1994	2738
Juni 1995	23500
Juni 1996	252000
Juni 1997	1117259
Juni 1998	2410067
Juni 1999	6177453
Juni 2000	17119262
Juni 2001	29302656
Juni 2002	38807788
Juni 2003	40936076
Juni 2004	51635254
Juni 2005	64808485
Juni2006	85541228

Der Schritt von einer statischen zu einer dynamischen Website ist mindestens so groß wie der Schritt von „normalem" Text zu Hypertext. Die Arbeit an dynamischen Dokumenten, welche die Möglichkeiten, die Java, JavaScript und diverse Plugins bieten, wirklich ausnutzen, gleicht eher der Erstellung und Umsetzung eines Drehbuches als dem Vorgang, der normalerweise unter dem Schreiben eines Textes verstanden wird. Das volle Potential dieser dynamischen Möglichkeiten wird allerdings bislang nur selten wirklich ausgeschöpft.

Das Web wuchs und wächst noch mit atemberaubender Geschwindigkeit. Während sich in den Anfangsjahren die Zahl der Websites jedes Jahr ungefähr verzehnfachte, verdoppelt sich die Anzahl der Sites im Moment nur noch.

Wachstum des World Wide Web

Zugriff auf das Format

Die Programme, mit denen der Benutzer auf das Websiteformat zugreift, werden Browser genannt. Der Benutzer wird nur das sehen und nur das im World Wide Web tun können, was sein Browser zulässt. Die Fähigkeiten der Browser beeinflussen deshalb im hohem Maße die Lesegewohnheiten im World Wide Web, sind aber auch wichtig für die Autoren von Webseiten, die bei ihrer Arbeit die Eigenheiten der verschiedenen Browser berücksichtigen müssen.

Der von Berners-Lee für den NEXT Computer entwickelte „Urbrowser", hatte bereits viele Fähigkeiten, die bei den Browsern, die nach und nach für andere Plattformen entwickelt wurden, erst lange später umgesetzt wurden. Zusätzlich wies er eine Besonderheit auf, die bis heute viele Browser vermissen lassen: es handelte sich um eine Kombination aus Browser und Editor. Webseiten konnten von Grund auf neu gestaltet werden, es war aber auch möglich, aus dem World Wide Web geladenen Webseiten zu verändern, z.B. zu kommentieren und zu ergänzen und sie in veränderter Form zurück ins Netz zu stellen. Die Funktion des World Wide Web als kommunikatives Format, das die weltweite Zusammenarbeit ermöglichte, die Berners-Lee ursprünglich im Sinn hatte, ist durch die Entwicklung, die in der Zwischenzeit stattgefunden hat, fast ganz durch

---

[87] vgl. Onlinequellen: Hobbes Internet Timeline

seine Funktion als ein der Information und Unterhaltung dienendes Format verdrängt worden.[88] Dazu haben nicht zuletzt die großen Browserhersteller einiges beigetragen.

In der Frühzeit des World Wide Web gab es neben dem hochentwickelten Browser für die NEXT-Plattform für andere Computersysteme zunächst nur relativ unkomfortable Zeileneditor-Browser, die allenfalls mit viel Phantasie einen Eindruck von den Möglichkeiten des Websiteformats vermitteln konnten. Da Berners-Lee jedoch alle Informationen und Hilfsmittel, die notwendig waren, um Browser zu entwickeln, kostenlos zur Verfügung stellte, begannen bald Programmierer überall auf der Welt, an Browsern für verschiedene Systeme zu arbeiten. In Finnland wurde Ende 1991 von Studenten der Helsinki University of Technology der Browser Erwise für das Unix-basierte X-Windows System geschaffen. Fast zur gleichen Zeit entstand VIOLA, ein weiterer Browser für X-Windows, der in der Lage war, Graphiken und Tabellen anzuzeigen und der auch als erster Browser kleine Programme ausführen konnte, wie sie später mit Java populär werden sollten. 1992 erschienen dann mit Samba und Cello zwei komfortabel zu bedienende Browser für die PC und Mac Plattform auf der Bildfläche. Damit begann das Web langsam auch für private Anbieter interessant zu werden.[89]

Der Durchbruch gelang schließlich mit dem Browser Mosaic, der am National Center for Supercomputing Applications (NCSA) in den USA erstellt wurde. Das NCSA hatte die Kapazität, ein professionelles Entwicklerteam an Mosaic arbeiten zu lassen und den neuen Browser offensiv zu vermarkten. Im Sommer 1993 waren Versionen von Mosaic für X-Windows, PC und Mac erschienen, die sich von anderen Browsern vor allem durch die Einfachheit ihrer Bedienung unterschieden. Mosaic wurde bald zum Quasistandard und veränderte die Art, wie Dokumente im Websiteformat wahrgenommen und gelesen wurden entscheidend. Alle bisherigen Browser hatten im Hauptfenster reinen Text dargestellt und Graphiken, soweit sie überhaupt dargestellt werden konnten, in zusätzlichen Fenstern geöffnet. Das war ein für viele Belange praktisches Verfahren, da man eine Graphik im Blick behalten konnte, solange man wollte, während man im Text weiterlas. Für Leute, die an Zeitungen und Zeitschriften mit ihren collagehaften Mischungen aus Text und Bildern gewohnt waren, erforderte es jedoch eine Umstellung. Mosaic erlaubte es als erster Browser, Bilder in den Text zu integrieren, so dass es nun möglich war, Seiten zu gestalten, die den bekannten Druckformaten glichen. Schnell setzten sich die alten Rezeptionsgewohnheiten gegenüber der neuen Art Dokumente zu strukturieren durch, auch wenn diese dem Websiteformat eher angemessen war und vermutlich ein höheres Potential besaß. Im Laufe der Zeit begannen immer mehr Dokumente im World Wide Web den Seiten von Zeitungen oder Zeitschriften zu ähneln.

Die Idee eines kombinierten Browser-Editors wurde von Mosaic nicht aufgegriffen. So entwuchs das Web mit dem Erfolg von Mosaic zwar dem Dunstkreis der Computerbastler und Universitäten, wurde aber gleichzeitig zu einem kommunikativen Format mit vielen Rezipienten und einigen wenigen Produzenten. Es fand eine ganz ähnliche Entwicklung statt, wie sie sich Jahre zuvor bereits bei E-Mail und den damit verwandten Formaten beobachten ließ.[90]

---

[88] vgl. Berners-Lee 1999: S. 51ff u. 91f, Gillies u. Cailla 2002: S. 217ff
[89] vgl. Gillies u. Cailla 2002: 227ff
[90] vgl. Gillies u. Cailla 2002: S. 266f

Kurz nach dem Erfolg von Mosaic verließ der größte Teil des Entwicklerteams das NCSA, um bei einer neu gegründeten Firma mitzuarbeiten, die kurze Zeit später den Browsermarkt aufrollen sollte: Netscape. Der Netscape Navigator war der erste wirklich mit kommerziellen Ambitionen erstellte Browser und er schlug alles, was vorher da war, um Längen. Innerhalb kurzer Zeit beherrschte er rund 95% des Browsermarktes. Das lag unter anderem daran, dass er kostenlos an alle Interessierten verteilt wurde. Nur wenig später entwickelte Microsoft auf Grundlage des alten Mosaic Codes mit dem Internet Explorer einen Browser, der künftig in das Betriebssystem Windows integriert werden sollte. Netscape und Microsoft lieferten sich in den folgenden Jahren heftige Schlachten, die teilweise auf Kosten allgemeiner Standards ausgetragen wurden. Mit jeder Browserversion warteten die Konkurrenten mit neuen Features auf, die nur der eigene Browser unterstützte, was zur Folge hatte, dass manche Internetseiten nur mit dem Internet Explorer und andere nur mit dem Netscape Navigator ordentlich aussahen. Entwickler von Websites waren dadurch mitunter gezwungen, mehrere Versionen derselben Website ins Netz zu stellen. Microsoft gewann schließlich, nicht zuletzt wegen der Integration des Browsers in das Betriebssystem Windows, die teilweise auch die Gerichte beschäftigte, den Kampf um die Vorherrschaft auf dem Browsermarkt.[91]

Marktanteile der Browser heute (stand Oktober 2004)		
MS Internet Explorer	71,0%	Verglichen mit der wilden Anfangszeit des World Wide Web ist heute eine zunehmende Monopolisierung des Browsermarktes erkennbar. Für Autoren von Websites ist dies angenehm, da sie wissen, mit welchen Programmen ihre Seiten rezipiert werden. Die zunehmende Monopolisierung birgt aber auch unbestreitbare Gefahren in sich.
Mozilla	23,1%	
Safari	2,8%	
Netscape	1,6%	
Opera	1,4%	
Andere	0,1%[92]	

Marktanteile der Browser heute

Wie zuvor schon Mosaic nahmen auch Netscape und Microsoft bei der Entwicklung ihrer Browser die Idee des World Wide Web als einem kommunikativen Format zur Zusammenarbeit nur sehr bedingt auf. Neue Features, mit denen die Browser ausgestattet wurden, wiesen viel mehr in die Richtung eines Massenmediums, das der Informationssuche und der Unterhaltung dienen sollte.

Wichtige Eigenschaften des Formats

Betrachtet man die technischen und die strukturellen Eigenschaften des Websiteformats, so stellen Links die wichtigste Verbindung zwischen beiden dar. Ihre Ausprägung unterscheidet das World Wide Web von anderen Hypertextsystemen und beeinflusst die Strukturen, die innerhalb des World Wide Web auf verschiedenen Ebenen gebildet werden können.

Links halten das Web zusammen

Links sind Verweise oder Bindeglieder, die Hypertextknoten untereinander oder Hypertextknoten und andere Dokumente miteinander verbinden. Grundsätzlich bestehen

---

[91] vgl. Berners-Lee 1999: S. 137ff, Gillies u. Cailla 2002: S. 286ff und Onlinequellen: Wilson
[92] vgl. Onlinequellen: Webhits

Links im World Wide Web aus einem URI (Universal Ressource Identifier) im HTML-Quelltext, der auf die unterschiedlichsten Ressourcen wie Hypertextdokumente, Dokumente anderen Formats, Programmdateien etc. verweisen kann und einer Repräsentation dieser URI im Ausgangshypertext. Sie besitzen somit einen technischen und einen strukturellen Aspekt.

Auf Grundlage der Erscheinungsform dieser Repräsentation lassen sich *Textlinks* und *grafische Links* voneinander unterscheiden. Textlinks sind in der Regel dadurch gekennzeichnet, dass das entsprechende Wort oder die entsprechende Textpassage unterstrichen ist. Die Unterstreichung hat dabei standardmäßig die Farbe blau, es werden aber auch andere Farben verwendet. Bei Links, die innerhalb eines bestimmten Zeitraumes bereits besucht wurden, wird die Unterstreichung vom Browser oft in einer anderen Farbe – gängig sind hier rot und violett – dargestellt. Nicht alle Siteersteller halten sich jedoch an die Konventionen zur Gestaltung von Textlinks, so dass sich in manchen Webdokumenten sowohl Textlinks finden, die auf den ersten Blick nicht als solche erkennbar sind, als auch Textpassagen, die wie Links aussehen, aber keine sind.[93] Dies erschwert die Navigation in einem Hypertextdokument ungemein. Dem Rezipienten bleibt nur die Möglichkeit, die zweifelhaften Passagen probeweise mit der Maus zu überfahren. Handelt es sich um einen Link, so ändert der Mauszeiger bei den meisten Systemen seine Erscheinung von einem Pfeil zu einer Hand mit ausgestrecktem Zeigefinger.

Bei grafischen Links kann es sich um Icons, Grafiken oder Ausschnitte aus Grafiken handeln. Sogenannte Schaltflächen stellen oft eine Kombination aus Grafik und Text dar. Es sind kleine Grafiken, die oft einem Schalter oder einem Knopf nachempfunden sind und die Texte enthalten können, die ihre Funktion kennzeichnen. Wird JavaScript oder Java eingesetzt, so lassen sich sogenannte Rollovereffekte erzielen, das bedeutet, dass ein grafischer Link sich beim Überfahren farblich oder von der Gestaltung her verändert.

Grafische Links werden oft in Form von Imagemaps realisiert. Innerhalb einer großen Grafik werden verschiedene Teile als Links markiert. Besitzt die dafür verwendete Grafik einen geeigneten symbolischen oder metaphorischen Gehalt, können auf diese Weise reizvolle Navigationssysteme entwickelt werden. Beispielsweise könnten bei einer Website, die sich mit dem Thema Gesundheit beschäftigt, die einzelnen Körperteile eines Menschen auf diese Weise verlinkt sein. Klickt man auf das Auge, erhält man Informationen zu Augenkrankheiten, klickt man aufs Ohr, zu Krankheiten des Ohrs etc.

Oft werden mehrere Textlinks oder Schaltflächen zu Navigationsleisten zusammengefasst. Sie befinden sich in der Regel an einem der Bildschirmränder, besonders häufig am oberen oder linken Bildschirmrand. Innerhalb einer Website sind diese Navigationsleisten oft in jedem Dokument gleich, während sich der restliche Inhalt der Dokumente verändert. Auf diese Weise können Navigationsleisten Fixpunkte bilden, die es dem Rezipienten erlauben, durch eine Website zu navigieren, ohne die Übersicht zu verlieren.

---

[93] Unter dem Menüpunkt „Galerie" in Onlinequellen: Wirth finden sich eine ganze Reihe von Beispielen für nicht eindeutig gekennzeichnete Links.

Links lassen sich nicht nur nach ihrer Erscheinungsform, sondern auch nach ihrem Ziel differenzieren. Zunächst gibt es Links, die auf HTML-Dokumente zeigen. Ein solcher Link kann auf eine andere Stelle desselben Dokuments zeigen, auf ein anderes Dokument, das zur gleichen Website gehört oder auf ein beliebiges anderes HTML-Dokument in den Weiten des World Wide Web. Da es im World Wide Web keine zentrale Datenbank zur Speicherung der Links gibt, sondern die Links in den einzelnen HTML-Dokumenten gespeichert werden, kommt es vor, dass ein Link auf ein Dokument verweist, das nicht oder nicht mehr existiert. In diesem Fall wird eine Fehlermeldung angezeigt.

Links können auch auf Text, Bild, Ton oder Videodateien verweisen, die bei Aktivierung des Links je nach Konfiguration und Einstellung des Browsers direkt angezeigt oder auf den eigenen Rechner geladen werden. Auch auf Programmdateien können Links verweisen. Handelt es sich dabei um Java-Applets, dann können diese direkt im Browser gestartet werden. Handelt es sich um betriebssystemspezifische Programmdateien, so können diese auf den eigenen Rechner geladen und dort – falls sie mit dem installierten Betriebssystem kompatibel sind – gestartet werden. Schließlich können Links auch zu anderen kommunikativen Formaten führen, die mit vernetzten Computern möglich sind.[94] Dabei kann es sich um Gästebücher und Foren, E-Mail-Adressen oder Chat-Rooms handeln.

Repräsentation	Start-Ziel-Beziehung	Zielart
Textlinks - Wort - Textpassage **Grafische Links** - Icon - Schaltfläche - Grafik - Teil einer Grafik	**Absolute Links** Die Repräsentation des Verweises ist vom Startpunkt des Links unabhängig. **Relative Links** Die Repräsentation des Verweises beschreibt das Ziel in Abhängigkeit von der Startposition.	**Anderer Hypertextknoten** - lokal - intern - extern **Mediale Dateien** - Textdateien - Bilddateien - Tondateien - Videodateien **Programmdateien** - im Browser ausführbar - nicht im Browser ausführbar **Anderes kommunikatives Format** - E-Mail - Gästebuch - Forum - Chat

Möglichkeiten der Kategorisierung von Hyperlinks

Eine weitere Möglichkeit, Links zu differenzieren, die ebenfalls mit dem Linkziel in Verbindung steht, ist die Unterteilung in *relative* und *absolute* Links. Relative Links

---

[94] vgl. den Abschnitt „Kommunikation mit den Fingerspitzen" dieser Arbeit

beschreiben dabei das Linkziel in Abhängigkeit vom gegenwärtigen Standort im Hypertext. Solche Links können z.B. durch Texte wie „vor", „zurück", „Seitenanfang" etc. repräsentiert werden. Sie bedienen sich in der Regel einer aus Printtexten übernommenen Raummetaphorik, die im Folgenden noch ausführlich diskutiert wird. Absolute Links hingegen verweisen mit Worten oder Symbolen auf Hypertextknoten oder auf andere mögliche Linkziele, die nicht vom Ausgangspunkt des Links abhängig sind.

Alles in allem scheinen Links fast magische Fähigkeiten zu haben. Wir klicken auf ein Zeichen und schon passiert etwas.[95] Die Möglichkeit, Links einzusetzen, stellt eine der wichtigsten Eigenschaften von Hypertext dar. Die besondere technische Umsetzung im World Wide Web prägt das Format und unterscheidet es von anderen Hypertextsystemen.

Strukturen im Web
Innerhalb des World Wide Web lassen sich verschiedene Strukturebenen unterscheiden. Die zentrale Strukturebene wird dabei von den Elementen eingenommen, die einen eigenen URI besitzen, das können sowohl HTML-Dokumente als auch Multimedia- und Programmdateien sein. HTML-Dokumente nehmen dabei insofern eine Sonderstellung ein, als nur von ihnen Links zu weiteren Dokumenten ausgehen können. Betrachtet man das World Wide Web als Netzwerk, so können nur HTML-Dokumente Knoten des Netzwerks bilden, während Multimedia- und Programmdateien als lose Enden an einem oder mehreren dieser HTML-Knoten hängen. Für HTML-Dokumente im World Wide Web sind auch die Ausdrücke *Internetseite, Webdokument, Webpage* oder *Webseite* üblich.

Die nächst höhere Strukturebene wird von *Websites* gebildet. Dabei handelt es sich um eine Gruppe von HTML-Knoten, die von einem Autor oder einer Autorengemeinschaft kontrolliert werden und für Rezipienten auf Grund ihrer Gestaltung, ihres Inhalts oder gleichbleibender Elemente im URI als zusammengehörig erkennbar sind. Der Umfang einer Website kann von einem einzelnen Knoten bis zu mehreren tausend reichen. Oft gibt es innerhalb einer Website einen zentralen Knoten, der von den Autoren der Website als Ausgangspunkt für die Rezeption vorgesehen ist und *Startseite* oder *Homepage* genannt wird.

Mit Hilfe von Links können die zu einer Website gehörigen Webdokumente zu verschiedenen Strukturen geordnet werden. Im Prinzip lässt sich dabei fast jede vorstellbare Struktur verwirklichen. Insgesamt lassen sich diese Strukturen vier Gruppen zuordnen:
- *Reihenstruktur:* Reihen sind rein sequentielle Strukturen von Webdokumenten. Ein Webdokument ist dabei lediglich mit dem vorhergehenden und nachfolgenden Dokument verlinkt. Diese Art der Struktur gibt dem Rezipienten vor, was er wann zu lesen hat und kommt in der Regel nur in besonderen Fällen, z.B. bei der Aufnahme von Daten für eine Bestellung zur Anwendung.
- *Baumstruktur:* Größere Websites besitzen oft eine zentrale Startseite, von dieser aus gelangt man zu verschiedenen Unterseiten, von den Unterseiten zu Unterunterseiten und so fort. Eine solche Website ist hierarchisch aufgebaut und ähnelt in der Struktur einem Baum.

---

[95] vgl. Schmitz 1997: S. 148

- *Matrix:* Websites, auf denen große Wissensbestände bereitgestellt werden, sind mitunter in Form einer Matrix, meist mit zwei, manchmal mit mehr Dimensionen aufgebaut.
- *Rhizom:* Ein Rhizom ist eine netzartige Struktur ohne definierbaren Anfang und definierbares Ende. Das Netz weist dabei in der Regel keine klaren Strukturmerkmale auf. Rhizomatische Strukturen können für den Rezipienten sehr verwirrend sein, weil er kaum die Möglichkeit hat, ein mentales Modell der Struktur zu bilden. Deshalb finden sie nur auf einigen wenigen experimentellen Websites Anwendung. Allerdings kann das World Wide Web, mit den unzähligen Links zwischen verschiedenen Websites, insgesamt als ein gewaltiges Rhizom angesehen werden.

Oft finden sich auf Websites Kombinationen der verschiedenen Grundstrukturen. Dabei dient als Grundlage gewöhnlich eine Baumstruktur. Diese ist oft angereichert mit „Querlinks" zu an einer bestimmten Stelle interessanten Dokumenten der gleichen Website. Dazu können externe Links kommen, welche die Website in das World Wide Web als Ganzes einbinden. In den letzten Jahren sind aber auch immer mehr Websites entstanden, auf die diese statischen Strukturmodelle nicht mehr anwendbar sind. Solche Websites werden dynamisch aus Datenbanken zusammengestellt. Für die Zusammenstellung werden dabei oft Informationen herangezogen, die über den Rezipienten bei vorherigen Besuchen gesammelt wurden. Dadurch ist es möglich, dem Rezipienten maßgeschneiderte Angebote zu unterbreiten. Viele Firmen wie z.B. der Buchversand Amazon nutzen diese Technik. Andere Websites, z.B. Suchmaschinen wie Google oder Bibliothekskataloge[96] bestehen aus wenig mehr als einem Datenbankinterface.[97]

In Zukunft werden in Zusammenhang mit der dynamischen Strukturierung und Darstellung von Daten vermutlich die so genannten *Topic Maps* stark an Bedeutung gewinnen. Sie ermöglichen es, Informationen in Form von „*Topics* (Themen, Personen, Orte...), *Associations* (Verknüpfungen zwischen Topics) und *Occurrences* (Instanzen von oder Dokumente zu Topics)"[98] zu strukturieren. Darüber hinaus lassen sich für Topics *Namen* und *Rollen* vergeben.[99] Was mit Topic Maps möglich ist, lässt sich am Beispiel der Website des Erziehungswissenschaftlichen Seminars der Ruprecht-Karls-Universität Heidelberg erkennen.[100] Ruft man die Homepage des Instituts auf, so findet man auf der rechten Seite zunächst eine Reihe von Rollen, die Personen in diesem Institut spielen können, z.B. Professor, Sekretariat, Leitung, Studienberatung etc. Klickt man auf den Punkt Professor, erhält man eine Liste der Namen aller Topics (in diesem Fall Personen), welche am Institut die Rolle Professor spielen. Wählt man einen Namen aus, so erhält man einige Informationen über die entsprechende Person und gleichzeitig eine Liste mit weiteren Rollen, welche sie spielt. Auf ähnliche Weise lassen sich die Beziehungen zwischen Texten, Autoren, Herausgebern, Veröffentlichungsorten und -zeiten etc. modellieren. Topic Maps bieten so die Möglichkeit, hochkomplexe und dennoch klar strukturierte Informationsnetze zu bilden. Damit stellen Sie ein wichtiges Hilfsmittel dar, um die ausufernde Informationsflut im World Wide Web in den Griff zu bekommen.

---

[96] vgl. Onlinequellen: Google und Onlinequellen: Karlsruher Virtueller Katalog
[97] vgl. Freisler 2001: S.72ff
[98] Onlinequellen: Wikipedia – Topic Maps (Hervorhebung durch den Autor)
[99] vgl. Onlinequellen: Wikipedia – Topic Maps
[100] vgl. Onlinequellen: Erziehungswissenschaftliches Institut der Universität Heidelberg

Die oberste Strukturebene bildet schließlich das World Wide Web selbst, in dem die Websites mehr oder weniger stark vernetzt sind. Der Normalfall ist dabei, dass von einer Website sowohl Links zu anderen Websites ausgehen, als auch von anderen Websites dort ankommen. Es sind aber auch Inselwebsites denkbar, die durch Links nicht mit anderen Seiten verbunden sind und nur direkt über ihre URI aufgerufen werden können. Trotz der fehlenden Vernetzung sind auch sie dem World Wide Web als Ganzem zuzurechnen.

Auch unterhalb der Ebene des einzelnen HTML-Dokuments gibt es weitere Strukturebenen. Ein HTML-Dokument kann eine mehr oder weniger beliebige Anzahl von Texten sowie multimediale und interaktive Elemente enthalten. Ähnlich wie die Artikel auf einer Zeitungsseite können die Texte in einem HTML-Dokument sich ganz unterschiedlichen Themen widmen, die nicht immer einen inhaltlichen Zusammenhang aufweisen. Um zu verdeutlichen, dass es sich um inhaltlich mehr oder weniger abgeschlossene Texte handelt, die dennoch Teil eines HTML-Dokumentes sind, das – wenn die Monitorgröße es erlaubt – als Ganzes ins Blickfeld des Nutzers gerät, möchte ich in diesem Zusammenhang auch von *Textsegmenten* sprechen. Textsegmente sind dabei direkt im HTML-Dokument enthalten, während multimediale Elemente, auch wenn sie bei der Darstellung in die Webseite integriert erscheinen, an anderer Stelle gespeichert sind und im HTML-Dokument lediglich durch ihren URI repräsentiert werden. Interaktive Elemente können wie im Fall von Java-Skript direkt in das HTML-Dokument eingebettet oder wie im Fall von Plugins in gesonderten Dateien gespeichert sein. Die Beziehung zwischen Textsegmenten und multimedialen Elementen innerhalb eines HTML-Dokuments kann äußerst komplex sein und wird in einem späteren Abschnitt dieser Arbeit noch ausführlich erörtert.

Thomas Wirth zeigt in seinem Buch „Missing Links" in einem interessanten Gedankenexperiment eindrucksvoll, dass Text das dominierende Element des Websiteformats ist. Denkt man sich aus den meisten Webseiten sämtliche Grafiken und multimedialen Elemente weg, so bilden diese zwar einen relativ tristen Anblick, bleiben aber in weiten Teilen noch benutzbar und verständlich. Entfernt man jedoch sämtliche Texte, ist das, was übrig bleibt, in den allermeisten Fällen eine Ansammlung von Bildern, Animationen und Symbolen, deren Bedeutung und Zusammenhang sich nur schwer erschließt.[101] Texte und Bilder im Websiteformat weisen damit ein ähnliches Verhältnis auf wie Konsonanten und Vokale in vielen Schriften. Entfernt man die Vokale, so bleibt der Text in weiten Teilen verständlich, verliert jedoch an (Klang)farbe. Lässt man hingegen nur die Vokale stehen, so mögen diese zu interessanten Klangexperimenten einladen, der ursprüngliche Sinn des Textes geht jedoch verloren.[102]

Betrachtet man Text als den wichtigsten Bestandteil von Webdokumenten, dann lassen sich den Strukturebenen im World Wide Web noch die Satz- und die Wort-/Buchstabenebene hinzufügen, auf die ich im Abschnitt über das Lesen im Websiteformat noch näher eingehen werde.

---

[101] vgl. Wirth 2002: S. 69f
[102] Auf diese interessante Parallele zum Verhältnis von Text und Bildern im World Wide Web machte mich Prof. Dr. Jakob Ossner aufmerksam.

Strukturebenen im World Wide Web

1. Ebene: **World Wide Web**
2. Ebene: **Websites**
3. Ebene: **Webseiten**   Programmdateien   Multimediadateien
4. Ebene: **Textsegmente**   interaktive Elemente   Multimediaelemente
5. Ebene: **Sätze**
6. Ebene: **Worte und Buchstaben**

Das World Wide Web lässt sich in sechs Strukturebenen einteilen, unter denen der dritten und vierten Ebene eine besondere Bedeutung zukommt, da Sie Elemente mit einem eigenen URI enthalten können.

Strukturebenen im World Wide Web

Zusammenfassung

In diesem Kapitel wurde die Entwicklung des Websiteformats aus einer technischen und einer strukturellen Wurzel heraus erklärt. Die technische Wurzel des Websiteformats besteht in der Kommunikation auf elektronischer Basis, die ihre fortgeschrittenste Ausprägung in Computernetzwerken findet. Die strukturelle Wurzel bildet das Hypertextformat, das im World Wide Web in besonderer Weise umgesetzt wird. Der Punkt, an dem sich technische und strukturelle Aspekte des World Wide Webs treffen, sind Links, die eine wichtige Grundlage für die Unterteilung des World Wide Web in sechs Strukturebenen bilden. Sowohl die technische als auch die strukturelle Entwicklung des Websiteformats sind bislang nicht abgeschlossen, wie sich an den immer neuen vom W3C gesetzten Standards und der Entwicklung auf dem Browsermarkt ablesen lässt. Da die technische und strukturelle Entwicklung des Websiteformats großen Einfluss darauf hat, wie Websites erstellt und rezipiert werden, bildet ihre Darstellung eine wichtige Grundlage für ein Verständnis der kommunikativen Besonderheiten des Websiteformats sowie der Lese- und Schreibprozesse im World Wide Web.

Kommunikation mit den Fingerspitzen

Im letzten Kapitel wurde die Entwicklung des Websiteformats aus seinen technischen und strukturellen Wurzeln heraus beschrieben. In diesem Kapitel soll erörtert werden, warum gerade das Websiteformat und nicht eines der anderen bereits etablierten oder in Verbindung mit der Entwicklung der Computertechnik neu entstandenen Formate so eine rasante Entwicklung durchlief und innerhalb kürzester Zeit so eine weite Verbreitung erfuhr.

Der Computer als Universalmaschine

Bereits ein allein stehender Computer ist ein relativ universelles Gerät zur Manipulation von Zeichen. Ist er mit der entsprechenden Software ausgerüstet, lassen sich mit seiner Hilfe Zeichen erzeugen, speichern und wiedergeben - z.B. können mit einem Textverarbeitungsprogramm Texte geschrieben, auf einem Datenträger konserviert und zu einem späteren Zeitpunkt auf dem Monitor dargestellt oder ausgedruckt werden. Ähnliches ist mit Grafik- und Kompositionsprogrammen für Bilder und Klänge möglich. Durch die Möglichkeit, Zeichen zu speichern, hilft der Computer, die zeitlichen Beschränkungen menschlicher Kommunikation zu überwinden.

Da mit Hilfe eines Computers so viele verschiedene Zeichensysteme, wie Schriften, Symbolpaletten, gesprochene Sprache, Klänge, Bilder, Videos, etc. verarbeitet werden können, wird er mitunter auch als Multimediamaschine bezeichnet. Für die Speicherung und Verarbeitung der verschiedenen Zeichensysteme stehen dabei verschiedene technische Formate zur Verfügung. Es gibt Dateiformate für Grafiken, für Texte, für Klänge, etc. und Programme, die in der Lage sind, Zeichen in diese Formate umzuwandeln. Auch das HTML-Format gehört zu diesen Dateiformaten. Wie bereits erläutert wurde, können in diesem Format Texte gespeichert und multimediale Elemente mit Hilfe ihres URI eingebunden werden. Bei der Darstellung der HTML-Dateien im Browser ist jedoch nicht mehr sichtbar, dass Texte und Multimediaelemente in verschiedenen Dateien gespeichert sind. Die Webseite mit ihren Texten und Grafiken erscheint wie eine Einheit.

Das Websiteformat ist dabei nicht das einzige Format, das in der Lage ist, ganz verschiedene Zeichensysteme miteinander zu verbinden, auch im Fernsehen ist dies beispielsweise möglich. Allerdings werden im Websiteformat die Stärken der Multimedialität mit den Stärken der Schriftbasiertheit kombiniert. Im Fernsehen ist eine Einbindung von Schrift in großem Umfang kaum machbar, weil der Betrachter die Geschwindigkeit des Programms nicht beeinflussen kann. Da der Nutzer im World Wide Web eine Seite jedoch betrachten kann, so lange er möchte, stellt hier die Kombination von Schrift und multimedialen Elementen kein Problem dar. Dadurch können ganz neue Formen des Ausdrucks und der Kommunikation entstehen.

Die Wirkung der Kombination unterschiedlicher, zum Teil dynamischer Zeichensysteme, ist noch lange nicht abschließend untersucht. So stellt sowohl die Komposition als auch die Rezeption dieser Zeichenkonglomerate eine große Herausforderung dar, die leicht zur Überforderung werden kann.[103] Schmitz schildert die Situation treffend: „Auf elektronischer Grundlage wuchern Zeichen immer schneller, massenhafter und komplexer.

---

[103] vgl. Schmitz 1997: S. 132 ff

Beschleunigung und Beweglichkeit, Partikularisierung und Komplexitätszunahme, Vergänglichkeit und Neugeburt treiben einander an, bis immer flüchtigere Produktion und Rezeption die hergebrachten kognitiven Fähigkeiten der Menschen übersteigt. Sie können dann nur noch blindlings zappen oder neue Kommunikationsweisen entwickeln."[104] Diese Schwierigkeiten in der Rezeption und Produktion zeigen, wie wichtig es ist, ein fundiertes Verständnis des Websiteformats und seiner Wirkung zu entwickeln.

Bei der Bedienung des Computers werden bislang bevorzugt sensorische Eingabekanäle, sprich Tastatur und Maus, verwendet. Die Bedienung des Computers über einen akustischen Eingabekanal ist in Erprobung, hat jedoch noch viele Kinderkrankheiten und ist aus diesem Grund kaum verbreitet.[105] Als Hauptausgabekanal wird in der Regel der Monitor als optischer Kanal benutzt; dieser kann mittels Lautsprecher durch einen akustischen Kanal unterstützt werden. Der Benutzer hat dabei in der Regel den Eindruck, durch seine Eingabe den Ausgabekanal direkt zu manipulieren: durch das Tippen auf der Tastatur direkt auf den Bildschirm zu schreiben oder durch das Bewegen der Maus den Mauszeiger zu verschieben. Der Umwandlungsprozess, der zwischen Ein- und Ausgabe stattfindet, bleibt dem Nutzer in der Regel verborgen und wird ihm nur im Falle seines Scheiterns bewusst.[106]

Bereits die technischen Formate, die der unvernetzte Computer zur Verfügung stellte, wirkten auf kommunikative Formate zurück, die nicht computerbasiert waren. Man vergleiche nur die mit Schreibmaschine geschriebenen wissenschaftlichen Arbeiten der Vorcomputerära mit Arbeiten, die mit Hilfe des Computers layoutet und bebildert wurden, wie sie heute gang und gäbe sind. Und auch die Formate im Bereich des Films und der Musik haben sich in einer Weise verändert, wie es ohne Computer nicht möglich gewesen wäre.

Die Überwindung von Raum und Zeit

Der vernetzte Computer stellt eine Erweiterung des allein stehenden Computers dar. Mit seiner Hilfe kann neben der zeitlichen auch die räumliche Beschränkung menschlicher Kommunikation überwunden werden. Auf vernetzten Computern setzen eine ganze Reihe von kommunikativen Formaten auf, wie E-Mail, FTP, Chat und natürlich das Websiteformat, deren Eigenschaften bereits im vorigen Kapitel erläutert wurden. War es früher üblich, auf die einzelnen Formate mit unterschiedlichen Programmen zuzugreifen, so können sie heute alle mit Hilfe des Browsers verarbeitet werden, dessen ursprüngliche Aufgabe lediglich die Darstellung von Websites war. Websites nehmen im Reigen der Kommunikationsformen, die auf vernetzten Computern beruhen, insofern eine Sonderstellung ein, als sie in der Lage sind, die anderen Formate zu integrieren.

Das Websiteformat verbindet die Vorzüge von Formaten zur Übertragung (z.B. Radio und Fernsehen) und Speicherung (z.B. Zeitschriften und Bücher) von Zeichen. Die Kommunikation ist dabei örtlich und zeitlich entkoppelt. Soweit die notwendigen technischen Vorrausetzungen gegeben sind, kann zu jeder Zeit und von jedem Ort der Welt auf die ganze Vielfalt des World Wide Web zugegriffen werden. Bereits 1967 beschrieb der Medientheoretiker Marshall McLuhan die Auswirkungen elektronischer kommunikativer Formate sehr treffend und führte die bis heute viel zitierte Metapher vom „globalen

---

[104] Schmitz 1997: S. 147
[105] vgl. Onlinequellen: Linguatec
[106] vgl. Onlinequellen: Prokopczuk u. Tiutenko

Dorf" ein: „Ours is a brand-new world of allatonceness. 'Time' has ceased, 'space' has vanished. We now live in a global village...a simultaneous happening."[107] Für die Auswirkungen des Websiteformats gilt diese Aussage noch mehr als für andere kommunikative Formate, die gegenüber dem Websiteformat deutliche Einschränkungen aufweisen. So sind Radio und Fernsehen über Satellit zwar auch weltweit verfügbar, man kann zu einem gegebenen Zeitpunkt jedoch nur auf die gerade ausgestrahlten Programme zugreifen und nicht auf das gesamte Programmangebot. In Zeitschriften und Büchern wird zwar das ganze Angebot parallel bereit gehalten, um darauf zugreifen zu können, muss man sich aber zunächst an einen der Orte begeben, wo die entsprechenden Bücher und Zeitschriften vorhanden sind.

Im Websiteformat ist es darüber hinaus möglich, das Informationsangebot aktuell zu halten. Das bedeutet nicht zwangsläufig, dass alte Inhalte verloren gehen. Oftmals werden alte Inhalte von ihren Produzenten in einem Archiv bereitgehalten. Inzwischen gibt es aber auch spezielle Webdienstleister,[108] die es sich zur Aufgabe gemacht haben, den größten Teil des World Wide Web in regelmäßigen Abständen komplett zu archivieren, so dass auf frühere Versionen von Webdokumenten auch dann noch zugegriffen werden kann, wenn diese nicht von ihren Produzenten selbst archiviert wurden.[109] Dass im Web alle Informationen ständig verfügbar gehalten werden, ist eine seiner größten Stärken, die aber auch zu Problemen führen kann. So wird es für den Nutzer in diesem ständig wachsenden Ozean von Informationen immer schwieriger, das zu finden, was er eigentlich sucht.

Kommunikation ohne Grenzen?

Mit Hilfe des Websiteformats können Zeichen gespeichert werden, über Computernetze können diese Zeichen übertragen und an anderer Stelle wiedergegeben werden. Die Erzeugung von Zeichen durch den Nutzer zum Zeitpunkt der Rezeption, wie sie der Vision von Tim Berners-Lee entspräche,[110] ist zum jetzigen Zeitpunkt auf den meisten Websites nicht möglich, da die notwendigen Zugriffsrechte verweigert werden.[111] Auch in den meisten Browserprogrammen sind entsprechende Funktionen nicht vorgesehen. Um dieses Defizit auszugleichen sind häufig E-Mail-Formulare, Gästebücher, Foren und Chaträume in Websites eingebunden; sie bieten die Möglichkeiten zur Zeichenerzeugung, welche das Websiteformat selbst vermissen lässt.

Trotz der fehlenden Möglichkeit zur Zeichenerzeugung geben Websites dem Benutzer in der Regel das Gefühl, einen Dialog zu führen. Auf Webseiten wird der Nutzer oft direkt angesprochen und zu Handlungen aufgefordert: „Klicken Sie hier!" Mitunter werden die Besucher einer Website sogar begrüßt: „Willkommen auf meiner Homepage!" und

---

[107] McLuhan u. Fiore 1967: S. 63
[108] vgl. Onlinequellen: The Internet Archive
[109] Das hat zur Folge, dass sich Inhalte, die im World Wide Web veröffentlicht werden, praktisch nicht mehr zurücknehmen lassen. Schon heute gehört es zu den Standardchecks mancher Firmen bei der Einstellung von Mitarbeitern, erst einmal zu schauen, welche rühmlichen oder unrühmlichen Spuren diese im World Wide Web hinterlassen haben.
[110] vgl. das Kapitel „Die Geschichte des World Wide Web" dieser Arbeit
[111] Ein Beispiel dafür, dass es auch anders geht, ist die freie Enzyklopädie „Wikipedia", deren deutschsprachige Version inzwischen auf die beachtliche Zahl von 157640 Artikeln angewachsen ist. Diese Artikel können von den Nutzern nicht nur gelesen werden. Es können auch jederzeit neue Artikel hinzugefügt oder bestehende Artikel verändert werden. Das Prinzip der Selbstkontrolle der Benutzer untereinander scheint dabei gut zu funktionieren, wie sich an der ausgezeichneten Qualität der meisten Artikel ablesen lässt. Die Stärken des Websiteformats werden bei einem Projekt wie Wikipedia noch besser ausgenutzt, als bei Websites, die nur den Lesezugriff erlauben (vgl. Onlinequellen: Wikipedia – Die freie Enzyklopädie).

verabschiedet. Zudem reagieren Webseiten auf die „Äußerungen" des Nutzers in Form von Mausklicks mit der Anzeige neuer Webseiten, die vom Nutzer wiederum als „Äußerungen" interpretiert werden können. Darüber hinaus scheinen Suchmaschinen Fragen zu beantworten und Eingaben in Formulare werden bemängelt oder bestätigt. Diese Dialogizität ist aber nur eine scheinbare. Tatsächlich ist das Websiteformat ebenso monologisch angelegt wie ein Lexikon mit Querverweisen. Wie beim Verfolgen eines Schlagwortes in einem Lexikon, führt das Anklicken eines Links auf einer Website oder das Eingeben eines Wortes in ein Formular oder eine Suchmaschine lediglich dazu, dass eine vorher determinierte HTML-Seite angezeigt wird oder Daten aus einer Datenbank abgerufen und auf dem Bildschirm dargestellt werden.

Obwohl das Websiteformat keine Dialoge mit Personen, sondern nur mit Texten und anderen vorgefertigten Zeichenanhäufungen ermöglicht, neigen Menschen, die mit Hilfe des Computers kommunikative Handlungen ausführen, auf Grund der Komplexität seiner Reaktionen dazu, ihn als einen Dialogpartner zu sehen,[112] ein Eindruck, der durch die enge Verknüpfung von Websites mit wirklich dialogischen Kommunikationsformen, wie E-Mail und Gästebüchern noch verstärkt wird. In diesem Zusammenhang kann es durchaus sinnvoll sein, die Interaktion zwischen Mensch und World Wide Web mit Mitteln der Gesprächsanalyse zu untersuchen.[113] Ich möchte das Websiteformat aus diesem Grund als pseudodialogisch bezeichnen.[114]

Wie Holly und Habscheid[115] richtig feststellen, darf auch der in Bezug auf Computer und das World Wide Web verwendete Begriff der Interaktivität nicht mit einem handlungstheoretischen Interaktionsbegriff verwechselt werden. Zwar werden zwischen Mensch und Computer Daten ausgetauscht, im Gegensatz zu menschlichen Gesprächspartnern fehlt Computern aber die Fähigkeit zur Erzeugung und Einhaltung kommunikativer Verpflichtungen.[116]

Diese Pseudodialogizität ist nicht unbedingt als Nachteil zu werten. Dem Websiteformat gelingt es damit, einige Vorteile monologischer und dialogischer kommunikativer Formate zu vereinen. Monologische Formate erlauben es dem Rezipienten nur in sehr beschränkter Weise zwischen verschiedenen Inhalten auszuwählen. Er muss rezipieren, was ihm präsentiert wird und kann lediglich die Art der Rezeption beeinflussen. Die Stärke monologischer Formate ist dabei ihre Verbindlichkeit, gleichgültig, ob es sich um Formate zur Speicherung von Zeichen, wie Bücher und Zeitschriften oder um Formate zur Zeichenübertragung wie Radio und Fernsehen handelt. So kann man sich auf die Inhalte monologischer Formate entweder auf Grund der großen Rezipientenzahl bei den übertragenden oder durch ihre ständige Verfügbarkeit bei den speichernden Formaten mit relativ großer Sicherheit beziehen. Dialogische Formate hingegen erlauben es dem Rezipienten durch seine Beiträge zum Kommunikationsprozess die Inhalte, die ihm präsentiert werden, entscheidend mitzubestimmen. Allerdings bieten dialogische Formate nur wenig Sicherheit in dem Sinne, dass die stattfindenden Rezeptionsprozesse in der Regel nicht wiederholbar sind. Das Websiteformat bietet dem Rezipienten einen Zugang, der in seiner Flexibilität und Steuerbarkeit dialogischen Formaten nahe kommt

---

[112] vgl. Holly u. Habscheid 2000: S. 127ff
[113] vgl. Internetquelle: Schmitz
[114] vgl. Runkehl, Schlobinski und Siever 1998: S. 210
[115] vgl. Holly u. Habscheid 2000: S. 135ff
[116] vgl. hierzu auch Onlinequellen: Kresic S. 48ff

und gleichzeitig die Sicherheit, diesen Rezeptionsvorgang beliebig wiederholen[117] und sich auf ihn beziehen zu können, weil er auch von anderen durchgeführt werden kann.

Über diese Pseudodialogizität hinaus bietet das Websiteformat Schnittstellen zu wirklich dialogischen Formaten. Auf vielen Websites ist es möglich, über E-Mail, Chat oder Gästebücher in direkten Kontakt zu Seitenerstellern, Experten oder anderen Besuchern der Seite – und somit aus der anonymen Masse der Nutzer heraus – zu treten. Auf diese Weise wird im Websiteformat die Grenze zwischen Massenkommunikation und individueller Kommunikation immer mehr aufgelöst. Durch die Möglichkeit, sich auf Websites anzumelden und als bekannter Kunde oder Benutzer zu identifizieren, erreicht das Internet dabei einen Grad der Intimität, die keine andere Form der Massenkommunikation besitzt.

Schließlich steht es jedem frei, selbst Websites zu erstellen und im World Wide Web zu veröffentlichen. Die Produktionskosten sind sehr niedrig und Kontrollinstanzen wie beim Publizieren von Büchern oder Zeitschriften gibt es fast keine. Dadurch kann das Websiteformat auch denjenigen eine Stimme bieten, denen aus finanziellen oder institutionellen Gründen der Zugang zu anderen kommunikativen Formaten verschlossen bleibt. Besonders in Form sogenannter Web-logs, besonders einfach gestalteter vom Aufbau her Tagebüchern ähnelnder Websites, sind in zunehmendem Maße alternative Sichtweisen auf aktuelle Geschehnisse zugänglich.[118]

In der besonderen Verbindung von breiter und individueller Kommunikation, die das Websiteformat ermöglicht, stecken aber auch eine ganze Reihe von Gefahren:
- Durch die Möglichkeit, fast ohne Einschränkung im World Wide Web zu publizieren, ist die Qualität und der Wahrheitsgehalt von Webangeboten oft fraglich. Die an die Kontrollinstanzen anderer Formate gewöhnten Benutzer müssen erst lernen, wie man die Verlässlichkeit von Quellen im World Wide Web beurteilt.
- Durch die fehlende Kontrolle gibt es gewaltverherrlichende, pornografische oder in anderer Weise anstößige Websites, gegen die wegen seines dezentralen Aufbaus kaum vorzugehen ist.
- Die scheinbare Intimität, die das Einloggen auf Websites bietet, kann naive Benutzer dazu verleiten, Informationen über sich preiszugeben, die von unseriösen Seitenbetreibern weitergegeben und missbraucht werden können.

Insgesamt bietet das Websiteformat kommunikative Möglichkeiten, die kein anderes bestehendes kommunikatives Format aufweisen kann. Die Nachteile, die es gibt, lassen sich durch die Entwicklung der notwendigen Kompetenzen auf Seiten der Nutzer zu einem großen Teil aufheben und fallen deshalb im Vergleich zu den Vorteilen, die das Websiteformat bietet, nur wenig ins Gewicht.

Multifunktionalität
Da das World Wide Web zumindest in den Industrieländern überall verfügbar und in seiner Anwendbarkeit so flexibel ist, beginnt es immer mehr Funktionen zu übernehmen, die bisher in anderen kommunikativen Formaten beheimatet waren.
- So finden sich Websites, die Nachrichten bieten und die Funktionen von klassischen Zeitschriften und Nachrichtensendungen übernehmen; dabei wird vermehrt

---

[117] Solange die entsprechende Webseite nicht geändert wird.
[118] vgl. Onlinequellen: Ito

auch Audio- und Videomaterial präsentiert. Diese Nachrichtenseiten können ständig aktualisiert werden und bieten so dem Nutzer die Möglichkeit, sich unabhängig von festgelegten Sendezeiten über die Themen zu informieren, die ihn gerade interessieren.[119]
- Andere Websites übernehmen die Funktion von Prospekten und Katalogen, wobei ein Katalog im Websiteformat den Vorteil hat, dass man die dargestellten Produkte mit einem Klick bestellen kann.
- Mit der zunehmenden Verbreitung des Websiteformats wurde es auch für die Werbewirtschaft interessant, welche die Möglichkeit schätzt, im World Wide Web relativ günstig und außerdem zielgruppenspezifisch werben zu können, da sich die Darstellung von Werbebannern beispielsweise mit den Suchworten verknüpfen lässt, die Nutzer in einer Suchmaschine eingeben.
- Es gibt immer mehr Zeitschriften, die einen Ableger im Websiteformat besitzen oder sogar ausschließlich im Websiteformat erscheinen. Dazu gehören vermehrt auch wissenschaftliche Publikationen, die auf diese Weise teure Produktions- und Versandkosten sparen und oftmals ein größeres Publikum erreichen als im Printformat.

Die Liste ließe sich noch lange fortsetzen. So finden sich Websites, welche die Funktionen von Anzeigenseiten, Tagebüchern, Telefonbüchern, Fahrplänen, Lexika etc. übernehmen, die zuvor in anderen kommunikativen Formaten beheimatet waren. Dabei bietet das Websiteformat in fast allen Fällen Vorteile gegenüber der Umsetzung der Inhalte in anderen Formaten. Die Inhalte stehen nun jederzeit, an jedem Ort und oft kostenlos zur Verfügung und können mit Hilfe von Suchmaschinen gezielt nach den gewünschten Informationen durchsucht werden. Kommunikative Formate wie E-Mail oder Foren, die an das Websiteformat angegliedert sind, bieten zusätzlich die Möglichkeit, direkten Kontakt zu den Produzenten der Websites oder zu anderen Websitebesuchern aufzunehmen.[120]

Zunächst wurden Texte aus anderen Formaten oft ohne große Veränderung in das Websiteformat übertragen. Mehr und mehr werden sich die Produzenten von Websites – und auch ihre Auftraggeber – jedoch der besonderen Stärken des Websiteformats bewusst und stellen diese bewusst in den Vordergrund, so dass sich langsam Formen entwickeln, die dem Websiteformat wirklich angemessen sind.

Das Websiteformat macht jedoch nicht halt vor der Übernahme von Funktionen anderer kommunikativer Formate. Auch Funktionen von Orten und Personen werden in das Websiteformat integriert.
- So finden sich im World Wide Web Einkaufszentren für alle möglichen und unmöglichen Dinge. Auf Grund von eingesparten Personalkosten sind diese dort oft billiger zu haben, als im realen Geschäft um die Ecke und werden oft sogar kostenlos ins Haus geliefert.
- Eine besondere Form des Einkaufens im World Wide Web bieten die Auktionshäuser, die man dort besuchen kann. Hier können Dinge ersteigert, aber auch eigener Besitz versteigert werden.

---

[119] Ein gutes Beispiel für eine Nachrichtenwebsite ist die Website der bekannten ARD-Nachrichtensendung Tagesschau. (vgl. Onlinequellen: Tagesschau)
[120] Belege dafür, in welchem Maße in Deutschland die verschiedenen Angebote im World Wide Web genutzt werden, finden sich in der ARD/ZDF-Online-Studie 2004. (vgl. Eimeren, Gerhard u. Frees 2004)

- Auch der Bibliotheksbesuch wird oft durch eine Webrecherche ersetzt. Im World Wide Web lassen sich die Kataloge von unzähligen Bibliotheken online durchsuchen. Viele Klassiker, deren Copyright abgelaufen ist, aber auch zahlreiche wissenschaftliche Aufsätze sind im Volltext zugänglich. Auf der US-Website des Amazon Buchversands lassen sich inzwischen praktisch alle angebotenen Bücher im Volltext durchsuchen und einzelne Seiten können zum Probelesen auf den eigenen Rechner geladen werden. [121]
- In Form von Foren, die dem Websiteformat häufig angegliedert sind, findet ein reger Austausch von Meinungen und Informationen zu allen nur denkbaren Themenbereichen statt und es ist möglich Antworten und Ratschläge von Experten zu bekommen, die ohne das World Wide Web kaum erreichbar wären.[122]

Bei den vielen Funktionen, die das Websiteformat aus anderen Bereichen übernommen hat, kommen immer wieder dieselben, bereits erwähnten Qualitäten zum Tragen, die es anderen kommunikativen Formaten voraushat. Das Websiteformat
- vereint die Eigenschaften übertragender und speichernder Formate und überwindet dadurch die zeitlichen und räumlichen Grenzen menschlicher Kommunikation,
- vereint die Qualitäten multimedialer und schriftbasierter Formate und schafft damit neue Möglichkeiten des Ausdrucks,
- kombiniert Vorzüge dialogischer und monologischer Formate miteinander,
- verbindet Vorteile von individueller Kommunikation und Massenkommunikation.

In den vorhergehenden Absätzen ging es vor allem darum, die Vorzüge des Formats herauszustreichen um seinen überwältigenden Erfolg verständlich zu machen. Dass durch die Übernahme gesellschaftlich relevanter Funktionen in das Websiteformat auch viele Probleme entstehen, soll hier jedoch nicht verschwiegen werden. Eines der gravierendsten ist, dass eine immer größer werdende Kluft entsteht, zwischen denjenigen, die in der Lage sind, kompetent mit dem Format umzugehen und denjenigen, denen der Zugang dazu verschlossen bleibt. Dies ist ein wichtiger Grund dafür, sich mit dem Lesen und Schreiben im Websiteformat detailliert auseinander zu setzen und zu überlegen, wie auch diejenigen einen Zugang zu diesem immer wichtiger werdenden kommunikativen Format erhalten können, denen es im Moment noch verschlossen bleibt.

Ein Blick in die Zukunft

„Wenn der gesamte Traum einmal verwirklicht ist, wird das Web ein Ort sein, an dem die emotionalen Fähigkeiten eines Menschen und das logische Denken eines Computers in einer idealen, leistungsfähigen Mischung nebeneinander existieren."[123] Mit diesen Worten beschreibt Tim Berners-Lee, der Erfinder des World Wide Web, seine Vision für dessen Zukunft.

Ein Aspekt dieser Entwicklung ist, dass die Technik bei der Nutzung von Computer und World Wide Web in den nächsten Jahren vermutlich immer mehr im Hintergrund verschwinden wird. Ein Internetzugang wird so selbstverständlich zur Grundausstattung

---

[121] vgl. Onlinequellen: Amazon.com
[122] Auch für die Übernahme von immer mehr Funktionen des gesellschaftlichen Lebens finden sich in der ARD/ZDF-Online-Studie 2004 zahlreiche Belege. (vgl. Eimeren, Gerhard u. Frees 2004)
[123] Berners-Lee 1999: S. 230

der meisten Haushalte gehören, wie heute ein Telefon oder ein Fernseher.[124] Mit Protokollen wie TCP/IP, die dazu dienen, einen Rechner über einen Telefonanschluss mit dem Internet zu verbinden, wird der gewöhnliche Nutzer dabei praktisch nichts mehr zu tun haben. Der Computer ist standardmäßig mit dem Netz verbunden, sobald er eingeschaltet wird.[125]

Durch die ständige Verfügbarkeit des Netzes und weit höhere Übertragungsraten als heute wird es immer unwichtiger, ob Daten auf der heimischen Festplatte oder irgendwo im Netz gespeichert sind. Dadurch wird die Trennung zwischen Desktop und Browser obsolet. Anstelle von verschiedenen Programmen zum Zugriff auf den heimischen Computer und das World Wide Web, werden sich Programme und Oberflächen entwickeln, die ohne Unterschied auf Ressourcen im Netz und auf dem eigenen Computer zugreifen.[126]

Dabei wird, wie im ersten Kapitel bereits angedeutet, eine zunehmende Integration verschiedener Geräte in dieses gigantische Netzwerk stattfinden. So gibt es bereits heute das so genannte *Unified Messaging*, das die Funktionen von Telefon, Fax, Anrufbeantworter und E-Mail unter einer einheitlichen Oberfläche am Computer oder am Handy verbindet und so zur mobilen Kommunikationszentrale werden soll. Aber auch andere technische Geräte werden in zunehmendem Maße mit dem World Wide Web verbunden. So wird es z.B. möglich sein, auf dem Weg von der Arbeit nach Hause, die Kaffeemaschine zu starten oder sich ein Vollbad einlaufen zu lassen.[127] In ihrem Funktionsumfang erweiterte Handys, mit denen es möglich ist, den ganzen Funktionsumfang des World Wide Web zu nutzen, werden bei dieser Entwicklung eine Schlüsselrolle spielen. Half das World Wide Web bislang vor allem, die räumlichen und zeitlichen Grenzen menschlicher Kommunikation zu überwinden, so wird es in Zukunft verstärkt zu einer Ausweitung der Mobilität und der Handlungsfähigkeit führen, da sich fast alles von jedem beliebigen Ort der Welt aus erledigen lassen wird.

Natürlich wird dies alles nicht umsonst zu haben sein. Bereits heute beanspruchen die Kosten für elektronische Kommunikationsmittel einen immer größeren Anteil am Budget vieler Haushalte. Auf der anderen Seite bieten elektronische Kommunikations- und Hilfsmittel in zunehmenden Maße Unterstützung und Annehmlichkeiten, für die bislang ein Butler oder ein Privatsekretär nötig gewesen wären und die so völlig außerhalb des für einen Durchschnittsverdiener Möglichen gelegen hätten.

Die Frage ist jedoch, ob sich die Fähigkeit, alles jederzeit und von jedem beliebigen Ort aus erledigen zu können, für viele nicht schon bald in die Bürde der ständigen Erreichbarkeit und Verfügbarkeit verwandeln wird. Der eine oder andere fragt sich heute bereits, ob er es sich leisten kann, sein Firmenhandy im Urlaub auszuschalten oder seine E-Mails einige Tage lang nicht abzurufen. So ist es durchaus möglich, dass in einigen Jahren die Freiheit, nicht stets erreichbar und verfügbar sein zu müssen, als der wahre Luxus angesehen wird.

---

[124] Aktuelle Studien z.B. die ACTA 2002 des Allensbach-Instituts weisen in diese Richtung. Vgl. Onlinequellen: Institut für Demoskopie Allensbach.
[125] vgl. Berners-Lee 1999: S. 229ff
[126] vgl. Berners-Lee 1999: S. 232f
[127] vgl. Onlinequellen: Berners-Lee, Hendler u. Lassila

Durch die Nutzung des World Wide Web in immer neuen Anwendungsgebieten wird die jetzt schon unüberschaubare Datenmenge weiter anwachsen. Mit Hilfe des im ersten Kapitel bereits beschriebenen Semantic Web soll diese Datenfülle in den Griff bekommen werden. Während der gewöhnliche Nutzer dabei immer weniger Technik zu Gesicht bekommt und immer intuitiver im Netz agieren kann, wird der technische Aufwand im Hintergrund deutlich zunehmen. Dass die Komplexität unter der Oberfläche zunimmt, damit sie an der Oberfläche abnehmen kann, ist eine Entwicklung, die sich an Hand zahlreicher technischer Produkte nachverfolgen lässt. So benötigte man z.B. zur Bedienung der ersten Autos fast eine Ausbildung als Mechaniker. Im Lauf der Zeit wurde die Bedienung von Autos immer einfacher, während die Technik unter der Haube immer komplizierter wurde.[128] War es vor einigen Jahren noch möglich, mit etwas technischem Geschick viele Wartungs- und einige Reparaturarbeiten an seinem Auto selbst vorzunehmen, so geht dies inzwischen nicht mehr, müssen doch bei modernen Fahrzeugen in aller Regel zunächst einmal die Motordaten mit Hilfe eines speziellen Computers ausgelesen werden, der nur der Werkstatt zur Verfügung steht.

Diese Entwicklung birgt die Gefahr in sich, dass sich in den nächsten Jahren zwei Gruppen von Nutzern des World Wide Web herausbilden werden: Diejenigen, die passiv konsumieren, was ihnen im Browser präsentiert wird und diejenigen, die den Aufwand auf sich nehmen und sich die Kompetenzen aneignen, die notwendig sind, um sich nicht nur im Netz treiben zu lassen, sondern die Möglichkeiten des Semantic Web zur Recherche auszuschöpfen, eigene Seiten zu erstellen oder sogar die Entwicklung des Websiteformats mitzugestalten. Der Aufwand zum Erstellen von Seiten, welche die neuesten Möglichkeiten in Bezug auf das Semantic Web, aber auch im gestalterischen Bereich ausschöpfen, wird dabei deutlich anwachsen. Zwar werden nach wie vor alle die Möglichkeit haben, im World Wide Web zu publizieren, die Unterschiede zwischen den Seiten von professionellen Websiteproduzenten und Amateuren werden aber immer deutlicher sichtbar werden.

Ob alle Stärken des Websiteformats, wie die Verbindung der Vorteile von individueller Kommunikation und Massenkommunikation, sowie die Verbindung der Vorzüge monologischer und dialogischer Formate erhalten bleiben, wird abzuwarten sein. Nur eines scheint sicher – der Siegeszug des World Wide Web ist nicht aufzuhalten.

---

[128] vgl. Kluth 2004: S. 6

Webliteralität

Lesen

Das Lesen ist untrennbar mit der Schrift verbunden. Erste schriftliche Zeugnisse auf Kultgegenständen der in Südosteuropa beheimateten Vinca-Kultur lassen sich ungefähr auf die Zeit um 5000 vor Christus datieren.[129] In der westchinesischen Provinz Henan wurden bei Ausgrabungen ca. 8000 Jahre alte mit Symbolen versehene Artefakte gefunden, wobei allerdings noch nicht endgültig geklärt ist, ob es sich bei diesen Zeichen um Schrift handelt.[130] Dass die Menschheit auf eine über 7000-jährige Geschichte des Lesens zurückblicken kann, darf jedoch als gesichert angenommen werden.

Lesen ist sowohl an strukturelle als auch an technische Formate gebunden. Die meisten Schriftsysteme beruhen auf Buchstaben. Ein Buchstabe besitzt ein strukturelles Format. Entspricht er den Regeln des Formats, so lässt er sich identifizieren, gleichgültig, ob er in Stein gemeißelt, auf Papier geschrieben oder von einem Kathodenstrahl auf einen Bildschirm geworfen wird. An der Entwicklung der Buchstaben verschiedenster Schriftsysteme lässt sich nachvollziehen, wie sich ein strukturelles Format im Lauf der Zeit verändert und dabei von Konventionen, Moden und den verwendeten Schreibmaterialien beeinflusst wird.[131]

Strukturelle Formate benötigen, um rezipierbar zu werden, äußere oder technische Formate. So kann derselbe Text in Stein gemeißelt, auf eine Papyrusrolle geschrieben, in ein Buch gedruckt oder auf eine Diskette gespeichert werden. Das technische Format ändert sich dabei jeweils, während das strukturelle gleich bleibt. Obwohl das strukturelle Format eines Textes dasselbe bleibt, ändert sich mit dem technischen Format seine kommunikative Wirkung und die Art wie er gelesen wird.

Der Einfluss des technischen Formats auf die Art und Weise, in der ein Text gelesen wird, lässt sich bereits am Übergang von der in der griechischen und römischen Antike üblichen Papyrusrolle zum mittelalterlichen Pergamentkodex zeigen. Eine Papyrusrolle war, besonders bei nicht sehr umfangreichen Texten, relativ klein und leicht. Sie konnte problemlos auf Reisen mitgenommen und so fast überall rezipiert werden. Zum Lesen benötigte man jedoch in der Regel beide Hände, um die Enden der Papyrusrolle festzuhalten und sie davon abzuhalten, sich wieder zusammenzurollen. Ein mittelalterlicher Pergamentkodex war hingegen groß und schwer. Aus diesem Grund wurde er zumeist an einem Tisch oder Pult gelesen und selten von seinem Standort entfernt. Allerdings hatte man beim Lesen die Hände frei, konnte Notizen machen, verschiedene Texte nebeneinander legen und vergleichen etc.[132]

Auch die allmähliche Entwicklung des Buchdrucks, von Gutenbergs beweglichen Lettern bis hin zum Fotosatz, veränderte die Art und Weise, in der gelesen wurde. Texte konnten plötzlich weit schneller und billiger reproduziert werden, was zu ihrer Verbreitung auch außerhalb der Mauern von Klöstern und Universitäten beitrug. Mit der gesell-

---

[129] vgl. Haarmann 1991: S. 70ff
[130] vgl. Hartmann 2004: S. 9
[131] vgl. Stiebner 1985: S. 25ff
[132] vgl. Schön 2001: S. 7ff

schaftlichen Verbreitung des Lesens wandelte sich dabei auch die Leserschaft – von einer kleinen Priesterkaste hin zu einer fast vollständig alphabetisierten Bevölkerung.[133]

Der Übergang zu elektronisch gespeicherten Texten, die am Monitor rezipiert werden und ihre Vernetzung zu elektronischen Hypertexten führten schließlich zur Bildung des kommunikativen Formats der Website. Der Einfluss dieses Formats auf das Lesen und Schreiben von Texten soll im Folgenden genauer untersucht werden.

Der Leseprozess

Die moderne Leseforschung sieht Lesen als einen aktiven Konstruktionsprozess, in dem ein Text mit dem Sprach- und Weltwissen des Lesers verbunden wird. In dieser Interaktion zwischen Leser und Text laufen sowohl textgeleitete Prozesse ab, die von der sprachlichen Information zum rezipierten Wissen führen, als auch erwartungsgeleitete Prozesse, die vom Vorwissen des Lesers zum konkreten Textverständnis führen.[134]

Beim Lesen entnimmt der Leser visuelle Informationen aus graphischen Gebilden und verbindet sie mit einer Bedeutung. Dabei laufen Vorgänge auf Wort-, Satz- und Textebene ab. Empirische Befunde sprechen dafür, dass die Prozesse auf diesen drei Ebenen nicht nacheinander, sondern parallel ablaufen und sich gegenseitig beeinflussen.[135]

Auf *Wortebene* werden Buchstaben und Worte identifiziert und die Bedeutungen der einzelnen Worte erfasst. Das interaktive Aktivationsmodell von McClelland/Rumelhart geht davon aus, dass die visuell wahrgenommenen Buchstaben und Worte des Textes mit im Gedächtnis gespeicherten Merkmalsbündeln verglichen werden. Übereinstimmende Merkmale aktivieren, fehlende oder nicht übereinstimmende Merkmale hemmen den entsprechenden Buchstaben, bzw. das entsprechende Wort. Ein Wort oder Buchstabe ist identifiziert, wenn das Aktivationsniveau einen bestimmten Schwellenwert übersteigt. Unterstützt wird dieser visuelle Verarbeitungsprozess, vor allem bei für den Leser neuen oder komplexen Worten, durch sein implizites Wissen über das phonologische und morphologische System einer Sprache.[136]

Auf *Satzebene* werden syntaktische und semantische Beziehungen zwischen Wortfolgen hergestellt. Dabei wird vielfach davon ausgegangen, dass der Bedeutungsgehalt von Sätzen sich durch Prädikat-Argument-Strukturen, sogenannte Propositionen repräsentieren lässt. Nach neueren Untersuchungen wird die Extraktion dieser Propositionen aus dem Satz vor allem von der semantischen Struktur gesteuert. Nur bei Sätzen mit schwachem semantischem Kontext konnten Hinweise auf eine autonome Verarbeitung der Syntax gefunden werden.[137]

Auf *Textebene* findet eine Integration von Sätzen zu umfassenden Bedeutungseinheiten statt, die schließlich zum Aufbau einer *kohärenten* Struktur der Globalbedeutung des Textes führt. Beim Aufbau einer kohärenten Textstruktur kann sich der Leser einerseits auf *Kohäsionsmittel* stützen, die syntaktische Bezüge zwischen Sätzen markieren und andererseits auf sein *Weltwissen* zurückgreifen, das es ihm erlaubt, schlussfolgernd

---

[133] vgl. Schön 2001: S. 7ff
[134] vgl. Christmann u. Groeben 2001: S. 146ff
[135] vgl. Christmann u. Groeben 2001: S. 148
[136] vgl. Christmann u. Groeben 2001: S. 148ff und Crystal 1995: S. 210f
[137] vgl. Christmann u. Groeben 2001: S. 152ff

auch solche Zusammenhänge zu erschließen, die im Text nicht explizit markiert sind. Sowohl die Kohärenzbildung mit Hilfe von Kohäsionsmitteln, als auch mittels *Inferenzbildung* ist durch zahlreiche empirische Untersuchungen belegt.[138]

Kohärenz

Es gibt verschiedene Definitionen des Kohärenzbegriffs, die sich in zwei große Gruppen einteilen lassen. Von manchen Autoren wird Kohärenz als etwas Statisches betrachtet, als eine Eigenschaft des Textes selbst. Andere sehen Kohärenz als etwas Dynamisches, Prozesshaftes, das erst in der Interaktion von Leser und Text entsteht und keine reine Texteigenschaft ist.[139] In diesem Sinne soll auch in dieser Arbeit unter Kohärenzbildung der Aufbau einer mentalen Repräsentation der globalen Bedeutungsstruktur eines Textes durch den Rezipienten verstanden werden, in welche die Einzelbedeutungen kleinerer bedeutungstragender Texteinheiten möglichst vollständig und widerspruchsfrei integriert werden. Die Kohärenzbildung wird dabei von Vorwissen, Lesesituation und Motivation des Lesers beeinflusst, weswegen Kohärenz nicht als reine Texteigenschaft aufgefasst werden kann.

Ein dynamischer Kohärenzbegriff ist besser in der Lage, die Vorgänge bei der Rezeption von Websites zu beschreiben als ein statischer. Außerdem bietet er den großen Vorteil, dass sich die Frage erübrigt, ob Hypertexte überhaupt Kohärenz besitzen, die sich stellen mag, wenn man Kohärenz als reine Texteigenschaft betrachtet.[140]

Zum Aufbau einer kohärenten Textstruktur, zu der unter anderem die Bildung von Kausalitäts-, Referenz- und Zeitbeziehungen gehört, nutzt der Leser zum einen die im Texte vorhandenen Kohäsionsmittel, zum anderen greift er immer wieder auf sein Weltwissen zurück, um eine für ihn sinnhafte Textbedeutung zu konstruieren. Hierbei wird in der Regel unterschieden „zwischen *lokaler Kohärenz*, dem Sinnzusammenhang zwischen räumlich benachbarten Textsegmenten, und *globaler Kohärenz*, dem Gesamtzusammenhang, der die thematische und funktionale Gliederung des ganzen Textes in Textsegmente determiniert."[141]

Kohäsion

Kohäsionsmittel markieren syntaktische Bezüge zwischen Textteilen und ermöglichen dem Leser dadurch die Bildung semantischer Beziehungen. Dabei hängt in der Regel die Interpretation eines Textelements von einem anderen Textelement ab. Kohäsionsmittel können sowohl auf Textelemente als auch auf die Welt und das Weltwissen des Lesers verweisen. Die wichtigsten Kohäsionsmittel sind:[142]

- *Rekurrenz*: Wiederaufnahme eines bereits eingeführten Textelements, das sich dabei auf dasselbe Referenzobjekt in der Welt bezieht, wie bei der vorigen Verwendung.
- *Partielle Rekurrenz*: Gleiches morphologisches Material wird in abgeänderter Form oder ergänzt durch andere Morpheme wiederholt.
- *Substitution*: Ein Wort oder eine Wortgruppe wird im folgenden Text durch ein inhaltlich verbundenes Textelement wieder aufgenommen, das sich auf dasselbe außer-

---

[138] vgl. Christmann u. Groeben 2001: S. 157ff und Linke 1996: S. 215ff
[139] vgl. Storrer 1999: S. 40f
[140] vgl. Storrer 1999: S. 43
[141] Storrer 1999 S. 42 (Hervorhebungen dort)
[142] Zur gesamten Liste der Kohäsionsmittel vgl. Linke 1996: S. 215ff und Vater 1992: S. 32ff

sprachliche Objekt bezieht. Substitution wirkt schwächer kohäsionserzeugend als Rekurrenz, erlaubt es jedoch, neue Bedeutungsaspekte in Bezug auf das Referenzobjekt einzubringen.
- *Ellipse*: Verweis mittels einer Leerstelle, deren Besetzung sich meist aus der Satzstruktur ergibt.
- *Proformen*: Verweise mit inhaltsleeren sprachlichen Elementen, die keinen Welt-, sondern nur einen Textbezug besitzen. Sie können dabei rückwärts (anaphorischer Verweis) und vorwärts (kataphorischer Verweis) gewandt sein und sich sowohl auf einzelne Worte, als auch auf Wortgruppen, Sätze und Satzgruppen beziehen. Proformen sind z.B. Pronomen, Adverbien, Pronominaladverbien und Demonstrativpronomen.
- *Konnektive (Konjunktionen und Pronominaladverbien)*: Konnektive verweisen nicht auf ein Textelement wie die Proformen, sondern verbinden zwei Textelemente miteinander und legen die Art ihrer Beziehung fest.
- *Bestimmte und unbestimmte Artikel*: Die Art des verwendeten Artikels gibt Hinweise darauf, ob eine Sache im Text neu eingeführt wird (unbestimmter Artikel) oder auf Grund des bisherigen Textes oder des vom Autor vorausgesetzten Weltwissens bereits als bekannt angenommen wird (bestimmter Artikel).
- *Tempus*: Sowohl Tempuskontinuität als auch eine bestimmte Tempusfolge sind wichtig für die Konstruktion einer kohärenten Textbedeutung.
- *Explizite (metakognitive) Textverknüpfung*: Zu den metakognitiven Textverknüpfungen zählen Formulierungen wie: „siehe oben", „im Folgenden", „wie bereits erwähnt", etc.

Inferenz

Die in einem Text vorhandenen Kohäsionsmittel reichen in der Regel nicht dazu aus, eine kohärente Textstruktur aufzubauen. Der Leser muss hierzu auf sein Wissen zurückgreifen und auf Grund dieses Wissens per Inferenz auf die Textbedeutung schließen. In diesem Zusammenhang ist oft die Rede vom *Welt*wissen des Lesers, um zu verdeutlichen, dass es sich um etwas handelt, das nicht bereits im Text enthalten ist. Dieser Begriff ist aber in zweierlei Hinsicht problematisch. Zum einen, weil die Fragen, was die Welt eigentlich ist und in welchem Verhältnis unser Wissen von der Welt und die Welt selbst stehen, seit Jahrtausenden diskutiert werden, ohne dass eine Einigung abzusehen wäre. Zum anderen, weil das Wissen, auf das der Leser bei der Inferenzbildung zurückgreift, ganz unterschiedlicher Art ist und sich nicht immer dem Begriff des Weltwissens unterordnen lässt.

In vielen Fällen ist für das Textverständnis ein sehr allgemeines Wissen darüber notwendig, wie die Welt funktioniert. In diesem Fall wäre der Begriff Weltwissen wohl noch am ehesten angebracht. Im Falle eines Satzes wie: „Als die Sonne im Westen stand, entzündete Peter ein Feuer.", sagt dieses Wissen dem Leser, dass die Sonne bald untergehen wird, dass es dann dunkel und kalt wird und dass ein Feuer dagegen Abhilfe schaffen kann.

In vielen Fällen ist das Wissen, auf das der Leser zurückgreifen muss, spezieller und steht nicht allen Rezipienten zur Verfügung. „Peter wollte den Hauptzugang seines Hauses im Süden haben, aber das Bauamt legte ihm Steine in den Weg." Um diesen Satz richtig zu interpretieren, ist schon einiges Wissen über die Funktionsweise der deutschen Bürokratie notwendig. Besonders in Fachtexten wird für das Textverständnis oft so viel Vorwissen vorausgesetzt, dass der Kreis der Rezipienten dadurch stark eingegrenzt wird.

Mitunter handelt es sich bei dem Wissen, das zum Textverständnis notwendig ist, auch um ein Wissen über Textformate. Wenn Peter wegen des umstrittenen Hauseingangs ans Bauamt schreibt: „Liebe Freunde! Das könnt ihr doch mit mir nicht machen.", lässt sich aus dem Wissen über die Konventionen für formelle Briefe im Deutschen schließen, dass Peter entweder nicht weiß, welche Konventionen hier gelten, die Mitarbeiter des Bauamtes gut kennt, oder bewusst provozieren möchte.

Wenn in einem Text das Wissen über andere Texte zum Aufbau eines sinnvollen Textverständnisses beiträgt, spricht man auch von intertextuellen Bezügen. Findet sich in einem Text z.B. der Satz: „Als Peter die Orkfährte in seinem Garten entdeckte, lief ihm ein kalter Schauer über den Rücken.", so wird damit ein Bezug hergestellt zu Tolkiens „Herr der Ringe" und der davon inspirierten Fantasyliteratur. Zumindest eine periphere Kenntnis dieser Literatur ist notwendig, um zu verstehen, warum die Orkfährte Peter erschauern lässt. Außerdem lässt das Auftreten dieses Satzes in einem Text vermuten, dass der Autor des Textes ihn dem Genre der Fantasyliteratur zugeschlagen wissen möchte und auch der Rest des Textes in diesem Sinne zu interpretieren ist.

Es ist unbestreitbar, dass diese ganz verschiedenen Arten des Leserwissens zum Aufbau eines kohärenten Textverständnisses notwendig sind. Uneinigkeit besteht jedoch darüber, in welchem Umfang beim Lesen auf dieses Wissen zurückgegriffen wird. Nach der minimalistischen Position werden „nur zwei Typen von Inferenzen gebildet: Inferenzen, die zum Aufbau der lokalen Kohärenz eines Textes notwendig sind und Inferenzen, die auf unmittelbar verfügbarem Wissen oder auf expliziten Textaussagen basieren."[143] Die konstruktivistische Position geht dagegen davon aus, dass ohne Inferenzbildung kein Verstehen stattfinden kann. „Danach konstruiert die Leserin auf der Grundlage ihres Wissens von der Welt eine semantische Beschreibung von Situationen, bei der über den unmittelbar gegebenen sprachlichen Input hinausgegangen wird, indem durch Schlussfolgerungsprozesse die vorgegebenen Informationen mit bereits vorhandenem Wissen integriert werden."[144] Die Ergebnisse empirischer Untersuchungen zu dieser Thematik sind so uneinheitlich, dass sich auf dieser Grundlage keine Entscheidung für oder wider eine dieser Positionen treffen lässt. Der Widerspruch zwischen den beiden Standpunkten lässt sich jedoch entschärfen, wenn man dem Leser die Fähigkeit zubilligt, je nach Lesesituation und -intention mal mehr und mal weniger Inferenzen zu bilden.[145]

Textoptimierung

Aufbauend auf diesem Verständnis des Leseprozesses kann nun untersucht werden, wie sich die Interaktion zwischen Leser und Text verbessern lässt. Dabei kann zum einen das *Textverständnis* und zum anderen die *Textverständlichkeit* in den Fokus der Betrachtung gerückt werden. Untersuchungen zum Textverständnis beschäftigen sich mit der Frage, was ein Leser tun kann, um einen gegebenen Text besser zu verstehen, während Untersuchungen zur Textverständlichkeit, die im Zusammenhang dieser Arbeit im Vordergrund stehen, fragen, welche Textmerkmale relevant für die Verarbeitung des

---

[143] Christmann u. Groeben 2001: S. 160
[144] Christmann u. Groeben 2001: S. 161
[145] vgl. Christmann u. Groeben 2001: S. 161f

Textes sind, wie sie sich auf das Verstehen und Behalten des Textes auswirken und wie auf dieser Grundlage Regeln und Techniken für die Optimierung von Texten abgeleitet werden können.[146]

Auch die Textverständlichkeitsforschung kann sich jedoch nicht mit dem Text allein beschäftigen, sondern muss immer den Leser mitdenken. Nach der kognitiv-konstruktivistischen Sicht des Lesens, die den Untersuchungen zur Textverständlichkeit zu Grunde liegen, handelt es sich beim Lesen stets um eine Interaktion zwischen dem Text und dem Kognitionssystems des Lesers. Das bedeutet, dass die Verständlichkeit eines Textes davon abhängig ist, inwieweit seine Merkmale zu den Kenntnissen spezifischer Rezipienten passen.[147]

Vergleicht man verschiedene Untersuchungen zur Textverständlichkeit, so kristallisieren sich vier Faktoren heraus, die für die Textverständlichkeit eine besondere Bedeutung haben:
- Sprachliche Einfachheit
- Informationsdichte / semantische Redundanz
- Kognitive Gliederung / Ordnung
- Motivationale Stimulanz.[148]

Die *sprachliche Einfachheit* wird zum einen von der Wortwahl und zum anderen von der grammatischen Struktur der Sätze bestimmt. Was die Wortwahl betrifft, so haben sich in empirischen Unsuchungen kurze, geläufige Worte als verständniserleichternd erwiesen; ihr exzessiver Gebrauch kann jedoch zu einem langweiligen Text führen und sich dadurch negativ auf die *motivationale Stimulanz* des Textes auswirken. Auch konkrete Worte wirken verständniserleichternd. Da sie zweifach kodiert werden – verbal und bildhaft – können sie besser behalten werden als Abstrakta. Außerdem können Texte, die ein hohes Maß an Konkretheit aufweisen, nachweislich besser reproduziert werden und führen zu präziseren Schlussfolgerungen. Ein ähnlicher Effekt wie durch die Verwendung konkreter Worte kann durch den Einsatz von Bildern und Grafiken erreicht werden, die den Text sinnvoll ergänzen. Was die Satzstrukturen anbelangt, ist die empirische Lage nicht so eindeutig wie bei der Wortwahl. Einen eindeutig negativen Effekt haben jedoch Satzschachtelungen, eingebettete Relativsätze, Nominalisierungen und überlange Sätze.[149]

Die Begriffe *Informationsdichte* und *semantische Redundanz* beziehen sich auf den Überraschungswert von Zeichen in einem Text. Ist die kontextbedingte Vorhersagbarkeit von Zeichen in einem Text hoch, so besitzt er eine geringe Informationsdichte und eine hohe semantische Redundanz. Eine leichte Erhöhung der Redundanz führte in verschiedenen Untersuchungen dazu, dass Texte als verständlicher eingestuft und besser behalten wurden. Auf der anderen Seite führt eine Erhöhung der Redundanz auch zu längeren und langweiligeren Texten. Wie der optimale Grad der Redundanz eines Textes bestimmt werden kann, ist bislang noch nicht geklärt und lässt sich vermutlich auch

---

[146] vgl. Groeben u. Christmann 1989: S. 168
[147] vgl. Groeben u. Christmann 1989: S. 168 und Meutsch 1992: S. 12ff
[148] vgl. Christmann u. Groeben 2001: S. 179ff und Groeben u. Christmann 1989: S. 169ff
[149] vgl. Christmann u. Groeben 2001: S. 183f und Groeben u. Christmann 1989: S. 176ff

nicht endgültig bestimmen, da der Einfluss außertextlicher Größen, wie Motivation und Vorwissen des Lesers, hier sehr stark ist.[150]

Die *kognitive Gliederung* oder *Ordnung* eines Textes stellt nach empirischen Untersuchungen die wichtigste Größe für seine Verständlichkeit dar. Die Forschung orientiert sich dabei vor allem an der kognitiven Lerntheorie nach Ausubel, die davon ausgeht, dass bei der Rezeption eines Textes bedeutungshaltiges Material in die hierarchisch aufgebaute kognitive Struktur des Lesers integriert wird.[151] Die Gliederung des Textes darf sich daher nicht ausschließlich am Textinhalt orientieren, sondern muss auch die Wissensvorrausetzungen des Rezipienten berücksichtigen: „Aus der charakteristischen Art der Zunahme psychologischer Wissensstruktur durch den Assimilationsprozess folgt, dass die *existierende kognitive Struktur selbst* – sowohl der Kerninhalt der Wissensstruktur eines Individuums als auch die wichtigsten organisatorischen Eigenschaften dieses Inhalts auf einem bestimmten Stoffgebiet zu jeder gegebenen Zeit – der Hauptfaktor ist, der sinnvolles Lernen und Behalten auf diesem gleichen Gebiet beeinflusst."[152] Ausubel nennt eine Reihe von Prinzipien, die den Prozess der Einordnung von Wissen in die kognitive Struktur unterstützen:
- Bei *Advanced Organizern* handelt es sich um kurze Vorstrukturierungen. Sie stellen die wichtigsten Textinhalte in einer dem Leser vertrauten Ausdrucksweise und in abstrakterer und allgemeinerer Form dar, als dies im Text selbst der Fall ist und unterstützen damit die Einordnung von neuen Inhalten in die bereits vorhandene kognitive Struktur des Lesers und Lerners.[153] In Metaanalysen empirischer Untersuchungen zur Wirksamkeit von Advanced Organizern konnte ein schwach positiver Effekt besonders für das langfristige Behalten festgestellt werden. Dieser Effekt wirkte sich vor allem bei Texten aus, die für den Leser unvertraut und unüblich organisiert waren. Advanced Organizer, die sich an der Textstruktur orientierten, führten dabei zu besseren Ergebnissen als inhaltsorientierte. Außerdem erwiesen sich Advanced Organizer als vorteilhaft, die nicht zu abstrakt gehalten waren, sondern konkrete Modelle und Analogien enthielten.[154]
- Mit der Technik des *sequentiellen Arrangierens*, stellt Ausubel eine verständnisfördernde Form der Textanordnung vor, bei der die Textgliederung in der Regel mit den allgemeinsten und weitgehendsten Konzepten beginnt und dann im Verlauf des Textes mit immer spezielleren Konzepten fortfährt. „Die Verfügbarkeit von relevanten verankernden Ideen für den Gebrauch beim sinnvollen Lernen und Behalten kann ganz offensichtlich maximal vergrößert werden, wenn man die natürlichen sequentiellen Abhängigkeiten unter den Teilgebieten einer Disziplin ausnutzt – die Tatsache, dass das Verstehen eines bestimmten Themas oft das vorherige Verstehen irgendeines verwandten Themas logisch voraussetzt."[155] „Allgemein gesagt hat es darum organisatorisch einen Sinn, wenn der Darbietung von detaillierter oder spezifischer Information ein allgemeineres oder inklusiveres Prinzip vorausgeht, auf das sie bezogen oder unter das sie subsumiert werden kann."[156] In empirischen Untersuchungen zeigte sich, dass bei dieser deduktiven Form der Textstrukturierung der Behaltenseffekt deutlich größer war als bei anderen Sequenzierungsvarian-

---

[150] vgl. Christmann u. Groeben 2001: S. 184f und Groeben u. Christmann 1989: S. 180ff
[151] vgl. Christmann u. Groeben 2001: S. 185ff
[152] Ausubel 1974: S. 136 (Hervorhebung dort)
[153] vgl. Ausubel 1974: S. 146ff und S. 365
[154] vgl. Christmann u. Groeben 2001: S. 185ff
[155] Ausubel 1974: S. 170f
[156] Ausubel 1974: S. 367

ten.[157] Auch die Schemaforschung, die etwas jünger ist, als die Lerntheorie von Ausubel, spricht sich für eine hierarchische Textorganisation aus. Sie geht dabei von sogenannten Superstrukturen aus, einer globalen Ordnung von Textteilen, die für die jeweiligen Textsorten spezifisch ist. Eine Textstrukturierung gemäß der textsortenspezifischen Superstrukturen wirkt sich dabei nachweislich behaltensfördernd aus. Zusammenfassend lässt sich sagen, dass sich die Textstruktur am Sachverhalt, bzw. der Textsorte orientieren, dem Leser möglichst vertraut und für ihn transparent sein sollte. Transparenz lässt sich dabei durch eine kohärente Markierung der Textstruktur erreichen. Auf lokaler Ebene lässt sich ein Themenwechsel durch syntaktische Sonderstellung und Themenbeibehaltung durch nominale oder pronominale Wiederaufnahme markieren. Auf globaler Ebene können Signale an der Textoberfläche, z.B. das explizite Benennen von Themenwechseln und -fortführungen, Zusammenfassungen etc. dem Leser die Textstruktur verdeutlichen und so die Verarbeitung des Textes unterstützen.[158]

- Eine weitere Hilfe bei der Eingliederung von Material in die kognitive Struktur des Lesers stellen Hilfen zur *integrativen Aussöhnung* oder *kognitive Vereinigung* dar. Darunter versteht man eine ganze Reihe von Strategien, um „Unterschiede zwischen [...] Ideen auszukundschaften, signifikante Ähnlichkeiten und Unterschiede herauszustellen und wirkliche oder scheinbare Unvereinbarkeiten auszusöhnen [...]"[159], z.B. Erläuterungen, Spezifizierungen, Beispiele und Analogien. Diese Elaborationen sollen beim Rezipienten zu einer guten Vernetzung des neuen Wissens führen. Nach empirischen Untersuchungen machen sie sich besonders bei der Anwendung von Wissen positiv bemerkbar und sind effektiver, wenn sie dem eigentlichen Text folgen, als wenn sie ihm vorangestellt sind. Von den verschiedenen Formen der Elaboration hat sich dabei die Analogie als besonders wirksam erwiesen. Dabei werden Merkmale eines bekannten Sachverhalts auf einen unbekannten Sachverhalt übertragen, wodurch strukturelle und inhaltliche Entsprechungen zwischen Bekanntem und Neuem herausgearbeitet werden können. Einige Untersuchungsergebnisse weisen darauf hin, dass bereichsferne Analogien, die unterschiedliche Wissensbereiche miteinander verknüpfen, besonders wirksam sind.[160]
- Zusammenfassungen, Unterstreichungen und Hervorhebungen sollen wichtige Konzepte des Textes klar herausstellen, unterscheidbar machen und so zur *Konsolidierung* des neu erworbenen Wissens beitragen.[161] Nachgestellte Zusammenfassungen haben dabei erwiesenermaßen einen positiven Effekt auf das Behalten, während die Wirksamkeit von Hervorhebungen und Unterstreichungen bislang nicht eindeutig nachgewiesen werden konnte.[162]

Der Begriff der *motivationale Stimulanz* bezieht sich auf die Auswirkung der Interessantheit eines Textes auf das Textverständnis. In diesem Zusammenhang konnte festgestellt werden, dass interessante Texte nachweislich zu einer besseren Behaltensleistung führen. Allerdings konnte bisher nicht im Einzelnen geklärt werden, welche Merkmale einen Text interessant machen. Ansätze hierzu finden sich jedoch in der Neugiermotivationstheorie nach Berlyne. Nach dieser Theorie führen kognitive Konflikte, die den Leser mit etwas Neuem, Überraschendem konfrontieren, das in Widerspruch zu

---

[157] vgl. Christmann u. Groeben 2001: S. 186f
[158] vgl. Christmann u. Groeben 2001: S. 187f
[159] Ausubel 1974: S. 167
[160] vgl. Christmann u. Groeben 2001: S. 188f
[161] vgl. Ausubel 1974: S. 172f und S. 366
[162] vgl. Christmann u. Groeben 2001: S. 189

seinen Erwartungen oder zu seinem Vorwissen steht, zu einem gesteigerten Interesse am Text. Textelemente, die solche kognitiven Konflikte erzeugen, können z.B. konfliktevozierende Fragen, inkongruente Rückbezüge auf Bekanntes, widersprüchliche Alternativen oder neue und überraschende Textelemente sein.[163]

Die wichtigsten Mittel zur Textoptimierung

1 Sprachliche Einfachheit
    1.1 Kurze Worte
    1.2 Geläufige Worte
    1.3 Konkrete Worte
    1.4 Steigerung der Anschaulichkeit durch Bilder und Grafiken
    1.5 Vermeidung von Satzschachtelungen, Nominalisierungen und überlangen Sätzen
2 Informationsdichte und semantische Redundanz
3 Kognitive Gliederung
    3.1 Advanced Organizer
    3.2 Sequentielles Arrangieren
        3.2.1 Textgliederung vom Allgemeinen zum Speziellen
        3.2.2 Beachtung der Superstrukturen der jeweiligen Textsorte
        3.2.3 Transparenz der Textstruktur durch kohärente Markierungen
    3.3 Mittel zur kognitiven Vereinigung
    3.4 Mittel zur Konsolidierung
        3.4.1 Zusammenfassungen
        3.4.2 Hervorhebungen und Unterstreichungen
4 Motivationale Stimulanz

Es ist wichtig, sich der Relativität der Mittel zur Textoptimierung bewusst zu sein. Betrachtet man Lesen als eine aktive Tätigkeit von Rezipienten, bei der eine Interaktion zwischen dem Text und dem Vorwissen, den Absichten und Fähigkeiten der Rezipienten in einer bestimmten Lesesituation stattfindet, dann können Textmerkmale, die sich für bestimmte Rezipienten und in bestimmten Lesesituationen als förderlich erweisen, für andere Rezipienten und in anderen Situationen einen negativen Effekt haben. Ein Text ist also nicht für sich verständlich, sondern er ist das immer für konkrete Leser in einer konkreten Situation.[164]

Übersicht über die wichtigsten Mittel zur Textoptimierung

Lesen im Websiteformat

Betrachtet man den Leseprozess aufsteigend von der Buchstaben-/Wort- über die Satz- bis zur Textebene, dann scheint sich das Lesen in den verschiedenen Printformaten und im World Wide Web zunächst sehr zu ähneln. Auch beim Lesen von Hypertexten im World Wide Web müssen Buchstaben und Worte identifiziert und ihre Bedeutung erfasst werden; müssen auf Satzebene syntaktische und semantische Beziehungen zwischen Wortfolgen hergestellt und die Sätze mit Hilfe der vorhandenen Kohäsionsmittel und unter Rückgriff auf das Weltwissen des Lesers zu kohärenten Strukturen zusammengefügt werden. Lediglich die in den Hypertext eingebetteten Verweise und

---

[163] vgl. Christmann u. Groeben 2001: S. 189f und Groeben u. Christmann 1989: S. 185f
[164] vgl. Meutsch 1992: S. 14f

einige multimediale Spielereien kommen als zusätzliche, den Leseprozess beeinflussende Elemente hinzu.[165]

Allerdings ist inzwischen nachgewiesen, dass die Prozesse auf Wort-, Satz- und Textebene nicht nacheinander, sondern parallel ablaufen. Dies hat zur Folge, dass die in den Hypertext eingebetteten Verweise, das Arrangement von Bild und Text auf der Lesefläche und die besondere Lesesituation am Computer den Leseprozess weit stärker beeinflussen als es auf den ersten Blick scheinen mag.

Eine ganze Reihe von Faktoren unterscheidet das Lesen im Format des World Wide Web vom Lesen in den verschiedenen Printformaten:
- der institutionelle Rahmen
- der konventionalisierte Aufbau von Papiertexten im Vergleich zu Texten im Netz
- die Lesesituation
- die Multimedialität von Hypertextdokumenten im World Wide Web
- die Multilinearität von Hypertext
- die Schwierigkeit der Orientierung in Hypertexten
- die Notwendigkeit, ständig Entscheidungen zu treffen

Diese Faktoren beeinflussen den Aufbau eines kohärenten Textverständnisses bei der Rezeption von Websites und machen es notwendig, die Rolle der klassischen Kohäsionsmittel, der Inferenzbildung und der Mittel zur Textoptimierung in Bezug auf Hypertexte im World Wide Web zu überdenken. Auf der Grundlage dieser Überlegungen kann schließlich ein Modell zur Beschreibung und Analyse von Websites konzipiert werden.

Institutioneller Rahmen

Lesen und Schreiben sind in einen starken institutionellen Rahmen eingebettet. Das beginnt damit, dass Lesen und Schreiben in der Regel in der Schule gelernt wird. Dort werden gesellschaftliche Konventionen weitergegeben. Die Schüler lernen, welche Arten des schriftlichen Ausdrucks akzeptiert und welche sanktioniert werden – von der Orthographie über die Beachtung von Gattungsmerkmalen bis hin zu stilistischen Feinheiten. Die Art und Weise in der ein Text zu lesen und zu interpretieren ist, wird auf ähnliche Art tradiert. Für den Hausgebrauch kann nach Erwerb der entsprechenden Fähigkeiten jeder schreiben, was und wie er will, sobald jedoch ein Text über die klassischen Printmedien einem breiteren Publikum zugänglich gemacht werden soll, wird der Druck der Institutionen wieder spürbar. Zeitungen, Zeitschriften und Buchverlage haben Kontrollmechanismen, die sicherstellen, dass nicht alles veröffentlicht wird, sondern nur das, was bestimmte Kriterien erfüllt: Texte, die ein gewisses Qualitätsniveau aufweisen, von einem Autor verfasst wurden, der auf Grund seiner Biografie als kompetent erachtet wird oder schlicht in der Tradition der entsprechenden Institution stehen.

Das hat Vor- und Nachteile: Der Nachteil besteht darin, dass durch diese Kontrollmechanismen mancher Text, der es wert wäre, nie das Licht einer breiten Öffentlichkeit erblickt. Der Vorteil ist, dass der Leser beim Lesen einer Tageszeitung, einer wissenschaftlichen Fachzeitschrift oder eines Romans zumindest die begründete Hoffnung hegen darf, dass gewisse Qualitätsstandards eingehalten werden, die ihm lieb und teuer sind.

---

[165] Ganz ähnlich, wenn auch auf der Grundlage eines anderen Rezeptionsmodells, argumentieren z.B. Zumbach u. Rapp 2001, S. 29f. Da sich auch in dem von ihnen zu Grunde gelegten Modell die Prozesse auf den verschiedenen Ebenen gegenseitig beeinflussen, scheint mir diese Argumentation nicht statthaft zu sein.

Für das Veröffentlichen im World Wide Web sind die institutionellen Schranken weit niedriger. Jeder, der sich das entsprechende Wissen aneignet und sich den Zugang zur entsprechenden Technik verschafft, kann im Web veröffentlichen, was er möchte. Zwar gibt es nationale Gesetze, die auch im World Wide Web die Ausdrucksfreiheit einschränken und beispielsweise beleidigende, gewaltverherrlichende oder das Urheberrecht verletzende Publikationen verbieten. Diese Gesetze können aber leicht umgangen werden, indem z.B. anonym auf Servern in Staaten veröffentlicht wird, in denen diese Gesetze nicht gelten.[166]

Den Leser von Websites stellt das vor eine gänzlich neue Situation: Sucht er im World Wide Web nach Informationen zu einem Thema, sieht er sich in der Regel einer Vielzahl von Quellen gegenüber, welche die für Printmedien geltenden Kontrollinstanzen nur in den seltensten Fällen durchlaufen haben. Das bedeutet, der Leser muss eigene Kriterien entwickeln, um zu entscheiden, welche Qualität und welchen Wahrheitsgehalt er einer Quelle im Internet zubilligt. So ist es z.B. bei der Bestellung von Waren auf einer Website wichtig zu wissen, ob der jeweilige Händler seriös ist und die versprochene Ware zu den vereinbarten Bedingungen liefern wird. Auch wenn Anleitungen von Websites übernommen werden, die praktisch umgesetzt werden sollen, z.B. Kochrezepte oder Tipps zur Hausrenovierung, ist, um Schäden zu vermeiden, eine genaue Quellenprüfung sinnvoll. Besonders bei Recherchen für die journalistische oder wissenschaftliche Arbeit ist es wichtig, dass diese Quellenprüfung sehr sorgfältig erfolgt.[167] Der Leser kann dabei eine Website nach ganz unterschiedlichen Kriterien unter die Lupe nehmen:
- Gibt es ein Impressum oder wird an anderer Stelle auf der Website deutlich, welche Person bzw. Institution für den Inhalt der Website verantwortlich ist? Ist eine Postadresse, Telefonnummer oder E-Mail Adresse vorhanden, die es erlaubt, mit dieser Institution oder Person in Kontakt zu treten und ihre Identität zu überprüfen?
- Wird an irgendeiner Stelle deutlich, welchen Zweck der Autor mit der Website verfolgt?
- Welche Topleveldomain besitzt die Seite? Für deutsche Websites erkennbar an der Topleveldomain „.de" gelten z.B. relativ strenge rechtliche Vorschriften bezüglich der Gestaltung eines Websiteimpressums.
- Gehört der Autor der Website einer vertrauenswürdigen Institution an, z.B. einer Universität oder einer renommierten Firma? Gibt es Links von der Website dieser Institution zur in Frage stehenden Website?
- Zu welchen anderen Seiten führen Links von der Website?
- Von welchen anderen Seiten führen Links auf die in Frage stehende Website?[168]
- Ist ersichtlich, wann die letzten Änderungen an der Website vorgenommen wurden?
- Macht es das Vorwissen des Lesers möglich die inhaltliche Qualität der Website zu beurteilen?
- Wie sorgfältig ist die Website gearbeitet? Gibt es viele Orthographie- und Grammatikfehler, ist die technische Umsetzung gelungen?[169]

---

[166] Die vom Akademie Verlag betriebene Seite http://www.online-recht.de/ bietet einen umfassenden Überblick über alle Aspekte des Online-Rechts.
[167] Im April 2003 veröffentlichten z.B. mehrere südkoreanische Nachrichtensender die Meldung, Bill Gates sei auf einer Benefizveranstaltung erschossen worden und brachten damit die südkoreanische Börse in Wallung. Die Information bezogen sie von einer Website, die vom Stil her der Website von CNN nachempfunden war. (vgl. Onlinequellen: ZDF)
[168] Dies lässt sich z.B. mit der Suchmaschine Google (vgl. Onlinequellen: Google) unkompliziert eruieren.
[169] Alexander u. Tate 1999 beschäftigen sich in dem Buch „Web Wisdom: How to Evaluate and Create Information Quality on the Web" ausführlich mit der Bewertung von Quellen im Web.

Je nachdem, mit welchem Interesse ein Leser an eine Website herantritt, werden dabei manche Kriterien in den Vordergrund rücken und andere zu vernachlässigen sein. Dass eine kritische Prüfung von Quellen im World Wide Web notwendig ist, wird der Leser aber schon nach kurzer Zeit bemerken.

Konventionalisierter Aufbau

In diesem Abschnitt geht es um die Konventionen, die sich nach und nach innerhalb des Websiteformats herausbilden. Da der Begriff der Konvention dem in dieser Arbeit zentralen Begriff des Formats in manchen Punkten sehr ähnelt, soll jedoch zunächst kurz die Beziehung zwischen diesen beiden Begriffen geklärt werden.

Wie eingangs bereits erläutert wurde, setzt ein Format der Form eines Gegenstandes Grenzen. Solange die Form sich innerhalb der Grenzen bewegt, die das Format setzt, kann man sagen, dass der Gegenstand das jeweilige Format besitzt.

Das Wort Konvention geht auf das lateinische Wort „conventio" (Zusammenkunft, Übereinkunft) zurück.[170] Der amerikanische Philosoph David Kellogg Lewis hat den in der Sprachwissenschaft gebräuchlichen Begriff der Konvention stark geprägt. Nach Lewis dienen Konventionen dazu, Koordinationsprobleme zu lösen. Ein Koordinationsproblem entsteht dann, wenn mehrere Personen ihre Handlungen aufeinander abstimmen müssen, um ein gemeinsames Ziel zu erreichen. Lewis nennt als Beispiel eines Koordinationsproblems die Frage, wer nach einem unterbrochenen Telefongespräch erneut anruft und wer auf den Anruf des anderen wartet. Die Konvention, dass grundsätzlich der ursprüngliche Anrufer erneut anruft, wäre in der Lage dieses Koordinationsproblem zu lösen.

Lewis nennt fünf Merkmale von Konventionen:
- Konventionen sind Verhaltensregularitäten von Personen, die zu einer Gemeinschaft gehören.
- Sie werden absichtlich und aus Eigeninteresse verfolgt und nicht auf Grund von biologischen oder sozialen Zwängen.
- Die Personen, die zu einer Gemeinschaft gehören, wünschen, dass die Konventionen durch alle befolgt werden.
- Eine Konvention liegt nur dann vor, wenn es zu einem Verhalten eine akzeptable Alternative gibt.
- Den Personen, die zu einer Gemeinschaft gehören, soll die Erfüllung aller fünf Bedingungen bekannt sein.

Die Anforderungen, die Lewis an Konventionen stellt, sind jedoch immer wieder als zu stark kritisiert worden. So scheint schon, die Grundannahme von Lewis, dass Konventionen dazu dienen Koordinationsprobleme zu lösen, nicht immer erfüllt zu sein. Konventionen werden eben nicht immer, wie Lewis meint, absichtlich und aus Eigeninteresse verfolgt, sondern oft auch aus bloßer Gewohnheit oder auf Grund von sozialem Druck.[171]

In vielen Fällen ist es jedoch tatsächlich so, dass es den Umgang innerhalb einer Gruppe von Personen erleichtert, wenn alle sich an Konventionen halten. Darüber hinaus

---

[170] vgl. Duden Etymologie 1963: S. 358
[171] vgl. Schwarz 2005: S. 189f

wird derjenige, der sich an eine Konvention hält, innerhalb der entsprechenden Gruppe akzeptiert und die restlichen Mitglieder Gruppe fühlen sich sicher, da sie das Verhalten der Person verstehen und ein Stück weit voraussagen können. Hält sich eine Person nicht an Konventionen, so hat sie in aller Regel mit Sanktionen zu rechnen, diese können von einem bösen Blick über eine Rüge bis zur zeitweisen Nichtbeachtung oder sogar zum Ausschluss aus der jeweiligen Gruppe führen. Nur in den seltensten Fällen wird ein Brechen von Konventionen als Zeichen der Genialität akzeptiert.

Konventionen können sich im Lauf der Zeit verändern, indem die Mitglieder der Gruppe, innerhalb derer die Konvention besteht, nach und nach beginnen, sich auf eine andere Art und Weise zu verhalten. Sie können auch verschwinden, wenn sie von immer mehr Mitgliedern einer Gruppe missachtet werden. In gewisser Weise können Konventionen als eine besonderer Art von Formaten betrachtet werden, die sich nicht auf die äußere oder innere Form eines Gegenstandes beziehen, sondern auf seine Akzeptanz innerhalb einer Gruppe.

Auch kommunikative Formate werden stark von Konventionen bestimmt. So hat sich für die meisten Papiertexte im Lauf der Jahre ein stark von Konventionen geprägter Aufbau entwickelt. Nimmt man ein Buch zur Hand, so findet man auf der vorderen Umschlagseite und dem Buchrücken den Buchtitel und den Namen des Autors. Auf der hinteren Umschlagseite kann man häufig eine kurze Zusammenfassung des Buchinhaltes lesen. Auf den ersten Innenseiten finden sich ausführliche bibliografische Angaben sowie Angaben zum Verlag und mitunter ein paar Informationen über den Autor. Nach einer Wiederholung von Titel und Autor folgen das Inhaltsverzeichnis und der eigentliche Text des Buches. Mitunter gibt es am Ende des Buches noch einen Index und diverse Anhänge. Auch Zeitungen und Zeitschriften folgen Konventionen, wobei diese sich je nach Genre unterscheiden können und einem stärkeren Wandel unterliegen als die Konventionen für Bücher. Die Konventionen von Zeitungen oder Zeitschriften rücken immer wieder ins Bewusstsein der Öffentlichkeit, wenn ein solcher Wandel stattfindet und sich eine Zeitung oder Zeitschrift dazu entschließt, ihre Gestaltung in einer Weise zu verändern, die sich über bisherige Konventionen hinwegsetzt. Dies führt in aller Regel zu heftigen Diskussionen zwischen Befürwortern und Gegnern der Änderungen. Die Leser sind an die bestehenden Konventionen gewöhnt und finden sich zurecht, so dass auch sinnvolle Neuerungen oft erst nach einer Phase des Widerwillens angenommen werden.

Im Websiteformat, das noch relativ jung ist, beginnen sich erst langsam einige Konventionen herauszubilden. Die Einteilung des bekannten Webdesigners David Siegel in Websites der ersten, zweiten und dritten Generation vermittelt einen guten Eindruck dieser Entwicklung: „Sites der 1. Generation sind linear. Die Seiten mussten funktionell sein, damit Wissenschaftler ihre Entdeckungen weltweit austauschen konnten. An einer derartigen Seite erkennt man klar die Einschränkungen durch langsame Modems, monochrome Bildschirme und die standardmäßigen Style Sheets der Browser. Man sieht eine Sequenz von Text und Bild (von oben nach unten und von links nach rechts), aufgelockert durch Absätze, Blickfangpunkte, Querbalken und ähnlichem. Alle frühen HTML-Werke waren nach diesem ‚Fernschreiber-Modell' aufgebaut. [...] Sites der 2. Generation gehören im wesentlichen noch immer zur ersten Generation, nur sind es jetzt Icons (Symbolbildchen) statt Wörter, gekachelte Bilder statt des grauen Hintergrundes und Banner statt schlichter Überschriften. [...] Sie verwenden ein Modell, bei dem man von einer ‚Homepage' zu hierarchisch geordneten ‚Unterbereichen' kommt.

[...] Sites der 3. Generation locken Besucher durch sie hindurch, indem sie Metaphern und bekannte Modelle der Konsumentenpsychologie verwenden. Diese Sites bieten eine abgerundete Erfahrung – je mehr Sie erforschen, desto vollständiger erleben Sie die Site."[172] Allerdings muss angemerkt werden, dass die von Siegel hochgelobten Websites der dritten Generation, die versuchen, hierarchische Strukturen aufzubrechen, von vielen Webdesignern als unübersichtlich und wenig benutzerfreundlich abgelehnt werden.

Einen weiteren Eindruck von den Konventionen, die sich im World Wide Web herausbilden, erhält man, wenn man versucht, Websites in verschiedene Kategorien einzuordnen. In einer Studie des Software Usability Research Laboratory der Wichita State University wurden z.B. die 30 populärsten Websites des Jahres 2001 in die Kategorien Unterhaltung, Nachrichten, Online Shopping und Reiseseiten eingeteilt. Diese Seiten wurden in Bezug auf Layout, Textmenge und Text/Link-Verhältnis, Seitengröße, Ladegeschwindigkeit und Benutzerführung untersucht. Dabei ließen sich sowohl signifikante Gemeinsamkeiten der zur selben Kategorie gehörenden Websites feststellen, als auch deutliche Unterschiede zwischen den Websites, die zu verschiedenen Kategorien gehörten.[173] Diese Unterschiede und Gemeinsamkeiten sind so deutlich, dass sie sich nicht allein durch die ähnlichen gestalterischen Anforderungen von Websites der gleichen Kategorie erklären, sondern auf das Vorhandensein von Konventionen schließen lassen.

Ein noch deutlicheres Ergebnis ergab eine empirische Studie desselben Instituts, in der die Erwartungen von Internetnutzern in Bezug auf die Lokalisierung wichtiger Bestandteile einer Webseite untersucht wurden, z.B. den Link zur Homepage, die siteinterne Navigationsleiste, die siteinterne Suchfunktion und Werbebanner. Eine große Mehrheit der 346 Testpersonen erwartete diese Sitebestandteile in einem Raster von 8 mal 7 Feldern jeweils an derselben Stelle, wobei sich kaum Unterschiede in den Erwartungen von erfahrenen und unerfahrenen Webnutzern zeigten.[174] Dies legt nahe, dass Nutzer im Internet sehr schnell eine Vorstellung von der typischen Anordnung der Elemente auf einer Website aufbauen.[175]

In einer Folgestudie zeigte sich, dass die Nutzer auch in Bezug auf die speziellen Elemente von Shoppingsites wie Einkaufswagen, Login-Funktion etc. sehr klare Erwartungen hatten.[176] Da Konventionen sich vor allem in den Köpfen der Menschen herausbilden, zeigen beide Studien deutlich, dass in manchen Bereichen die Konventionalisierung des Websiteformats schon weit fortgeschritten ist. Allerdings ist das World Wide Web immer noch in großer Veränderung begriffen, was auch mit der ständigen Weiterentwicklung der technischen Möglichkeiten zusammenhängt und es gibt eine große Zahl experimenteller und innovativer Websites, die sich nach wie vor einer Konventionalisierung entziehen.

---

[172] Siegel 1999: S. 12ff
[173] vgl. Onlinequellen: Patel
[174] Die Ergebnisse der Studie scheinen allerdings nur für Websites zu gelten, die auf der lateinischen Schrift basieren. Bei Websites, die mit von rechts nach links laufenden Schriften wie Hebräisch oder Arabisch gestaltet sind, finden sich die Navigationselemente häufig in der rechten Bildschirmhälfte. (vgl. Wirth 2002: S. 173)
[175] vgl. Onlinequellen: Bernard: Developing Schemas for the Location of Common Web Objects
[176] vgl. Onlinequellen: Bernard: Examining User Expectations for the Location of Common E-Commerce Web Objects

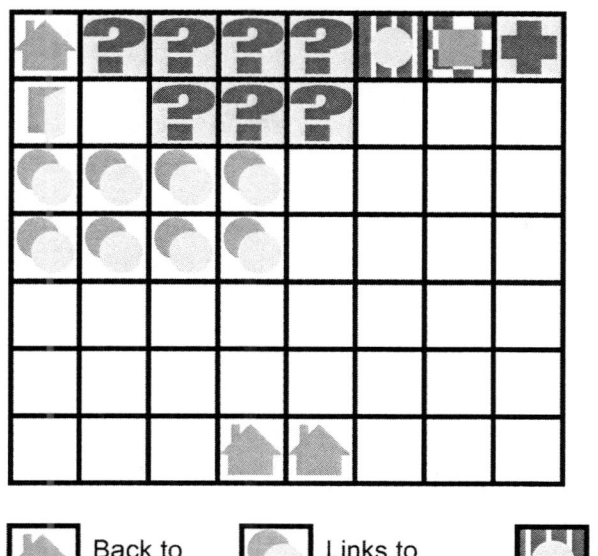

Eine kombinierte Darstellung der Nutzererwartungen über die Anordnung von Siteelementen auf Shoppingwebsites.[177]

- Back to Home
- Login/ Register
- Links to Merchandise
- Search Engines
- Account/ Order
- Shopping Card
- Help

Lesesituation

Die Lesesituation bei der Rezeption von Texten im Websiteformat unterscheidet sich deutlich von der Situation beim Lesen von gedruckten Texten. Beim Lesen von gedruckten Texten hat der Leser den Text als Buch, Heft, Zeitung, Loseblatt etc. entweder vor sich auf einem Tisch liegen oder er hält ihn in der Hand. Die Papierform bietet ihm dabei eine Vielzahl von Möglichkeiten: Er kann den Textträger bewegen, das heißt, so positionieren, dass seine Arbeits- oder Rezeptionssituation dadurch möglichst bequem wird. Ein Buch erzwingt keine bestimmte Sitzhaltung oder Blickrichtung, sondern passt sich Blick und Haltung des Lesers an. Beweglichkeit bedeutet aber auch: Der Leser kann Texte auf Papierträgern mit sich nehmen, unterwegs lesen, anderen etwas darin zeigen und sie in ganz verschiedenen Situationen rezipieren - allein im Studierzimmer, in einem Seminar zusammen mit anderen, im Zug, im Bett, im Schwimmbad und wird dabei jeweils ganz eigene Rezeptionserfahrungen machen. Darüber hinaus ist es bei Papiertexten möglich, Worte und Passagen im Verlauf der Rezeption anzustreichen und Anmerkungen am Seitenrand zu notieren. Auch die Möglichkeit, wichtige Stellen mit Büroklammern, Selbstklebezetteln, den eigenen Fingern oder anderen Lesezeichen zu markieren, stellt eine wichtige Hilfe beim Lesen von Papiertexten dar.

Werden Texte im Websiteformat rezipiert, so ist die Bewegungsfreiheit des Rezipienten stark eingeschränkt. Die große Zahl von Rückenerkrankungen, besonders im Bereich der Computerberufe macht deutlich, wie belastend langes Sitzen in einer durch Tastatur, Maus und Monitor aufgezwängten Haltung sein kann.[178] Auch die (abgesehen vom Laptop) Immobilität des Arbeitsplatzes kann sich negativ auf den Rezeptionsprozess

---

[177] Grafik entnommen aus: Onlinequellen: Bernard: Examining User Expectations for the Location of Common E-Commerce Web Objects. (Sinnerhaltende Umgestaltung auf Grund der Anforderungen des Druckverfahrens.)
[178] vgl. Diemer u. Burchert

auswirken. Der ehemalige Werbeslogan von Microsoft „Where do you want to go today?" erhält in diesem Zusammenhang einen bitteren Beigeschmack.

Texte am Computer und Texte auf Papier werden gleichermaßen mit Hilfe der Augen rezipiert. Papiertexte sind auf diese Art der Rezeption vorzüglich abgestimmt. Das im Buchdruck verwendete Papier und auch die eingesetzten Schriftarten haben sich nicht zufällig entwickelt, sondern wurden durch Beobachtung und empirische Untersuchungen im Lauf vieler Jahre perfektioniert. Computerbildschirme bieten im Gegensatz dazu keine optimalen Lesebedingungen. Mehrere empirische Untersuchungen aus den achtziger Jahren ergaben eine um ca. 30% verminderte Lesegeschwindigkeit beim Lesen vom Monitor im Gegensatz zum Lesen von Papier.[179] Dafür scheint es eine ganze Reihe von Gründen zu geben: Röhrenmonitore flimmern und erschweren dadurch das Lesen. Sind Helligkeit und Kontrast falsch eingestellt, kann dies zusätzlich zur Ermüdung der Augen beitragen. Sowohl Röhren- als auch LCD-Bildschirme arbeiten zur Zeit in der Regel mit Auflösungen zwischen 72 und 120 dpi,[180] wohingegen selbst einfache Ausdrucke 300 dpi erreichen und im Offsetdruck häufig mit 2400 dpi gearbeitet wird. Nach neueren Untersuchungen scheint die Bildschirmauflösung ein wichtiger Faktor für die Lesegeschwindigkeit am Monitor zu sein. In mehreren Studien konnte festgestellt werden, dass sich bei Verwendung von Monitoren mit höherer Auflösung die Lesegeschwindigkeit am Monitor der auf Papier angleicht. Die Textdarbietung – Schriftart, Schriftgröße, Formatierung scheint im Gegensatz zur Auflösung nur einen relativ geringen Effekt auf die Lesegeschwindigkeit zu haben.[181]

Die Schwierigkeiten, die mit dem Lesen am Monitor verbunden sind, haben zur Folge, dass bei der Rezeption von Texten im Websiteformat, die eine bestimmte Länge überschreiten, häufig Schnelllesetechniken zum Einsatz kommen. Diese Schnelllesetechniken werden auch beim Lesen von Papiertexten verwendet, wenn es darum geht, sich einen groben Überblick über den Inhalt eines Textes zu verschaffen oder gezielt Informationen in einem Text zu suchen. Nicht nur wegen der Mühe, die das Lesen am Monitor macht, sondern auch wegen der Informationsfülle und oft schlechten Strukturierung im World Wide Web, die es häufig nötig machen, große Textmengen auf ihre Relevanz für ein bestimmtes Leseziel zu prüfen, kommen Schnelllesetechniken beim Lesen im World Wide Web eine besondere Bedeutung zu.

Beim „normalen" Lesen, bei dem alle Worte erfasst werden und das zum Ziel hat, den Inhalt eines Textes vollständig aufzunehmen, liegt die Lesegeschwindigkeit normalerweise bei 200 - 400 Worten pro Minute.[182] Beim sogenannten *Skimming* liegt die Lesegeschwindigkeit bei ca. 800 – 1500 Worten pro Minute. Dabei wird nicht mehr jedes einzelne Wort gelesen. Skimming dient dazu, sich einen Überblick über einen Text zu verschaffen und seine wesentlichen Inhalte zu erfassen. Noch höher ist die Lesegeschwindigkeit beim *Scanning*, dabei kann von geübten Lesern in einer Minute eine Textmenge von über 10000 Worten überflogen werden. Dies bedeutet allerdings auch, dass nur ein Bruchteil des Inhalts aufgenommen werden kann und mitunter ganze Absätze übergangen werden. Scanning dient vor allem dazu, die Relevanz eines Textes für das eigene Leseziel zu bewerten und ihn gezielt nach Informationen zu einem be-

---

[179] vgl. Onlinequellen: Muter u. Maurutto
[180] Dpi (dots per inch) ist eine gebräuchliche Einheit zur Angabe der Auflösung von Schriften.
[181] vgl. Onlinequellen: Wyder und Onlinequellen: Muter u. Maurutto.
[182] vgl. Anderson 1989: S. 340

stimmten Thema zu durchsuchen.[183] Bei der Rezeption von Texten im Websiteformat kommen häufig beide Schnelllesetechniken zum Einsatz. Zuerst wird eine Webseite als ganzes überflogen. Dabei werden Überschriften, Links und Grafiken nach interessanten Informationen abgesucht. Die Inhalte, die interessant erscheinen, werden mit Hilfe des Skimming genauer unter die Lupe genommen und, wenn sie auch diese Prüfung auf Relevanz bestehen, entweder am Monitor gelesen oder ausgedruckt.[184] In Anbetracht der großen Bedeutung, die Skimming und Scanning bei der Rezeption von Websites haben, ist die Tatsache interessant, dass nach empirischen Untersuchungen das Skimming von Texten selbst an modernen Monitoren mit hoher Auflösung ca. 40% länger braucht als auf Papier.[185]

Ein weiteres Problem heutiger Monitore ist, dass sie auf Grund von Größe und Auflösung nur einen relativ kleinen Ausschnitt aus einem Hypertext gleichzeitig darstellen können.[186] Deswegen ist es auch kaum möglich, mehrere Hypertextknoten parallel anzuzeigen, wie es das Format eigentlich nahe legen würde. Die Möglichkeit, mehrere Browserfenster übereinander zu öffnen und zwischen ihnen hin und her zu schalten ist dafür kein wirklicher Ersatz. Bucher spricht in diesem Zusammenhang von „informationeller Kurzsichtigkeit".[187] Um weitere Textausschnitte sichtbar zu machen, muss entweder gescrollt oder durch das Aktivieren eines Links ein weiterer Abschnitt des Hypertextes sichtbar gemacht werden. Dies erfordert eine weit größere kognitive und motorische Leistung als das Blättern in Druckerzeugnissen.

Bereits zu Beginn dieses Kapitels wurde an Hand des Übergangs von der Papyrusrolle zum Pergamentkodex gezeigt, welchen Einfluss das technische Format eines Textes auf die Art und Weise haben kann, in der er gelesen wird. Ganz ähnlich beeinflussen auch die Unterschiede zwischen den heute üblichen papierbasierten technischen Textformaten und den monitorbasierten Formaten, zu denen auch Texte im World Wide Web gehören, die Art wie wir lesen.

Multimedialität

Bereits im Abschnitt „Kommunikation mit den Fingerspitzen" wurde auf die multimedialen Eigenschaften des Websiteformats hingewiesen. Texte, Bilder, Klänge und Videoclips können in einem einzigen Hypertextknoten vereint sein. Oft finden sich auch Dokumente, die lediglich aus Texten und Bildern bestehen, aber Links enthalten, die zu Klang- oder Videodateien führen. Dieses multimediale Gemenge beeinflusst den Leseprozess in einer Form, die bislang nur wenig erforscht ist.[188]

Sowohl Texte als auch Bilder sind dazu geeignet, Informationen zu codieren und weiterzugeben. Die große Stärke von Texten ist die Möglichkeit, abstrakte und komplexe Sachverhalte auszudrücken, die sich nur schwer in Form von Bildern ausdrücken ließen. Sollen einem Text sämtliche Informationen entnommen werden, muss er im Verlauf des Rezeptionsprozesses jedoch Wort für Wort gelesen werden. Einfache Bilder können hingegen auf einen Blick erfasst werden, sie ziehen die Aufmerksamkeit stärker

---

[183] vgl. Anderson 1989: S. 344
[184] vgl. Wirth 2002: S. 207f und Onlinequellen: Nielsen: How Users Read on the Web
[185] vgl. Anderson 1989: S. 344
[186] vgl. Bucher 1999: S. 14
[187] vgl. Bucher 1999: S. 12
[188] vgl. Schmitz 1997: S. 131

auf sich und können schneller verarbeitet werden als ein Text. Sie eignen sich gut, um Konkretes, räumliche Beziehungen und dynamische Prozesse darzustellen. Allerdings können Bilder mitunter auch ein hohes Maß an Ambiguität besitzen und viele Interpretationsmöglichkeiten bieten.[189]

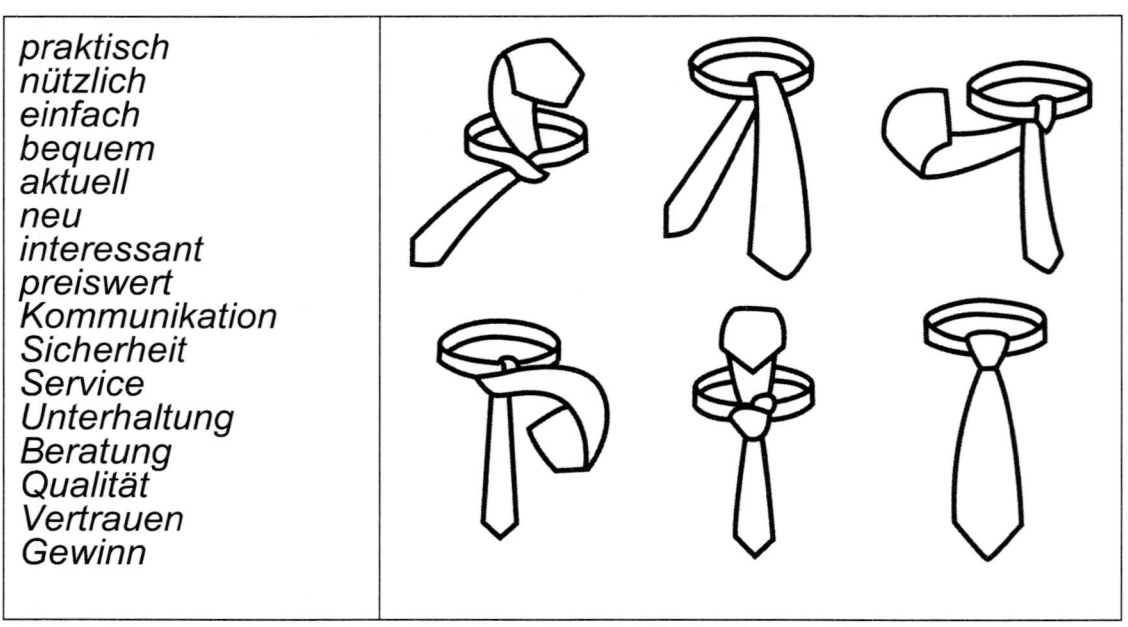

praktisch
nützlich
einfach
bequem
aktuell
neu
interessant
preiswert
Kommunikation
Sicherheit
Service
Unterhaltung
Beratung
Qualität
Vertrauen
Gewinn

Die Stärken von Texten und Bildern[190]

Es dürfte fast ebenso schwer fallen, für die Adjektive und Abstrakta auf der linken Seite adäquate bildliche Repräsentationen zu finden, wie das Binden eines Krawattenknotens allein mit Worten zu beschreiben.

Es wurde bereits darauf hingewiesen, dass auf Grund ihrer spezifischen Eigenschaften Worte und Texte eine größere Bedeutung für die Rezeption von Dokumenten im World Wide Web haben als Bilder. Entfernt man die Bilder, bleiben die meisten Websites weitgehend benutzbar, aber ohne Worte sind die meisten Websites nicht mehr navigierbar.

Kombiniert man einen Text und ein Bild, gleichgültig ob dies gezielt oder nach dem Zufallsprinzip geschieht, so beeinflussen sie sich gegenseitig. Für die Art und Weise, in der sie sich beeinflussen, gibt es verschiedene Möglichkeiten:
- Werden ein Bild und ein Text kombiniert, so ist es möglich, dass weder Text noch Bild für sich allein verstanden werden können, sondern nur gemeinsam eine sinnvolle Bedeutung ergeben. Bild und Text sind *komplementär*.
- Ein Bild kann das Verständnis eines Textes, der auch für sich allein verstanden werden kann, erleichtern oder erschweren. Das Bild ersetzt in einem solchen Fall oft den fehlenden Kontext der wirklichen Welt oder wirkt als Metapher, die das Textverständnis erleichtert.[191]

---

[189] vgl. Wirth 2002: S. 61ff
[190] Wortliste und Idee zur Illustration mit dem Krawattenknoten entnommen aus Wirth 2002: S. 64
[191] vgl. Schmitz 1997: S. 138f

- Ein Text kann in ähnlicher Weise das Verständnis eines Bildes, das auch für sich allein stehen kann, erleichtern oder erschweren. In diesem und im vorhergehenden Fall besteht eine *Redundanz* zwischen Text und Bild, wobei entweder das Bild oder der Text als der erwartungsleitende Kontext des Rezeptionsprozesses angesehen werden kann.[192]

Ungleich komplexer wird die Situation, wenn nicht ein einzelnes Bild mit einem einzelnen Text kombiniert wird, sondern ein Text-Bild-Patchwork vorliegt, wie auf vielen Websites. Deutlich wird bei allen Arten der Schrift-Bild Kombination, dass die Schrift aufhört ein bloßes Zeichensystem zur Darstellung gesprochener Sprache zu sein. Texte erhalten in Kombination mit Bildern eine neue Bedeutung, die unter Verzicht auf diese Bilder kaum zu beschreiben ist.[193]

Meutsch fasst in seinem Aufsatz „Text- und Bildoptimierung" Forschungsarbeiten aus dem Bereich der kognitiven Psychologie zusammen, die sich mit der Art der Repräsentation von Bildern im Gedächtnis, den kognitiven Abläufen beim Bildverstehen und der Interaktion von Text und Bild beschäftigen. Dabei stellt er fest, dass die Einzelergebnisse, die es bei unterschiedlichen Untersuchungen durchaus gibt, kaum integriert werden können, da ein einheitlicher theoretischer Rahmen weitgehend fehlt. Dies hat zur Folge, dass aus den bestehenden Forschungsergebnissen nur wenige allgemeingültige Schlussfolgerungen gezogen werden können.[194] Meutsch nennt in diesem Zusammenhang eine Liste von 5 Punkten:
1. Komplementäre Bilder fördern die Informationsaufnahme.
2. Redundante Bilder und/oder mehrdeutige Bilder stören die Aufnahme von Information.
3. Die Folge ‚erst Bild, dann Text' wirkt fördernd auf den Aufbau von Information.
4. Sprache steuert die Bilddetailselektion.
5. Ein redundanter Text erhöht eventuell die Intensität der Bildverarbeitung.[195]

Aber schon bei diesen einfachen Regeln zeigen sich die Schwierigkeiten der Materie. Während redundante Bilder störend wirken, kann ein redundanter Text sich positiv auswirken. Welche Situation vorliegt, ob der Text als Kontext zum Bild oder das Bild als Kontext zum Text betrachtet wird, hängt aber oftmals von der subjektiven Reaktion des Rezipienten auf die vorliegende Bild-Text-Kombination ab.

Meutsch schlägt auch vor, auf Grund der Unsicherheit, die bezüglich der Wechselwirkung von Text und Bild herrscht, zu jedem Bild explizit anzugeben, mit welcher Absicht es ausgewählt wurde und zu welcher Stelle im Text es in Beziehung steht, um so zumindest den Interpretationsspielraum des Rezipienten einzuschränken. Dies mag für einige Lehrbücher und wissenschaftliche Texte durchaus sinnvoll sein; zur Entwirrung von komplexen Text-Bild-Kombinationen, trägt es jedoch nur wenig bei.[196] Im Falle von Webdokumenten ist die Lage noch komplizierter, weil hier nicht nur Bilder und Texte miteinander kombiniert werden, sondern noch zahlreiche andere Zeichensysteme hinzukommen können.

---

[192] vgl. Meutsch 1992: S. 32f
[193] vgl. Schmitz 1997: S. 131
[194] vgl. Meutsch 1992: S. 28ff
[195] Meutsch 1992: S. 32
[196] vgl. Meutsch 1992: S. 25

Qualitativ bieten Websites dabei dasselbe multimediale Gemisch wie das Fernsehen. Während beim Fernsehen die bewegten Bilder im Vordergrund stehen, ist es bei Websites jedoch die Schrift. Neben der Qualität des multimedialen Gemischs besteht eine weitere Verbindung zwischen Fernsehen und Websites: beide werden mittels eines Bildschirms rezipiert. Zwar sind Websites weniger flüchtige Gebilde als die bewegten Fernsehbilder, aber auch sie sind – unter Mitwirkung des Rezipienten – steter Veränderung unterworfen. Ausgehend von dieser Ähnlichkeit und in Anlehnung an die Rezeptionsforschung beim Fernsehen scheint es mitunter hilfreicher zu sein, ein Webdokument als bewegliches, interaktives Bild mit Textelementen zu sehen und an diesem Ganzen anzusetzen, als sich auf das kaum zu entwirrende Zusammenspiel der einzelnen semiotischen Elemente zu konzentrieren. „So wird der Bildschirm insgesamt leicht als Bild wahrgenommen, in dem auch Texte stehen. Er ist eben Bildschirm und nicht Textschirm. Man liest nicht linear einer Zeile entlang, sondern punktuell in der Fläche. Es wird kaum geblättert, sondern eher wird das Bild verändert. Die Texte passen sich diesen Bedingungen an."[197]

Ist es auch, wie oben erläutert, bislang kaum erklärbar, wie sich aus den einzelnen semiotischen Elementen eines Webdokuments eine Gesamtbedeutung ergibt, so kann doch die Gesamtwirkung eines Webdokuments auf verschiedene Rezipienten empirisch erhoben und mit den Intentionen des Sitebetreibers abgeglichen werden. Ausgehend von der beobachteten Divergenz können dann einzelne Elemente des multimedialen Gemenges verändert werden, um eine Annäherung von Wirkung und Intention zu erreichen.

Ein solcher Ansatz wird beispielsweise mit dem Gröninger Textmodell verfolgt, auf das ich im Folgenden noch detailliert eingehen werde. Die Unterscheidung in globale, mittlere und lokale Untersuchungsebene und die Differenzierung zwischen einer äußeren sichtbar-materiellen und einer inneren sprachlich- bzw. piktoral-kognitiven Text- oder Bilddimension bieten dabei eine gute theoretische Grundlage für die Analyse von Text-Bild-Konglomeraten, wie sie im World Wide Web häufig vorkommen.[198]

Multilinearität

Viele Printtexte sind linear aufgebaut. Sie besitzen einen klar definierten Anfang und ein klar definiertes Ende. Dazwischen reihen sich Worte in einer wohlgeordneten Prozession, immer eines nach dem anderen. Seit Hypertexte Objekt sprachwissenschaftlicher Untersuchung sind, ist klar, dass sie sich in dieser Hinsicht von Printtexten unterscheiden. Für diese Andersartigkeit wird von manchen Autoren der Begriff der *Nonlinearität*[199] verwendet. Er soll ausdrücken, dass es bei Hypertexten in der Regel weder einen klar definierten Anfang noch ein klar definiertes Ende gibt und auch keine festgelegte Reihenfolge, in der die dazwischenliegenden sprachlichen Elemente zu rezipieren sind.

Mit der Zeit wurde vielen Autoren, die sich mit den Eigenschaften von Hypertext auseinandersetzten, klar, dass der Ausdruck Nonlinearität zu kurz greift und er wurde in vielen Fällen durch den Begriff der *Multilinearität*[200] ersetzt. Dieser Begriff will sagen, dass der Hypertext eine Grundlage bildet, auf der Rezipienten ihre eigene, individuelle

---

[197] Schmitz 1997: S. 145
[198] vgl. Sauer 1999: S. 96f
[199] vgl. z.B. Storrer 1999: S. 34f, Bucher 1999: S. 10, Leiter-Köhrer 2002: S. 180
[200] vgl. z.B. Rothkegel 1999: S. 42

Linearisierung vornehmen können. Bei jedem Rezeptionsprozess wird der Rezipient irgendwo im Hypertext beginnen zu lesen, an anderer Stelle aufhören und die Elemente dazwischen eines nach dem anderen rezipieren. In welcher Weise dies geschieht, ist jedoch durch den Hypertext nicht determiniert, sondern ergibt sich erst im Leseprozess.

Auch Zeitungen, Zeitschriften und einige Bücher weisen multilineare Strukturen auf.[201] Charakteristisch für multilinear organisierte Texte ist, dass sie dem Rezipienten nicht in Form einer fortlaufenden Reihe von Zeichen begegnen, sondern in Form einer *Lesefläche* oder eines *Textbildes*, auf dem Texte, Textfragmente und Bilder angeordnet sind, ohne dass eine Reihenfolge vorgegeben wäre, in der diese zu rezipieren seien.
Eine Zeitungsseite z.B. wird nur in den seltensten Fällen von links oben nach rechts unten gelesen. Der Leser lässt seinen Blick über die Seite schweifen, dieser bleibt zunächst an einigen Überschriften und Bildern hängen und kehrt zurück zu dem, was interessant erscheint. Der Leser beginnt, einen Artikel zu lesen – vielleicht nur ein paar Zeilen, vielleicht bis zum Ende – und springt dann zum nächsten Punkt auf der Seite, der sein Interesse erweckt hat, bis er entscheidet, dass die Seite ihm nichts Interessantes mehr zu bieten hat, „ausgelesen" ist.

In Hypertextdokumenten finden sich zwei Arten der Multilinearität: Die erste, die Multilinearität innerhalb eines Hypertextknotens ähnelt sehr derjenigen, die sich auch in zahlreichen Zeitungen und Zeitschriften findet und hängt eng zusammen mit der Lesefläche, die durch den Bildschirm konstituiert wird. Bilder und Texte spielen hier zusammen, wie es im Abschnitt „Multimedialität" beschrieben wurde. Eine Steigerung der Komplexität gegenüber multilinearen Printtexten besteht im Falle von Hypertextdokumenten darin, dass in Hypertextdokumenten auch dynamische Elemente wie Animationen und Videosequenzen integriert sein können, die der zweidimensionalen Lesefläche eine zusätzliche zeitliche Dimension hinzufügen, denn bewegliche Elemente können nicht sofort beim Überfliegen rezipiert werden, sondern nur, indem die Aufmerksamkeit auf ihnen verweilt.

Eine weitere Art der Multilinearität, die sich von der ersten deutlich unterscheidet, besteht zwischen den einzelnen Hypertextknoten. Während der Rezipient bei der ersten Art der Multilinearität die Lesefläche mit allen Optionen als Ganzes vor sich hat, was ihm die Möglichkeit gibt, seine Rezeptionsroute zu planen oder sich zwischen den dargebotenen Informationen hin und her treiben zu lassen, sieht er bei der zweiten Art der Multilinearität lediglich den aktuellen Hypertextknoten und in Form von Links mehr oder weniger deutliche Hinweise auf die möglichen nächsten Stationen seines Rezeptionsweges. Aus diesen muss er auswählen, ohne klar zu wissen, was ihn erwartet, wenn er den entsprechenden Links folgt, geschweige denn, welche weiteren Optionen zur Fortsetzung seines Weges er dort vorfinden wird. Besonders auf die Schwierigkeit, die diese zweite Art der Multilinearität im Rezeptionsprozess bietet, wird noch vermehrt einzugehen sein.

Orientierung
Zur Orientierung, ganz egal, ob in einem Text oder in der wirklichen Welt, ist es notwendig, sich ein mentales Modell aufzubauen, das dem Text oder der Szenerie, in der man sich bewegt, in bestimmten Aspekten entspricht. Durch den bereits angesprochenen

---

[201] vgl. Bucher 1999: S. 10f

konventionalisierten Aufbau von Printmedien wie Büchern, Zeitschriften und Zeitungen, fällt es hier dem Leser relativ leicht, entsprechende mentale Modelle aufzubauen bzw. bereits vorhandene an die leicht veränderten Gegebenheiten eines neuen Textes anzupassen. Bei Hypertexten im World Wide Web ist dies wegen ihres komplexeren Aufbaus und auf Grund mangelnder Konventionalisierung weit schwieriger.

Als Hilfe zur Bildung von mentalen Modellen dienen häufig Metaphern und Analogien. Im Fall von mehr oder weniger linearen Printmedien genügen einige einfache Gegensatzpaare, um dem Leser die Orientierung zu erleichtern.

- *Vorne* und *hinten*: Dieses Gegensatzpaar sagt dem Leser ganz klar, wo, von seinem gegenwärtigen Standpunkt aus gesehen, er etwas im Text findet. Im Hinblick auf die Materialität eines Buches bezogen, muss hier noch nicht einmal eine Metapher vorliegen. Etwas steht im zwischen vorderen und hinteren Buchdeckel gepressten Text, tatsächlich weiter *vorne* oder weiter *hinten*.
- *Oben* und *unten*: In Bezug auf heutige Bücher ist die Rede davon, dass etwas weiter oben oder weiter unten im Text zu finden sei, metaphorisch zu verstehen. Denkt man hingegen an Texte in Form von Papyrus- oder Pergamentrollen, kann man sich durchaus den nichtmetaphorischen Ursprung dieser Redeweise vorstellen. Interessanterweise gibt die Erstellung von Texten mittels Textverarbeitung am Computer, bei denen in der Regel mit einer vertikalen Scrollleiste navigiert wird, den Begriffen *oben* und *unten* in Bezug auf Texte wieder einen wörtlichen Sinn.
- *Früher* und *später*: Mitunter wird als Verweis auf eine Textstelle eine zeitliche Metapher verwendet. Etwas wurde *früher* oder *zuvor bereits erwähnt*, von einer Sache wird *später* oder *im Folgenden noch zu reden* sein. Auch an Verben wie *erwähnen* und *reden*, die mit temporalen Angaben wie *früher* oder *später* in diesem Zusammenhang in der Regel verwendet werden, lässt sich der Bezug zur gesprochenen Sprache, zum Vortrag, erkennen, in dem die eine Sache tatsächlich *früher* gesagt wird und die andere *später*.

Welche Art der Metaphorik ist nun geeignet, die Orientierung in multilinearen Hypertexten zu erleichtern? Um diese Frage zu beantworten, soll zunächst untersucht werden, welche Metaphernfelder in Bezug auf Hypertexte im World Wide Web überhaupt Anwendung finden.

Die Metapher des *Netzes* findet in Ausdrücken wie Inter*net*, World Wide *Web*, Hypertext*knoten*, *weaving the web*, etc. ihren Niederschlag. Ein Ursprung dieser Metapher ist in den tatsächlich mit Hilfe von Kabeln zu Netzwerken verbundenen Computern zu sehen, welche die Grundlage für das World Wide Web bilden. Auf ganz ähnliche Weise wie die Computer selbst, scheinen auch Hypertextknoten durch Links miteinander verbunden zu sein. Diese Metapher hat jedoch zwei Probleme: Im Zusammenhang mit dem Begriff Netz denken wir oft an etwas Zweidimensionales wie ein Fischernetz; diese Vorstellung wird den vielfältigen Strukturen im World Wide Web, die sich nicht zweidimensional und nur mit Mühe dreidimensional darstellen lassen, jedoch nicht gerecht. Außerdem legt die Netzmetapher nahe, dass im Web jedes Dokument seinen Platz hat, so wie ein Knoten im Netz und mit Dokumenten, die ihm nahe sind, stärker verknüpft ist als mit solchen die ihm fern sind. Auch das ist nicht der Fall. Zwar ist jedes Webdokument irgendwo auf einem Computer materiell gespeichert. Dieser Speicherort sagt aber über seine Verbindung zu anderen Dokumenten überhaupt nichts aus.[202]

Die *Raum*metapher zeigt sich in Ausdrücken wie Hyper*space*, Cyber*space*, virtueller *Raum* etc. Ipsen hierzu: „In der Tat bietet sich der Vergleich an, denn ähnlich den Galaxien oder Sternsystemen im tatsächlichen Weltraum sind die Informationen im Hyperspace hierarchisch gruppiert, lassen sich aber beliebig verknüpfen, etwa in der Art eines freien Fluges eines Raumschiffes von einem Stern zum andern."[203] Ähnlich wie die Netzmetapher stößt auch die Raummetapher an ihre Grenzen, wenn es um die Verortung einzelner Dokumente im Hyperspace und die Verbindungen zwischen ihnen geht.

Eine weitere, dynamischere Metapher ist die des *Datenhighways*. Sie bezieht sich jedoch eher auf die technische Grundlage des Internets, auf die Leitungen, in denen Datenpakete hin- und herflitzen wie Autos auf einer Autobahn und weniger auf die hypertextuellen Strukturen des Webs. Diese Metaphorik findet sich daher auch meist in Zusammenhängen wie „Stau auf dem Datenhighway" oder „Datenhighway ausgebaut".

Die Raummetapher ist verwandt mit dem Feld der *Bewegungs*metaphern, die das Handeln der Rezipienten im Hyperspace bezeichnen. Hier ist die Rede, vom Surfen[204], Browsen und Navigieren - man *geht* auf eine Website und *folgt* Links, *verliert sich* im Hyperspace. Die dabei verwendeten Programme heißen *Browser* und die lange Zeit verbreitetsten Modelle nennen sich *Navigator* und *Explorer*. Obwohl keine wirkliche Bewegung stattfindet, sondern sich lediglich die Zeichen auf dem Monitor ändern, scheint die Bewegungsmetapher das subjektive Empfinden der Rezipienten so gut auszudrücken, dass sie bislang ohne Konkurrenz ist.[205]

Möchte man auf dieser Grundlage der Raum- und Bewegungsmetaphorik lokale Adverbien wie „oben", „unten", „vorne", „hinten" etc. verwenden, um Rezipienten die Orientierung in Hypertexten zu erleichtern, stößt man schnell auf Probleme. Da der Autor einer Website nie weiß, auf welchem Weg ein Rezipient zum aktuellen Hypertextknoten gekommen ist und auf welche Weise er ihn wieder verlassen wird, machen solche relativen lokalen Verweise zwischen verschiedenen Hypertextknoten nur wenig Sinn. Innerhalb eines Hypertextknotens lassen sich lokale und temporale Verweise jedoch durchaus analog der Form verwenden, die in Printmedien Anwendung findet.

Auch in Bezug auf den Rezeptionsprozess des Einzelnen sind lokale Verweise sinnvoll. Die meisten Browser halten die Reihenfolge fest, in der ein Rezipient verschiedene Hypertextknoten besucht und erlauben es ihm, sich mittels der Schaltflächen „vor" und „zurück" in dieser persönlichen Rezeptionsgeschichte zu bewegen; ein Prozess, der auch „Backtracking" genannt wird. Gestört werden kann diese Form der Orientierung jedoch, wenn der Rezipient nicht in einem einzelnen Browserfenster surft, sondern immer wieder neue Browserfenster öffnet und zwischen diesen wechselt, da sich die

---

[202] vgl. Ipsen 1999: S. 14f
[203] Ipsen 1999: S. 14f
[204] Die Surfmetapher wird in der Regel katachretisch verwendet, da sie weder zur Netz- noch zur Raummetapher richtig passen mag. Interessanterweise konnte sich ein passender Begriff wie Datenozean oder Hypermeer bislang nicht durchsetzen.
[205] vgl. Ipsen 1999: S. 15f

Schaltflächen „vor" und „zurück" nur auf die Rezeptionsgeschichte eines einzelnen Fensters beziehen.

Relative lokale Verweise machen darüber hinaus höchstens dann noch Sinn, wenn sie in Formen wie „weiter" oder „nächste Seite" auf Hypertextknoten verweisen, die sich kontextuell nahtlos an den aktuellen Knoten anschließen. Ansonsten sollte man absoluten Verweisen den Vorzug geben. Schließlich ist es eine der Stärken des Websiteformats, den Rezipienten mit Hilfe von Links direkt an die Stelle bringen zu können, auf die verwiesen wird.

Da der Bezug auf räumliche Metaphern die Orientierung in Hypertexten nicht hinreichend zu erleichtern vermag, sind zusätzliche Hilfen für den Leser notwendig. Um sie systematisch erörtern zu können, möchte ich einige Grundfragen ins Blickfeld rücken, mit denen sich der Rezipient bei dem Versuch, einen Hypertext mit einem bestimmten Leseziel zu rezipieren und zu diesem Zweck ein mentales Modell desselben aufzubauen, bewusst oder unbewusst konfrontiert sieht:
- Wie ist der Hypertext als Ganzes aufgebaut?
- Wo innerhalb des Hypertextes befinde ich mich momentan?
- Woher komme ich, bzw. wo war ich schon?
- Wohin muss ich gehen, um meinem Leseziel näher zu kommen?

Erlaubt ein Hypertextdokument dem Rezipienten nicht, diese Fragen in ausreichendem Maße zu beantworten, so stellt sich vor allem bei unerfahrenen Hypertextlesern leicht der sogenannte „Lost in Hyperspace Effekt"[206] ein – ein Gefühl kognitiver Überforderung, das sich in Frustration und Erschöpfung ausdrücken kann. Aber auch wenn es nicht so weit kommt, beansprucht die ständige Notwendigkeit, mentale Modelle aufzubauen und wieder zu verwerfen die kognitiven Fähigkeiten des Rezipienten in weit größerem Maße, als dies beim Lesen eines Buches oder einer Zeitschrift der Fall ist.

Was die Situation zusätzlich erschwert, ist der ständige Wechsel von einer Website zur nächsten. Kaum hat sich der Rezipient auf einer Website zurechtgefunden und ein mentales Modell ihrer Struktur gebildet, so führt ihn ein Link auf die nächste, die wieder vollkommen anders aufgebaut ist. Besonders bei aufwendigen Recherchen kommt es auch vor, dass mehrere Seiten parallel geöffnet werden. Der Wechsel zwischen diesen Seiten zwingt den Rezipienten zur ständigen Anpassung der mentalen Modelle.

Glücklicherweise setzen sich auf zahlreichen Websites nach und nach einige Gestaltungselemente durch, die dem Leser die Orientierung erleichtern. Es steht zu vermuten, dass diese Elemente eines Tages genauso zum Standardaufbau vieler Websites gehören werden, wie heute ein Inhaltsverzeichnis und ein Index zum Aufbau zahlreicher Bücher.

Elemente, die dem Leser zeigen, wie eine Seite als Ganzes aufgebaut ist, werden „Überblickshilfen" genannt.[207] Eine wichtige Möglichkeit, um dem Leser einen Überblick zu geben, ist eine sinnvolle Gestaltung der Navigationselemente. Diese sollten innerhalb der Website einen Fixpunkt bilden, d.h. in jedem Knoten an derselben Stelle zu finden sein. Darüber hinaus ist es sinnvoll, sie an der Stelle zu verorten, an der sie der

---

[206] Auch dieser Begriff gehört in das Umfeld der Raummetapher.
[207] vgl. Storrer 1999: S. 50

Rezipient auf Grund der sich langsam herausbildenden Konventionen am ehesten erwartet. Ist die Seite hierarchisch aufgebaut, so sollte die primäre Navigationsleiste die erste Hierarchieebene widerspiegeln. Befindet man sich auf Knoten dieser ersten Hierarchieebene kann, zusätzlich eine zweite, anders gestaltete Navigationsleiste eingeblendet werden, die den Rezipienten erkennen lässt, welche Unterknoten der aktuelle Knoten besitzt. Auf diese Weise kann sich der Rezipient relativ schnell ein Bild vom Aufbau einer Website machen.

Dieser Prozess kann unterstützt werden, indem Navigationselemente und Seitengestaltung Analogien zu Strukturen enthalten, die dem Rezipienten bekannt sind. So kann eine Seite z.B. einem Karteikasten nachempfunden sein und die Navigationselemente können wie die Reiter auf dem Karteikasten gestaltet werden.[208]
Eine weitere wichtige Überblickshilfe stellen die sogenannten Sitemaps dar, die auf immer mehr Websites zu finden sind.[209] Sie erfüllen für eine Website eine ganz ähnliche Funktion wie ein Inhaltsverzeichnis für ein Buch. In einer Sitemap werden alle Knoten oder zumindest ein großer Teil der Knoten einer Website dargestellt. Dabei werden für die Knoten möglichst sprechende Titel gewählt, die manchmal durch kurze Zusammenfassungen ergänzt werden. Die Darstellung erfolgt in einer Weise, die dem Rezipienten verdeutlichen soll, in welcher Beziehung die einzelnen Knoten zueinander stehen. Auch dabei werden oft Analogien eingesetzt, die es dem Rezipienten erleichtern, die Sitestruktur zu erfassen.[210] An Hand großer Firmenwebsites konnte die Wirksamkeit von Sitemaps empirisch belegt werden. Mit der Sitemap als Ausgangspunkt gelang es Nutzern, Aufgaben auf diesen Websites signifikant schneller zu lösen als mit der eigentlichen Startseite der Firmenwebsites als Ausgangspunkt.[211]

Normale, „statische" Sitemaps berücksichtigen den augenblicklichen Standort des Benutzers auf einer Site nicht. Aus diesem Grund werden immer wieder Tools zur Erstellung dynamischer Sitemaps entwickelt. Sie ermöglichen es, eine Sitemap aus der Perspektive des augenblicklichen Standortes des Rezipienten darzustellen.[212] Bislang ist zur Darstellung dynamischer Sitemaps in der Regel noch die Installation zusätzlicher Software notwendig, die in der Regel nur von einigen wenigen Siteerstellern unterstützt wird und dadurch in ihrer Funktionalität eingeschränkt ist. Auch scheint die Darstellungsform dynamischer Sitemaps noch nicht völlig ausgereift zu sein: „The greatest failures in our study came from site maps that attempted to lure the user into a dynamically twisting and expanding view, rather than presenting a simple, static representation of the information architecture. The site map's goal is to give users a single overview of the information space. If users have to work to reveal different parts of the map, that benefit is lost."[213] Der Schwerpunkt dynamischer Sitemaps sollte also weniger in einer aufwändigen Navigation als darin liegen, dem Benutzer zu verdeutlichen, wo in der aktuellen Struktur er sich befindet. Eine so gestaltete Sitemap wäre eine gute Verbindung aus Überblickshilfe und der weiter unten erörterten Kontextualisierungshilfe.

---

[208] vgl. Storrer 1999: S. 51
[209] Nach einer Erhebung des Usability Research Laboratory der Wichita State University verfügten von den Internetseiten der 500 reichsten Unternehmen im Jahr 2002 59% über eine Sitemap im Vergleich zu 54% im Jahr 1999. (vgl. Onlinequellen: Russel: Fortune 500 Revisited)
[210] vgl. Bucher 1999: S. 25ff. Hier finden sich auch einige Bespiele für Sitemaps, die auf Analogien beruhen.
[211] vgl. Onlinequellen: Bernard: Preliminary Findings on the Use of Sitemaps
[212] vgl. Bucher 1999: S. 28ff. Bucher weist hierbei unter anderem auf Hyperbolic Trees hin, eine Form dynamischer Sitemaps über die unter http://www.inxight.com/products/vizserver/ mehr zu erfahren ist.
[213] Onlinequellen: Nielsen: Site Map Usability

Es ist zu hoffen, dass eine dynamische Mappingfunktion, die beim Betreten einer neuen Website automatisch einen auf den aktuellen Knoten zentrierten Strukturplan anzeigt, in nicht zu ferner Zukunft in die gängigen Browserprogramme integriert wird.[214]

Guided Tours stellen eine weitere Form der Überblickshilfe dar. „Unter Guided Tour versteht man einen linearen Pfad durch einen Hypertext. Der Autor verknüpft besonders wichtige Knoten in einer von ihm für sinnvoll gehaltenen Reihenfolge und gibt dadurch dem Leser einen Weg durch das Hypertextnetz vor."[215] Der Leser hat so die Möglichkeit, die Struktur eines Hypertextes quasi aus der Perspektive des Hypertextautors kennen zu lernen, ohne selbst Navigationsentscheidungen treffen zu müssen. Oft sind Guided Tours nur mit Pfeilen gekennzeichnet, mitunter sind sie aber auch mit Kommentaren versehen, welche die Bedeutung des jeweiligen Knotens innerhalb einer Website erläutern. Außerdem können Guided Tours dazu genutzt werden inhaltliche Strukturen zu verdeutlichen, die über eine einzelne Website hinausgehen. Es gibt inzwischen Programme, die aus einer Liste mit URIs automatisch Guided Tours erstellen, gleichgültig, ob diese zur selben Website gehören oder nicht.[216]

Kontextualisierungshilfen werden diejenigen Hilfsmittel genannt, die den Leser erkennen lassen, wo innerhalb der Sitestruktur er sich momentan befindet.[217] Ein Beispiel dafür stellen die bereits erwähnten dynamischen Sitemaps dar, die nicht nur die Struktur einer Site abbilden, sondern auch die Position des Benutzers innerhalb dieser Struktur erkennen lassen.

Wichtig für die Positionsbestimmung des Rezipienten sind ein sorgfältig gewählter Dokumentname, der mit in die URI des Knotens eingeht und ein aussagekräftiger Seitentitel, der im Browser angezeigt wird. Der Seitentitel sollte dabei sowohl erkennen lassen, welche Funktion, bzw. welchen Inhalt der jeweilige Knoten hat, als auch zu welcher Website er gehört.

Ein weiteres Hilfsmittel zur Kontextualisierung sind Pfadangaben, die den Benutzer erkennen lassen, welcher Weg von der Startseite einer Website zum aktuellen Knoten führt. Findet er z.B. innerhalb des Onlinekatalogs von Yahoo Deutschland[218] am oberen Seitenrand die Angabe: „Web-Verzeichnis > Computer und Technik > Netzwerke > Zeitschriften und Online-Magazine", dann hat er schon eine relativ genaue Vorstellung davon, wo innerhalb der Sitestruktur er sich befindet.

Retrospektive Hilfen lassen den Rezipienten erkennen, woher er kam, bzw. wo er schon überall war. Die meisten retrospektiven Hilfen sind in die gängigen Browserprogramme integriert. Dazu gehört das Führen einer *History*, einer Liste der bereits besuchten Seiten, über die jederzeit wieder auf die jeweiligen Seiten zugegriffen werden kann, das *Backtracing*, die Möglichkeit den eigenen Navigationspfad zurückzuverfolgen und die *Breadcrumbs* genannte Methode, die innerhalb eines bestimmten Zeitraumes bereits besuchten Links farblich zu markieren. Diese Funktionen werden vom Browser automa-

---

[214] Wie eine solche Sitemap aussehen könnte, davon kann man sich auf der Seite von Touchgraph einen Eindruck machen. Dort werden einige interessante Prototypen vorgestellt, die sich allerdings noch im Experimentierstadium befinden. (vgl. Onlinequellen: Touchgraph)
[215] Onlinequellen: Warth: Guided Tour
[216] vgl. Onlinequellen: Warth: Guided Tour
[217] vgl. Storrer 1999: S. 55
[218] vgl. Onlinequellen: Yahoo Deutschland

tisch ausgeführt. Eine weitere Form der browsergestützten retrospektiven Hilfe, die allerdings die aktive Mitwirkung des Rezipienten erfordert, sind die sogenannten Bookmarks oder Lesezeichen. Sie erlauben es dem Rezipienten die URI von Hypertextknoten, die ihm interessant erscheinen, zusammen mit einem Kurzkommentar innerhalb einer von ihm selbst bestimmten thematischen Struktur zu speichern.

Schließlich gibt es Hilfsmittel, die dem Rezipienten helfen, den Weg zu den Informationen zu finden, die er sucht. Ich möchte diese Art von Hilfsmittel *wegweisende Hilfen* nennen. Da Links in all ihren Variationen die Verbindungen zwischen verschiedenen Hypertextdokumenten herstellen, ist ihre sinnvolle Gestaltung natürlich die grundlegendste Art der wegweisenden Hilfe. Darüber, wie eine sinnvolle Linkgestaltung aussieht, wird innerhalb dieser Arbeit noch einiges zu sagen sein. An dieser Stelle nur so viel: der Rezipient sollte aus der Repräsentation des Links möglichst klar und eindeutig erkennen können, wohin der Link führt.

Ein weiteres Hilfsmittel, um gezielt Informationen zu finden, sind Suchfunktionen. In den meisten Browsern ist eine Suchfunktion integriert, mit der sich der aktuelle Hypertextknoten nach einem oder mehreren Stichworten durchsuchen lässt. Auf vielen Websites sind inzwischen auch Suchfunktionen integriert, mit deren Hilfe sich die gesamte Website untersuchen lässt.

Natürlich können auch die, bei den Überblickshilfen bereits erwähnten, Sitemaps hilfreich sein bestimmte Inhalte zu finden. Neben den Sitemaps stellen Indizes eine weitere Form wegweisender Hilfen dar. Während Sitemaps sich an der Struktur einer Website orientieren, sind Indizes nach anderen Kriterien organisiert und listen die Inhalte einer Seite beispielsweise alphabethisch, nach Aktualität oder Themengruppen sortiert auf.[219] Nach einer empirischen Untersuchung des Software Usability Research Laboratory der Wichita State University bevorzugen die Besucher von Websites jedoch nach Kategorien geordnete Sitemaps gegenüber alphabetischen Indizes: „The results from this study demonstrate that sitemaps with categorical menus are superior in both search performance and satisfaction to alphabetized sitemaps. One of the main reasons that was cited by the participants for this superiority, was that it was more difficult to find information in the alphabetized sitemap because they had to guess how this information was worded in the menu. Since index menus are generally based on the alphabetization of the first letter of the hyperlink names in the menus, users may have to guess the wording of the hyperlink name in order to search in the appropriate area."[220] Alphabetische Indizes scheinen also vor allem da angebracht, wo die Alphabetisierung der Stichworte eindeutig ist, z.B. bei Autorennamen, Titeln von Büchern und Musikstücken, Fachwörtern, etc., d.h. in den Bereichen, in denen auch in Printformaten Indizes eingesetzt werden.

Auch in papierbasierten Textformaten werden oft eine ganze Reihe von Navigationshilfen parallel eingesetzt. Es gibt Bücher mit Inhaltsverzeichnis, mehreren Indizes, Lesezeichen, durchlaufenden Kopf- oder Fußnoten, die darüber informieren, zu welchem Kapitel eine Seite gehört, usw. Bei Zeitschriften und Zeitungen sind es ebenfalls Inhaltsverzeichnisse und oft die Einteilung in Ressorts, die dem Leser die Orientierung erleichtern. Die verschiedenen Orientierungshilfen sind dem Leser dabei in der Regel

---

[219] vgl. Bucher 1999: S. 25f
[220] Onlinequellen: Bernard: Sitemap Design: Alphabetical or Categorical

geläufig, so dass er auf diejenigen zurückgreifen kann, die seinem momentanen Leseziel am ehesten dienlich sind.

Man könnte annehmen, dass es auch für die Navigation im World Wide Web hilfreich ist, möglichst viele verschiedene Navigationshilfen zur Verfügung zu haben und das wird von einigen Autoren auch empfohlen. Allerdings gibt es empirische Untersuchungen, die darauf hinweisen, dass es bei der Kombination verschiedener Orientierungshilfen auch zu Interferenzen kommen kann, die den Aufbau eines mentalen Modells des Hypertextes durch den Rezipienten behindern. Dies scheint vor allem dann der Fall zu sein, wenn inhaltsorientierte Hilfen, wie Indizes und strukturorientierte Hilfen wie Sitemaps miteinander kombiniert werden. Außerdem fügen eine Vielzahl von Navigationshilfen den vielen Entscheidungen, die ein Leser beim Navigieren durch einen Hypertext treffen muss, noch weitere hinzu.[221] Andererseits haben Rezipienten von Hypertexten ganz unterschiedliche Ziele und Strategien, mit denen sie an einen Hypertext herangehen, so dass sowohl das Angebot inhaltsorientierter als auch strukturorientierter Hilfen notwendig erscheint. Wie diese Hilfsmittel so kombiniert werden können, dass sie sich nicht gegenseitig stören, sondern ergänzen, ist eine der offenen Fragen der Hypertextforschung.

Überblickshilfen	Kontextualisierungs-hilfen	Retrospektive Hilfen	Wegweisende Hilfen
Wie ist die Website als Ganzes aufgebaut?	*Wo innerhalb der Website befinde ich mich momentan?*	*Woher komme ich, bzw. wo war ich schon?*	*Wohin muss ich gehen, um meinem Leseziel näher zu kommen?*
• Navigationsgestaltung • Analogien • statische Sitemaps • dynamische Sitemaps • Guided Tours	• dynamische Sitemaps • Pfadanzeigen • Seitentitel	• History • Backtracking • Bookmarks • Breadcrumbs	• Linkgestaltung • Suchfunktionen • Indizes

Orientierungshilfen im World Wide Web

Treffen von Entscheidungen

Auf Grund der Tatsache, dass bei der Navigation im World Wide Web in der Regel nur ein kleiner Ausschnitt der gerade besuchten Website und oftmals auch nur ein Teil des aktuellen Hypertextknotens zu übersehen ist, wird der Rezipient gezwungen, zur Fortsetzung des Rezeptionsprozesses ständig Entscheidungen zu treffen. Dabei stehen ihm eine Vielzahl von Optionen offen, die sich in drei Gruppen einordnen lassen: *kognitive Optionen*, *Websiteoptionen* und *Browseroptionen*.

---

[221] vgl. Onlinequellen: Warth: Navigation

Die *kognitiven Optionen* des Rezipienten bestehen darin, dass er das Textbild, das sich ihm auf dem Monitor bietet, nach dem ersten Überfliegen gründlich lesen, nach bestimmten Informationen scannen oder schlicht, sich von ihm abwenden kann.

Unter *Website Optionen* sind jene Entscheidungsmöglichkeiten zu verstehen, die vom Ersteller der Website vorgesehen wurden. Hierbei handelt es sich vor allem um die verschiedenen Arten von Links. Der Rezipient hat die Möglichkeit, einem oder mehreren dieser Links zu folgen oder nicht, bzw. durch das Aktivieren eines Links, Dateien auf den eigenen Rechner zu laden oder Multimediadateien zu starten. Java-Applets und Flash-Animationen bieten mitunter noch weitere Auswahl- und Steuermöglichkeiten.

Die größte Vielfalt bieten jedoch die *Browseroptionen*, das sind die Auswahlmöglichkeiten, die vom zur Rezeption von Websites genutzten Programm zur Verfügung gestellt werden. Dazu gehören die Möglichkeiten, Hypertextdokumente zu schließen, zu speichern, zu drucken, die URI des Dokumentes den Lesezeichen bzw. Favoriten hinzuzufügen, das Aussehen der Seite zu manipulieren, die Seite nach Stichworten zu durchsuchen, den Quelltext der Seite zu betrachten, zur zuletzt besuchten Seite zurückzublättern und vieles mehr. Die Vielzahl der Optionen, die durch den Browser zur Verfügung gestellt werden, macht deutlich, wie wichtig seine Gestaltung für den Ablauf von Leseprozessen im World Wide Web ist. Ein sinnvoll gestalteter an die persönlichen Bedürfnisse des Rezipienten angepasster Browser kann die Rezeption von Websites deutlich vereinfachen.[222]

Auf welcher Grundlage kann der Rezipient aus dieser Vielzahl von Entscheidungsmöglichkeiten auswählen? In der Regel wird der Rezeptionsprozess im World Wide Web entweder von dem Wunsch geleitet, Informationen zu einem bestimmten Thema[223] oder Unterhaltung und Zerstreuung zu finden.[224] Aus diesen unterschiedlichen Motiven ergeben sich verschiedene Rezeptionsstrategien.[225]

Auf der Suche nach Informationen wird der Leser einen Hypertextknoten zunächst daraufhin scannen, ob er die gewünschten Informationen enthält oder nicht. Ergänzend kann er vielversprechend erscheinende Absätze anlesen und bei umfangreichen Hypertextknoten mit Hilfe der Suchfunktion des Browsers nach Stichworten suchen. Sind die gesuchten Informationen vorhanden, so kann er die Seite gründlich am Bildschirm lesen, ausdrucken, speichern oder die Adresse des Dokuments als Lesezeichen festhalten. Werden noch weitere Informationen zum Thema benötigt, so kann der Hypertextknoten nach Links durchsucht und diesen, so sie erfolgversprechend scheinen, gefolgt werden. Enthält das Dokument die gesuchten Informationen nicht, so kann der Leser ebenfalls überprüfen, ob das Dokument Links zu möglichen Informationsquellen enthält. Ansonsten wird er das Dokument in aller Regel schließen und seine Suche an anderer Stelle fortsetzen oder mit Hilfe der Backtracking-Funktion des Browsers zum letzten Dokument zurückkehren, von dem noch vielversprechende Links ausgehen.

---

[222] In Anbetracht der großen Bedeutung des Browsers bei der Rezeption von Websites ist es verwunderlich, dass der Gestaltung und sinnvollen Weiterentwicklung von Browsern in der gegenwärtigen Diskussion um Sprache im World Wide Web kaum Beachtung geschenkt wird. Noch verwunderlicher ist es jedoch, dass nach wie vor über achtzig Prozent der Nutzer den in Windows vorinstallierten Standardbrowser verwenden.
[223] Storrer 1999: S. 37 weist darauf hin, dass der Leser bei der Informationssuche in Hypertextsystemen häufig noch keine klar umrissene Fragestellung besitzt, sondern diese sich erst langsam abzuzeichnen beginnt.
[224] vgl. Eimeren, Gerhard u. Frees 2003: S. 347
[225] vgl. Bucher 1999: S. 16

Ist die Suche nach Unterhaltung und Zerstreuung das Leitmotiv des Rezipienten, so wird sein Vorgehen weit weniger systematisch ausfallen als bei der Suche nach Informationen. Er wird sich dabei vermutlich von dem leiten lassen, was ihm im Augenblick der Rezeption interessant erscheint oder seine Neugier erweckt.

Da die Motivation, mit der die Rezeption von Websites erfolgt, oft gemischt ist, kann es häufig vorkommen, dass der Rezipient seine bisherige Rezeptionsstrategie aufgibt, um einem interessant erscheinenden Link zu folgen und sein ursprüngliches Rezeptionsziel entweder erst später weiter verfolgt oder ganz vergisst. Gleichgültig jedoch, welche Motivation dem Leseprozess im Websiteformat jeweils zu Grunde liegt – der Rezipient kann diesen Prozess ohne das ständige Treffen von Entscheidungen nicht fortsetzen. Dies führt zu einer ständigen kognitiven Belastung, die weit größer ist, als beim Lesen in den verschiedenen Printformaten.

Kohärenzbildung im Websiteformat

Bereits im Abschnitt „Orientierung" wurden einige Maßnahmen beschrieben, die den Rezipienten von Websites bei der Kohärenzbildung unterstützen. Die Bedeutung von Kohärenzbildung in Bezug auf gedruckte Texte und Texte im Websiteformat soll jedoch in diesem Abschnitt nochmals systematisch erörtert werden. Zum Aufbau einer kohärenten Textstruktur nutzt der Leser zum einen die bereits im Abschnitt „Der Leseprozess" erörterten Kohäsionsmittel, zum anderen greift er immer wieder auf sein Weltwissen zurück, um eine für ihn sinnhafte Textbedeutung zu konstruieren. In Bezug auf gedruckte Texte wird hierbei in der Regel unterschieden „zwischen *lokaler Kohärenz*, dem Sinnzusammenhang zwischen räumlich benachbarten Textsegmenten, und *globaler Kohärenz*, dem Gesamtzusammenhang, der die thematische und funktionale Gliederung des ganzen Textes in Textsegmente determiniert."[226]

In Bezug auf Texte im Websiteformat ist die Lage etwas komplexer. Bereits im Abschnitt „Strukturen im World Wide Web" habe ich für das Websiteformat sechs Strukturebenen unterschieden. In Hinblick auf die Untersuchung der Kohärenzbildung möchte ich die beiden obersten Strukturebenen „World Wide Web" und „Websites" zusammenfassen, weil es bei beiden jeweils um die Bildung von Kohärenz zwischen verschiedenen Hypertextknoten geht. Auch die drei untersten Ebenen „Texte", „Sätze" und „Worte und Buchstaben" möchte ich zusammenfassen, da es sich bei ihnen um die traditionellen Textebenen handelt. Auf diese Weise entstehen für Texte im Websiteformat drei Ebenen der Kohärenzbildung:[227]

- Auf lokaler Ebene geht es um die Kohärenzbildung innerhalb von Textsegmenten, von denen in einem Hypertextknoten eine ganze Reihe enthalten sein können.[228] Dabei spielen dieselben Kohäsionsmittel eine wichtige Rolle, die auch bei gedruckten Texten die Kohärenzbildung ermöglichen.

---

[226] Storrer 1999 S. 42 (Hervorhebungen dort)
[227] Ich befinde mich mit dieser Einteilung im Widerspruch zu Bucher 1999 S. 20, der schreibt: „Analog zur textlinguistischen Unterscheidung zwischen lokaler und globaler Kohärenz, zwischen Mikrostrukturen und Makrostrukturen von Texten, kann man im Falle von Hypertexten zwei Organisationsebenen unterscheiden: die Verbindung zwischen zwei benachbarten Knoten ist die lokale, der Bauplan des gesamten Hypertextes die globale Kohärenz." Meiner Meinung nach werden bei dieser Einteilung die Unterschiede zwischen Printtexten und Hypertexten im World Wide Web und damit auch die spezifischen Schwierigkeiten, denen sich Leser bei der Kohärenzbildung im Web gegenübersehen nicht ausreichend berücksichtigt.
[228] vgl. den Abschnitt „Multimedialität" dieser Arbeit

- Auf mittlerer Ebene geht es um die Bildung von Kohärenz innerhalb eines Hypertextknotens bzw. einer Webseite auf Grund der darin enthaltenen Textsegmente und multimedialen Elemente. Alles, was dazu beiträgt die Bezüge zwischen den verschiedenen Elementen eines Hypertextknotens zu verdeutlichen, ist hier Kohärenz fördernd. Dies können zum einen die klassischen, aus den Printformaten bekannten Kohäsionsmittel sein, aber auch Kohäsionsmittel die für das Websiteformat typisch sind, wie interne Links sowie typographische und graphische Gestaltungsmittel. So kann z.B. die Verwendung gleicher Schriftarten oder die Hinterlegung mit derselben Farbe die strukturelle Nähe von Textsegmenten kennzeichnen. Andere Hervorhebungen können der Markierung von Fremdkommentaren, Zusammenfassungen etc. dienen und so dem Rezipienten helfen, die einzelnen Teile zu einem sinnvollen Ganzen zu verbinden. Auch die Anordnung der einzelnen Elemente auf der Lesefläche ist in diesem Zusammenhang von Bedeutung. Wie im Abschnitt „Konventionalisierter Aufbau" bereits erläutert wurde, kann es die Kohärenzbildung erleichtern, wenn bestimmte Elemente immer im gleichen Bereich der Lesefläche angeordnet sind, z.B. die Navigationselemente immer auf der linken Seite etc.
- Auf globaler Ebene schließlich geht es um die Bildung von Kohärenz innerhalb einer aus mehreren Hypertextknoten bestehenden Website und bedingt auch zwischen den durch Links verbundenen Hypertextknoten verschiedener Websites. Die besondere Schwierigkeit besteht dabei darin, dass der Rezipient immer nur einen Hypertextknoten auf einmal sieht und oft nur einige Knoten einer Website besucht, also versuchen muss, sich auf Grund sehr bruchstückhafter Informationen ein Bild des Ganzen zu machen. Zur Bildung der globalen Kohärenz von Hypertexten besitzen Links und ihre Gestaltung eine besondere Bedeutung, aber auch Seiten- und Dokumentennamen und die bereits beschriebenen Hilfsmittel zur Orientierung spielen hier eine wichtige Rolle.

Kohärenzbildung in Printformaten	Kohärenzbildung im Websiteformat
Lokale Kohärenzbildung: Zwischen räumlich benachbarten Textsegmenten	**Kohärenzbildung auf lokaler Ebene:** Innerhalb eines Textsegments
Globale Kohärenzbildung: Innerhalb des ganzen Textes	**Kohärenzbildung auf mittlerer Ebene:** Zwischen den Textelementen und Multimediaelementen einer Website
	Kohärenzbildung auf globaler Ebene: Zwischen verschiedenen Hypertextknoten

Kohärenzbildung in Printformaten und im Websiteformat

Auf allen drei Ebenen immer wieder kohärente Textmodelle aufzubauen, stellt an den Rezipienten von Texten im Websiteformat weit größere Anforderungen, als die, denen sich ein Leser bei der Bildung von lokaler und globaler Kohärenz in Printtexten gegenübersieht. Besonders die Kohärenzbildung auf globaler Ebene wird oft dadurch erschwert, dass der Rezipient beim ersten Betreten einer Website nicht auf der Einstiegs- oder Übersichtsseite der Website landet, sondern von einer Suchmaschine auf irgendeinen Knoten in den Tiefen der Websitehierarchie verlinkt wird. So entsteht ein Kohärenzbruch, den der Rezipient selbst mit Unterstützung der besten Orientierungshilfen nur schwer ausgleichen kann.

Kohäsionsmittel im Websiteformat

Kohäsionsmittel markieren semantische und syntaktische Bezüge zwischen Textteilen und sind deswegen sowohl beim Lesen von klassischen gedruckten Texten als auch bei der Rezeption von Texten im Websiteformat von großer Bedeutung.

Auf *lokaler Ebene*, d.h. innerhalb eines Textsegments können die klassischen Kohäsionsmittel, die im Abschnitt „der Leseprozess" dieser Arbeit bereits vorgestellt wurden, mit einigen Abstrichen gleich verwendet werden wie in Printtexten. Explizite Textverknüpfungen wie „siehe oben" oder „im Folgenden" sollten dabei, wie im Abschnitt „Orientierung" bereits erläutert, nur mit großer Sorgfalt verwendet werden und sich ausschließlich auf das aktuelle Textsegment beziehen.

Die Reihenfolge, in der die Text- und Multimediaelemente eines Knotens auf *mittlerer Ebene* rezipiert werden, ist nicht festgelegt. Dies hat einige Folgen für den Einsatz von Kohäsionsmitteln.

- *Rekurrenz*, *partielle Rekurrenz* und *Substitution* können verwendet werden, um Beziehungen zwischen den einzelnen Elementen eines Knotens zu verdeutlichen. Dabei sollten die Ausdrücke, die sich aufeinander beziehen, so gewählt werden, dass ihre Verbindung klar ist, gleichgültig welche Textstelle zuerst rezipiert wird. Der Einsatz dieser Kohäsionsmittel ist dabei in Überschriften und Bildüberschriften besonders wichtig, um dem Leser eine möglichst schnelle Orientierung darüber zu ermöglichen, wie die einzelnen Elemente des Knotens zusammenhängen.
- Auf *Proformen* sollte so weit wie möglich verzichtet werden. Denn wenn Proformen vor dem Wort oder Textabschnitt rezipiert werden, auf den sie sich beziehen, sind sie nur sehr schwer verständlich.
- *Explizite Textverknüpfungen* wie „siehe oben", „im Folgenden" etc., können benutzt werden, wenn sie sich auf die Anordnung der Text- und Multimediaelemente auf der Lesefläche beziehen. Dabei ist jedoch zu beachten, dass je nach Bildschirm und Fenstergröße die Anordnung der Elemente variieren kann, auch ist es möglich, dass einige Rezipienten die Anzeige von Bildern deaktiviert haben, oder einzelne Multimediaelemente nicht angezeigt werden können.
- Ein zusätzliches Kohäsionsmittel auf mittlerer Ebene, das es in klassischen Printtexten nicht gibt, stellen *knoteninterne Links* dar. Mit ihrer Hilfe lässt sich vor allem bei umfangreichen Hypertextknoten ein Zusammenhang zwischen zwei Elementen eindeutig aufzeigen. Allerdings sollte der Rezipient den Link nicht erst aktivieren müssen, um zu erfahren, zu welchem anderen Element des Knotens hier eine Verbindung besteht. Das heißt, die Linkrepräsentation sollte so gewählt sein, dass zwei Dinge unmissverständlich sind: dass der Link zu einem Element innerhalb desselben Knotens führt und auf welches Element des Knotens er verweist. Bei der Gestaltung einer solchen, unmissverständlichen Linkrepräsentation sind die Mittel der vollständigen und partiellen Rekurrenz von großer Bedeutung. So können z.B. in der Linkrepräsentation Teile aus Überschriften von Textelementen wieder aufgenommen werden.

Bei der Verwendung der klassischen Kohäsionsmitteln zur Herstellung von Bezügen zwischen verschiedenen Knoten auf *globaler Ebene* gibt es zwei große Hindernisse: Der Rezipient sieht in der Regel jeweils nur einen der Knoten, zwischen denen eine Beziehung hergestellt werden soll, und er hat einen Teil der Knoten, die mit dem aktuellen Knoten verbunden sind, bereits besucht und einen anderen noch nicht.

Dem Medium entsprechend werden Bezüge zwischen verschiedenen Hypertextknoten fast immer in Form von Links verwirklicht. Denn welchen Sinn sollte es machen, sich auf einen anderen Hypertextknoten zu beziehen, ohne einen Link dahin zu setzen? Tritt ein solcher Fall auf, so ist er für den Rezipienten von Hypertexten in der Regel ein Ärgernis und oft ein Hinweis darauf, dass Printtexte ohne ausreichende Überarbeitung ins Web übernommen wurden.

Soll die Beziehung zwischen zwei Knoten durch das Setzen eines Hyperlinks explizit gemacht werden, so spielt die Gestaltung des Links eine herausragende Rolle. Damit der Link seine Funktion als Kohäsionsmittel auf globaler Ebene sinnvoll erfüllen kann, sollte er die Informationen enthalten, die der Rezipient benötigt, um zu entscheiden, ob das Verfolgen des Links für ihn nützlich ist oder nicht. Bei der Gestaltung sollten verschiedene Aspekte berücksichtigt werden:

Identifizierbarkeit: Wie bereits erläutert, können praktisch alle Elemente einer Website als Link verwendet werden. Aus diesem Grund ist es wichtig, Links so zu gestalten, dass sie eindeutig identifizierbar sind.

Art des Linkziels: Aus der Linkgestaltung sollte hervorgehen, auf welche Art von Ressource der Link verweist, auf ein HTML-Dokument, auf eine Multimediadatei, eine Programmdatei oder auf ein anderes kommunikatives Format, wie E-Mail, Chat etc.

Inhaltliche Informationen über das Linkziel: Der Rezipient einer Webseite sollte aus einem Link die inhaltliche Dimension des Linkziels möglichst klar erkennen können. – Was ist das Thema des Linkziels? Handelt es sich um einen Knoten, der vorrangig inhaltliche oder vorrangig strukturelle Informationen bietet?[229]

Strukturelle Beziehung zwischen Ausgangspunkt und Linkziel: Um sich ein mentales Modell der Hypertextstruktur aufbauen und sich orientieren zu können, sind strukturelle Informationen für den Rezipienten wichtig. – Gehört das verlinkte Dokument zur gleichen Struktureinheit, d.h. zur gleichen Website? Wenn ja, ist es innerhalb dieser Struktureinheit auf der gleichen, einer übergeordneten oder einer untergeordneten Strukturebene angeordnet? Wenn nein, zu welcher Struktureinheit gehört es dann?

Funktionale Beziehung zwischen Ausgangspunkt und Linkziel: Die funktionale Beziehung zwischen Ausgangspunkt und Linkziel wird nur selten bedacht, spielt aber im Rezeptionsprozess eine große Rolle, wenn es darum geht, zu entscheiden, ob die Aktivierung des Links den Rezipienten seinem Leseziel näher bringt. Es lassen sich eine ganze Reihe möglicher funktionaler Beziehungen unterscheiden:
- Vorgänger- /Nachfolgerdokument: Führt der Link auf ein Dokument, das die logische Fortsetzung des aktuellen Dokumentes darstellt oder ihm im Rezeptionsprozess eigentlich vorausgehen sollte? Diese Art von Link spielt vor allem dann eine Rolle, wenn lange Texte zum Zwecke der besseren Übersichtlichkeit und Navigierbarkeit auf mehrere Hypertextknoten verteilt werden.
- Explikation: Der Link führt zu weiteren Informationen.

---

[229] In einer Studie des Software Usability Research Laboratory der Wichita State University wurde festgestellt, dass die Nutzer beim Zugriff auf Artikel einer Zeitung Links, die von Abstracts begleitet waren, bloßen Links gegenüber den Vorzug gaben. (vgl. Onlinequellen: Baker, Bernard und Riley: Reading Online News)

- Exkurs: Der Link führt zu weiterführenden Informationen oder multimedialen Zusatzmaterialien, über ein Thema, das im Ausgangsdokument nur angerissen wird.
- Verwandtes Thema: Eine Verbindung zu einem verwandten Thema wird hergestellt, dass für den Rezipienten an dieser Stelle von Interesse sein könnte.
- Quellenmaterial: Der Link führt zu Quellenmaterial, auf das im Ausgangsdokument Bezug genommen wird.
- Beleg: Über den Link können Dokumente erreicht werden, welche Aussagen, die im Ausgangsdokument gemacht werden, belegen oder helfen diese zu verifizieren.

In vielen Fällen ist es für den Rezipienten hilfreich, wenn er aus der Linkgestaltung ersehen kann, in welcher Beziehung das Linkziel zum Ausgangspunkt steht. Durch eine entsprechende sprachliche Gestaltung des Links, ist das oft relativ einfach möglich.

Natürlich können Links nicht immer alle diese Informationen auf einmal enthalten, sie würden sonst so komplex und unübersichtlich, dass sie die Rezeption des Ausgangstextes stören würden. Das ist aber auch gar nicht notwendig. Je nach Art des Ausgangsdokuments und des Links ergeben sich in der Regel einige Linkeigenschaften aus dem Kontext, so dass nur eine kleine Auswahl markiert werden muss, um den Rezipienten Orientierung zu geben.

Neben der Linkgestaltung ist die Verwendung sinnvoller Dokumenten- und Dateinamen ein wichtiges Mittel zur Erzeugung von Kohäsion auf globaler Ebene. Der *Dokumentenname* des aktuellen Dokumentes wird, je nach Browser, an der oberen oder unteren Fensterkante angezeigt. Dieser Name kann bei der Erstellung des Dokumentes frei gewählt werden. Enthält er sowohl Informationen über die Website zu der das Dokument gehört als auch über die Funktion bzw. den Inhalt des Dokuments selbst, stellt er eine wichtige Orientierungshilfe für den Rezipienten dar. Der Dateiname eines Dokuments im World Wide Web geht in den URI ein. Er unterliegt gewissen Einschränkungen, was die Länge und die Verwendung von Sonderzeichen betrifft. Der *Dateiname* ist in der Regel mit einer aus wenigen Buchstaben bestehenden Endung versehen, die durch einen Punkt vom eigentlichen Dateinamen abgesetzt wird, wie „htm", „html", „pdf", „avi", „jpg", etc. und die Auskunft über das technische Format des Dokuments gibt. Da beim Überfahren von Links mit dem Mauszeiger von den meisten Browsern der URI des Zieldokumentes angezeigt wird, kann ein sinnvoll gewählter Dateiname einiges zur Klärung der Zusammenhänge zwischen Webdokumenten beitragen. Besitzt zum Beispiel ein Dokument den Dokumentennamen „Didaktik Deutsch 14 – Inhalt" und den Dateinamen „inhalt14.html", der in den URI in der Form „http://www.didaktik-deutsch.de/Hefte/Heft_14/inhalt14.html eingeht, dann hilft dies dem Rezipienten weit mehr, als wenn er mit einem Dokumentennamen wie „Dokument1" und einem Dateinamen wie „dok1.html" konfrontiert ist. Auch bei der Recherche in Suchmaschinen spielen Dokumenten- und Dateinamen eine wichtige Rolle. Da sie zu den spärlichen Informationen über eine Webseite gehören, die dort angezeigt werden, bilden sie die Grundlage, auf der Benutzer entscheiden müssen, welche von den oft vielen tausend zu einem Stichwort gefundenen Dokumenten für ihr Rezeptionsziel interessant sind und welche nicht.

Zusammenfassend lässt sich sagen, dass besonders die Kohäsionsmittel, die dazu dienen, die verschiedenen Knoten einer Website aneinander zu binden, darüber entscheiden, ob es dem Rezipienten gelingt, ein kohärentes Verständnis der Websitestruktur aufzubauen oder nicht.

Inferenz im Websiteformat

Neben den verschiedenen Kohäsionsmitteln spielt beim Aufbau eines kohärenten Textverständnisses Inferenz eine wichtige Rolle. Dies gilt auch für Texte im Websiteformat, allerdings gibt es dabei einige wichtige Unterschiede zu Texten in den verschiedenen Printformaten.

Auf Grund der starken Konventionalisierung von Texten in Printformaten lassen sich diese vom Leser relativ gut einordnen. Bei Zeitungstexten können sowohl aus der Textsorte – Bericht, Kommentar, Glosse etc. – als auch aus der Orientierung der Zeitung, in der ein Text veröffentlicht wird – in der konservativen FAZ oder in der linksalternativen taz – Rückschlüsse darauf gezogen werden, wie der Text zu verstehen ist. Ähnliches gilt für Bücher, bei denen der Leser in aller Regel Informationen über den Hintergrund, die Glaubwürdigkeit und die Intention eines Autors besitzt.

Im World Wide Web gilt dies nur für Seiten, die der Rezipient bereits gut kennt oder die sich direkt an bestimmte Printprodukte anlehnen. Besucht der Rezipient hingegen eine ihm unbekannte Seite, ist es für ihn auf Grund des fehlenden institutionellen Rahmens oft schwierig, die dargebotenen Inhalte richtig einzuordnen, da ihm über Hintergrund, Intention und Glaubwürdigkeit des Seitenbetreibers nichts bekannt ist. Auch das Wissen des Rezipienten über Textsorten hilft ihm oft nicht weiter, weil sich im bisher noch wenig konventionalisierten World Wide Web erst langsam Textsorten herauszubilden beginnen.

Eine zusätzliche Schwierigkeit besteht darin, dass es dem Leser bei Printprodukten leicht möglich ist, Texte auszuwählen, die seinem bisherigen Kenntnisstand entsprechen. Ist er Laie auf einem Gebiet, wählt er einen Text für Laien, ist er Experte, einen Text für Experten. Im World Wide Web ist es jedoch nur schwer vorauszusehen, wohin einen die Stichwortsuche nach einem bestimmten Thema führt. Leicht gerät man als Laie auf eine Website, die sich zwar mit der gewünschten Thematik beschäftigt, aber auf einem Niveau, das so viel Spezialwissen voraussetzt, dass sich der Inhalt mittels Inferenz kaum erschließen lässt.

Es gibt aber auch einige Aspekte, welche die Inferenzbildung im Websiteformat gegenüber der Inferenzbildung in Printformaten erleichtern. In Printformaten kann auf den Text selbst und das eigene Wissen zurückgegriffen werden. Wenn man einen Text danach nicht versteht, ist es notwendig, sich vom Text zu entfernen und entweder Experten um Rat zu fragen oder zu einem Nachschlagewerk zu greifen. Die Hemmschwelle hierzu ist normalerweise relativ hoch, denn dazu ist, wenn das Lexikon nicht bereits auf dem Tisch liegt, ein gehöriges Maß an physischer Aktivität notwendig. Durch die zeitliche Unterbrechung des Leseprozesses besteht darüber hinaus die Gefahr, dass der Kontext der zu klärenden Stelle während des Suchens und Nachschlagens vergessen wird.

Im Websiteformat hingegen ist der Weg zu den Informationen, die dem Rezipienten zum Textverständnis noch fehlen, in Form von Links oft schon vorbereitet. Und auch wenn das nicht der Fall ist, können mit Hilfe von Suchmaschinen, Onlinewörterbüchern und -lexika mit wenigen Mausklicks Hintergrundinformationen zu allen nur vorstellbaren Themen erlangt werden. Die Hemmschwelle ist dabei deutlich niedriger, da der Rezipient seinen Lese- bzw. Arbeitsplatz nicht verlassen muss und den Ursprungstext präsent halten kann, indem die Recherche nach den gesuchten Hintergrundinformationen in einem zusätzlichen Browserfenster durchgeführt wird, wodurch ein einfaches Hin- und Herwechseln zwischen Ursprungstext und Hintergrundinformationen möglich ist.

Zusammenfassend lässt sich sagen, dass für Rezipienten, die im Umgang mit dem World Wide Web unerfahrenen sind, die Inferenzbildung in Printformaten deutlich einfacher ist als im Websiteformat. Erfahrene Benutzer jedoch, die gelernt haben auf Grund von Hinweisen wie sie im Abschnitt „institutioneller Rahmen" erläutert wurden, Hintergrund, Intention und Glaubwürdigkeit einer Website einzuschätzen und auch die notwendigen Kenntnisse zur Durchführung effektiver Onlinerecherchen besitzen, werden die Hilfestellung, die das World Wide Web bei der Inferenzbildung bieten kann, zu schätzen wissen.

Textoptimierung im Websiteformat

Am Anfang dieses Kapitels habe ich bereits einige Mittel zur Optimierung klassischer gedruckter Texte erörtert. Im Folgenden möchte ich diskutieren, ob diese Mittel auch zur Optimierung von Texten im World Wide Web tauglich sind und in wie weit sie eventuell ergänzt oder angepasst werden müssen.

Sprachliche Einfachheit

Beim Lesen im World Wide Web werden Texte zunächst oft nur überflogen. Dabei möchte der Leser möglichst schnell entscheiden, ob ein Text für sein Rezeptionsziel relevant ist oder nicht. Dieses Scannen oder Skimmen von Texten wird durch die unter dem Oberbegriff der *sprachlichen Einfachheit* zusammengefassten Kriterien, wie der Verwendung kurzer, geläufiger und konkreter Worte, sowie der Vermeidung von Satzschachtelungen, Nominalisierungen und überlangen Sätzen unterstützt. Auch die Verwendung von Bildern und Grafiken zur Steigerung der Anschaulichkeit bietet sich im World Wide Web auf Grund der Multimedialität des Formats an. Dem Merkmal der sprachlichen Einfachheit kommt auf Grund der besonderen Rezeptionssituation im World Wide Web eine noch größere Bedeutung zu als in gedruckten Texten.

Informationsdichte

Ob Texte im Websiteformat eine größere oder geringere *Informationsdichte* als gedruckte Texte besitzen sollten, ist hingegen umstritten. Die unangenehmen Begleitumstände des Lesens am Monitor, die ich bereits geschildert habe, legen es nahe, Texte im World Wide Web kurz zu halten, so dass, im Sinne des Lesers, der Rezeptionsprozess möglichst schnell abgeschlossen werden kann. Dies würde bedeuten, auf Redundanz so weit wie möglich zu verzichten und das Maximum an Information in eine minimale Textmenge zu verpacken. Der „Usability-Guru[230]" Jakob Nielsen vertritt diese Position in extremer Weise. Er ist der Ansicht, dass Texte im World Wide Web nur ca. 50% der Länge haben sollten wie Texte desselben Inhalts auf Papier. In einem seiner Beispiele bearbeitet er einen Text so lange, bis dieser auf eine Liste aus bloßen Faktenaussagen reduziert ist, die nicht nur frei von Redundanzen ist, sondern auch einen guten Teil des Informationsgehalts eingebüßt hat, die der Ausgangstext besaß. Dieser Version des

---

[230] Die Usability-Forschung erhebt Benutzerfreundlichkeit und Funktionalität zu den obersten Kriterien für die Gestaltung von Websites. (vgl. Nielsen 2000: S. 10ff)

Textes billigt er dann eine um 124% bessere Lesbarkeit zu als dem ursprünglichen Text. Wie er zu dieser äußerst präzisen Aussage kommt, bleibt allerdings sein Geheimnis.[231]

Man kann aber auch dafür argumentieren, dass besonders zwischen den verschiedenen Knoten einer Website ein höheres Maß an Redundanz erforderlich ist, als bei gedruckten Texten. Da nie sicher ist, über welchen Knoten ein Leser eine Website betritt, welche Knoten er bereits besucht hat und welche er noch besuchen wird, müssen die Informationen des aktuellen Knotens immer wieder in den Gesamtzusammenhang gestellt werden, um dem Leser einen Einblick in die Struktur des Hypertextes zu geben. Dies bedeutet in Bezug auf die Website insgesamt zwangsläufig eine deutliche Zunahme an Redundanz. Aber auch innerhalb eines Knotens lässt sich das Argument, das Nielsen als Grund für das radikale Kürzen von Texten anführt – die Mühsal des Lesens am Monitor und die daraus resultierende Tendenz, Texte zu skimmen und zu scannen – auch als Argument für eine Erhöhung der Redundanz anführen. Wenn Leser einen Text nur überfliegen, ist es sinnvoll, ihn mit einem kurzen Überblick am Anfang und einer Zusammenfassung am Schluss auszustatten, auch wenn diese lediglich Informationen enthalten, die im mittleren Teil des Textes nochmals ausführlich erörtert werden, also sowohl Redundanz als auch Länge des Textes erhöhen.

Wie lässt sich dieser Konflikt auflösen? Texte im Internet, vor allem Überblickstexte auf den oberen Hierarchieebenen einer Website, sollten, da ist Nielsen zuzustimmen, kurz gehalten werden. Allerdings nicht durch übertriebenes Kürzen, das nur noch Satzfragmente übrig lässt und den Verzicht auf leserfreundliche Wiederholungen und Zusammenfassungen, sondern indem die eigentliche Stärke des Formats genutzt wird. Die Informationen, die nicht für alle Leser interessant sind, lassen sich problemlos auf untergeordnete Seiten auslagern. Sind die dabei verwendeten Links sinnvoll gestaltet, stören sie nicht beim Überfliegen des Textes und bieten dem interessierten Leser die Möglichkeit, auf vertiefende Informationen zuzugreifen. Dadurch können Texte kurz gehalten werden, ohne dass wichtige Detailinformationen auf der Strecke bleiben.[232]

Kognitive Gliederung

Gedruckte Texte besitzen eine feste Gliederung, auch wenn diese wie im Fall von Zeitungs- oder Zeitschriftenseiten nicht unbedingt linear sein muss. Die Gliederung von Websites ist jedoch ungleich flexibler. Ein Autor mag zwar beim Erstellen einer Website eine bestimmte Struktur im Kopf gehabt haben und diese mag sich auch auf der Website, z.B. in der Gestaltung der Navigationselemente niederschlagen, dennoch können verschiedene Rezipienten durch ihren jeweils individuellen Rezeptionsprozess zu unterschiedlichen Schlüssen über die Gliederung der Website kommen. Umso wichtiger ist es, den Leser bei der Integration des rezipierten Materials in seine eigene kognitive Struktur zu unterstützen.

Ein wichtiges Mittel, das dem Leser bei diesem Integrationsprozess helfen kann, sind *Advanced Organizer*. Wie bereits erwähnt, handelt es sich bei Advanced Organizern um kurze Vorstrukturierungen, welche die wichtigsten Textinhalte in einer dem Leser vertrauten Ausdrucksweise und in orientierender Form darstellen und dadurch die Einordnung von neuen Inhalten in die bereits vorhandene kognitive Struktur des Rezipienten

---

[231] vgl. Nielsen 2000: S. 101ff
[232] vgl. Onlinequellen: Charlier

unterstützen. Bei Advanced Organizern für Websites kommt zu dieser inhaltlichen Komponente eine strukturelle Komponente hinzu. Aufgabe des Advanced Organizers ist es hier nicht nur, den Rezipienten auf die Integration von Inhalten in seine kognitive Struktur vorzubereiten, sondern auch, ihm Hinweise darauf zu geben, welche Beziehung zwischen der Struktur der auf einer Website dargebotenen Inhalte und dem Aufbau der Website besteht.

In Druckformaten werden Advanced Organizer, wie der Name schon sagt, dem eigentlichen Text voran gestellt. Wo aber sollen sie auf Websites stehen, bei denen es auf Grund ihrer Non- bzw. Multilinearität ein klar definiertes Vorne oder Hinten nicht gibt? Auch wenn die Knoten einer Website nicht in eine bestimmte Reihenfolge zu bringen sind, besitzen doch die meisten Websites einen Knoten, der als Einstiegs- oder Startseite konzipiert ist. Eine solche Einstiegsseite ist normalerweise von jedem Punkt der Website aus zu erreichen und bietet sich geradezu an, die wichtigsten Inhalte der Website in abstrakterer und allgemeinerer Form darzustellen, als dies in den einzelnen Knoten geschieht und gleichzeitig Hinweise auf die Verortung dieser Inhalte in der Websitestruktur zu geben. Die Einstiegsseite kann, wenn sie entsprechend konzipiert ist, also sehr gut die Funktion eines Advanced Organizers übernehmen. Dieser kann auf einer Website sogar mehr leisten, als in Printformaten, weil man über Links direkt auf die Informationen zugreifen kann, die im Advanced Organizer zusammengefasst sind und ebenso einfach auf die Startseite mit dem Advanced Organizer zurückkehren kann.

Soll die Startseite anders konzipiert werden und steht daher als Advanced Organizer nicht zur Verfügung, so bietet es sich auch an, auf die oftmals vorhandene Sitemap zurückzugreifen. Zu diesem Zweck ist es notwendig die originäre Funktion der Sitemap, dem Rezipienten zu verdeutlichen, wie die einzelnen Knoten einer Website zusammenhängen und wo in dieser Struktur er sich momentan befindet so zu erweitern, dass sich dem Rezipienten auch die inhaltlichen Zusammenhänge erschließen. Abhängig davon, wie sich das Verhältnis zwischen der äußeren Struktur einer Website und ihrer inhaltlichen Struktur darstellt, kann eine solche Verbindung zwischen Advanced Organizer und Sitemap jedoch so komplex werden, dass die Übersichtlichkeit und somit die Funktionalität von Advanced Organizer und Sitemap leidet. In diesem Fall ist es sinnvoller der Sitemap einen separaten Advanced Organizer zur Seite zu stellen.

Was bereits im Abschnitt über Textoptimierung zur Technik des *sequentiellen Arrangierens* gesagt wurde, lässt sich auch auf Texte im Websiteformat übertragen. Eine hierarchische Gliederung vom Allgemeinen zum Speziellen lässt sich mit Hilfe von Hypertext im World Wide Web gut verwirklichen. Auf den oberen Hierarchieebenen einer Website erhält der Rezipient relativ knappe und allgemein gehaltene Informationen über deren Inhalt, während auf den unteren Hierarchieebenen speziellere Informationen zu finden sind, die oftmals nur einen Teil der Rezipienten interessieren. Um sich in einer solchen hierarchischen Struktur zurechtzufinden, ist es hilfreich, wenn bei ihrer Gestaltung die sich langsam herausbildenden Konventionen für das Format berücksichtigt werden; beispielsweise die Verwendung feststehender Navigationselemente für die oberste Hierarchieebene, ein gleichbleibendes Grundlayout für alle Seiten, Verwendung von Standardbegriffen wie „Home", „Kontakt", usw. Auch die kohärente Markierung von Überschriften und Links kann die Rezipienten beim Erfassen der Sitestruktur unterstützen. Hilfreich ist es zur Verdeutlichung der Sitestruktur und -funktion außerdem, wenn die Website sich selbst erklärt, das heißt Anmerkungen darüber enthält, was der Leser in den einzelnen Bereichen der Homepage finden und machen kann. Zusammenfassend lässt sich sagen, dass Gliederung und Gestaltung einer Website so beschaffen sein sollten, dass sie vom Rezipienten möglichst intuitiv erfasst werden können.

Auch die Mittel zur *kognitiven Vereinigung* wie Erläuterungen, Spezifizierungen, Beispiele und Analogien sollen bei der Eingliederung des zu rezipierenden Materials in die kognitive Struktur des Lesers helfen. In Bezug auf Websites lassen sich zwei Verwendungsweisen der Mittel zur kognitiven Vereinigung unterscheiden. Eine Verwendungsweise bezieht sich auf die inhaltliche Dimension von Websites und ähnelt der Art, in der die Mittel zur kognitiven Vereinigung auch in gedruckten Texten eingesetzt werden. Dabei bietet es sich an, diese Mittel mitunter mit Hilfe von Links auszulagern, so dass die einzelnen Knoten überschaubar bleiben, wie es bereits im Abschnitt „Informationsdichte" erläutert wurde. Die andere Verwendungsweise betrifft die strukturelle Dimension von Websites. Hier können die Mittel zur kognitiven Vereinigung dem Leser die Orientierung erleichtern. Die Möglichkeiten, die sich in diesem Zusammenhang bieten, z.B. Websites analog zu Strukturen zu gestalten, die dem Rezipienten bekannt sind, wie Karteikästen etc. oder die Website mit Erläuterungen zum Aufbau und zur Funktionsweise auszustatten, wurden bereits erwähnt.

Als weitere Mittel zur Optimierung der kognitiven Gliederung von Texten gibt es die Hilfen zur *Konsolidierung:* Zusammenfassungen, Unterstreichungen und Hervorhebungen, die dazu dienen sollen, den rezipierten Inhalt möglichst gut in der kognitiven Struktur des Rezipienten zu verankern. Empirische Untersuchungen an Hand von gedruckten Texten ergaben dabei für nachgestellte Zusammenfassungen einen stärker positiven Effekt für das Behalten als bei Zusammenfassungen, die dem Text vorausgehen. Auf Grund der Art und Weise, in der Websites rezipiert werden, scheint es jedoch hier angemessener zu sein, Zusammenfassungen dem eigentlichen Text voranzustellen. In aller Regel geht es dem Rezipienten zunächst vorrangig darum, sich zu orientieren und Informationen zu finden und erst wenn die geeigneten Quellen gefunden sind, möglicherweise darum, einzelne der gesichteten Informationen auch zu behalten.

Die Unterschiede in der Rezeption von Texten im Websiteformat und von gedruckten Texten legen es nahe, dass Hervorhebungen im Websiteformat eine größere Rolle spielen als in gedruckten Texten; mit Sicherheit lässt sich dies aber bislang auf Grund fehlender empirischer Befunde nicht sagen. Das Websiteformat ermöglicht es, die ganze Bandbreite typografischer Gestaltungsmittel einzusetzen und diese können, wenn sie konsequent angewandt werden, viel dazu beitragen die Struktur einer Website für den Rezipienten transparent zu machen. Unterstreichungen sollten dabei jedoch ausschließlich der Markierung von Links vorbehalten bleiben, da unterstrichene Textpassagen, bei denen es sich nicht um Links handelt, beim Leser leicht zu Verwirrung und Frustration führen können.

Motivationale Stimulanz

Eine Website ist viel schneller weggeklickt, als ein Text im Printformat aus der Hand gelegt und die direkte Konkurrenz ist oft nur einen Link entfernt. Aus diesem Grund besitzt die motivationale Stimulanz im World Wide Web einen besonderen Stellenwert. Da die Rezeption von Texten im Websiteformat durch die Notwendigkeit, ständig Entscheidungen zu treffen, höhere kognitive Anforderungen an den Rezipienten stellt als das Lesen in Printformaten, ist es besonders schwierig, ihn in geeigneter Weise zu motivieren und zu stimulieren. Nach Berlynes Neugiermotivationstheorie stellt der kognitive Konflikt ein geeignetes Mittel dar, um das Interesse des Rezipienten an einem Text zu steigern. Die Schwierigkeiten beim Aufbau eines kohärenten Textverständnisses, die im Prozess der Rezeption von Websites oft auftreten und die Wahl zwischen Links, hinter denen sich nur allzu oft ganz Überraschendes und Unvorhergesehenes verbirgt, stürzen den Leser jedoch gleichsam in einen permanenten kognitiven Konflikt. Ist es möglich und sinnvoll, etwas, das ständig vorhanden ist, noch zusätzlich zur Motivation einzusetzen?

Wirth führt zwei Prinzipien aus der Werbepsychologie an, die in diesem Zusammenhang von Bedeutung sind. Mit der steigenden kognitiven Konflikthaftigkeit bzw. Dissonanz von Texten oder Bildern verändert sich deren Wirkung auf den Rezipienten. Fehlt jede Dissonanz, so werden Informationen im negativen Sinne als langweilig eingestuft, bei steigender Dissonanz als neutral, dann als interessant und schließlich als provokant im positiven Sinne, bis die Einschätzung der Rezipienten wieder kippt und die Informationen im negativen Sinne als bizarr und unverständlich eingestuft werden. Der aus Sicht der Werbepsychologie optimale, die meiste Aufmerksamkeit erregende Bereich ist der, in dem die Informationen bereits als ungewöhnlich und provokativ, aber noch nicht als inakzeptabel oder unverständlich eingestuft werden. Dieser Bereich optimaler Aufmerksamkeitserregung wird mit dem MAYA-Prinzip (Most Advanced Yet Acceptable) beschrieben. Nach dem MAYA-Prinzip gestaltete Websites erregen zwar Aufmerksamkeit und führen zunächst zu einer hohen Lesemotivation, erschweren es aber den Lesern oft, sich einen Überblick über den Inhalt einer Website zu verschaffen und gezielt nach Informationen zu suchen.[233]

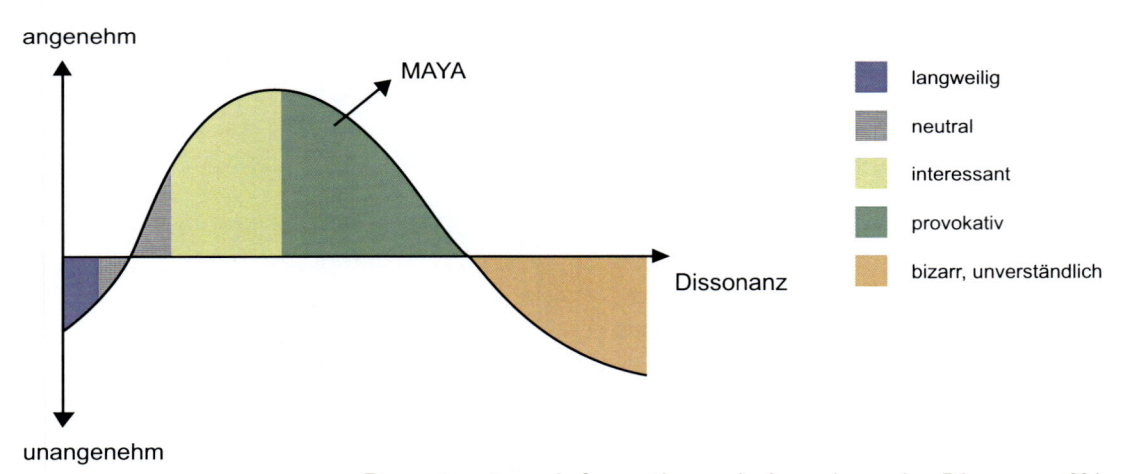

Bewertung von Informationen bei wachsender Dissonanz[234]

Das Optimum der Benutzerfreundlichkeit liegt in dem Bereich, in dem die Inhalte für den Rezipienten so vertraut und vorhersagbar wie möglich sind. Dadurch wird es dem Rezipienten erleichtert, ein kognitives Modell eines Textes aufzubauen, allerdings um den Preis, dass die entsprechenden Texte relativ langweilig erscheinen. Das damit zusammenhängende Gestaltungsprinzip wird auch KISS-Prinzip (Keep It Simple and

---

[233] vgl. Wirth 2002: S. 176f
[234] Abbildung entnommen aus Wirth 2002: S. 177. (Sinnerhaltende Umgestaltung auf Grund der Anforderungen des Druckverfahrens.)

Stupid) genannt. Da sich das KISS und das MAYA-Prinzip ganz offensichtlich widersprechen, stellt sich die Frage, welchem der beiden bei der Rezeption von Websites die größere Bedeutung zukommt.[235]

Um diese Frage sinnvoll zu beantworten, ist es notwendig, sich nochmals die bereits angesprochenen Typen von Rezipienten im World Wide Web vor Augen zu führen. Für diejenigen, die gezielt nach Informationen suchen, ist das KISS-Prinzip wichtiger. Sie besitzen bereits eine starke Lesemotivation und ein Leseziel, das sie möglichst schnell erreichen wollen. Dabei helfen ihnen klar strukturierte, übersichtliche Websites, deren Aufbau sich möglichst gut vorhersehen lässt. Nach dem MAYA-Prinzip konzipierte Websites lenken hier nur ab und machen die Suche nach den gewünschten Inhalten unnötig schwierig und zeitaufwändig. Für Rezipienten, die im World Wide Web nach Unterhaltung und Zerstreuung suchen und sich ohne auf bestimmte Inhalte aus zu sein, von einem interessanten Link zum nächsten klicken, ist die Gestaltung nach dem MAYA-Prinzip wichtiger. Da sie kein inhaltlich definiertes Leseziel haben, sondern nur unterhalten werden wollen, folgen sie den Links, von denen auf Grund ihrer Gestaltung die größte Motivation ausgeht. Die Klarheit, welche die Gestaltung nach dem KISS-Prinzip bietet, benötigen sie nicht. Bei ihrem ziellosen Bummel durchs Web ist es für sie nicht unbedingt notwendig, sich ein kohärentes Bild vom Aufbau der Websites zu machen, die sie besuchen.[236] Je nachdem, mit welcher Motivation ein Rezipient im World Wide Web unterwegs ist, wird also die Gestaltung nach dem einen oder anderen Prinzip wichtiger. Für Websiteproduzenten ist es aus diesem Grund außerordentlich wichtig, sich mit der Zielgruppe einer Website und deren Interessen auseinander zu setzen, um eine angemessene Gestaltung wählen zu können. Im folgenden Kapitel wird diese Thematik noch ausführlich diskutiert werden.

Es gibt jedoch auch die Möglichkeit, beide Prinzipien innerhalb derselben Website miteinander zu verbinden: Die Eingangsseite einer Website kann nach dem MAYA-Prinzip gestaltet werden, um Surfer anzuziehen, die unterhalten werden wollen. Gleichzeitig kann die Eingangsseite jedoch einen deutlichen Hinweis auf eine Sitemap enthalten, die nach dem KISS-Prinzip gestaltet ist und denjenigen Orientierung gibt, die schnell etwas suchen. Ist die Website in Form einer Baumstruktur aufgebaut, so wird mit jeder Hierarchieebene die Gestaltung nach dem MAYA-Prinzip an Bedeutung verlieren und die Gestaltung nach dem KISS-Prinzip wichtiger werden. Auf der obersten Hierarchieebene unterhalb der Startseite, gibt es also noch viele Elemente, die dazu dienen, das Interesse von „Unterhaltungssurfern" zu wecken. Ist dieses Interesse einmal geweckt und sind diese Rezipienten tiefer in die Website eingedrungen, wird auch für sie die Gestaltung nach dem KISS-Prinzip zunehmend wichtiger werden.[237]

Ganz allgemein lässt sich sagen, dass der kognitive Konflikt als Mittel zur Motivation – mit Bedacht und an den richtigen Stellen eingesetzt – auch bei der Rezeption von Websites seine Bedeutung hat.

---

[235] vgl. Wirth 2002: S. 179f
[236] vgl. Wirth 2002: S. 216f
[237] Auf der deutschen Version der Website der Firma Olympus lässt sich z.B eine solche Gestaltungsweise erkennen. (vgl. Onlinequellen: Olympus)

Die Beschreibung und Analyse von Websites

Nachdem der Leseprozess im Allgemeinen und das Lesen im Websiteformat im Besonderen nun ausführlich diskutiert wurden, soll auf der Grundlage dieser Informationen ein Raster zur Analyse von Texten im Websiteformat entwickelt werden. Dieses Raster soll es ermöglichen, Websites nach vorgegebenen Kriterien zu beschreiben und auf diese Weise zumindest eingeschränkt vergleichbar zu machen. Auf der Grundlage dieser Beschreibung soll es möglich sein, begründbare Aussagen über die Lesbarkeit und Verständlichkeit von Websites zu machen und Hinweise auf Schwachstellen und Verbesserungsmöglichkeiten geben zu können.

Im Folgenden sind die wichtigsten Merkmale des Websiteformats, die von einem solchen Analyseraster berücksichtigt werden müssen, nochmals kurz zusammengefasst:
- Auf Grund des fehlenden institutionellen Rahmens kommt der Feststellung der Glaubwürdigkeit eines Textes eine größere Bedeutung zu als bei Texten in Printformaten.
- Der Aufbau von Websites ist bisher weniger konventionalisiert als der Aufbau von Texten in den verschiedenen Printformaten, deshalb müssen auch Dinge beschrieben werden, die bei der Beschreibung von Texten in Printformaten stillschweigend vorausgesetzt werden können.
- Die besondere Lesesituation am Monitor und die Tendenz, bei der Rezeption von Websites Schnelllesetechniken wie Skimming und Scanning anzuwenden, muss bei der Bewertung der Lesbarkeit einer Website berücksichtigt werden.
- Webseiten sind flächig auf dem Bildschirm angeordnet und mit multimedialen Elementen angereichert.
- Websites sind multilinear und bieten den Rezipienten die Möglichkeit, sich immer neue Lesewege durch das vorhandene Material zu suchen.
- Die Orientierung in Websites erfordert spezifische Hilfen, die es dem Nutzer ermöglichen, ein mentales Modell vom Aufbau einer Website zu konstruieren.
- Bei der Rezeption von Websites müssen ständig Entscheidungen getroffen werden. Dafür können mehr oder weniger Optionen zur Verfügung stehen.
- Beim Aufbau eines kohärenten Textverständnisses müssen im Falle von Websites mehr Kohärenzebenen berücksichtigt werden als bei Texten in Printformaten.
- Die Eigenschaften des Websiteformats erfordern eine Neubewertung der verschiedenen Kohäsionsmittel.
- Die Inferenzbildung im Websiteformat kann für den Rezipienten deutlich schwieriger sein als in den verschiedenen Printformaten.
- Bei der Verwendung von Mitteln zur Textoptimierung müssen die besonderen Gegebenheiten des Formats berücksichtigt werden.

Die meisten Raster und Modelle zur Analyse von Texten in Printformaten sind nicht in der Lage, diese Merkmale von Texten im Websiteformat auf angemessene Weise zu berücksichtigen. Einen interessanten Ansatz bietet jedoch das *Groninger Textverständlichkeitsmodell*, das im Folgenden kurz vorgestellt werden soll.

Das Groninger Textverständlichkeitsmodell

Das Groninger Textverständlichkeitsmodell wurde von Christoph Sauer an der Universität Groningen entwickelt. Es soll „zur empirischen Erforschung des komplexen Zusammenhangs der visuellen Erscheinung und des Inhalts von Texten"[238] dienen. Da, wie im Abschnitt „Multimedialität" dieser Arbeit bereits erläutert wurde, das Zusammenspiel zwischen Textsegmenten und multimedialen Elementen eine der großen Schwierigkeiten bei der Analyse von Texten im Websiteformat darstellt, ist das Modell in diesem Zusammenhang sehr interessant. Das Modell nähert sich dem Problem der Textverständlichkeit aus einer funktionalen Perspektive, das heißt ein Text wird als verständlich angesehen „wenn er bestimmte Leseaufgaben visuell und inhaltlich unterstützt."[239] Auch dieser Ansatz kommt der Analyse von Websites entgegen, bei der die Benutzbarkeit eine große Rolle spielt.

Dem Groninger Textverständlichkeitsmodell zufolge besteht ein Text aus einem *Textbild* und dem organisierten *Textinhalt*. Unter Textbild wird dabei die Anordnung der Textteile auf der Lesefläche verstanden, dazu gehören auch Bilder und Visualisierungen. Es wird davon ausgegangen, dass der Leser zunächst das Textbild wahrnimmt und die bildliche Information später in inhaltliche Information umsetzt.[240] Die funktionale Qualität eines solchen „Text-Bild-Kommunikats" besteht in der „Art und Weise, wie Leseaufgaben unterstützt werden und welche Rolle dabei verschiedene sprachlich-semiotische Elemente spielen."[241] Der Text dient dem Lesenden dabei dazu, einen bestimmten Zweck zu erfüllen, um dessentwillen er ihn zur Hand genommen hat. Sauer gibt dazu folgende Beispielliste: [242] einen Apparat bedienen wollen, einen Text beurteilen (müssen), vorhandenes Wissen ergänzen, ein Problem lösen, eine Entscheidung treffen, ein Examen vorbereiten, auf Initiativen reagieren, orientierend überfliegen (scannen).[243]

Die Liste macht deutlich, dass sich das Modell vor allem an der Analyse von Sachtexten orientiert und in Bezug auf die Analyse von Websites vor allem zu den Lesezielen der Rezipienten passen würde, die im World Wide Web gezielt nach Informationen suchen. Es wäre aber durchaus möglich, die Liste so zu erweitern, dass sie auch die Leseziele derjenigen Rezipienten erfasst, die sich ohne spezifische inhaltliche Ziele im Netz treiben lassen wie: Neues entdecken, unterhalten werden, sich die Zeit vertreiben, etc.

Als Raster zur Analyse der auf eine Leseaufgabe bezogenen funktionalen Textqualität wird das sogenannte Sechs-Felder-Modell (SFM) eingesetzt:

Untersuchungsebene	Gestalt-Inhalt-Relation	
	TEXTBILD (sichtbar-materiell)	**TEXTINHALT (sprachlich-kognitiv)**
global	**Zugänglichkeit**	**Nachvollziehbarkeit**
mittel	**Überschaubarkeit**	**Gestaffeltheit**
lokal	**Leserlichkeit**	**Verstehbarkeit**

Das Sechs-Felder-Modell nach Sauer[244]

---

[238] Sauer 1999: S. 93
[239] Sauer 1999: S. 93
[240] vgl. Sauer 1999: S. 95
[241] Sauer 1999: S. 94
[242] Sauer 1999: S. 96
[243] Der letzte Punkt der Liste „orientierend überfliegen (scannen)" fällt etwas aus dem Rahmen, weil es sich dabei nicht um einen *Zweck* handelt, den der Leser mit Hilfe des Textes erreichen möchte, sondern um ein *Mittel*, dass dazu dient, sich rasch einen Überblick über einen Text zu verschaffen.
[244] vgl. Sauer 1999: S. 96

Nach Sauers Beschreibung des Modells bezieht sich die globale Ebene des Modells auf den Gesamttext, die mittlere Ebene auf Abschnitte und Paragraphen und die lokale Ebene auf Wörter, Sätze, Satzkonstruktionen und Absätze. Die Felder Nachvollziehbarkeit, Gestaffeltheit und Verstehbarkeit beziehen sich auf die kognitive Verarbeitung des Textes auf den verschiedenen Ebenen. Die Felder Zugänglichkeit, Überschaubarkeit und Leserlichkeit hingegen beschreiben die äußere Form des Textes.[245] Die große Stärke des Modells besteht darin, dass es in der Lage ist, die sprachlichen und bildlichen Elemente von Texten in Beziehung zueinander zu setzen. Eine Leistung, die zur Analyse von Texten im Websiteformat außerordentlich wichtig ist. Zur Analyse von im Text enthaltenen Grafiken und Bildern steht dabei ein zusätzliches Raster zur Verfügung: das sogenannte Vier-Felder-Modell (VFM):

Untersuchungsebene	Gestalt-Inhalt-Relation	
	VISUELLE GESTALT (sichtbar-materiell)	**VISUELLER INHALT** (sprachlich-kognitiv)
global	**Einprägsamkeit**	**Deutlichkeit**
lokal	**Erkennbarkeit**	**Informativität**

Das Vier-Felder-Modell nach Sauer[246]

Die Dimensionen des Vier-Felder-Modells erklärt Sauer dabei wie folgt:[247]
- Erkennbarkeit: Die Elemente einer Visualisierung sind wahrnehmbar, unterscheidbar, hinreichend kontrastreich, von angemessener Größe und stehen nicht zu dicht beieinander.
- Informativität: Die Elemente erzeugen in ihrer Anordnung und Zuordnung funktionalen Sinn, so dass Teilbedeutungen klar erkennbar sind.
- Einprägsamkeit: Informativität und Erkennbarkeit sind gewährleistet.
- Deutlichkeit: Die Visualisierungen erfüllen ihre inhaltliche Funktion.

In der hier beschriebenen Form ist das Groninger Textverständlichkeitsmodell in erster Linie zur Analyse von Texten in den verschiedenen Printformaten gedacht. Sauer unternimmt jedoch auch den Versuch, das Modell durch eine Anpassung für die Analyse von Texten im Websiteformat tauglich zu machen. Um die Navigationselemente berücksichtigen zu können, die seiner Meinung nach bei der Analyse elektronischer Texte eine herausragende Bedeutung spielen, erweitert er das Sechs-Felder-Modell zum Neun-Felder-Modell:

---

[245] vgl. Sauer 1999: S. 96f
[246] vgl. Sauer 1999: S. 97
[247] vgl. Sauer 1999: S. 97ff

Untersuchungsebene	Gestalt-Inhalt-Relation		
	TEXTBILD	NAVIGATION N-BILD N-INHALT	TEXTINHALT
global	Zugänglichkeit	Vorhersagbarkeit u. Richtung	Nachvollziehbarkeit
??? mittel	Überschaubarkeit	Fokussierbarkeit und Fish-eye-Lupe	Gestaffeltheit
lokal	Leserlichkeit	Erkennbarkeit und Identifizierbarkeit	Verstehbarkeit

Das Neun-Felder-Modell nach Sauer[248]

Das von Sauer vorgeschlagene Modell weist jedoch eine ganze Reihe von Schwierigkeiten auf. Zunächst ist die neu eingeführte Spalte zur Navigation eigentlich keine einfache, sondern eine Doppelspalte, da innerhalb der einzelnen Felder nochmals zwischen bildlichen und inhaltlichen Aspekten der Navigation unterschieden wird. Bei genauem Hinsehen handelt es sich deswegen um ein verstecktes Zwölf-Felder-Modell. Dass Sauer beide Aspekte in einer Spalte zusammenwirft, ist bedauerlich, da die deutliche Gegenüberstellung sichtbar-materieller und sprachlich-kognitiver Elemente gerade eine der Stärken des Groninger Modells ausmacht. Diese Klarheit geht durch die Herauslösung der Navigationselemente aus dem Zusammenspiel zwischen dem spontan auf den Rezipienten wirkenden Textbild und dem Textinhalt, der nach und nach erlesen werden muss, leider verloren. Die Schwierigkeiten, die Sauer selbst mit der neu eingeführten Spalte zu haben scheint, zeigen sich unter anderem in den nur wenig aussagekräftigen und etwas unbeholfen anmutenden Benennungen, die Sauer für die neu entstandenen Felder wählt.

Eine weitere Schwierigkeit besteht in der Zuordnung der Felder zu den verschiedenen Untersuchungsebenen, die Sauer wählt. Für die erste und dritte Spalte behält Sauer die Untersuchungsebenen in der Form bei, in der sie zur Analyse von Texten in den verschiedenen Printformaten verwendet wurden. Da sich diese Einteilung jedoch nicht ohne weiteres auf die Navigationselemente übertragen lässt, wählt er hier eine neue Zuordnung: Er ordnet der lokalen Ebene den einzelnen Knoten und der globalen Ebene das Hypertextganze zu. Dadurch fehlt ihm aber etwas Dazwischenliegendes, das er der mittleren Ebene zuordnen kann, weswegen er sie im Modell auch mit drei Fragezeichen kennzeichnet. Sein Versuch, diese Lücke mit Methoden zu füllen, die verschiedene Knoten gleichzeitig am Bildschirm zeigen, wie Framesets, oder Fish-eye-Lupen – eine besondere Form von Sitemaps, ist nicht überzeugend, da diese in Bezug auf Hypertexte im Allgemeinen und das Websiteformat im Besonderen keine so wichtige Rolle spielen, dass es gerechtfertigt wäre, ihnen eine eigene Ebene zuzuweisen.[249] Insgesamt muss das Neun-Felder-Modell als für die Beschreibung und Analyse von Websites untauglich verworfen werden.

---

[248] vgl. Sauer 1999: S. 106
[249] vgl. Sauer 1999: S. 106

Ein Analyseraster für Websites

Obwohl Sauers Versuch der Anpassung des Groninger Modells an die Besonderheiten des Websiteformats als gescheitert betrachtet werden muss, kann das Groninger Modell eine sinnvolle Grundlage für die Beschreibung und Analyse von Websites bilden. Eine Erweiterung um zusätzliche Felder, wie sie von Sauer durchgeführt wurde, ist dazu gar nicht notwendig. Was Not tut ist lediglich eine sinnvolle Zuordnung zwischen den Untersuchungsebenen des Modells und den Ebenen der Kohärenzbildung im Websiteformat, wie sie in dieser Arbeit entwickelt wurden. Dabei lassen sich auch alle die Navigationselemente betreffenden Aspekte sinnvoll in das Raster einordnen. Die Stärke des Rasters zeigt sich deutlich, wenn man die zuvor beschriebenen Besonderheiten des Lesens im Websiteformat den verschiedenen Feldern zuordnet.

Auf *lokaler Ebene* geht es um die Kohärenzbildung innerhalb einzelner Textsegmente. Was das Textbild anbelangt, ist hier vor allem die typografische Gestaltung von Bedeutung für die Lesbarkeit: ist die verwendete Schriftart gut am Bildschirm zu lesen, ist die Schriftgröße angemessen und wurde ein sinnvolles Verhältnis von Schriftfarbe und Schrifthintergrund gewählt?[250] Der Begriff der *Leserlichkeit* bezeichnet diese Kategorie treffend. Was den Textinhalt betrifft, geht es auf dieser Ebene um die *Verstehbarkeit*. Hier steht die syntaktische und semantische Struktur der einzelnen Textsegmente im Vordergrund. Die Lesbarkeit wird hier erleichtert durch die sinnvolle Verwendung textsegmentinterner Kohäsionsmittel und durch die Mittel, die in den Absätzen „Sprachliche Einfachheit" und „Informationsdichte" dieser Arbeit beschrieben wurden.

Auf *mittlerer Ebene* geht es um die Elemente einer Website, die in Zusammenhang mit der Kohärenzbildung innerhalb eines Hypertextknotens stehen. Im sichtbar-materiellen Bereich ist das die *Überschaubarkeit* einer einzelnen Webseite. Dazu gehört zunächst einmal ihre Größe und die Anordnung der einzelnen Elemente: Textsegmente, Navigationsleisten, Bilder und Multimediaelemente auf der Lesefläche. Außerdem sind grafische und typographische Gestaltungsmittel von Bedeutung, die durch gemeinsame oder verschiedene Schriftart, Schriftgröße, Schriftfarbe oder Hintergrundfarbe Beziehungen zwischen verschiedenen Elementen eines Knotens ausdrücken können. Im sprachlich-kognitiven Bereich steht auf dieser Ebene der inhaltliche Bezug der Knotenelemente zueinander im Vordergrund und wird mit dem Begriff der *Gestaffeltheit* sinnvoll bezeichnet. Hier spielen die knoteninternen Kohäsionsmittel eine wichtige Rolle. Besondere Bedeutung kommt ihnen in Überschriften und Bildunterschriften zu, da diese vom Leser in der Regel als erstes erfasst werden und ihm dazu dienen, die einzelnen Elemente einer Seite in Beziehung zueinander zu setzen. Interne Links und Zusammenfassungen helfen dem Rezipienten zusätzlich dabei, einen Zusammenhang zwischen den verschiedenen Elementen einer Webseite herzustellen.

Die *globale Untersuchungsebene* besitzt besondere Bedeutung für die Herstellung von Kohärenz zwischen den verschiedenen Knoten einer Website. Im sichtbar-materiellen Bereich geht es hier um die *Zugänglichkeit* einer Website, das bedeutet darum, welchen sichtbaren Ausdruck die Seitenstruktur findet. Dazu gehört zum Beispiel ein globales Layout, an dem die Zugehörigkeit der einzelnen Seiten zur selben Website erkennbar ist. Dieses kann unterstützt werden durch eine Farbgestaltung, die verschiedene Seiten

---

[250] Zum Thema Schriftart gibt es eine interessante empirische Untersuchung des Software Usability Research Instituts der Wichita State University (vgl. Onlinequellen: Bernard: A Comparison of Popular Online Fonts.) Zum Schrift-Hintergrund-Verhältnis vgl. Wirth 2002: S. 148f.

der Website miteinander verbindet oder voneinander abhebt und durch die Verwendung von Analogien aus anderen Bereichen, die dem Benutzer geläufig sind und ihm so die Orientierung erleichtern, wie Karteikasten, Zeitung, etc. Schließlich spielt die sinnvolle Gestaltung der Navigationselemente eine wichtige Rolle. Im sprachlich-kognitiven Bereich geht es um die *Nachvollziehbarkeit* der Struktur einer Website, das heißt darum, inwiefern es dem Benutzer möglich ist, sich ein mentales Modell einer Website aufzubauen. Ein entscheidender Punkt ist dabei der Aufbau der Website selbst. Wie sind die einzelnen Knoten miteinander verbunden? Ist die Site linear, als Matrix, rhizomatisch oder hierarchisch angelegt? Ist die Platzierung der einzelnen Knoten innerhalb der Sitestruktur nachvollziebar? Wird der Rezipient zusätzlich von den Siteelementen, die als Überblickshilfen, Kontextualisierungshilfen, retrospektive Hilfen und wegweisende Hilfen beschrieben wurden, unterstützt? Die sinnvolle Gestaltung von Seitenübergreifenden Links ist schließlich ein weiteres Mittel, das dem Rezipienten dabei hilft, die verschiedenen Knoten einer Website in Beziehung zueinander zu setzen.

Die Lesbarkeit und Verständlichkeit einer Website und weitere Eigenschaften, wie die motivationale Stimulanz oder die Glaubhaftigkeit, die von ihr ausgehen, ergeben sich aus dem Zusammenspiel der Elemente auf den verschiedenen Ebenen. Obwohl es schwierig ist, die Wichtigkeit der einzelnen Elemente zu gewichten, lässt sich dieses Analyseraster gut zu Checklisten ausbauen. Solche Checklisten können an verschiedene Anforderungen und Bedürfnisse angepasst und dazu eingesetzt werden, Websites zu beschreiben, zu analysieren, in Bezug auf ihre Lesbarkeit zu bewerten und schließlich zu optimieren.[251]

Bisher sind in das Analyseraster allerdings lediglich die Aspekte eingeflossen, die mit dem Leseprozess zu tun haben. Für eine umfassende Analyse von Websites müssen auch Faktoren berücksichtigt werden, die mit dem Schreibprozess zu tun haben, der im folgenden Kapitel ausführlich erörtert wird.

---

[251] Eine für den Einsatz in der Schule optimierte Checkliste, die auf diesem Analyseraster beruht findet sich in Anhang dieser Arbeit.

	Gestalt-Inhalt-Relation	
	TEXTBILD (sichtbar-materiell)	TEXTINHALT (sprachlich-kognitiv)
globale Ebene *(Beziehungen zwischen den einzelnen Knoten einer Website)*	**Zugänglichkeit** *Äußerer Ausdruck der Websitestruktur* • Globales Layout • Seitenübergreifende Farbgestaltung • Verwendung von Analogien • Gestaltung der Navigationselemente	**Nachvollziehbarkeit** *Innere Strukturierung der Website* Sitestruktur Navigationshilfen • Überblickshilfen • Kontextualisierungshilfen • Retrospektive Hilfen • Wegweisende Hilfen Sinnvolle Linkgestaltung
mittlere Ebene *(Beziehungen innerhalb eines Knotens)*	**Überschaubarkeit** *Äußerer Gestaltung der einzelnen Seiten* Größe der einzelnen Seiten Anordnung der Seitenelemente auf der Lesefläche Beziehungen zwischen den Elementen einer Seite durch die grafische und typografische Gestaltung • Schriftart • Schriftgröße • Schrift-Hintergrund-Verhältnis	**Gestaffeltheit** *Innere Strukturierung der einzelnen Seiten* Inhaltliche Beziehung der Knotenelemente • Knoteninterne Kohäsionsmittel • Überschriften • Bildunterschriften • Interne Links • Zusammenfassungen
lokale Ebene *(Beziehungen innerhalb eines Textsegments)*	**Leserlichkeit** *Typografische Gestaltung* • Schriftart • Schriftgröße • Schrift-Hintergrund-Verhältnis	**Verstehbarkeit** *Syntaktische und semantische Struktur* • Textsegmentinterne Kohäsionsmittel • Sprachliche Einfachheit • Informationsdichte

Ein Analyseraster für Websites

Webrhetorik

Schreiben ist mehr als die bloße Aufzeichnung gesprochener Sprache. Schriftliche Kommunikation unterscheidet sich in wesentlichen, ganz grundsätzlichen Merkmalen von mündlicher Kommunikation. Einige der Merkmale der geschriebenen Sprache haben sich dabei erst im Lauf der Schriftgeschichte herausgebildet. Andere hängen vom äußeren Format ab, in dem ein Text vorliegt. In ähnlicher Weise, in der das Lesen von Texten von ihrer Materialität beeinflusst wird, beeinflusst das verwendete Schreibmaterial und -werkzeug auch den Vorgang des Schreibens. Mit einem Meißel in Stein schreibt man anders als mit Pinsel, Feder oder Stift auf Papier. Das Schreiben mit einer Schreibmaschine unterscheidet sich vom Schreiben mit der Hand. Auch aus der Einführung der Textverarbeitung ergaben sich zahlreiche neue Möglichkeiten, aber auch Probleme für die Produzenten von Texten.[252] Das Schreiben im Websiteformat verlangt dem Textproduzent eine noch größere Umstellung ab. Die Besonderheiten, die das Schreiben im Websiteformat auszeichnen, möchte ich im Laufe dieses Kapitels darstellen. Dazu werden zunächst die Unterschiede von Mündlichkeit zu Schriftlichkeit im Allgemeinen und zum Schreiben im Websiteformat im Besonderen an Hand verschiedener Aspekte herausgearbeitet. Im nächsten Schritt werden einige Modelle diskutiert, die diese Aspekte in Beziehung zueinander setzen. Auf der Grundlage dieser Modelle werden die Besonderheiten bei der Erstellung von Texten im Websiteformat dann im Einzelnen analysiert. Dabei wird unter anderem zu beachten sein, dass ein erheblicher Unterschied besteht zwischen dem Erstellen von Texten *für* Websites und der Gestaltung *von* Websites. Vor dem Hintergrund dieses Spannungsfeldes wird die derzeitige Arbeitsteilung im Bereich der Websitegestaltung mit der Arbeitsteilung bei der professionellen Produktion der klassischen Printformate verglichen und eine Prognose für die zukünftige Entwicklung gewagt. Abschließend werden die in diesem Kapitel gewonnenen Erkenntnisse zur Erweiterung des Analyserasters für Websites genutzt.

Aspekte der Schriftsprachlichkeit

Ablösung von der unmittelbaren Sprechsituation

Mündliche Kommunikation findet immer in einer unmittelbaren Sprechsituation statt, in der Sprecher und Hörer gleichzeitig anwesend sind. Mit Hilfe der Schrift ist eine Ablösung von dieser Sprechsituation möglich. Der Sprecher wird zum Schreiber und der Hörer zum Leser, die beide zeitlich und räumlich mehr oder weniger beliebig weit voneinander getrennt existieren können.[253] Auf diese Weise trägt die Schrift dazu bei, zwei große Beschränkungen menschlicher Kommunikation zu überwinden. Mit Hilfe der Schrift ist es möglich, Wissen über Generationen weiter zu geben, ohne dass es durch die unsichere Prozedur des Erinnerns und Weitererzählens verfälscht werden kann. Aber nicht nur die zeitliche Beschränkung menschlicher Kommunikation kann mit Hilfe der Schrift überwunden werden, sie ermöglicht auch die Überwindung ihrer räumlichen Beschränkung, da schriftliche Dokumente weit einfacher zwischen verschiedenen Orten hin und her transportiert werden können, als ihre Verfasser.

Texte im World Wide Web zeichnen sich gegenüber Texten auf Stein, Papier etc. durch die besondere Art ihrer Zugänglichkeit aus. Um sie rezipieren zu können, ist die ent-

---
[252] vgl. Molitor-Lübbert 1997
[253] vgl. Weinhold 2000: S. 27 und Crystal 1995: S. 178

sprechende technische Ausrüstung in Form einer Telefonverbindung und eines geeigneten Computers notwendig. Sind diese Vorraussetzungen gegeben, so sind Dokumente im World Wide Web praktisch von jedem Ort der Welt aus zugänglich und damit besonders gut geeignet, die räumlichen Beschränkungen menschlicher Kommunikation zu überwinden. Diese Stärke bei der Überwindung räumlicher Beschränkungen könnte sich jedoch langfristig negativ auf die Überwindung zeitlicher Beschränkungen auswirken. Da Texte auf klassischen Trägersubstanzen wie Stein, Papyrus, Pergament, Papier etc. immer nur an einem Ort zugleich rezipiert werden können, wurden und werden von solchen Texten, besonders, wenn sie wichtig erscheinen, oft eine ganze Reihe von Kopien erstellt. Selbst wenn der ursprüngliche Text und eine Reihe der Kopien zerstört werden, ist die Wahrscheinlichkeit recht hoch, dass Texte durch immer neue Duplizierung lange Zeiträume überdauern. Texte im World Wide Web können auf der ganzen Welt zugänglich, aber dabei im Zweifelsfall nur auf einem einzigen Rechner gespeichert sein. Sollte dieser Rechner kaputt gehen oder der Text dort aus irgendwelchen Gründen gelöscht werden, so ist er für immer verloren. Zwar gibt es immer wieder Versuche, den Inhalt des World Wide Web in seiner Ganzheit aufzuzeichnen[254] und viele Texte sind sicherlich auf mehr als einem Rechner gespeichert, aber die Wahrscheinlichkeit, dass Texte die ausschließlich im World Wide Web existieren, im Laufe der Zeit unwiederbringlich verloren gehen, ist dennoch relativ hoch.[255]

Der Text als Produkt des Schreibens
Während bei der direkten mündlichen Kommunikation der Sprecher, der Prozess des Sprechens und sein Produkt - die gesprochene Sprache – immer koexistieren, entsteht als Produkt des Schreibens ein Text, der unabhängig vom Autor und vom Prozess des Schreibens existiert. Dies hat zur Folge, dass ein Textproduzent seinem eigenen Text gegenübertreten kann. Mit der Produktion eines Textes kann ein Autor so sein Gedächtnis entlasten. Er kann ihn zeitlich versetzt rezipieren, ihn überarbeiten und sich in anderen Texten auf ihn beziehen. Im Schreiben und Überarbeiten, kann der Textproduzent einen Text nach und nach verfeinern, so dass geschriebene Texte eine höhere Komplexität erreichen können als die gesprochene Sprache. Was dabei während des Schreibens und Überarbeitens verfeinert wird, ist jedoch nicht nur der Text selbst. Die Arbeit am Text wirkt auf die kognitiven Prozesse des Autors, insbesondere auf die kognitive Repräsentation des behandelten Wissensgebiets im Langzeitgedächtnis des Autors zurück. Wird das Schreiben zur Unterstützung der kognitiven Prozesse des Autors eingesetzt, spricht man häufig auch von *epistemischem* Schreiben.[256] Das Schreiben im Websiteformat findet jedoch vorrangig unter kommunikativen und nicht unter epistemischen Aspekten statt. Wie im Folgenden noch gezeigt wird, erfordert das Schreiben im Websiteformat ein hohes Maß der kognitiven Kapazität des Textproduzenten für die Berücksichtigung der technischen Rahmenbedingungen und der Bedürfnisse der Rezipienten, so dass für das epistemische Schreiben andere kommunikative Formate besser geeignet sind.

Die vom Autor unabhängige Textexistenz bedeutet auch, dass ein Text – so wie ihn ein Autor aus der Hand gibt – seiner Kontrolle entzogen wird. Was schriftlich vorliegt, kann nicht so einfach zurückgenommen oder abgestritten werden, wie das gesprochene Wort. Dies gibt der geschriebenen Kommunikation einen hohen Grad an Verbindlich-

---

[254] vgl. Onlinequellen: The Internet Archive
[255] vgl. Assmann 2004: S. 77
[256] vgl. Molitor 1984: S. 10f und Molitor-Lübbert 1989: S. 279

keit, die sich beispielsweise in Verträgen oder Gesetzestexten als sehr nützlich erweist. Texte können aber auch vervielfältigt, interpretiert, kritisiert, verändert und in neue Kontexte gestellt werden, oft ohne dass der Autor Einfluss darauf hätte, was mit seinem Text geschieht. Dies kann mit Texten im Websiteformat noch leichter geschehen als mit gedruckten Texten. Mit wenigen Mausklicks ist ein Text auf eine andere Website übertragen und steht dort in einem völlig neuen Kontext. Leicht sind einige Worte und Absätze vertauscht und sogar der Name des Autors ändert sich mitunter auf wundersame Weise. Die Sicherung der geistigen Urheberschaft ist im dezentral organisierten World Wide Web, in dem es fast keine Kontrollinstanzen gibt, nicht nur bei Musikstücken und Filmen ein Problem, sondern auch bei Texten.

Die Ablösung des Textes vom Autor wird im Bereich von Printformaten, wie Büchern Zeitungen und Zeitschriften auch daran deutlich, dass an der Produktionskette, die vom ersten Entwurf eines Textes bis zu seiner Veröffentlichung reicht, nicht allein der Autor, sondern zahlreiche Personen beteiligt sind. Während bei den Autoren der Antike oder den schreibenden Mönchen in mittelalterlichen Klöstern oft die ganze Produktionskette in einer Hand lag, hat sich in diesem Bereich im Lauf der Jahrhunderte, nicht zuletzt auf Grund der Erfindung des Buchdrucks eine ausdifferenzierte Arbeitsteilung herausgebildet. Der Autor ist im Rahmen dieser Arbeitsteilung vor allem für die kognitiv-inhaltliche Textgestaltung zuständig, die sichtbar-materielle Gestaltung wird von entsprechenden Fachleuten, wie Lektoren, Mediengestaltern und Grafikdesignern übernommen. Auch um die Veröffentlichung und Vermarktung kümmern sich entsprechende Experten. Organisiert wird der gesamte Produktionsprozess von der Akquirierung und Betreuung der Autoren bis hin zur Bewerbung des fertigen Produktes durch Verlage. Sie finanzieren sich zum einen durch den Verkaufserlös der fertigen Produkte und im Bereich von Zeitungen und Zeitschriften zum anderen auch durch Werbung. Einen Teil der Einnahmen geben die Verlage in Form von Gehältern und Honoraren an Mitarbeiter und Autoren weiter und ermöglichen es diesen so, ihre Zeit in die Produktion von Texten zu investieren.

Anders sieht die Situation im Bereich des Websiteformats aus. Hier übernimmt der Autor häufig sowohl die inhaltlich-kognitive als auch die sichtbar-materielle Gestaltung und ist zusätzlich für die Veröffentlichung und Bewerbung einer Website verantwortlich. Damit befindet er sich, was die Arbeitsteilung im Schreibprozess anbetrifft, auf dem Stand eines mittelalterlichen Schreibers. Warum ist dies so? Ein Grund besteht sicherlich in der Tatsache, dass die inhaltlich-kognitive und sichtbar-materielle Gestaltung im Websiteformat viel stärker miteinander verwoben sind, als im Bereich der verschiedenen Printformate. Ein anderer Grund dafür ist, dass das Websiteformat noch jung ist und sich in der kurzen Zeit seines Bestehens so schnell verändert hat, dass für die Herausbildung einer entsprechenden Arbeitsteilung einfach noch keine Zeit war. Dagegen spricht allerdings, dass es die entsprechenden Berufsbilder und Spezialisten wie Onlineredakteure, Onlinetexter, Contentmanager, Interfacedesigner, Mediendesigner, Online-Marketing-Manager, Screendesigner, Webdesigner, Webdeveloper, Webmanager, etc. durchaus gibt.[257] Der Vielzahl der Berufsbilder und ihrer oft unklaren Abgrenzung kann man aber auch entnehmen, dass die Arbeitsteilung, dort wo es sie bereits gibt noch sehr in der Schwebe und die Verteilung der Kompetenzen noch lange nicht so klar ist wie im Bereich der Printformate. Dabei fällt besonders Folgendes auf: im Be-

---

[257] vgl. Hofert 2001

reich der Printprodukte stehen zahlreiche Spezialisten gleichsam im Dienste des Autors und nehmen ihm einen Teil der Arbeit ab, so dass er sich ganz auf die inhaltlich-kognitive Textproduktion konzentrieren kann. Wird hingegen bei der Produktion von Websites arbeitsteilig vorgegangen, so scheint mitunter der Autor und damit die kognitiv-inhaltliche Komponente der Gestaltung im Reigen der Technik- und Designspezialisten fast unterzugehen, was man dem einen oder anderen im Websiteformat veröffentlichten Text durchaus anmerkt.

Ob sich eine generelle Arbeitsteilung wie im Bereich der Printformate im Websiteformat in absehbarer Zeit durchsetzen wird, ist fraglich. Denn während im Printbereich die Vergütung der entsprechenden Spezialisten über den Verkauf der fertigen Produkte finanziert werden kann, gibt es bei Websites diese Finanzierungsmöglichkeit bislang nicht. Manche Websites werden aus dem Etat für Werbung und Öffentlichkeitsarbeit von Unternehmen und Institutionen finanziert, andere versuchen sich über die Schaltung von Werbeanzeigen zu finanzieren – ein Konzept, das jedoch nur bei sehr erfolgreichen Websites tragfähig ist und manche Websites bestehen nur auf Grund des Idealismus ihrer Produzenten, die Zeit und Energie in eine Idee investieren von der sie überzeugt sind. Alternative Finanzierungswege z.B. über Zusatzangebote, die nur für Abonnementen nutzbar oder gegen Bezahlung einsehbar sind, haben sich bisher nur in sehr begrenztem Maße durchgesetzt. Teilweise, weil die dafür notwendigen Mikropaymentsysteme noch nicht ausgereift oder verbreitet genug sind und teilweise, weil kostenpflichtige Angebote von vielen Nutzern, die bislang kostenfrei Angebote im World Wide Web gewohnt waren, abgelehnt und gemieden werden. Es ist aus diesen Gründen durchaus möglich, dass sich im Laufe der Zeit im World Wide Web zwei Klassen von Websites herausbilden werden: diejenigen, die so finanziert werden, dass eine arbeitsteilige und damit in allen Aspekten hochwertige Gestaltung möglich ist, und diejenigen, bei denen der Autor aus Mangel an Mitteln den gesamten Produktionsprozess selbst übernehmen muss. Ein Unterschied der mit der zunehmenden technischen Entwicklung des Websiteformats und den damit zusammenhängenden Anforderungen an den Gestalter von Websites immer deutlicher zu spüren sein wird.

Einflussnahme auf die Leser
Im Gegensatz zur mündlichen Kommunikation ist beim Schreiben eine direkte Einflussnahme auf den Leser und ein Eingehen auf seine Reaktionen nicht möglich. Dient das Schreiben einem kommunikativen Zweck, so ist es notwendig, dass sich der Textproduzent in potentielle Leser hineinversetzt und deren mögliche Reaktionen antizipiert. Dafür sind nicht nur Kenntnisse über die Interessen der Leser und ihr Vorwissen notwendig, sondern auch darüber, wie der Rezeptionsprozess in einem bestimmten kommunikativen Format abläuft und mit welchen Schwierigkeiten sich die Leser in diesem Prozess möglicherweise konfrontiert sehen.[258] Um sich in seine Leserschaft hineinversetzen zu können, muss ein Autor Hypothesen über das Wissen und die Interessen seiner Leserschaft bilden. Dies ist beim Schreiben im Websiteformat schwieriger als beim Schreiben in vielen anderen Formaten, da es kaum vorhersehbar ist, wer, wann, unter welchen Bedingungen auf einer bestimmten Website landet. Die damit zusammenhängenden Schwierigkeiten werden noch zu diskutieren sein.

---

[258] vgl. Molitor 1984: S. 7 und Weinhold 2000: S. 27f

Beim kommunikativen Schreiben können dem Textproduzenten Rückmeldungen helfen, die sich indirekt, durch den mehr oder minder großen Erfolg eines Textes und direkt, durch die Rückmeldungen von Lesern an den Textproduzenten, Kritiken etc. äußern können. Bei der Veröffentlichung von Texten im World Wide Web kann ein Textproduzent auf Grund der Eigenschaften des Websiteformats in der Regel auf zeitnähere und zahlreichere Rückmeldungen zurückgreifen als bei gedruckten Texten. Indem er im Zusammenhang mit dem Text auch seine E-Mailadresse angibt oder den Text auf einer Website mit Gästebuch veröffentlicht, kann er den Lesern eine sehr komfortable Rückmeldemöglichkeit zur Verfügung stellen. Die potentielle Anonymität der Rückmeldung senkt zusätzlich die Hemmschwelle, von diesem Angebot auch tatsächlich Gebrauch zu machen. Auch eine ausführliche indirekte Rückmeldung steht dem Textproduzenten zur Verfügung. Fast alle Webspaceprovider[259] bieten inzwischen standardmäßig Statistikwerkzeuge an, mit deren Hilfe sich feststellen lässt, welche Knoten einer Website wann und wie oft aufgerufen wurden und von welchen anderen Websites aus die Besucher auf die jeweiligen Knoten kamen. Auf diese Weise kann ein Textproduzent auf einen Blick erkennen, welche Teile seiner Website bei den Lesern beliebt sind und welche verschmäht werden.

Fehlender gemeinsamer Kontext

Dadurch, dass Textproduzent und Rezipient nicht zur gleichen Zeit am gleichen Ort sind, wie beim direkten Gespräch, fehlt ein gemeinsames Zeigefeld und ein gemeinsamer Kontext, auf den sich der Textproduzent beziehen kann.[260] Der gesamte Kontext, der bei einer bestimmten Lesergruppe nicht als Allgemeinwissen vorausgesetzt werden kann, muss vom Autor im Text selbst geschaffen werden. Bei Texten im World Wide Web tritt die zusätzliche Schwierigkeit auf, dass ein Autor nicht weiß, welche Bestandteile eines Hypertextes ein Leser bereits rezipiert hat, wenn er zu einem bestimmten Knoten gelangt, so dass er denselben Kontext in verschiedenen Hypertextknoten zur Verfügung stellen muss. Dies wird ihm bei Texten im Websiteformat jedoch dadurch erleichtert, dass es nicht immer notwendig ist, den benötigten Kontext in voller Länge in verschiedenen Hypertextknoten zu wiederholen. Es reicht aus, mit Hilfe eines aussagekräftigen Hyperlinks auf den Ort zu verweisen, an dem der entsprechende Kontext zu finden ist. Dieser braucht nicht einmal vom selben Autor erstellt worden sein. Jede der vielen Seiten im World Wide Web kann mit Hilfe von Links dazu herangezogen werden einen Kontext für eigene Texte zu bilden – wie auch eigene Webseiten auf diese Weise zum Kontext für fremde Texte werden können.

Text kann gestaltet werden

Ist bei gesprochener Sprache die Gestaltung sehr stark vom Sprecher und seinen stimmlichen Möglichkeiten abhängig, die durch nonverbale Kommunikationsmittel noch unterstützt werden können, so gibt es für Texte zahlreiche vom Autor unabhängige Gestaltungsmöglichkeiten. Diese haben sich jedoch erst allmählich entwickelt. Zunächst lässt sich in vielen frühen Schriftzeugnissen der Versuch erkennen, in Analogie zum steten Fluss der gesprochenen Sprache ein eindimensionales, unsequenziertes Schriftband zu erhalten, wie in der spiralförmig angeordneten scriptio continua oder furchenwendigen Schriften. Bald wurde es allgemein als zweckmäßig erkannt, einen Text durch Segmentierung an geeigneten Stellen dem Format der meist zweidimensio-

---

[259] Ein Webspaceprovider vermietet Speicherplatz auf Computern, die ständig mit dem Internet verbunden sind. Auf diesen können Webseiten abgelegt werden, die dann über das World Wide Web zugänglich sind.
[260] vgl. Weinhold 2000: S. 28

nalen Schreibflächen anzupassen. So entstand nach und nach die uns heute geläufige Gliederung in Worte und Sätze. Im Laufe der Zeit wurden, in Abhängigkeit von den verwendeten Schreibmaterialien und Techniken, immer neue Gestaltungsmöglichkeiten entwickelt: Buchstaben verschiedener Größe, verschiedene Schriftarten und Bebilderungen, die schließlich zu dem multimedialen Gemenge führten, wie es im World Wide Web zu finden ist. Texte im Websiteformat haben sich weit von den eindimensionalen Schriftbändern früher Texte entfernt.[261] Wie im vorigen Kapitel beschrieben, kann bereits eine einzelne Webseite eine ganze Reihe von Textsegmenten enthalten, die in einer komplexen Beziehung zueinander und zu nichttextlichen multimedialen Seitenbestandteilen stehen. Diese Webseiten sind ihrerseits über Links in ein multidimensionales Beziehungsgeflecht eingebunden. Das Websiteformat bietet dem Textproduzenten dadurch nicht nur viel Freiheit bei der Textgestaltung und dem Einsatz multimedialer Elemente, sondern auch ganz spezifische Einschränkungen, die zumeist auf den technischen Grundlagen des Formats, z.B. der Monitorgröße beruhen.

Intra- und intertextuelle Bezüge
Auf Grund der Linearität des Redeflusses und der begrenzten Aufmerksamkeitsspanne der Zuhörer ist in der gesprochenen Sprache die Möglichkeit zur Bildung von Beziehungen innerhalb von und zwischen verschiedenen Redeeinheiten eingeschränkt. Kohäsionsmittel machen es hingegen möglich, innerhalb geschriebener Texte zahlreiche Bezüge herzustellen. Dabei bieten Texte den zusätzlichen Vorteil, dass zur Klärung der Bezüge bereits gelesene Textpassagen jederzeit nochmals rezipiert werden können.

Durch die räumliche und zeitliche Verbreitung von Texten, die es einem Autor ermöglicht, davon auszugehen, dass ein bestimmter Text einem relativ großen Teil seiner Leserschaft bekannt oder zumindest zugänglich ist, wird der Einsatz der verschiedenen Spielarten intertextueller Bezüge möglich. Hierbei soll ein intersubjektiver Intertextualitätsbegriff zu Grunde gelegt werden, der davon ausgeht, dass Intertextualität dann vorliegt, wenn sich Gründe anführen lassen, aus denen hervorgeht, warum ein Rezipient in einer Formulierung einen Bezug auf andere Texte erkennen kann. Das bedeutet, dass der Rezipient in der Lage sein muss, eine Markierung der Intertextualität zu identifizieren. „Die Markierungen von Intertextualität können sehr unterschiedlich ausfallen. Sie können explizit sein, wenn auf einen Autor, auf einen bestimmten Text oder auf eine ganze Gruppe von Texten ausdrücklich verwiesen wird. Sie können aber auch implizit sein, wenn nur gewisse Elemente oder Strukturen des Bezugstextes übernommen werden, was vom Leser verlangt, dass er den Bezugstext und/oder den textstrukturellen Rahmen des Bezugstextes kennt, damit er die notwendigen Relationen herstellen kann."[262]

Im Websiteformat finden sich Hyperlinks als Sonderform intertextueller Bezüge. Diese sind eindeutig markiert, was bei vielen anderen Formen intertextueller Bezüge nicht der Fall ist und bieten zusätzlich die Möglichkeit, den Text, zu dem ein intertextueller Bezug besteht, sofort einzusehen.

---

[261] vgl. Weinhold 2000: S. 29f und Weingarten 1997: S. 218ff
[262] Ziegler 2004: S. 164

Problemlöseprozess und Problemlösestrategie

Die verschiedenen Aspekte der Schriftlichkeit führen dazu, dass Schreiben unter zwei Perspektiven betrachtet werden kann: als Problemlöseprozess und als Problemlösestrategie. Die Absicht oder Aufgabe etwas zu schreiben, lässt sich als Problem betrachten, das es zu lösen gilt. Der Schreibprozess wird dabei zum Problemlöseprozess. Schreiben als Problemlöseprozess findet sich vor allem in Schreibsituationen, in denen der Textproduzent einen bestimmten kommunikativen Zweck erreichen möchte. Das Problem ist gelöst, wenn die Erwartungen, die der Textproduzent an den entsprechenden Text hat, erfüllt werden, das heißt, wenn seine expliziten oder impliziten Schreibziele erreicht werden. Im Prozess der Annäherung von Text und Schreibziel kann sich jedoch nicht nur der Text ändern, auch das Schreibziel kann gegebenenfalls angepasst werden. Werden Schreibprozesse mit Problemlöseprozessen verglichen, so rücken die kognitiven Fähigkeiten, die zur Bewältigung des Schreibprozesses notwendig sind, in den Mittelpunkt des Interesses.[263] In diesem Zusammenhang können auch kognitionspsychologische Ansätze, die sich mit der Lösung komplexer Probleme beschäftigen, z.B. der Ansatz von Dörner, für die Schreibforschung fruchtbar sein.[264]

Schreiben schafft aber nicht nur Probleme, die es zu lösen gilt, es kann den Textproduzenten auch bei der Lösung von Problemen, z.B. der Entlastung seines Gedächtnisses, der Strukturierung seiner Gedanken oder der Selbstfindung unterstützen. In diesem Zusammenhang kann Schreiben als Bestandteil des Denkens gesehen werden und nicht nur als dessen Produkt. Es wird vom Problem zu einem Teil der Lösung. Dieser epistemische Aspekt des Schreibens findet nach Molitor-Lübbert in der Schreibforschung bislang zu wenig Beachtung.[265]

Wie bereits erwähnt, wird bei der Untersuchung von Schreiben im Websiteformat zunächst der kommunikative Aspekt des Schreibens – Schreiben als Problemlöseprozess im Vordergrund stehen. Als Problemlösestrategie scheint das Schreiben im Websiteformat auf Grund der hohen kognitiven Beanspruchung des Textproduzenten nur bedingt geeignet zu sein. Ausnahmen bilden allenfalls Sonderformen, wie das Schreiben von Web-logs, die im Folgenden noch erläutert werden.

Der Schreibprozess

Im vorhergehenden Abschnitt wurden verschiedene Aspekte herausgearbeitet, die mündliche Kommunikation von schriftlicher Kommunikation unterscheiden. Betrachtet man den Prozess des Schreibens als Ganzes, rückt die Frage in den Vordergrund, wie die verschiedenen Aspekte der Schriftsprachlichkeit zusammenspielen und welche Probleme und Möglichkeiten sich daraus für den Schreibenden ergeben. Es gibt inzwischen eine ganze Reihe von Modellen des Schreibprozesses, die versuchen, die verschiedenen Aspekte des Schreibens in Beziehung zueinander zu setzen.

Das Schreibmodell von Hayes und Flower

Eines der Standardmodelle, auf das sich zahlreiche Autoren bei der Untersuchung von Schreibvorgängen beziehen, ist dabei das 1980 in den USA veröffentlichte Modell von Hayes und Flower.[266] Es löste die bis dahin vorherrschenden Phasenmodelle des

---

[263] vgl. Molitor 1984: S. 9f und Molitor-Lübbert 1989: S. 282f
[264] vgl. Dörner 1989
[265] vgl. Molitor 1984: S. 10f und Molitor-Lübbert 1989: S. 284f
[266] vgl. Hayes u. Flower 1980

Schreibvorganges ab, die von einer Gliederung des Schreibprozesses in zeitlich getrennte Produktionsabschnitte ausgingen.[267] Das Modell von Hayes und Flower hat seine Wurzeln in der Kognitionspsychologie und versucht die verschiedenen kognitiven Aktivitäten, die ein routinierter Schreiber während des Schreibvorganges ausführt, in einen Zusammenhang zu bringen. Hayes und Flower wollten herausfinden, was Studenten beim Verfassen von expositorischen Texten tatsächlich tun. In einer Untersuchung ließen sie Studenten – also erfahrene Schreiber – solche Texte schreiben und während des Schreibens ihre Gedanken verbalisieren. Aus der Auswertung der dabei produzierten Texte und der Protokolle, in denen das „laute Denken" der Studenten aufgezeichnet wurde, leiteten sie ein Modell ab, das Schreiben als einen zielgerichteten Problemlöseprozess betrachtet, innerhalb dessen sich verschiedene Teilprozesse unterscheiden lassen, die sich gegenseitig beeinflussen.

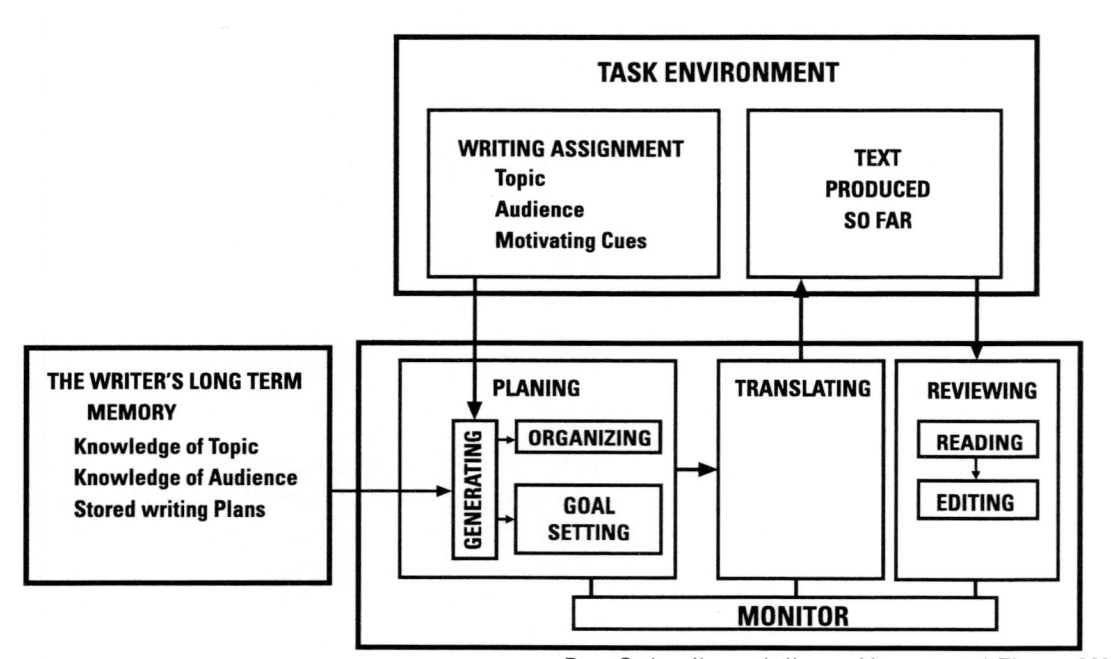

Das Schreibmodell von Hayes und Flower[268]

Das Modell besteht aus drei Feldern: einem für den Schreibprozess selbst, einem für das Langzeitgedächtnis des Autors und einem für das Aufgabenumfeld. Unter dem Einfluss eines Schreibauftrages, der das zu lösende Problem darstellt und ein Thema, eine Zielgruppe sowie einen Schreibanreiz umfasst, werden aus dem Langzeitgedächtnis, das Wissen über das Thema, die Zielgruppe des Textes und Schreibpläne enthält, Ideen in Form assoziativer Ketten abgerufen. Brauchbare Ideen werden in Form von Notizen festgehalten. Die auf diese Weise gewonnenen Ideen werden strukturiert und bilden zusammen mit den Zielen, die sich der Schreiber für den zu produzierenden Text setzt, einen Schreibplan. Auf Grundlage der im Schreibplan festgehaltenen Notizen werden Sätze produziert, die, sobald sie niedergeschrieben sind, selbst zu einem Teil des Aufgabenumfeldes werden. Dieser schon produzierte Text kann nun überarbeitet werden, indem der Schreiber ihn liest, und wo er nicht den Schreibzielen entspricht, so

---

[267] vgl. Weinhold 2000: S. 40
[268] Grafik entnommen aus: Hayes u. Flower 1980: S. 11

lange verändert bis eine Übereinstimmung zwischen Text und Schreibzielen erreicht ist. Die Koordination der verschiedenen Teilprozesse wird von einer Steuerungsinstanz, dem sogenannten Monitor übernommen. Der Monitor umfasst ein Set von Regeln, die bestimmen, unter welchen Bedingungen ein Prozess eingeleitet oder abgebrochen wird.

Die verschiedenen Teilprozesse sind dabei nach Hayes und Flower nicht als voneinander getrennt zu verstehen, wie in den früheren Phasenmodellen, sondern interagieren im Schreibprozess miteinander und bilden rekursive Handlungsmuster: „We should caution the reader not to interpret our model as a stage model. [...] The model is recursive and allows for a complex intermixing of stages."[269]

Den Grenzen ihres Modells über die später noch zu sprechen sein wird, sind sich Hayes und Flower dabei deutlich bewusst. Sie beschreiben ihr Modell als provisorisch[270] und merken selbstkritisch an: „Further, we should note that we do not intend to imply that all writers use all of the processes we have described. Our model is a model of competent writers."[271] Andere Modelle, z.B. das Parallel-Stadien-Modell von Beaugrande, setzen sich mit Aspekten des Schreibprozesses auseinander, die bei Hayes und Flower vernachlässigt werden.

Das Parallel-Stadien-Modell von Beaugrande

Das Parallel-Stadien-Modell von Beaugrande wurde auf Grund von Untersuchungen aus dem Bereich der linguistischen Satzverarbeitung und Computersimulationen zur Textverarbeitung entwickelt. Es berücksichtigt den Schreibkontext in viel geringerem Maße als das Modell von Hayes und Flower. Stattdessen betont das Modell von Beaugrande den Aspekt des parallelen Zusammenwirkens verschiedenartiger Ebenen im Schreibprozess und die damit verbundenen grundlegenden kognitiven Prozesse.[272]

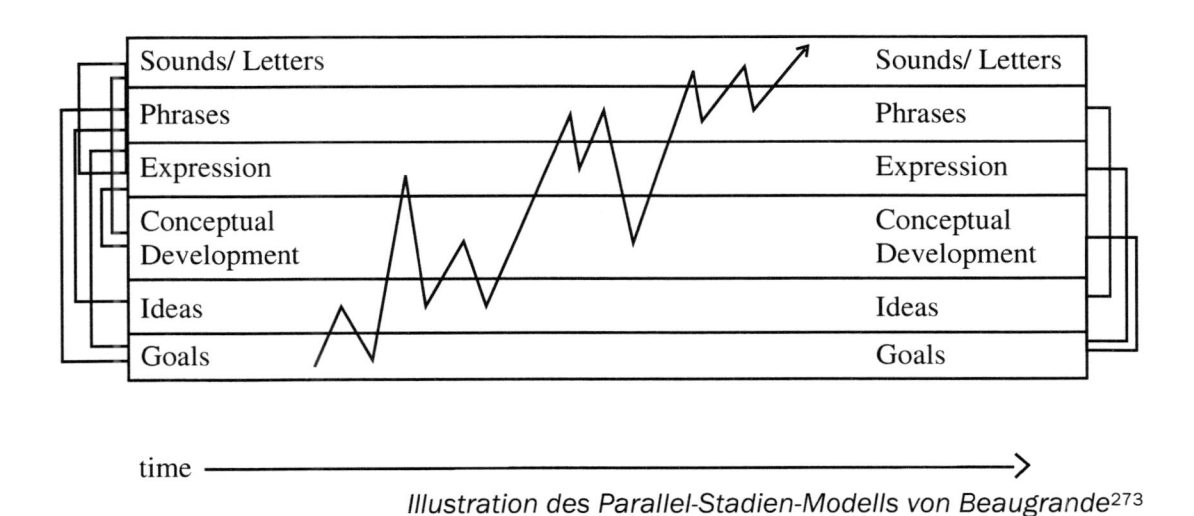

Illustration des Parallel-Stadien-Modells von Beaugrande[273]

---

[269] Hayes u. Flower 1980: S. 29
[270] vgl. Hayes u. Flower 1980: S. 10
[271] Hayes and Flower 1980: S. 29
[272] vgl. Molitor 1984: S. 15f
[273] Abbildung entnommen aus: Wrobel 1995: S. 15

Wrobel erläutert zum Modell von Beaugrande: „Ausgangspunkt der Textproduktion sind zunächst die praktischen Ziele, die mit einem Text erreicht werden sollen. Auf der Basis solcher Ziele werden dann ‚Ideen' generiert, die eine erste, noch abstrakte Gesamtrepräsentation des Textinhalts liefern und derart als Kontrollinstanzen für weitere Prozesse der Konkretisierung fungieren. Ideen bilden dann die Grundlage der konzeptuellen Entwicklung, in der detaillierte Vorstellungen des intendierten Textes ausgearbeitet werden (text-world model). Erst auf dieser Basis operieren dann die im engeren Sinne sprachlichen Prozesse, die de Beaugrande in drei Ebenen unterteilt: Zunächst werden konzeptuelle Einheiten mit abstrakten sprachlichen Formaten verknüpft, diese werden dann syntaktisch linearisiert und schließlich phonologisch bzw. graphemisch realisiert."[274] Der gezackte Graph macht deutlich, dass es im Prozess der Textproduktion zwar eine Tendenz von tieferen zu höheren Ebenen gibt, dass jedoch oft auf mehreren Ebenen gleichzeitig gearbeitet wird und auch jederzeit auf tiefere Ebenen zurückgewechselt werden kann.[275]

Auf allen Ebenen laufen dabei immer wieder die gleichen grundlegenden kognitiven Prozesse ab: Abrufprozesse (Ideation), bei denen auf im Gedächtnis gespeicherte Inhalte zugegriffen wird; Linearisierungsprozesse (Linearization), die vernetzte, nonlineare und oft sprachlose kognitive Strukturen in lineare sprachliche Sequenzen umwandeln und Verbalisierungsprozesse (Expression). Die Überlappung der verschiedenen Produktionsphasen macht es notwendig, dass der Textproduzent seine Aufmerksamkeit auf die verschiedenen Prozesse und Ebenen verteilt, was zu einer hohen kognitiven Belastung führen kann.[276]

Bereiters Modell der Entwicklung von Schreibstrategien
Während sich die Modelle von Hayes und Flower, sowie Beaugrande mit dem Schreibprozesse von routinierten Schreibern beschäftigt, setzt sich das auf Erkenntnissen der Entwicklungspsychologie beruhende Modell Bereiters mit der Entwicklung von Schreibstrategien im Rahmen des Schriftspracherwerbs auseinander.[277]

Das Modell gibt aber auch wichtige Hinweise darauf, wie erfahrene Schreiber mit den komplexen Anforderungen des Schreibprozesses umgehen: „Mature writing involves a large number of skills at different processing levels. Adequate mature functioning can be possible only when many of the skills are highly automated and when they are well enough coordinated to permit efficient time-sharing."[278] Bereiter unterscheidet sechs Fähigkeitskomplexe, die eine entwickelte Schreibkompetenz kennzeichnen: Flüssigkeit im Hervorbringen geschriebener Sprache, Flüssigkeit in der Produktion von Ideen, Beherrschung von Schreibkonventionen, Berücksichtigung des Lesers beim Schreiben, Bewertung von Texten und reflexives Denken. Im Laufe der individuellen Schreibentwicklung steigt nach und nach die Anzahl der Fähigkeitskomplexe, die innerhalb des Schreibprozesses koordiniert werden können. Da die kognitive Kapazität des Menschen begrenzt ist, können nicht alle Fähigkeitskomplexe gleichzeitig in den Schreibprozess integriert werden. Die Integration neuer Fähigkeitskomplexe wird erst dadurch ermög-

---

[274] Wrobel 1995: S. 15
[275] vgl. Wrobel 1995: S. 15
[276] vgl. Molitor 1984: S. 15f
[277] vgl. Bereiter 1980: S. 73
[278] Bereiter 1980: S. 81

licht, dass durch die weitgehende Automatisierung bereits vorhandener Fähigkeitskomplexe eine kognitive Entlastung stattfindet.[279]

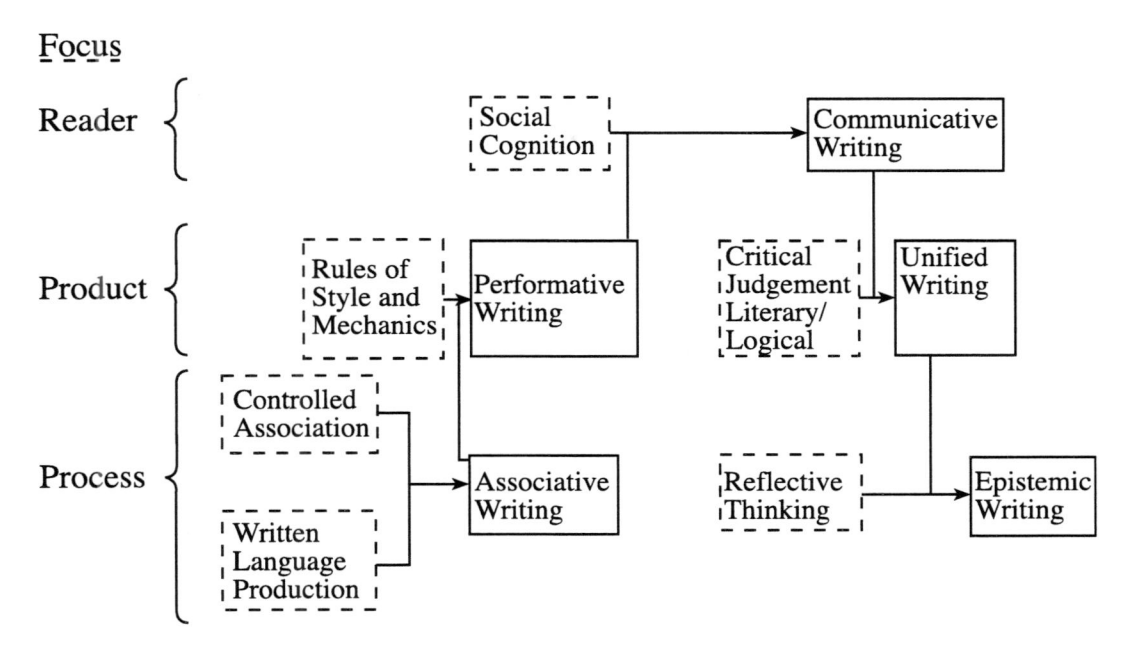

Bereiters Modell der Integration von Fähigkeitskomplexen bei der Entwicklung von Schreibstrategien[280]

Auf der Grundlage der schrittweisen Integration der verschiedenen Fähigkeitskomplexe, entwickelt Bereiter ein Stufenmodell des Schreibenlernens:
- Assoziatives Schreiben: Der Fokus liegt auf dem Prozess der Ideenproduktion und des Hervorbringens von Sprache. Dabei findet keine vorgreifende konzeptionelle Planung statt.
- Performatives Schreiben: Es wird versucht ein Schreibprodukt zu erzeugen, das grammatischen und orthographischen Normen folgt.
- Kommunikatives Schreiben: Das Schreiben wird an potentiellen Adressaten orientiert.
- Reflektiertes Schreiben: Der Schreibende tritt seinem eigenen Text als kritischer Leser gegenüber und bewertet ihn in Bezug auf die eigenen Ansprüche und Ziele.
- Epistemisches Schreiben: Beim Schreiben werden gedankliche Konzepte gebildet und neue Zusammenhänge hergestellt. Das Schreiben wird so zu einem integralen Bestandteil des Denkens.[281]

Diese Stufen sollten nicht im piagetschen Sinne missverstanden werden: „A stage is simply a form of organization that is preceded or followed by other forms. To suggest that there may be distinct stages in the development of writing is not to suggest that those stages are universal or that they have a necessary order, much less that they are yoked to the Piagetian stages of cognitive development."[282] Die von Bereiter vorgeschlagene Anordnung der Stufen wird von ihm deswegen auch nicht als zwingend not-

---
[279] vgl. Bereiter 1980: S. 82f
[280] Abbildung entnommen aus: Bereiter 1980: S. 84
[281] vgl. Bereiter 1980: S. 83ff
[282] Bereiter 1980: S. 82

wendig, sondern lediglich als "natürlich" in dem Sinne verstanden, dass die automatisierte Beherrschung der vorhergehenden die Erlangung der folgenden in größtmöglicher Weise unterstützt.[283]

Während beim assoziativen und epistemischen Schreiben der Schreibprozess im Vordergrund steht, bildet beim performativen und reflektierten Schreiben das Produkt des Schreibens den Fokus, beim kommunikativen Schreiben schließlich steht der Leser im Zentrum des Interesses. Die verschiedenen Stufen, die im Prozess des Schreibenlernens durchlaufen werden, stehen dem kompetenten Schreiber als Schreibstrategien zur Verfügung, zwischen denen er nach Bedarf wechseln kann.

Bewertung der verschiedenen Schreibmodelle

Schon kurz nach der Veröffentlichung des Schreibmodells von Hayes und Flower wurde Kritik laut. Diese stützte sich zum einen auf die besonderen Umstände unter denen das Modell entstanden ist und zum anderen darauf, dass der Einfluss älterer Schreibmodelle, die von distinkten, aufeinanderfolgenden Phasen im Schreibprozess ausgehen, auch bei Hayes und Flower noch deutlich zu spüren ist. Einige der wichtigsten Kritikpunkte sind:
- Das Schreibmodell von Hayes und Flower stützt sich auf eine Untersuchung des Schreibprozesses erfahrener Schreiber beim Erstellen expositorischer Texte. Diese Schreiber sind deswegen als erfahren zu bezeichnen, weil sie das amerikanische Schul- und Collegetraining zum Erstellen ebensolcher Texte durchlaufen haben. Insofern ist die Frage angebracht, ob das Modell tatsächlich den Schreibprozess im Allgemeinen abbildet oder eher die Methode nach der expositorisches Schreiben in den USA gelehrt wird.[284]
- Die grundlegenden kognitiven Prozesse der Sprachproduktion, wie sie z.B. das Modell von Beaugrande herausarbeitet, werden bei Hayes und Flower nicht ausreichend berücksichtigt. Insbesondere wird nicht deutlich, dass beim Formulieren und Überarbeiten die gleichen kognitiven Prozesse zum Tragen kommen.[285]
- Die Rückwirkung verschiedener Zwischenprodukte des Schreibprozesses auf den Planungsprozess und die kognitiven Strukturen im Langzeitgedächtnis des Autors kommen im Modell nicht ausreichend zum Ausdruck. Dadurch wird unter anderem der Aspekt des Schreibens als Problemlöseprozess einseitig betont, während der Aspekt des Schreibens als Problemlösestrategie kaum Berücksichtigung findet.[286]

Der Verdienst des Modells von Hayes und Flower besteht darin, die wichtigsten Aspekte, die den Schreibprozess beeinflussen, auf einem überschaubaren Komplexitätsniveau in einen Zusammenhang zu stellen. „Es macht deutlich, was die kognitiven Prozesse beim Schreiben zu leisten haben (z.B. Pläne aufstellen, Ideen abrufen) und teilweise auch, wodurch diese Prozesse beeinflusst bzw. gesteuert werden können (z.B. Aufgabenumfeld, Vorwissen des Autors)."[287] Dabei sollte jedoch bedacht werden, dass die Rückkopplungen des Schreibprozesses auf die kognitiven Strukturen des Autors weit stärker ausfallen können, als dies von Hayes und Flower dargestellt wird und dass Planungs-Ausführungs- und Evaluationsprozesse den gesamten Schreibprozess begleiten und auf

---

[283] vgl. Bereiter 1980: S. 89
[284] vgl. Keseling 1993: S. 15f
[285] vgl. Molitor 1984: S. 16
[286] vgl. Molitor 1984: S. 16f
[287] Molitor 1984: S. 16

allen Komplexitätsniveaus, von der Grobstrukturierung bis zur formal korrekten Niederschrift und in allen zeitlichen Phasen der Textproduktion, von der ersten Idee bis zur letzten Korrektur, auftreten können.

Beaugrandes Modell berücksichtigt äußere Einflüsse auf den Schreibprozess weit weniger als das Modell von Hayes und Flower. Da es jedoch solche äußeren Einflüsse sind, die das Schreiben im Websiteformat vom Schreiben in anderen Formaten unterscheiden, ist in dieser Beziehung das Modell von Hayes und Flower vorzuziehen. Die grundlegenden kognitiven Prozesse, die auf allen Ebenen des Schreibprozesses ablaufen, werden jedoch im Modell von Beaugrande genauer herausgearbeitet. Auch die Erkenntnis, dass während des Schreibens oftmals parallel auf mehreren Ebenen gleichzeitig gearbeitet wird, was die kognitive Kapazität des Schreibenden enorm belastet, stellt eine wichtige Ergänzung des Modells von Hayes und Flower dar. Das Schreibentwicklungsmodell von Bereiter wiederum vermag zu erklären, wie es möglich ist, dass kompetente Schreiber trotz einer begrenzten kognitiven Kapazität in der Lage sind, Aktivitäten, die zu ganz unterschiedlichen Fähigkeitskomplexen gehören, parallel auszuführen. Das Modell legt nahe, dass es, um eine kognitive Überlastung zu vermeiden, auch für kompetente Schreiber sinnvoll sein kann, bestimmte Aspekte des Schreibprozesses zeitweise bewusst zu vernachlässigen, z.B. während des assoziativen Schreibens der Einhaltung orthographischer und grammatikalischer Normen keine Aufmerksamkeit zu schenken, sondern erst bei einer späteren Überarbeitung des Textes. Eine Taktik, die das Modell von Bereiter in Bezug auf das Schreiben im Websiteformat besonders interessant macht, da dieses komplexer ist, als das Schreiben in vielen anderen Formaten. Eine weitere Stärke des Modells von Bereiter ist die Berücksichtigung des epistemischen Schreibens, das besonders bei Hayes und Flower kaum Beachtung findet.

Behält man seine Schwachstellen im Auge, so eignet sich das Modell von Hayes und Flower, besonders auf Grund der Berücksichtigung der äußeren Einflüsse auf den Schreibprozess, gut dazu, Überlegungen zum Schreiben im Websiteformat eine erste Struktur zu geben. Dabei müssen aber auch wichtige Erkenntnisse, die aus den Modellen Beaugrandes und Bereiters entspringen, berücksichtigt werden.

Schreiben im Websiteformat

Erstellen von Websites und Schreiben für Websites

Was den Schreibprozess und die dabei notwendigen kognitiven Aktivitäten betrifft, so macht es einen großen Unterschied, ob eine komplette Website konzipiert und erstellt oder lediglich Texte für eine bereits bestehende Website geschrieben werden. Beim Erstellen einer kompletten Website sind in der Regel folgende Arbeitsschritte notwendig:[288]

- Es müssen Überlegungen über die Ziele, die mit der Website verfolgt werden, angestellt werden.
- Damit diese Ziele erreicht werden können, ist es notwendig, sich Gedanken über die kognitiven Vorraussetzungen und Interessen potentieller Leser sowie die Eigenschaften des Formats zu machen.

---

[288] Die zur Erstellung einer Website notwendigen Schritte werden hier der Übersicht wegen zunächst als lineare Abfolge von Stufen dargestellt. Der Zusammenhang zwischen den einzelnen Arbeitsschritten wird im Laufe der Arbeit noch diskutiert.

- Vor diesem Hintergrund müssen Inhalte für die Seite ausgewählt und strukturiert werden.
- Eine Gliederung der Website in einzelne Knoten muss entwickelt werden, die sowohl die Struktur des Inhalts, als auch die Interessen und das Vorwissen potentieller Leser berücksichtigt.
- Das globale Design, sowie das Design der einzelnen Seiten muss entwickelt werden.
- Texte müssen erstellt werden, die Ziele, potentielle Leser, die Struktur des Inhalts und der Website berücksichtigen und darüber hinaus auf den verschiedenen Ebenen ein möglichst hohes Maß an Kohärenz erzeugen.
- Texte und multimediale Elemente müssen in die Website integriert werden.
- Funktion und Wirkung der Website müssen getestet und gegebenenfalls angepasst werden, um ein Erreichen der intendierten Ziele zu gewährleisten.

Sollen lediglich Texte für eine bereits bestehende Website erstellt werden, so sind nur die letzten drei Stufen notwendig. Der Arbeitsaufwand ist hierbei viel geringer und der Schwerpunkt der Arbeit verlagert sich von der Planung hin zur Texterstellung. Allerdings ist es auch bei der Erstellung von Texten für eine bereits bestehende Website wichtig, den Gesamtkontext zu berücksichtigen. Was das notwendige technische Wissen betrifft, so sind für das Erstellen von Texten für eine bereits existierende Website viel geringere Kenntnisse notwendig als für die Konzeption und Erstellung einer kompletten Website, besonders, wenn ein sogenanntes Content Management System[289] verwendet wird.

Schreibwerkzeuge

Wie im ersten Kapitel dieser Arbeit bereits erläutert wurde, beruhen Websites auf dem sogenannten HTML-Format. Das HTML-Format kann optional durch CSS (Cascading Style Sheets), JavaScript, Java und Formate, die den gängigen Plugins entsprechen, ergänzt werden, deren Funktion ebenfalls im ersten Kapitel dieser Arbeit erörtert wurde.

Zur Erstellung von Dokumenten im Websiteformat gibt es verschiedene Möglichkeiten. Zunächst können HTLM-Dokumente in jedem beliebigen Textverarbeitungsprogramm erzeugt werden. Zum Text, der später im Browser erscheinen soll, müssen dabei nur die entsprechenden Tags hinzugefügt werden. Dazu ist es notwendig, dass der Textproduzent die verschiedenen HTML-Tags und die Weise, in der sie verwendet werden, kennt oder sich eines entsprechenden Nachschlagewerkes bedient. Sowohl das Erlernen der entsprechenden HTML-Tags, als auch das Erstellen von Websites auf diese Weise, ist relativ zeitaufwendig. Es muss dabei erheblich mehr geschrieben werden, als später an Text auf dem Bildschirm erscheint.

Um Produzenten von Websites bei dieser aufwendigen Arbeit zu unterstützen, wurden verschiedene Arten von Editoren entwickelt. Quelltextbasierte Editoren arbeiten direkt mit den HTML-Auszeichnungen. „Solche Editoren verfügen in der Regel über eine Werkzeugleiste und diverse Menübefehle oder Dialoge, um die HTML-Auszeichnungen in den Text einzufügen. Die HTML-Auszeichnungen erscheinen sichtbar im Text, in der Regel andersfarbig und optisch gut erkennbar dargestellt ("Syntax-Highlighting")."[290] Auf diese Weise erleichtern quelltextbasierte Editoren das Erlernen der verschiedenen Tags, da

---

[289] Content Managment Systeme werden im nächsten Abschnitt ausführlich erläutert.
[290] Onlinequellen: Münz: SELFHTML – Software

die wichtigsten von ihnen auch über das Menüsystem des Editors zugänglich sind. Außerdem helfen sie dem Textproduzenten bei der Auszeichnung des Textes und halten durch die farbliche und strukturelle Gestaltung das Dokument übersichtlich. Auch für die Arbeit mit quelltextbasierten Editoren ist jedoch eine nicht unerhebliche Einarbeitungszeit notwendig, vor allem wenn es darum geht komplexe Websites zu erstellen.

Bei der Verwendung sogenannter WYSIWYG-Editoren (What you see is what you get), muss der Textproduzent sich – wenn er nicht möchte – überhaupt nicht mit dem HTML-Format auseinandersetzen. Der Quelltext des HTML-Dokuments wird nur auf ausdrücklichen Wunsch angezeigt. Stattdessen wird in einem WYSIWYG-Editor eine Arbeitsversion des Dokuments angezeigt, die seinem späteren Erscheinungsbild im Browser schon relativ ähnlich sieht. Diese Arbeitsversion kann der Textproduzent nun wiederum über ein Menüsystem und Steuerungsbewegungen mit der Maus im sogenannten Drag-and-Drop-Verfahren manipulieren. Mit einigen Editoren ist es auch möglich, auf unkomplizierte Weise HTML-Erweiterungen, wie CSS oder JavaScript einzusetzen. Viele WYSIWYG-Editoren sind so intuitiv aufgebaut, dass Nutzer, die Erfahrungen mit einem Textverarbeitungsprogramm besitzen, mit ihrer Hilfe bereits innerhalb kurzer Zeit auch komplexe Websites erstellen können. Allerdings ist das Versprechen des „What you see is what you get" dabei mit Vorsicht zu genießen. Was im Editor toll aussieht, verändert sich mitunter auf die absonderlichste Weise, wenn eine Seite mit verschiedenen Browsern und Rechnern getestet wird. Darüber hinaus ist auch der von WYSIWYG-Editoren automatisch erzeugte HTML-Code nicht immer optimal und um einiges länger als der von einem Experten mit Hilfe eines Quelltexteditors erzeugte. Dies führt zu größeren Dateien und damit zu längeren Ladezeiten für den Rezipienten.[291]

Eine besondere Art von WYSIWYG-Editoren stellen sogenannten Content Management Systeme dar. Sie dienen jedoch in aller Regel nicht dazu, neue Websites zu erstellen, sondern dazu, vorhandene Websites zu pflegen. Aufbauend auf einer bereits bestehenden Website ermöglichen es Content Management Systeme auch unerfahrenen Nutzern, Inhalte auszutauschen und zu ergänzen. Dabei besteht die Möglichkeit, nur bestimmte Bereiche einer Website zur Edition freizugeben, so dass versehentliche Fehler die Funktion der Website nicht zu sehr beeinträchtigen können.

Bei den sogenannten Web-logs, im Jargon des World Wide Web auch als Blogs bekannt, handelt es sich um Websites, die mit extrem simplifizierten Content Management Systemen erzeugt werden. Web-logs besitzen nicht die oft komplexen Strukturen anderer Websites. Texte und Links werden einfach in umgekehrt chronologischer Reihenfolge angeordnet. Auch in Bezug auf die Gestaltung ist der Nutzer stark eingeschränkt, er hat lediglich die Möglichkeit unter verschiedenen vorgegebenen Grundlayouts auszuwählen, die allenfalls noch in einigen Parametern wie Farbe und Schriftart modifiziert werden können. Mit Hilfe der so erzeugten Instantwebsites können Texte sehr schnell und unkompliziert im World Wide Web veröffentlicht werden. Blogs erfreuen sich vor allem in Form regelmäßig aktualisierter Webtagebücher großer Beliebtheit. Viele beschäftigen sich aus subjektiver Perspektive mit einem thematischen Schwerpunkt und bieten oft alternative Perspektiven auf aktuelle Ereignisse, so gab es z.B. ein Web-log, in dem eine Belgrader Studentin ihre Erlebnisse während der Bombardierung Serbiens schilderte und ein anderes in dem der US-Präsidentschaftswahlkampf aus der Sicht eines in

---

[291] vgl. Münz, Stefan: Münz: SELFHTML – Software

den USA lebenden Deutschen geschildert wurde. Da man sich beim Schreiben für Blogs fast gar nicht mit den technischen Möglichkeiten und Einschränkungen des World Wide Web auseinandersetzen muss, lassen sich hier am ehesten Aspekte des epistemischen Schreibens verwirklichen, für die das Websiteformat auf Grund seiner Komplexität ansonsten nur sehr bedingt geeignet ist. Da die Schreiber thematisch verwandter Weblogs ihre Beiträge oft gegenseitig verlinken und kommentieren, scheint sich hier eine Kultur des gemeinschaftlichen epistemischen Schreibens herauszubilden.[292]

Soll eine Website nicht nur Text, sondern auch multimediale Elemente enthalten, so reicht der Einsatz eines HTML-Editors, gleich welcher Art, in der Regel nicht aus. Zusätzliche Programme zur Erstellung oder Anpassung der verschiedenen Multimediadateien werden benötigt. Falls eine entsprechende Funktion nicht im verwendeten HTML-Editor integriert ist, wird außerdem ein sogenanntes FTP-Programm benötigt, das dazu dient, die mit dem Editor erstellten Webseiten auf einen Rechner zu übertragen, von dem aus sie im World Wide Web zugänglich sind. In all diese Programme muss ein Textproduzent sich einarbeiten, bevor er Dokumente im Websiteformat veröffentlichen kann, sofern er nicht die Möglichkeit hat, auf Experten zurückzugreifen, die ihm einen Teil dieser Arbeit abnehmen.

Einfluss der Schreibwerkzeuge auf den Schreibprozess

Die Schreibkompetenz, die man in Schule und Universität erlangen kann, ist – auch wenn sie gut ausgebildet ist – zur Erstellung und Veröffentlichung von Texten im Websiteformat nicht ausreichend. Zusätzliche technische Kompetenzen sind notwendig, deren Erlernen vor allem für Personen, die bislang nur wenig mit Computern gearbeitet haben, relativ zeitaufwendig sein kann. Diejenigen, die diese Kompetenzen nicht besitzen und nicht in der Lage sind, sie sich anzueignen, sind von der produktiven Nutzung des Websiteformats praktisch ausgeschlossen.

Die Bedienung der verschiedenen Arten von HTML-Editoren belastet die kognitive Kapazität der Textproduzenten zusätzlich, die durch die Komplexität des Schreibprozesses ohnehin stark beansprucht wird. Dadurch ist das Erstellen von Texten im Websiteformat für den Produzenten anstrengender als das Schreiben in anderen Formaten. Außerdem kann die Qualität der erstellten Texte auf allen Ebenen von der Orthografie über die syntaktische Struktur bis hin zu semantischen und pragmatischen Aspekten auf Grund der zusätzlichen kognitiven Belastung des Textproduzenten leiden. Besonders beim Einsatz von Quelltexteditoren benötigt der Schreibprozess im Websiteformat auch mehr Zeit als das Schreiben in vielen anderen Formaten. Durch diese Verzögerung des Schreibprozesses ist es für den Textproduzenten schwieriger, sich des bereits geschriebenen Textes bewusst zu sein und ihn zu dem noch zu schreibenden Text in Beziehung zu setzen, zumal für ihn – ähnlich wie bei der Rezeption von Texten im Websiteformat – immer nur ein kleiner Teil des gesamten Textes auf dem Bildschirm sichtbar ist.

Aufgrund dieses Einflusses der Schreibwerkzeuge auf den Schreibprozess, scheint es naheliegend zu sein, bei der Erstellung von Websites die einzelnen Teilprozesse des Schreibprozesses stärker zu trennen als beim Schreiben in anderen Formaten, um auf diese Weise den Textproduzenten kognitiv zu entlasten. Dies kann zum einen dadurch

---

[292] Ito geht in seinem Text „Weblogs and Emergent Democracy" ausführlich auf die gesellschaftlichen Auswirkungen der zunehmenden Popularität von Web-logs ein und bringt in diesem Zusammenhang sogar den Begriff einer elektronischen Agora ins Spiel. (vgl. Onlinequellen: Ito)

geschehen, dass die Erstellung von Texten und Multimediaelementen von der Umsetzung ins HTML-Format getrennt wird und zum anderen dadurch, dass die Planungs- und Evaluationsphase bewusst von der Ausführungsphase abgesetzt und besonders sorgfältig ausgeführt werden.

Planungsphase

Nach dem Modell von Hayes und Flower geht es beim Planen darum, auf der Grundlage von Informationen aus dem Aufgabenumfeld und dem Langzeitgedächtnis des Autors, Ziele zu setzen und Pläne zur Steuerung des Schreibprozesses aufzustellen. Dabei werden *Generierungs-, Strukturierungs- und Zielsetzungsprozesse* unterschieden. Diese Prozesse führen zu drei verschiedenen Kategorien von Planung: Die *rhetorische Planung* umfasst sowohl die Zielsetzung des Textproduzenten als auch Überlegungen zur Autor-Leser-Interaktion und die Ausrichtung auf eine bestimmte Zielgruppe. Die *inhaltliche Planung* bezieht sich auf den Text als Produkt und führt in der Regel zu einer schriftlich fixierten ersten Gliederung oder einem ersten Entwurf des Textes. Die *strategische Planung* schließlich bezieht sich auf den Schreibprozess und die Überwindung der Probleme, die seiner Durchführung eventuell im Wege stehen könnten.[293]

Wie bereits erwähnt, greifen die verschiedenen Aspekte des Schreibprozesses stärker ineinander als dies im Modell von Hayes und Flower zum Ausdruck kommt. So weist Molitor darauf hin, „daß Planungsprozesse irgendwelcher Art jeden anderen Teilprozeß des Schreibens begleiten und nicht primär als zeitlich vorgelagerte Vorbereitungsaktivität des Schreibens angesehen werden sollten."[294] Planungsprozesse spielen bei der Bildung globaler Ziele und Ideen genauso eine Rolle, wie bei der Verbalisierung einzelner Sätze. Sie helfen dabei, den Schreibprozess zu steuern, bei Bedarf die Arbeitsebene zu wechseln und den Rezipienten kognitiv zu entlasten.[295] Die Prozesse der Ideengenerierung und der Materialstrukturierung, die von Hayes und Flower und auch in dieser Arbeit der Planungsphase zugeordnet werden, zählt Molitor darüber hinaus zu den Ausführungsprozessen.[296] Aus kognitionspsychologischer Sicht und in Hinblick auf die grundlegenden kognitiven Prozesse, wie sie z.B. Beaugrande herausarbeitet, ist eine solche Zuordnung sicherlich sinnvoll. Betrachtet man aber den Prozess des Schreibens im Websiteformat im Vergleich zum Prozess des Schreibens in anderen Formaten, so wird deutlich, dass, obwohl es sich bei der Ideengenerierung und Materialstrukturierung um Ausführungs*prozesse* handelt, diese eher der beim Schreiben für das Websiteformat in der Regel deutlich abgesetzten Planungs*phase* zuzuordnen sind.

Auch wenn Planungsprozesse alle Aspekte des Schreibprozesses begleiten, ist es sinnvoll und wichtig, sich zu Beginn des Schreibprozesses ausführlich mit den Zielen auseinander zu setzen, die mit dem zu erstellenden Text erreicht werden sollen. Nur wenn der Textproduzent über eine klare Zielvorstellung verfügt, ist er in der Lage, seinen Text in Hinblick auf diese Ziele zu optimieren. Da der Autor – abgesehen von einigen Fällen des epistemischen Schreibens – seine Ziele nicht alleine, sondern nur in Wechselwirkung mit seinen Lesern erreichen kann, muss er deren Vorraussetzungen und Ziele ebenfalls berücksichtigen, was mitunter nicht unproblematisch ist. Hoffmann fasst treffend zusammen: „Optimal sind Texte, die für Autoren oder Adressaten genau das

---

[293] vgl. Molitor 1984: S. 18ff
[294] Molitor 1984: S. 20
[295] vgl. Molitor 1984: S. 20f
[296] vgl. Molitor 1984: S. 24

leisten, was sie leisten sollen und dies gerade aufgrund der Eigenschaften des Textes tun. Sie müssen sämtliche Ziele, die mit der Produktion oder Rezeption verbunden sind, realisieren. ‚Optimal für den Autor' ist nicht unbedingt deckungsgleich mit ‚optimal für den Adressaten', obwohl ein solcher Glücksfall nicht ausgeschlossen ist: wir hätten dann das wahre Optimum."[297]

Die Entwicklung von Schreibzielen

Die anfänglichen Ziele von Textproduzenten sind oft sehr global und relativ unklar. Ein Text soll erfolgreich sein, gut sein, den Textproduzenten reich und berühmt machen oder ihm zumindest die Anerkennung der Leser sichern. So ehrlich solche Zielbeschreibungen sein mögen, so untauglich sind sie in ihrer Allgemeinheit um konkrete Pläne für das Schreiben und Optimieren von Texten zu entwickeln. Um hier Abhilfe zu schaffen, ist es sinnvoll, einen Blick auf die Zieltaxiometrie von Dörner zu werfen, der fünf Gegensatzpaare unterscheidet:

- Positive Ziele beschreiben einen wünschenswerten Zustand, der verwirklicht werden soll, während negative Ziele einen als unbefriedigend empfundenen Zustand beschreiben, der beendet werden soll. Positive Ziele sind in der Regel konkreter als negative, weil sie nicht nur einen Mangel beschreiben, sondern einen Zustand, der erreicht werden soll.[298]
- „Ein globales Ziel ist ein Ziel, welches nur hinsichtlich weniger Kriterien festgelegt ist, unter Umständen nur hinsichtlich eines einzigen. Ein spezifisches Ziel ist hinsichtlich vieler Kriterien festgelegt, kann also sehr genau beschrieben und vorgestellt werden."[299]
- Klare Ziele sind solche, bei denen Kriterien vorliegen, auf Grund derer eindeutig entschieden werden kann, ob sie erreicht wurden oder nicht, wohingegen bei unklaren Zielen solche Kriterien fehlen.[300]
- Bei Mehrfachzielen liegen im Gegensatz zu Einfachzielen eine ganze Reihe von Zielkriterien vor. Diese Kriterien sind in aller Regel miteinander verknüpft. Diese Verknüpfungen können positiv sein, so dass die Verwirklichung eines Zielkriteriums auch die Verwirklichung der anderen befördert. Es sind aber auch negative Verknüpfungen möglich, bei denen sich die Verwirklichung eines Zielkriteriums hemmend auf die Verwirklichung anderer Kriterien auswirkt.[301]
- Explizite Ziele sind solche, die bewusst verfolgt werden. Von expliziten Zielen hängen häufig zusätzliche implizite Ziele ab, die der Textproduzent mitverfolgt, ohne sich darüber im Klaren zu sein, was mitunter zu bösen Überraschungen führen kann.[302]

Darüber hinaus ist die Unterscheidung von Fundamentalzielen und Instrumentalzielen sinnvoll wie sie von Eisenführ und Weber getroffen wird.[303] „Ein Fundamentalziel ist ein Ziel, das um seiner selbst willen verfolgt wird und für den Entscheider keiner Begründung mehr bedarf. [...] Ein Instrumentalziel wird verfolgt, weil man sich davon eine positive Wirkung auf die Erreichung eines anderen, fundamentalen Ziels versprich."[304]

---

[297] Hoffmann 1992: S. 52
[298] vgl. Dörner 1989: S. 74f
[299] Dörner 1989: S. 76
[300] vgl. Dörner 1989: S. 76
[301] vgl. Dörner 1989: S. 76f
[302] vgl. Dörner 1989: S. 78
[303] vgl. Eisenführ u. Weber 1994
[304] Eisenführ u. Weber 1994: S. 54

Ganz richtig weisen Eisenführ und Weber darauf hin, dass es bei der Frage, ob ein Ziel fundamental oder instrumental sei, auf das Bezugssystem ankomme. Ziele sind fundamental oder instrumental immer in Bezug auf einen bestimmten Kontext. Vergleicht man die Begrifflichkeit mit der Taxinomie von Dörner, so fällt auf, dass Fundamentalziele sehr häufig globale Ziele im Sinne von Dörner sind, während es sich bei Instrumentalzielen häufig um spezifische Ziele im Sinne Dörners handelt. Dennoch sind die Begriffe nicht deckungsgleich.

Eisenführ und Weber weisen darauf hin, dass es wichtig ist, zwischen Fundamental- und Instrumentalzielen zu unterscheiden. Zum einen, damit nicht versehentlich Fundamentalziele für Instrumentalziele geopfert werden – in der fälschlichen Annahme, diese seien fundamental; zum anderen, weil dadurch, dass man sich bewusst macht, welche Ziele eigentlich fundamental sind, oft neue Handlungsmöglichkeiten ins Blickfeld geraten. Allerdings sind Fundamentalziele in vielen Entscheidungskontexten – so zum Beispiel auch bei der Planung des Schreibprozesses – zu global, um als Grundlage für konkretes Handeln dienen zu können. Es ist bei der Planung des Schreibprozesses aus diesem Grund notwendig, eine Reihe von Instrumentalzielen zu formulieren, die versprechen, zur Verwirklichung der ihnen übergeordneten Fundamentalziele zu führen. Das ist kein Problem, solange der instrumentale Charakter dieser Ziele bedacht wird: ein Instrumentalziel, kann und soll aufgegeben werden, wenn sich im Laufe der Zeit herausstellt, dass ein anderes Instrumentalziel besser zum Erreichen des übergeordneten Fundamentalziels beiträgt.

Rhetorische Planung

Am Beginn des Schreibprozesses stehen zunächst oft sehr global und unklar formulierte Fundamentalziele, die noch dazu implizite Elemente enthalten, derer sich der Textproduzent nicht bewusst ist. Damit solche Ziele hilfreich für die Steuerung des Schreibprozesses werden können, ist es notwendig, sie so weit wie möglich in konkretere Fundamental- und Instrumentalziele zu untergliedern, sie zu strukturieren und ihre Verwirklichung überprüfbar zu machen. Das ist aber häufig nicht einfach, weil zu Beginn eines Planungs- und Arbeitsprozesses nicht immer absehbar ist, welche konkreten Schritte zur Umsetzung eines Fundamentalzieles notwendig sind. Dörner schlägt aus diesem Grund vor, Zwischenziele nach dem Kriterium der maximalen *Effizienz-Divergenz* zu bilden, das bedeutet, solche Zwischenziele zu wählen, deren Erreichen möglichst viele erfolgversprechende Optionen für das weitere Handeln offen lässt. Hinter unklaren Zielen – Zielen, für die sich kein eindeutiges Erfolgskriterium angeben lässt – verbergen sich oft Mehrfachziele. In diesem Fall sollte der Versuch unternommen werden, die Ziele in ihre einzelnen Komponenten zu zerlegen, sie zu dekomponieren. Dabei kann es sich mitunter herausstellen, dass ein einfach formuliertes Mehrfachziel aus einem ganzes Bündel miteinander verknüpfter Ziele und damit verbundener Probleme besteht. Da es in einem solchen Fall in der Regel nicht möglich ist, alle Ziele auf einmal zu erreichen, ist es notwendig, die Beziehung dieser Ziele und der damit verbundenen Probleme untereinander näher zu betrachten:
- Gibt es zentrale Probleme, von denen weitere Probleme abhängen, so sollte die Lösung dieser zentralen Probleme vorrangig betrieben werden.
- Welche Probleme sind dringend und sollten deswegen schnell gelöst werden und welche sind so wichtig, dass die Lösung anderer unwichtigerer Probleme um ihretwillen verzögert oder ganz aufgegeben werden darf?

- Ist es möglich, Teilprobleme, die nicht oder nur schwach mit anderen Problemen verknüpft sind, zeitweise zu delegieren und erst später wieder in den Gesamtproblemlöseprozess einzubinden?
- Sind Instrumentalziele negativ miteinander verknüpft, so muss abgewogen werden, ob vor dem Hintergrund des übergeordneten Fundamentalziels ein Instrumentalziel zu Gunsten des anderen aufgegeben werden kann, beide nur teilweise verwirklicht werden oder ob es eine Möglichkeit gibt, die gesamte Situation so umzugestalten, dass die negative Verknüpfung zwischen den Instrumentalzielen verschwindet.

Auch in Hinblick auf die Probleme, die implizite Ziele verursachen können, deren Verwirklichung eigentlich nie geplant war, aber die als Nebeneffekt der expliziten Ziele mitverwirklicht wurden, ist eine genaue Situationsanalyse notwendig. Das Augenmerk sollte dabei vor allem darauf liegen, welche Aspekte einer Situation auch während und nach der Verwirklichung der expliziten Ziele beibehalten werden sollen, so dass man nicht ohne es zu wollen, das Kind mit dem Bade ausschüttet.

Findet keine hinreichende Konkretisierung, Zerlegung und Strukturierung der Ziele statt, so besteht die Gefahr, in das sogenannte Reperaturdienstverhalten zu verfallen. Es wird unsystematisch nach Missständen gesucht und die Behebung des Missstandes, der am meisten ins Auge fällt oder zu dessen Behebung zufällig die Mittel vorhanden sind, wird zum aktuellen Ziel erklärt. Dabei kann es geschehen, dass man sich zu intensiv mit unwichtigen Teilproblemen beschäftigt: Ein Instrumentalziel wird als Fundamentalziel missverstanden und beginnt die gesamte Energie des Handelnden zu absorbieren. Die zentralen Probleme, die der Erreichung des ursprünglichen Fundamentalziels im Wege stehen, werden dabei gar nicht bemerkt oder bekommen nicht die notwendige Aufmerksamkeit.[305]

Während Fundamentalziele, die häufig am Beginn eines Schreibprozesses stehen, oft aus dem Bauch heraus festgelegt werden können, stellt die Konkretisierung, Zerlegung und Strukturierung von Zielen einen Entscheidungsprozess dar, zu dessen sinnvoller Durchführung eine ganze Reihe von Informationen notwendig sind.[306] Im Fall des Schreibens für das Websiteformat benötigt der Textproduzent zur Aufstellung von als Handlungsrichtlinie geeigneten Zielen vor allem Informationen über die Eigenheiten und Möglichkeiten des kommunikativen Formats und über die Zielgruppe, die erreicht werden soll. Vor dem Hintergrund dieser Informationen lässt sich auf Grund der ursprünglichen Fundamentalziele eine rhetorische Planung entwickeln: eine Hierarchie voneinander abhängiger Fundamental- und Instrumentalziele, die konkret genug ist, um als Richtschnur für die inhaltliche und strategische Planung des Schreibprozesses dienen zu können.

Zielgruppe

Die Eigenheiten und Möglichkeiten des Websiteformats wurden im Lauf dieser Arbeit bereits ausführlich erörtert, so dass an dieser Stelle das Augenmerk vor allem der Zielgruppe gelten soll. Bei der Auseinandersetzung mit der Zielgruppe hat es der Textproduzent im Websiteformat schwerer als beim Schreiben in vielen anderen Formaten. Beim Schreiben eines Briefes, einer wissenschaftlichen Arbeit oder von Artikeln für Zeitungen und Zeitschriften, ist die Zielgruppe in der Regel bereits klar definiert, so

---

[305] vgl. Dörner 1989: S. 87ff
[306] vgl. Dörner 1989: S. 95

dass der Textproduzent seinen Text nur den gegebenen Vorrausetzungen anpassen muss, für die es oft bereits eine ganze Reihe von Konventionen gibt. Ein im World Wide Web veröffentlichter Text kann potentiell eine viel breitere Leserschaft erreichen, als Texte in den verschiedenen Printformaten. Auch sind die Konventionen für Texte im Websiteformat bislang noch nicht sehr ausgeprägt – so weit es sich nicht um Websites handelt, die in direkter Verbindung mit Publikationen aus dem Printbereich stehen und deren Konventionen übernommen haben. Dies bedeutet, dass sich ein Textproduzent bei der Konzeption von Texten für das Websiteformat mehr und grundlegendere Gedanken über die Zielgruppe machen muss, als beim Schreiben in anderen Formaten. Da die Leserschaft durch die Tatsache allein, dass Leser auf einer bestimmten Website im World Wide Web landen, erst schwach eingeschränkt ist, findet diese Einschränkung zwangsläufig durch die Gestaltung der Website selbst statt, die einige Leser zum schnellen Weiterklicken und andere zum Verweilen und Lesen veranlasst. Möchte der Textproduzent seinen Text in Hinblick auf seine eigenen Ziele optimieren, sollte er bei der Konzeption die Zielgruppe berücksichtigen und sich zu diesem Zweck eine Reihe von Fragen stellen:

Wer soll angesprochen werden? Zunächst ist es notwendig zu entscheiden, wer mit einer Website eigentlich erreicht werden soll. Ist es wichtig, eine möglichst breite Leserschaft zu erreichen oder soll eine Zielgruppe mit ganz spezifischen Eigenschaften angesprochen werden? Besteht die Zielgruppe, die angesprochen werden soll, aus Personen, die dem Textproduzenten bekannt sind, z.B. aus Freunden und Verwandten, Mitgliedern eines Vereins etc. oder ist die Leserschaft dem Textproduzenten unbekannt? Lassen sich konkrete und klare Kriterien formulieren, auf Grund derer entschieden werden kann, ob eine Person zur Zielgruppe einer Website gehört oder nicht? Soll eine spezifische Zielgruppe angesprochen werden, so ist es im World Wide Web sinnvoll, dies sehr deutlich zu machen und unter Umständen an exponierter Stelle der Website explizit zu formulieren. Die Informationsflut im World Wide Web ist inzwischen so groß, dass die meisten Rezipienten sehr dankbar dafür sind, wenn sie auf den ersten Blick erkennen können, ob sich eine Website an sie richtet oder nicht. Soll eine möglichst breite Leserschaft erreicht werden, so muss bedacht werden, dass dadurch auch eine große Varietät an unterschiedlichen Vorrausetzungen und Interessen zu berücksichtigen ist, worunter der Nutzen, den die Website für den Einzelnen bringt, oft leidet. „Wer allen etwas sagen will, kann nur wenigen Spezifisches sagen; wer Spezifisches sagt, schließt viele aus."[307] Der Textproduzent ist in einem solchen Fall gezwungen abzuwägen und einen Kompromiss zwischen der Breite des Angebots und seiner Spezifik zu schließen. Im Websiteformat, in dem sich dieses Problem häufiger stellt, als in anderen Formaten, gibt es jedoch auch eine geschickte Möglichkeit damit umzugehen: Der Textproduzent kann auf Grund der multilinearen Struktur des Formats sein Angebot in mehrfacher Weise aufbereiten und auf verschiedene Zielgruppen zuschneiden. Es ist beispielsweise möglich, auf der Startseite einer Website für Rezipienten, die zu verschiedenen Gruppen mit jeweils eigenen Interessen und Voraussetzungen gehören, unterschiedliche Zugänge anzubieten. Auf diese Weise kann ein breites und gleichzeitig spezifisches Angebot an die Leserschaft gemacht werden. Dieser Ansatz, der die besonderen Möglichkeiten des Websiteformats gut nutzt, ist allerdings mit einem erheblichen Arbeitsaufwand verbunden und findet sich deswegen vor allem auf den Websites

---

[307] Hoffmann 1992: S. 53

von großen Institutionen und Unternehmen.[308] Hat der Textproduzent entschieden, in wie weit und nach welchen Kriterien die Zielgruppe eingeschränkt werden soll, dann rücken weitere Fragen in den Vordergrund, deren Beantwortung entscheidenden Einfluss auf die Textgestaltung hat.

Welche Kompetenz besitzt die Zielgruppe in Bezug auf das Websiteformat? Besteht die Leserschaft größtenteils aus erfahrenen Webnutzern, ist den meisten Lesern das kommunikative Format noch neu oder besteht innerhalb der Zielgruppe hinsichtlich dieses Kriteriums eine große Heterogenität? Die Antwort auf diese Fragen gibt dem Textproduzenten wichtige Hinweise für die Gestaltung des globalen Designs der Website und die Navigationshilfen, die angeboten werden müssen.

Welches Vorwissen besitzt die Zielgruppe in Bezug auf die Inhalte, die auf der Website dargeboten werden? Die Antwort auf diese Frage ist wichtig, damit der Autor weiß, welche Hintergrundinformationen er zur Verfügung stellen muss, um den Lesern den Aufbau eines kohärenten Textverständnisses zu ermöglichen, ohne sie zu langweilen oder zu überfordern. Auch in diesem Fall bietet das Websiteformat eine Möglichkeit an, die dem Textproduzenten das Eingehen auf heterogene Zielgruppen erleichtert. Hintergrundinformationen, die ein Teil der Leser benötigt, um einen Text zu verstehen, über den ein anderer Teil der Leserschaft aber bereits verfügt, können mit Hilfe von Links ebenso ausgelagert werden wie weiterführende Informationen, die nur für einen Teil der Leserschaft von Interesse sind. Für den Textproduzenten ist jedoch nicht nur interessant, wie viel seine Leser bereits über ein bestimmtes Thema wissen, sondern auch, wie dieses Wissen strukturiert ist, denn wenn bei der Konzeption einer Website die Struktur berücksichtigt wird, die sich die Leser selbst von einem bestimmten Wissensgebiet machen, so fällt es ihnen leichter ein kognitives Modell der Website aufzubauen und sich auf ihr zu orientieren.

Welche Ziele haben die Mitglieder der Zielgruppe? Ebenso wie der Textproduzent haben auch die Rezipienten von Websites Ziele, die ihnen mehr oder weniger bewusst sind. Dabei kann es sich um globale Ziele handeln, wie *unterhalten werden, etwas Interessantes lesen, etwas Neues erfahren* oder um konkrete Ziele, wie *die Antwort auf eine bestimmte Frage finden, ein bestimmtes Produkt möglichst günstig erwerben, eine passende Arbeitsstelle finden* etc. Einen ersten Eindruck der Ziele von Rezipienten im Internet kann man aus der unten abgebildeten Statistik erhalten, die der ARD/ZDF-Online-Studie 2003 entnommen ist. Interessant ist hier vor allem, dass sich das ziellose und zielgerichtete Surfen[309] fast die Wage halten.

Je nach dem, ob die Rezipienten von globalen oder konkreten Zielen geleitet werden, wird auch ihr Surfverhalten und die Eigenschaften, die sie an einer Website schätzen ganz unterschiedlich ausfallen. Rezipienten mit globalen Zielen werden sich eher durch das World Wide Web treiben lassen und dabei den Links folgen, die auf den ersten Blick ihre Aufmerksamkeit und ihr Interesse erregen, während Rezipienten mit konkreten

---

[308] So gibt es z.B. auf der Startseite der Website des Max Hueber Verlags, der vor allem Materialien für den Sprachunterricht vertreibt, unter anderem die Auswahlmöglichkeiten „Lehrer/innen", „Lerner/innen", „Handel" und „Presse". Wählt man einen dieser Links aus, so erhält man zielgruppenorientierte Informationen über das Verlagsangebot (vgl. Onlinequellen: Max Hueber Verlag). Auf der Website der Stadt Ravensburg kann man zwischen Menues für die Personengruppen „Bürger", „Tourist" und „Unternehmer" wählen (vgl. Onlinequellen: Stadt Ravensburg).
[309] Die ARD/ZDF-Online-Studie ist an dieser Stelle von der Terminologie her nicht sehr ausdifferenziert, es wäre präziser, vom Surfen zu reden, das von globalen bzw. konkreten Zielen geleitet wird.

Zielen mit Hilfe von mehr oder weniger elaborierten Suchstrategien nach bestimmten Informationen oder Angeboten Ausschau halten werden. Umfasst die Zielgruppe des Textproduzenten sowohl Rezipienten mit globalen als auch mit konkreten Zielen, sollte er bei der Websitekonzeption die Bedürfnisse beider Gruppen berücksichtigen.[310]

Onlineanwendungen 2002 und 2003
mindestens einmal wöchentlich genutzt, in %

	Gesamt 2002	Gesamt 2003	14-19 J. 2002	14-19J. 2003
Versenden/Empfangen von E-Mails	81	73	87	74
zielgerichtet bestimmte Angebote suchen	55	52	54	57
zielloses Surfen im Internet	54	51	77	64
Homebanking	32	32	13	8
Download von Dateien	35	29	53	47
Gesprächsforen, Newsgroups, Chats	23	18	59	47
Audiodateien anhören	-	17	-	36
Onlineauktionen, Versteigerungen	13	16	15	13
Computerspiele	15	11	29	29
Videos ansehen	-	10	-	20
Onlineshopping	6	8	5	6
live Internetradio hören	-	7	-	8
Buch-/CD-Bestellung	7	6	7	6
Gewinnspiele	-	4	-	4
Kartenservice	-	3	-	7
live im Internet fernsehen	-	2	-	4

Basis: Onlinenutzer ab 14 Jahre in Deutschland (2003: n-1046, 2002: n-1011), Onlinenutzer 14-19 Jahre in Deutschland (2003: n-195, 2002: n-137)

Onlineanwendungen 2002 und 2003 [311]

Die nächste Frage, die sich stellt, ist, *welches Verhältnis die Ziele der Leserschaft zu den Zielen des Textproduzenten haben*. Abgesehen von einigen Ausnahmen, wie z.B. Schmäh- oder Anklageschriften, ist es dem Textproduzenten nur möglich, seine eigenen Ziele zu erreichen, wenn es ihm gelingt, eine positive Verknüpfung seiner eigenen Ziele mit den Zielen der Rezipienten zu schaffen. Ergibt sich eine solche Verknüpfung nicht automatisch, wie z.B. im Falle der Website eines begeisterten Hobbyastronomen, der sein Wissen mit Gleichgesinnten teilen möchte, muss sie unter Umständen über Umwege hergestellt werden. Auf einer Website, deren Betreiber eigentlich das Ziel hat, eine bestimmte Ware zu verkaufen, mag beispielsweise ein Preisrätsel angeboten werden, um Lesern, die nach Unterhaltung suchen, ein Angebot zu machen. Beginnt ein Teil der Rezipienten sich während des Verweilens auf der Seite, für die dort angebotenen Produkte zu interessieren oder kehrt er zu einem späteren Zeitpunkt, wenn er am Kauf eines bestimmten Produktes interessiert ist, auf diese Seite zurück, weil sie ihm bereits bekannt und mit positiven Assoziationen verbunden ist, dann hat der Produzent der Seite sein Ziel erreicht. Auf Grund der Vielzahl verschiedener Rezipienten, die auf eine Seite gelangen können und ihrer unterschiedlichen oft globalen Ziele, ist die Notwen-

---

[310] vgl. Bucher 2001: S. 56f
[311] Tabelle entnommen aus: Eimeren, Gerhard u. Frees 2003: S. 347. (Sinnerhaltende Umgestaltung auf Grund der Anforderungen des Druckverfahrens.)

digkeit im Websiteformat positive Verknüpfungen zwischen den Zielen von Textproduzenten und Rezipienten zu schaffen größer als in vielen anderen Formaten, besonders, wenn es sich um Websites handelt, die einen wirtschaftlichen Gewinn erzielen sollen und in unmittelbarer Konkurrenz zu einer Vielzahl anderer Websites stehen.

Wie ist es möglich, bei den Mitgliedern der Zielgruppe einen positiven Eindruck zu hinterlassen? Auf Grund der Konkurrenzsituation, bei der die nächste Website zum gleichen Thema nur einen Mausklick entfernt ist, muss sich der Textproduzent Gedanken darüber machen, wie er bei seinen Rezipienten einen positiven Eindruck hinterlassen kann. Nun ist „einen positiven Eindruck hinterlassen" ein globales Ziel und muss als solches zerlegt werden, um handhabbar zu werden. Es scheinen vor allem drei Aspekte einer Website zu sein, die bei Rezipienten zu einem guten Eindruck führen: wenn eine Website den Rezipienten bei der Erreichung ihrer Ziele hilfreich ist, wenn sie vertrauenswürdig erscheint und wenn – um einen Ausdruck aus der Werbesprache zu verwenden – das „Look and Feel" der Website stimmt. Die Vertrauenswürdigkeit einer Website kann entscheidend dafür sein, ob deren Inhalt nur kurz überflogen oder eingehend studiert wird. Die Faktoren, die dazu führen, dass eine Website einen vertrauenswürdigen Eindruck macht, wurden im Abschnitt „Institutionelle Rahmenbedingungen" dieser Arbeit bereits erwähnt. Das „Look and Feel" einer Website hat wie der englische Ausdruck bereits besagt, etwas mit schauen und fühlen zu tun. Sein Stellenwert bei der Rezeption von Websites entspricht ungefähr der Bedeutung der Mimik in der mündlichen Kommunikation. Von Bedeutung ist dabei vor allem der erste Eindruck, den der Rezipient von einer Website bekommt, noch ehe er sich mit den darin enthaltenen Inhalten auseinandergesetzt hat. Dieser erste Eindruck beruht vor allem auf einem Zusammenspiel der verschiedenen graphischen Komponenten einer Website: der Größe, Art und Anzahl der Bilder und ihrer Anordnung sowie der verwendeten Vorder- und Hintergrundfarben, der verwendeten Schriftarten und der Anordnung der Textsegmente und Navigationselemente.[312] Besonders was die Wirkung verschiedener Farben und Farbkombinationen angeht, gibt es im Bereich des Grafikdesigns ausgeklügelte Theorien.[313] Einen guten Eindruck vom „Look and Feel" einer Webseite kann man sich machen, wenn man einen Screenshot der Webseite so weit verkleinert, dass es möglich ist ihr Aussehen zu beurteilen, ohne von den Inhalten beeinflusst zu werden. Rezipienten erwarten in Verbindung mit bestimmten Inhalten oft ein bestimmtes „Look and Feel". Der Begriff des „Look and Feel" ist in diesem Zusammenhang als eine besondere Ausprägung des rhetorischen Prinzips des Aptum (dt. das Angemessene) zu verstehen. Dieses Prinzip besagt, „daß der Redner verschiedene Elemente, Aspekte, Teile usw., die für die Rede bzw. den Text und seine Äußerungssituation bedeutsam sind, möglichst so aufeinander abstimmen solle, daß sie ein Harmonisches und (gerade deshalb) wirkungsträchtiges Ganzes ergeben."[314] Entspricht eine Seite diesem erwarteten „Look and Feel" nicht, so wird sie möglicherweise sofort wieder verlassen, ohne dass die auf der Seite vorhandenen Inhalte überhaupt wahrgenommen wurden.[315] Stimmt das „Look and Feel" einer Website hingegen mit den Erwartungen der Rezipienten überein, erscheint sie vertrauenswürdig und ist den Rezipienten noch dazu behilflich dabei ihre Ziele zu erfüllen, so wird sie mit Sicherheit einen positiven Eindruck hinterlassen.

---

[312] vgl. Wirth 2002: S. 31ff
[313] vgl. hierzu beispielsweise das Buch: Farben im Webdesign von Stefanie Bartel (2003), das sich ausführlich mit allen Aspekten dieser Materie auseinandersetzt.
[314] Onlinequellen: Basislexikon – 3.4.3 elocutio
[315] vgl. Wirth 2002: S. 31ff

Webliteralität – Lesen und Schreiben im World Wide Web

Wie lässt sich die Zielgruppe erreichen? Damit eine Website einen positiven Eindruck auf die Zielgruppe machen kann, muss diese zunächst einmal erreicht werden. Für Texte in anderen Formaten gibt es in der Regel bewährte Wege, auf denen diese ihre Adressaten erreichen. Die Bandbreite reicht dabei vom gezielt an eine einzelne Person zugestellten Brief, bis zu Zeitschriften und Büchern, die in Supermärkten und Buchhandlungen zum Kauf ausliegen und mitunter zusätzlich in anderen kommunikativen Formaten beworben werden.

Von einer neuen Website weiß zunächst einmal niemand etwas und so kann es auch bleiben, wenn der Textproduzent nichts unternimmt, um sie bekannt zu machen. Der Kontakt zur Zielgruppe kann dabei sowohl innerhalb als auch außerhalb des Websiteformats hergestellt werden.

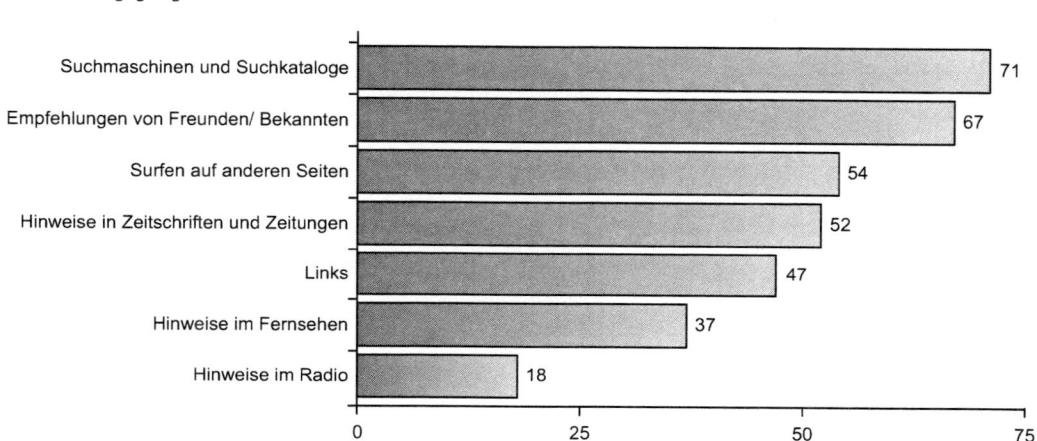

Abb.4 Wege, auf Internetseiten aufmerksam zu werden 2003
häufig/ gelegentlich in %

Weg	%
Suchmaschinen und Suchkataloge	71
Empfehlungen von Freunden/ Bekannten	67
Surfen auf anderen Seiten	54
Hinweise in Zeitschriften und Zeitungen	52
Links	47
Hinweise im Fernsehen	37
Hinweise im Radio	18

Basis: Onlinenutzer ab 14 Jahre in Deutschland (n = 1046); Teilgruppe: BRD-West (n = 861); BRD-Ost (n = 267); Frauen (n = 462); Männer (n = 584; 14-19 Jahre (n = 137); 20-29 Jahre (n = 196); 30-39 Jahre (n = 267); 40-49 Jahre (n = 222); ab 5 Jahre (n = 224)

Wege, auf Internetseiten aufmerksam zu werden 2003[316]

Die ARD/ZDF Onlinestudie nennt die häufigsten Wege, auf neue Angebote im World Wide Web aufmerksam zu werden. In den meisten Fällen bedienen sich die Rezipienten dabei einer Suchmaschine oder eines Suchkataloges. Suchmaschinen setzen sogenannte Robots ein, Programme, die das World Wide Web ständig nach neuen Seiten durchsuchen und diese einem Schlagwortindex hinzufügen. Werden nun ein oder mehrere Schlagworte in eine solche Suchmaschine eingegeben, so erhält der Rezipient eine Liste von Websites, die zu den angegebenen Schlagworten passen. Eine solche Liste kann leicht mehrere tausend Websites umfassen, die von den verschiedenen Suchmaschinen nach ausgeklügelten Kriterien so angeordnet werden, dass die relevanten Treffer zu Beginn dieser Liste stehen. In der Regel schenken Rezipienten nur den ersten Treffern dieser Liste ihre Aufmerksamkeit.[317] Aus diesem Grund ist es für den Textpro-

---

[316] Grafik entnommen aus: Eimeren, Gerhard u. Frees 2003: S. 346. (Sinnerhaltende Umgestaltung auf Grund der Anforderungen des Druckverfahrens.)
[317] Bei den meisten Suchmaschinen werden jeweils zehn Treffer auf einer Seite angezeigt. Möchte man weitere Treffer der Liste sehen, muss man über einen Link die nächste Seite aufrufen. Bei einer Studie, die das Verhalten von 18113 Benutzern der Suchmaschine Exite untersuchte, zeigte sich, das 58% der Benutzer nur die Seite mit den ersten zehn Treffern beachteten, 19% riefen die zweite Seite auf, 9% die dritte, 5% die vierte und lediglich 9% schenkten mehr als den ersten 40 Treffern ihre Beachtung. Bei Trefferlisten, die oft mehrere tausend Websites umfassen, bedeutet dies, das

duzenten wichtig, bei der Websitegestaltung nicht nur die Bedürfnisse seiner menschlichen Leserschaft, sondern auch die Eigenheiten der verschiedenen Suchmaschinen zu berücksichtigen, da er sonst mit Hilfe von Suchmaschinen seine Leserschaft nicht ereichen wird. Im Gegensatz zu Suchmaschinen werden Webkataloge von redaktionellen Mitarbeitern erstellt, welche Websites in eine hierarchisch aufgebaute Katalogstruktur einordnen und dabei häufig mit Kurzkommentaren versehen. Da diese Mitarbeiten auf Grund des schnellen Wachstums des World Wide Web nicht in der Lage sind, dem Katalog alle neuen Websites hinzuzufügen, muss eine Website entweder bereits einen gewissen Bekanntheitsgrad besitzen, um hier Aufnahme zu finden oder der Textproduzent muss für die Aufnahme in den Katalog bezahlen.[318]

Die zweitwichtigste Art und Weise, auf neue Inhalte im World Wide Web aufmerksam zu werden, stellen Hinweise von Freunden und Bekannten dar. Das ist insofern nicht verwunderlich, als Freunde und Bekannte oft gemeinsame Interessen teilen und so häufig zur selben Zielgruppe gehören. Sie werden es in der Regel aber nur für notwendig erachten, eine neuentdeckte Website weiter zu empfehlen, wenn diese im oben erläuterten Sinne einen positiven Eindruck hinterlassen hat. Auf Platz drei und fünf der Statistik stehen zwei eng miteinander verwandte Arten auf neue Webangebote aufmerksam zu werden: durch das Surfen auf anderen Seiten und durch Links. In der ARD/ZDF Onlinestudie wird leider nicht erläutert, worin genau der Unterschied zwischen beidem liegt. Es wird jedoch deutlich, dass es für die Bekanntheit und Erreichbarkeit einer Website innerhalb des World Wide Web wichtig ist, dass von Websites, die von der angepeilten Zielgruppe häufig frequentiert werden, Links auf die eigene Website führen. Dazu müssen diese Websites aufgespürt, deren Betreiber auf die Existenz der eigenen Website aufmerksam gemacht und vom Nutzen einen Link darauf zu setzen überzeugt werden. Darüber hinaus lässt sich die Bekanntheit einer Website dadurch steigern, dass sie in anderen kommunikativen Formaten, wie Zeitschriften, Zeitungen, Radio oder Fernsehen erwähnt wird. Dies kann in Form bezahlter Werbung geschehen, aber auch dadurch, dass ein Webangebot so interessant ist, dass es journalistische Aufmerksamkeit erfährt. Ob die Aktivitäten zur Steigerung der Bekanntheit einer Website von Erfolg gekrönt sind, lässt sich mit Hilfe der Webserverstatistik feststellen, die fast alle Webspaceprovider anbieten.

Es wird deutlich, dass sich der Produzent von Websites auf Grund der Besonderheiten des Formats, der breiteren und undifferenzierteren Leserschaft, der direkten Konkurrenz zu anderen Websites und dem Mangel an Konventionen im World Wide Web intensiver mit der Zielgruppe auseinandersetzen müssen als Autoren, die für Printformate schreiben. Zusätzlich werden sie, durch die im Bereich der Websiteproduktion bisher nur bedingt realisierte Arbeitsteilung oftmals dazu gezwungen, auch die zielgruppenspezifischen Überlegungen anzustellen, die den Autoren im Bereich der Printformate von Spezialisten wie Marketing-, Werbe- und Vertriebsfachleuten abgenommen werden.

Die Auswahl von Inhalten

Bei der inhaltlichen Planung geht es um die Auswahl und Strukturierung von Inhalten. Es gibt einige wichtige Punkte, welche die inhaltliche Planung für das Websiteformat von der inhaltlichen Planung für andere Formate unterscheiden. Im Gegensatz zu ande-

---

ein Großteil des World Wide Webs von den 71% der Benutzer, die neue Inhalte mittels einer Suchmaschine oder eines Suchkatalogs suchen, schlicht ignoriert wird. (vgl. Jansen, Spint und Saracevic 2000: S. 215)
[318] vgl. Onlinequellen: Certo GmbH

ren kommunikativen Formaten sind im World Wide Web alle vorhandenen Inhalte jederzeit und von jedem Ort aus verfügbar. Dadurch ist der Konkurrenzdruck auf Websites, die sich mit gleichen oder ähnlichen Inhalten beschäftigen, deutlich höher, als bei Publikationen in den verschiedenen Printformaten. Soll eine Website nicht nur auf Grund einer intensiven Bewerbung, sondern auf Grund ihrer Inhalte erfolgreich sein, so müssen sich diese in irgendeiner Weise positiv von den Inhalten der Websites abheben, die sich mit der gleichen oder einer ähnlichen Thematik beschäftigen. Dazu gibt es verschiedene Möglichkeiten:

- Eine Website kann Inhalte bieten, die auf Grund ihrer Aktualität zum ersten Mal für das World Wide Web aufbereitet werden, z.B. aktuelle Nachrichten aus allen möglichen Bereichen.
- Es können Inhalte angeboten werden, die zwar nicht neu sind, aber bislang nicht über das World Wide Web zugänglich waren. Die Publizierung von literarischen Texten im Rahmen des Projekts Gutenberg, stellt dafür ein gutes Beispiel dar.[319]
- Auch Inhalte, in Hinblick auf die der Textproduzent einen Wissensvorsprung gegenüber anderen Textproduzenten besitzt, können angeboten werden. In diese Kategorie gehören z.B.: Experten, die ihr Fachwissen teilen, Leute, die auf ihrer Website für Freunde und Bekannte einen Bericht vom letzten Urlaub präsentieren und ganz allgemein Firmen, Institutionen und Privatpersonen, die in irgendeiner Weise über sich selbst Auskunft geben – ist man doch in der Regel in der Lage, über sich selbst in einer Weise zu informieren, in der das kein anderer kann.
- Unter Umständen können sich auch Inhalte, die an anderer Stelle im World Wide Web bereits vorhanden sind, positiv aus der Masse der Angebote hervorheben: wenn sie in inhaltlich-kognitiver oder sichtbar-materieller Hinsicht besser aufbereitet sind, wenn sie besser auf eine bestimmte Zielgruppe zugeschnitten sind oder wenn sie besser strukturiert und mit anderen Inhalten vernetzt sind.
- Eine besondere Form von Inhalten, die sich nur im Websiteformat finden, stellen Linklisten dar. Ihr Mehrwert besteht darin, dass sie an anderer Stelle im World Wide Web vorhandene Inhalte miteinander vernetzen und eventuell mit kurzen Kommentaren auf Art und Qualität dieser Inhalte hinweisen. Solche Linklisten können eine große Hilfe für Rezipienten darstellen, die sich einen Überblick über das Informationsangebot machen wollen, das im World Wide Web zu einem bestimmten Thema vorhanden ist.

Natürlich müssen auch beim Schreiben für das World Wide Web erst einmal Inhalte gefunden, das heißt Ideen produziert werden. Dabei lassen sich dieselben Hilfsmittel anwenden, die zur Ideenproduktion für das Schreiben in anderen Formaten eingesetzt werden, wie z.B. die verschiedenen Spielarten des Brainstorming, Mindmapping, Clustering etc. Beim Schreiben für das World Wide Web bietet sich noch eine weitere Methode an, Ideen zu finden. Sie besteht darin, Stichworte zu bereits vorhandenen Ideen in eine Suchmaschine einzugeben und einige Websites aus der Trefferliste zu studieren. Dabei erhält man oftmals sehr überraschende Ergebnisse, die völlig neue Aspekte des Themas aufzeigen und auf diese Weise die eigenen Assoziationen zum Thema anregen können. Darüber hinaus ist in vielen Fällen eine Sichtung anderer Websites, die sich derselben Thematik widmen, sowieso notwendig. Denn wenn der Textproduzent möchte, dass sich seine Website positiv von anderen Websites zum selben Thema absetzt, so muss er sich zunächst einmal mit diesen auseinandersetzen. Wurden auf die eine

---

[319] vgl. Onlinequellen: Projekt Gutenberg

oder andere Weise genügend Ideen produziert, lassen sich nun vor dem Hintergrund dessen, was über die Zielgruppe bekannt ist, diejenigen auswählen, die am besten geeignet sind, die Ziele des Rezipienten zu verwirklichen.

Strukturierung von Inhalten

Sind Inhalte gefunden, so müssen diese strukturiert werden. Die Produktion, Auswahl und Strukturierung von Ideen sind in der Realität eng miteinander verbunden und werden hier lediglich der Übersicht halber als getrennte Arbeitsphasen dargestellt. So findet bei der Anwendung von Methoden zur Ideenproduktion wie Clustering oder Mindmapping zwangsläufig bereits eine erste Strukturierung statt und beim Versuch eine Reihe von Einfällen zu einem Thema zu strukturieren, werden häufig neue Inhalte hinzukommen und andere verworfen werden.

Der Hauptunterschied, der das Strukturieren von Inhalten für Websites vom Strukturieren von Inhalten für andere kommunikative Formate unterscheidet, ist, dass im Websiteformat die Inhalte auf die einzelnen Knoten verteilt und die Verknüpfungen dieser Knoten untereinander festgelegt werden müssen. Eine wichtige Frage ist dabei, wie fein die Inhalte untergliedert werden, bzw. wie umfangreich die einzelnen Webseiten sein sollen. Wirth führt eine Reihe von Untersuchungen an, die in dieser Frage zu ganz unterschiedlichen Ergebnissen kommen. Nach einem Teil dieser Untersuchungen ist es vorteilhaft, Inhalte auf so viele Seiten zu verteilen, dass die einzelnen Seiten so kurz sind, dass sie ganz auf dem Bildschirm dargestellt werden können, ohne dass ein horizontales Scrollen der Seiten notwendig wäre. Andere Untersuchungen sehen es als vorteilhaft an, die Inhalte weniger stark zu unterteilen, obwohl dadurch der Rezipient mitunter gezwungen ist, über mehrere Bildschirmseiten zu scrollen, um alle Inhalte sehen zu können.[320] Um die widersprüchlichen Untersuchungsergebnisse verstehen zu können, ist es sinnvoll die Vor- und Nachteile kurzer und langer Seiten im Einzelnen zu betrachten. Eine Übersicht hierzu findet sich ebenfalls bei Wirth:

Vor- und Nachteile langer und kurzer Webseiten		
	lange Seiten	kurze Seiten
Eisberg-Effekt (Verschwinden wichtiger Inhalte unter dem Bildschirmrand)	ja	nein
Klicks und Ladevorgänge	wenige	viele
Ladezeit	lange	kurz
mit Browser durchsuchbar	ja	nein
Administrationsaufwand	gering	hoch
Komfort beim Ausdrucken	hoch	gering
Komfort beim Download	hoch	gering
Navigation permanent sichtbar	nur mit Frames möglich	ja, immer
Gliederung langer Dokumente	nicht gut zu erfassen	gut zu erfassen
Personen, die die Lösung bevorzugen	ja	ja

Vor- und Nachteile langer und kurzer Webseiten[321]

---

[320] vgl. Wirth 2002: S. 161f
[321] Tabelle etwas umgestaltet übernommen aus Wirth 2002: S. 163

Die Übersicht zeigt, dass lange und kurze Seiten jeweils ganz spezifische Vor- und Nachteile besitzen. Abhängig von der Konzeption einer Untersuchung kann es dadurch leicht zu widersprüchlichen Untersuchungsergebnissen kommen. Darüber hinaus macht die Übersicht deutlich, dass die Frage, ob lange oder kurze Seiten besser sind, in dieser allgemeinen Form nicht beantwortet werden kann, vielmehr muss gefragt werden, wann Inhalte auf viele kurze Seiten zerlegt werden sollten und wann es günstiger ist, sie weniger stark zu zergliedern und dafür in Kauf zu nehmen, dass Seiten entstehen, bei denen der Rezipient über mehrere Seiten scrollen muss.

Im Abschnitt über das Lesen im World Wide Web wurde als wesentlich herausgearbeitet, dass Rezipienten in der Lage sind, ein kohärentes Textverständnis aufzubauen, dabei wurde die Kohärenzbildung auf lokaler, mittlerer und globaler Ebene unterschieden. Bei der Verwendung kurzer Seiten wird die Kohärenzbildung auf mittlerer Ebene insofern unterstützt, als alle Elemente, darunter auch der gesamte Text eines Knotens, gleichzeitig am Bildschirm sichtbar sind, was es den Rezipienten erleichtert, diese Elemente in Beziehung zueinander zu setzen. Allerdings werden bei der Verwendung kurzer Seiten oft auch Inhalte, die eine enge Beziehung zueinander haben, auf verschiedene Knoten verteilt, wodurch Kohärenzsprünge entstehen. Daher ist es bei kurzen Seiten wichtig, der Gestaltung der Navigation und vor allem der Linkgestaltung ein besonderes Augenmerk zu schenken, um den Rezipienten bei der Kohärenzbildung auf globaler Ebene zu unterstützen. Dabei ist wiederum die Kürze der Knoten hilfreich, da sie dafür sorgt, dass der Rezipient alle zu anderen Knoten führenden Links einer Seite auf einmal überblicken kann. Dies kann ihm dabei helfen, sich ein Bild von der Struktur der gesamten Website zu machen.

Durch die Verwendung langer Seiten können dem Rezipienten zusammengehörige Inhalte an einem Stück präsentiert werden. Die Schwierigkeit dabei ist, dass nicht alle diese Inhalte für den Rezipienten gleichzeitig sichtbar sind. Aus diesem Grund muss er in einem solchen Fall bei der Kohärenzbildung auf mittlerer Ebene unterstützt werden, was z.B. durch kurze Zusammenfassungen oder Inhaltsübersichten mit seiteninternen Links am Anfang einer solchen Seite und durch aussagekräftige Zwischenüberschriften geschehen kann. Ein Hauptproblem bei der Verwendung langer Seiten ist, dass – wenn keine Frames benutzt werden – die Navigationselemente, die häufig links oben positioniert sind, leicht aus dem Blick geraten und es dadurch für den Rezipienten schwieriger ist, sich ein Bild von der Gesamtstruktur einer Website zu machen. Wichtige Links, die von einer langen Seite abgehen, sollten im oberen, zu Anfang sichtbaren Teil angeordnet werden, so dass sich der Rezipient auf den ersten Blick über den Inhalt der Seite und ihre Beziehung zu anderen Webseiten orientieren kann.

Berücksichtigt man diese Überlegungen zur Kohärenzbildung, so scheint es sinnvoll zu sein, auf den oberen Ebenen einer hierarchisch aufgebauten Website, die vor allem strukturelle Informationen in Form von Links auf Seiten enthalten, die auf tieferen Hierarchieebenen liegen, kurze Seiten zu verwenden, wohingegen auf den unteren Hierarchieebenen, auf denen inhaltliche Informationen dominieren, längere Seiten zu bevorzugen sind. An dieser Stelle ist eine deutliche Parallelität zum Umgang mit den Mitteln zur Erzeugung motivationaler Stimulanz mit Hilfe des MAYA- und KISS-Prinzips erkennbar, wie sie im Kapitel über das Lesen beschrieben wurden. Zusammenfassend lässt sich sagen, dass auf den oberen Hierarchieebenen kurze, nach dem MAYA-Prinzip gestaltete und so das Interesse der Leser weckende Seiten dominieren sollten, während auf den unteren Hierarchieebenen längeren nach dem KISS-Prinzip klar und einfach strukturierten inhaltsdominierten Seiten der Vorzug gegeben werden sollte.

Sind die Inhalte auf mehr oder weniger umfangreiche Seiten verteilt, dann ist es notwendig, sie durch Links zu verknüpfen. Durch diese Verknüpfungen entsteht die Struktur einer Website. Die wichtigsten Strukturen, die sich auf Websites finden, wurden im Abschnitt „Strukturen im Web" dieser Arbeit bereits erläutert. Abgesehen von einigen Spezialfällen besitzen im World Wide Web hierarchische Strukturen die größte Bedeutung. Damit die Rezipienten sich einen guten ersten Überblick über Inhalt und Aufbau einer Website machen können, bietet es sich an, sie mit einer zentralen Startseite auszustatten, die gleichzeitig die Funktion eines Advanced Organizers übernimmt. Ausgehend von dieser Startseite können verschiedene Hauptkategorien erreicht werden, von diesen aus eine Reihe von Unterkategorien usw. Diese hierarchische Struktur wird mitunter von Querlinks durchbrochen, wenn inhaltliche Bezüge Verbindungen zu anderen Ästen der Struktur sinnvoll erscheinen lassen.

Hat sich der Textproduzent für die Verwendung einer hierarchischen Struktur entschieden, so ist die nächste Überlegung, wie breit und wie tief diese Struktur sein soll. Bernard vom Software Usability Research Laboratory der Wichita State University sagt hierzu: „it is generally found that people make fewer mistakes if the hierarchical structure of the site is broader rather than deeper. In fact, research has generally found that ideally all information should be placed within three hierarchical levels from the initial homepage of the site. Specifically, the more levels users have to take in order to get the information they want, the less chance they will find this information."[322] Hierfür gibt es mehrere Gründe: Je mehr Ebenen einer hierarchischen Struktur ein Benutzer auf der Suche nach Informationen überwinden muss, desto stärker wird sein Kurzzeitgedächtnis damit belastet, sowohl sein Ziel als auch seine aktuelle Position innerhalb der Website präsent zu halten. Außerdem müssen für jede Strukturebene einer Website zusätzliche Oberkategorien eingeführt werden. Dabei ist es oft nicht einfach, Oberkategorien so zu benennen, dass deutlich wird, welche spezifischen Inhalte sich dahinter verbergen. Links auf solche Oberkategorien, wie sie in tiefen Hierarchien zwangsläufig vorkommen, sind aus diesem Grund oft vage und erschweren es auf diese Weise dem Rezipienten, zu den gesuchten Informationen zu gelangen.[323]

Ist es notwendig, eine Website mit vier oder mehr Strukturebenen auszustatten, so ist es nach mehreren empirischen Untersuchungen günstig, die Struktur auf der obersten und untersten Ebene möglichst breit und auf den dazwischen liegenden Ebenen schlank zu halten. Dadurch hat der Rezipient auf der obersten Ebene die Möglichkeit, sich eine gute Orientierung über den Inhalt einer Website zu verschaffen, die es ihm erlaubt, den richtigen Ast der Hierarchie für seine weitere Suche zu wählen. Hat der Nutzer auf den nächsten Hierarchieebenen weniger Auswahlmöglichkeiten, ist es auch unwahrscheinlicher, dass er in die Irre geht, bevor ihm schließlich die unterste Hierarchieebene eine breite Auswahl von spezifischen Inhalten bietet.[324]

---

[322] Onlinequellen: Bernard: Criteria for optimal web design
[323] vgl. Onlinequellen: Bernard: Criteria for optimal web design und Onlinequellen: Bernard - Examining the Effects of Hypertext Shape on User Performance.
[324] vgl: Onlinequellen: Bernard: Criteria for optimal web design und Onlinequellen: Bernard - Examining the Effects of Hypertext Shape on User Performance

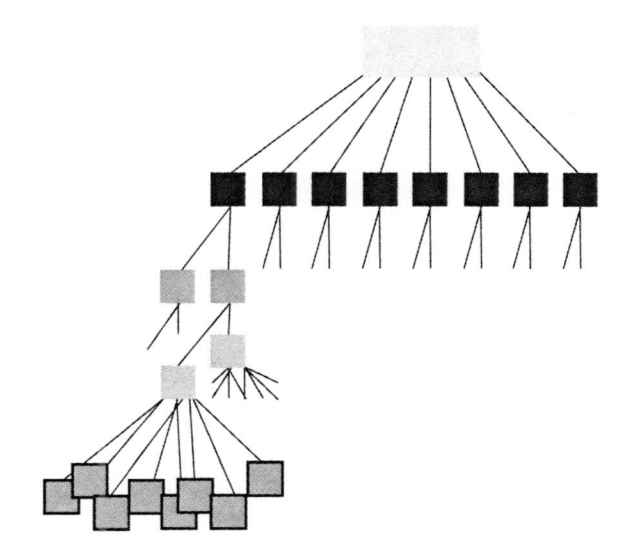

Komplexe Sitestruktur[325]

Bei komplexen Sitestrukturen scheint es oft günstig zu sein, die Struktur auf der obersten und untersten Ebene möglichst breit und auf den dazwischenliegenden Ebenen schlank zu halten.

Die erwähnten empirischen Untersuchungen zur Sitestruktur folgen alle dem Ansatz, dieselben Inhalte in Form unterschiedlicher Strukturen zu präsentieren und zu testen, wie lange Probanten dazu benötigen, Suchaufträge in diesen Strukturen auszuführen. Die in den Untersuchungen verwendeten Inhalte müssen zu diesem Zweck in Bezug auf die verschiedenen Arten der Strukturierung neutral sein. Dies ist ein absoluter Sonderfall, denn normalerweise lassen sich Inhalte nicht in beliebige Strukturen pressen. Aus diesem Grund sollte man mit der Verallgemeinerung der Ergebnisse aus diesen empirischen Untersuchungen vorsichtig sein und sie allenfalls als grobe Richtlinie bei der Sitestrukturierung betrachten.

Bereits im Kapitel über das Lesen im Websiteformat habe ich auf Ausubels Erkenntnis hingewiesen, dass sich die Gliederung eines Textes nicht nur am Textinhalt orientieren darf, sondern auch die Wissensvoraussetzungen des Rezipienten berücksichtigen muss. Auf Grund der komplexen Struktur von Websites, gilt dies für Texte im Websiteformat noch mehr als für Texte in den verschiedenen Printformaten. Damit sich die Rezipienten schnell in der Struktur einer Website zurechtfinden, ist es notwendig, die Vorstellung zu berücksichtigen, die sie sich von der Struktur der auf der Website präsentierten Inhalte machen – ihr mentales Modell der Website. Dieses mentale Modell unterscheidet sich oft stark von demjenigen, das sich der Textproduzent macht. Das mentale Modell des Textproduzenten mag oft ausgefeilter sein, da er sich lange mit den entsprechenden Inhalten auseinander gesetzt hat, allerdings werden sich Rezipienten nur selten lange genug mit einer Website beschäftigen, um sich das mentale Modell des Textproduzenten zu eigen zu machen. Und selbst wenn sie das doch tun sollten, müssen sie bereits zu einem Zeitpunkt, zu dem sie das mentale Modell des Textproduzenten noch nicht übernommen haben, in der Lage sein, sich auf der Website zu orientieren. Aus diesen Gründen tut der Textproduzent gut daran, bei der Strukturierung einer Website die Vorstellungen, die sich die Rezipienten von der Struktur des Inhalts machen, zu berücksichtigen.

---

[325] Grafik entnommen aus: Onlinequellen: Bernard: Criteria for optimal web design. (Sinnerhaltende Umgestaltung auf Grund der Anforderungen des Druckverfahrens.)

Entspricht eine Website dem mentalen Modell eines Rezipienten, dann ist sie für ihn intuitiv zu bedienen und er wird die Informationen, die er sucht, schnell und zuverlässig finden. Um das mentale Modell der Rezipienten zu erfassen, gibt es eine Reihe von Techniken. Bei der vom Software Usability Research Laboraty der Wichita State University verwendeten Methode der „concept analyses", wird einer Gruppe von Probanten, die möglichst repräsentativ für die Zielgruppe ist, eine Reihe von kleinen Karten vorgelegt. Jede dieser Karten repräsentiert einen Knoten der geplanten Website und enthält eine kurze Beschreibung seines Inhalts. Die Probanten erhalten den Auftrag, diese Karten unter einer Reihe vorgegebener Oberkategorien anzuordnen. Dabei werden sie angehalten, über Probleme und Zweifelsfälle zu sprechen – wenn z.B. eine Karte in keine oder in mehrere der vorhandenen Kategorien passt.[326] Die Strukturen, die dabei entstehen, werden am Computer in standardisierter Weise aufgezeichnet und qualitativ analysiert: „Here, nodes that are regularly placed under a particular category should obviously be hierarchically linked to that category. On the other hand, nodes which do not easily fall under any major category, or are consistently grouped by several representative users under more than one category, should be linked to the associated categories as well. The reasoning, here, is that the representative users have different ideas as to where certain information should be found. To illustrate this, we used arrows to show the linking of nodes between more than one category. The circles serve as a placeholder that represents the same node that is linked to another category [...]."[327] Mit Hilfe dieser Methode wird erkennbar, welches mentale Modell sich die Rezipienten von den Inhalten einer Website machen und diese kann entsprechend strukturiert werden.

Die Methode des „mental modeling", die von den Ergosoft Laboratories eingesetzt wird, ist stärker quantitativ orientiert. Auch hier werden Probanten eingesetzt, die der Zielgruppe der Website entsprechen. Diese bekommen ebenfalls den Auftrag, Karten, die Inhalten der geplanten Website entsprechen, zu gruppieren. Allerdings werden hierbei keine Kategorien vorgegeben und die Auswertung erfolgt in anderer Weise. Zur Auswertung wird allen möglichen Paaren, die sich aus den sortierten Begriffen bilden lassen, ein Zahlenwert zugewiesen. Wurde ein Begriffspaar von einem Probanden der gleichen Kategorie zugeordnet, erhält es den Zahlenwert 0 ansonsten den Zahlenwert 1. Die Ergebnisse der verschiedenen Probanten für die einzelnen Begriffspaare werden summiert. Kleine Zahlenwerte kennzeichnen eng verwandte Begriffspaare, während große Werte Begriffspaare kennzeichnen, die nach Ansicht der Probanten fast nichts miteinander zu tun haben.[328] Die Matrix, die auf diese Weise entsteht, wird einer Clusteranalyse unterzogen: „The group distance matrix is submitted to cluster analysis, which computes distances among all the items based on the similarity data and links the two most similar items together to form a single item or cluster. It then recomputes the distances and continues linking the two most similar items at each stage of the process until all items have been grouped into a single cluster. The distances at which items are linked at each stage of the clustering process are examined to identify the point at which they begin to grow notably large. This indicates the point at which clusters have become conceptually dissimilar to one another. The number and composition of the clusters present at this point are optimal for consistency with distinctions that are

---

[326] vgl. Onlinequellen: Bernard: Constructing User-Centered Websites
[327] Onlinequellen: Bernard: Constructing User-Centered Websites
[328] vgl. Onlinequellen: Adams u. Kleiss: An Overview of ergosoft's Mental Modeling Method

psychologically meaningful to users."³²⁹ Die Methode des mental modelings ist etwas aufwendiger als die Methode der concept analysis, verspricht aber auch exaktere Ergebnisse. Welche Methode angebracht ist, muss im Einzelfall entschieden werden.

Werden bei der Strukturierung einer Website sowohl die mentalen Modelle der Rezipienten als auch die Notwendigkeit Kohärenz auf den verschiedenen Ebenen aufzubauen berücksichtigt, dann lassen sich Websites erzeugen, die sehr intuitiv zu bedienen sind.

In letzter Zeit werden die „klassischen" Formen der Strukturierung immer mehr von Methoden der dynamischen Strukturierung abgelöst, wie sie im Kapitel „Die Geschichte des World Wide Web" bereits beschrieben wurden. Aber selbst Websites, die dynamisch mit Hilfe von Datenbanken erzeugt werden, benötigen eine gewisse Grundstruktur, in welche die dynamisch generierten Daten eingefügt werden können. Dynamische Websites ohne eine solche Grundstruktur würden dem Rezipienten als unberechenbar erscheinen und ihn daher abschrecken. Bei der Gestaltung einer solchen Grundstruktur kommt das in den vorherigen Abschnitten Gesagte wieder voll zum Tragen.

Strategische Planung

Die Unterschiede zwischen dem Schreiben für das Websiteformat und die verschiedenen Printformate betreffen auch die strategische Planung. Besonders von längeren, komplexeren Texten, werden oft mehrere Fassungen erstellt. Die Texte werden immer wieder überarbeitet und oft wird in diesem Prozess des Überarbeitens auch die ursprüngliche Planung stark verändert. Texte, die mit der Hand oder mit Hilfe einer Schreibmaschine geschrieben werden, müssen im Verlauf dieses Prozesses oft mehrmals geschrieben werden, bis die endgültige Fassung fertig gestellt ist. Dies stellt einen nicht unerheblichen Arbeitsaufwand dar und motiviert die Textproduzenten zu sorgfältiger Planung um unnötige Überarbeitungen zu vermeiden. Der Einsatz von Textverarbeitungsprogrammen kann Überarbeitungsprozesse erheblich erleichtern: Teile des Textes lassen sich löschen, umformen, ergänzen und anders anordnen, ohne dass der ganze Text neu geschrieben werden muss. Dadurch ist es relativ unproblematisch – und mitunter für die Ideenproduktion sogar fruchtbar – mit einer groben Zielvorstellung einfach drauflos zu schreiben und während des Schreibens zu planen, zu verwerfen und neu zu planen.

Auch die verschiedenen Editoren für das Erstellen von Websites können als eine Art von Textverarbeitungsprogramm betrachtet werden. In vielen Bereichen reichen sie jedoch nicht an den Funktionsumfang und Bedienkomfort gängiger Textverarbeitungsprogramme wie z.B. Microsoft Word heran, wohingegen sie in anderen Bereichen hochspezialisiert sind. Auch diese Editoren beherrschen in aller Regel die gängigen Methoden der Textmanipulation. Allerdings ist es – besonders bei komplexen Websites, an denen mehrere Leute mitarbeiten – sehr aufwendig, die Struktur einer Website zu verändern, nachdem die Arbeit an der Website über die Planungsphase hinaus fortgeschritten ist. Änderungen an der Struktur einer Website, z.B. das Umstellen eines Knotens innerhalb der Hierarchie, wirken sich nicht nur auf diesen einen Knoten aus, sondern auch auf viele andere. Alle Links, die von diesem Knoten ausgehen und zu ihm führen, müssen geändert werden. Eventuell kann sich das Umstellen eines wichtigen Knotens auch auf

---

[329] Onlinequellen: Adams u. Kleiss: An Overview of ergosoft's Mental Modeling Method

das Design der globalen Navigationsmenüs auswirken. Darüber hinaus muss überprüft werden, ob dem Knoten an der neuen Stelle in der Hierarchie der Website Informationen hinzugefügt werden müssen, um die Kohärenzbildung auf globaler Ebene zu gewährleisten. Noch kritischer sind Änderungen an der Struktur einer Website, nachdem diese bereits veröffentlicht wurde. Mit Änderungen an der Struktur ändern sich häufig auch die URIs von Knoten, was bedeutet, das Links von anderen Websites, die auf nun nicht mehr existierende Knoten zeigen, jetzt eventuell ins Leere laufen und zu Fehlermeldungen führen, was bei Rezipienten sicherlich keinen positiven Eindruck hinterlässt. Carol Adams und Jim Kleiss von den Ergosoft Laboratories drücken die Problematik bildhaft aus: „Problems with a product's information architecture are especially serious because they are generally difficult to fix after code development is well underway. A good analogy is that the information architecture provides the same sort of "floor plan" for a website that an architect's blueprint provides for a house. It is easy to change the blueprint before construction begins, but moving the kitchen from one side of the house to the other after the plumbing has been put in or deciding to add a second story after the first story has been framed are generally not economically feasible changes for the home builder. Similarly, significant changes to a website's information architecture late in the development cycle are generally not economically feasible for product developers."[330] Es ist aus diesen Gründen sehr wichtig, die Struktur komplexer Websites möglichst sorgfältig zu planen, bevor mit der eigentlichen Produktion begonnen wird. Das setzt wiederum voraus, dass auch die Auseinandersetzung mit den Schreibzielen und den geplanten Inhalten vor Beginn der Ausführungsphase intensiver ist als beim Schreiben für viele andere Formate.

Sind Ziele, Inhalte und Struktur einer Website vorläufig festgelegt, kann der weitere Produktionsprozess geplant werden. Abhängig von der Gestaltung einer Website, kann deren Produktion zahlreiche verschiedene Tätigkeiten umfassen, die über die Aktivitäten, die für das Schreiben in vielen anderen Formaten notwendig sind, hinausgehen: das Erstellen und Bearbeiten von Grafiken und anderer multimedialer Elemente der Website, die Übertragung der Inhalte ins HTML-Format, die Programmierung interaktiver Seitenelemente in JavaScript oder Java, die Erstellung von Datenbankschnittstellen, das Anmelden einer Domain, das Einrichten eines eigenen Servers oder die Übertragung der Website zu einem Webspaceprovider und schließlich das Testen der Website auf Benutzerfreundlichkeit. Für diese Tätigkeiten ist eine Vielzahl verschiedener Kompetenzen notwendig, die der Textproduzent oft nicht alle selbst besitzt. Deswegen ist es notwendig, genau zu überlegen, welche Kompetenzen zur Erstellung der jeweiligen Website notwendig sind und zu entscheiden, ob die noch nicht vorhandenen Kompetenzen im Verlauf der Arbeit an der Website erworben werden sollen oder die Hilfe zusätzlicher kompetenter Personen in Anspruch genommen werden muss. Da die Arbeitsteilung bei der Arbeit im Websiteformat bisher nur bedingt üblich ist, gibt es keine festgelegten Arbeitsabläufe wie im Bereich der Printformate, wo im Prozess der Produktion einer Zeitung oder eines Buches in der Regel völlig klar ist, wer wann was zu tun hat. Wenn im Bereich der Websiteerstellung zusätzliche Hilfe in Anspruch genommen wird, muss daher ganz genau geklärt werden, für welche Arbeitsschritte diese Hilfe notwendig ist, wie die verschiedenen Arbeitsschritte aufeinander aufbauen und wie viel Zeit für ihre Ausführung nötig ist. Nur wenn das geklärt ist, kann die Arbeit der verschie-

---

[330] Onlinequellen: Adams u. Kleiss: An Overview of ergosoft's Mental Modeling Method

denen Personen, die an der Erstellung einer Website beteiligt sind, sinnvoll koordiniert werden.

Als eine wichtige Hilfe bei der strategischen Planung kann das im vorigen Kapitel vorgestellte Analyseraster für Websites dienen. Orientiert man sich an diesem Raster lässt sich relativ rasch abklären, welche Ressourcen zur Erstellung einer Website notwendig sind und wer bei einer arbeitsteiligen Erstellung wem zuarbeiten muss. Die Gefahr, wichtige Aspekte zu übersehen oder zu vergessen, ist bei einem Einsatz des Rasters weitgeringer als bei einer „freihändigen" Planung.

Es wurde in Zusammenhang mit den verschiedenen Modellen des Schreibprozesses bereits erläutert, dass es sich beim Schreiben um einen komplexen Prozess handelt, der die kognitiven Fähigkeiten des Textproduzenten stark belastet. Beim Schreiben im Websiteformat wird die Komplexität dadurch noch erhöht, dass der Text ins HTML-Format umgesetzt werden muss. Fängt der Textproduzent sofort nach der ersten Planung an, mit einem WYSIWYG- oder Quelltexteditor an einer Website zu arbeiten, ist es möglich, dass ein Großteil seiner kognitiven Kapazität durch die Eigenheiten des HTML-Formats und die Schwierigkeiten bei der Bedienung des Editors in Anspruch genommen wird. Zur kognitiven Entlastung des Textproduzenten, kann es aus diesem Grund sinnvoll sein, die einzelnen Produktionsschritte so weit wie möglich voneinander zu trennen:
- Die Sitestruktur kann – ähnlich wie bei der Erhebung der mentalen Modelle der Zielgruppe – mit Hilfe kleiner Karten geplant und zunächst von Hand festgehalten werden.
- Auch das Seitenlayout lässt sich zunächst von Hand skizzieren oder mit Hilfe eines Grafikprogramms entwerfen, das nicht den Einschränkungen des HTML-Formats unterliegt.
- Texte lassen sich mit der Hand oder mit Hilfe eines gängigen Textverarbeitungsprogramms vorformulieren.
- Natürlich werden auf diese Weise lediglich Zwischenergebnisse produziert, die nach der Umsetzung im HTML-Format noch aufeinander abgestimmt werden müssen. Die dabei stattfindende kognitive Entlastung wird sich aber sicherlich positiv auf die Qualität einer Website auswirken.

Eine Alternative zur Erstellung einer Website durch eine einzelne Person stellt eine gut ausgereifte Arbeitsteilung dar. Wichtig ist dabei, dass die Kompetenzen und Pflichten klar festgelegt werden. Bei der Erstellung von Printprodukten können sehr viele Arbeitsschritte hintereinander ausgeführt werden. Ein Autor erstellt ein Manuskript und gibt es an den Lektor weiter. Der Lektor bearbeitet das Manuskript in Rücksprache mit dem Autor. Das fertige Manuskript geht weiter an einen Mediengestalter, der, eventuell unter Heranziehung weiterer Spezialisten für die Einbandgestaltung, die Druckvorlage für das Buch erstellt. Wenn das Buch in Druck geht, haben Marketingspezialisten bereits damit begonnen, für seine Bekanntheit zu sorgen. Wichtig in diesem Prozess ist vor allem, dass das Produkt von jedem Spezialist ordentlich bearbeitet und pünktlich an den nächsten Spezialisten weitergegeben wird. Die verschiedenen Tätigkeiten, die bei der Gestaltung von Websites anfallen, können jedoch nicht in dieser Weise hintereinander ausgeführt werden, weil sie viel stärker miteinander verwoben sind. Die hier notwendige Arbeitsteilung, lässt sich eher mit der Arbeitsteilung beim Bau eines Hauses vergleichen, wo Architekten, Bauingenieure und die verschiedenen Handwerker bis zur Fertigstellung des Hauses eng zusammenarbeiten müssen. Aus diesem Grund ist es unabdingbar, dass die einzelnen Spezialisten die an einer Website arbeiten in ständigem Kontakt zueinander stehen. Es muss genau geklärt werden welcher Spezialist was zu tun hat und bis wann das zu geschehen hat, da sonst eventuell der gesamte Produktionsprozess blockiert wird. Müssen die Spezialisten für die Produktion von Printprodukten vor allem ihr Fachgebiet gut beherrschen, so ist es für die Spezialisten, die an der Produktion von Websites mitarbeiten wichtig, dass sie auch die Fachgebiete ihrer Kollegen gut kennen, damit eine sinnvolle Koordination des Arbeitsprozesses möglich ist. [331]

Zusammenfassung

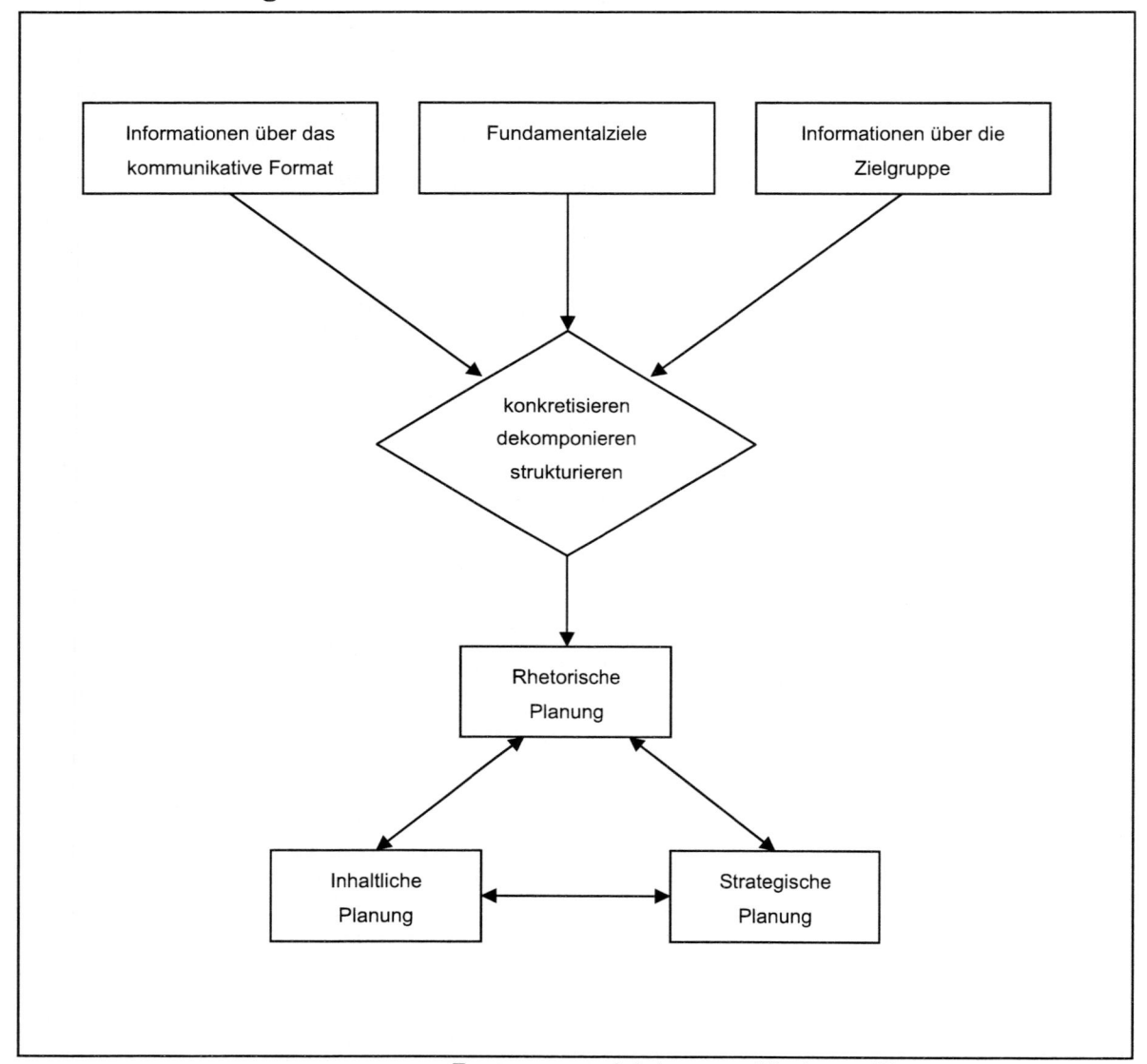

Zusammenspiel der verschiedenen Planungsprozesse

Nachträgliche Änderungen an der Struktur einer Website sind oft sehr aufwendig. Wie beim Bau eines Hauses ist deshalb auch bei der Erstellung einer Website eine sorgfältige Planung notwendig, bevor mit der Umsetzung begonnen wird. Diese beginnt mit der

---

[331] In David Siegels Buch „Das Geheimnis erfolgreicher Websites" (Siegel 1999b) werden zahlreiche Beispiele für die gelungene und misslungene Koordination der Arbeitsprozesse bei der Erstellung von Websites beschrieben.

Konkretisierung, Dekomponierung und Strukturierung der Fundamentalziele des Textproduzenten, vor dem Hintergrund der Besonderheiten des Websiteformats und unter Heranziehung möglichst vieler Informationen über die Zielgruppe. Auf der Grundlage der so entstehenden rhetorischen Planung können Ideen generiert, Inhalte ausgewählt und strukturiert werden. Bei der Auswahl von Inhalten sollte dabei die Konkurrenzsituation bedacht werden, die im World Wide Web zwischen thematisch ähnlichen Websites herrscht. Bei der Strukturierung der Inhalte sollten die mentalen Modelle berücksichtigt werden, die sich die Rezipienten von den entsprechenden Themengebieten machen oder auf die Möglichkeiten der flexiblen Strukturierung zurückgegriffen werden. Bei der strategischen Planung geht es schließlich darum, die zur Erstellung einer Website notwendigen Arbeitsprozesse zu koordinieren. Dabei sollte sowohl die Vielzahl an Kompetenzen, die zur Erstellung einer Website notwendig sind als auch deren Verwobenheit bedacht werden. Arbeitet der Produzent allein, ist es sinnvoll die Produktion von inhaltlichen Elementen und ihre Umsetzung ins HTML-Format voneinander zu trennen, um die Komplexität des Produktionsvorgangs zu reduzieren. Wird eine Website arbeitsteilig von einem Team von Spezialisten erstellt, so ist eine gute Planung und Koordination der Arbeitsabläufe wichtig. Rhetorische, inhaltliche und strategische Planung beeinflussen sich gegenseitig und der Produzent, bzw. die Produzenten einer Website werden immer wieder zwischen den verschiedenen Aspekten der Planung wechseln. Auch während der Ausführungsphase, wird es mitunter wieder notwendig sein, die ursprüngliche Planung zu verändern. Auf Grund der Schwierigkeiten, die damit im Websiteformat verbunden sein können, sollte jedoch die Planung vor Beginn der Umsetzung bereits so weit wie möglich vorangetrieben werden.

Ausführungsphase

Es wurde bereits deutlich, dass beim Formulieren von Texten eine ganze Reihe von kognitiven Prozessen ablaufen, deren Zusammenspiel bis heute nicht vollständig geklärt ist. Beim Erstellen von Websites gewinnt das Formulieren von Texten zusätzlich an Komplexität. Es geht nicht nur wie beim Schreiben in vielen anderen Formaten darum, vernetzte, nonlineare, sprachlose kognitive Strukturen in lineare sprachliche Sequenzen umzuwandeln. Da Websites eine multilineare Struktur besitzen und weil selbst einzelne Knoten oft aus mehreren Textsegmenten bestehen, ist es darüber hinaus notwendig, die Linearität dieser sprachlichen Sequenzen immer wieder aufzubrechen und die so entstehenden Teilsequenzen auf die Knoten und Textsegmente zu verteilen. Damit die Rezipienten auf der Grundlage der so entstehenden multilinearen Struktur ein kohärentes Textverständnis aufbauen können, benötigen sie zusätzliche Unterstützung durch eine sinnvolle Gestaltung auf sichtbar-materieller und sprachlich-kognitiver Ebene, welche die einzelnen Textsegmente mit Hilfe von Kohäsionsmitteln, Links und grafischen Elementen in Beziehung zueinander setzt.

Der Gedanke liegt nahe, dass das Schreiben von Hypertext für den Schreiber eine Erleichterung gegenüber dem linearen Schreiben darstellt, weil die vernetzte und nonlineare Struktur von Hypertexten den kognitiven Strukturen des Textproduzenten entspricht. Dabei wird jedoch übersehen, dass Sprachproduktion, egal ob mündlich oder schriftlich, zunächst immer mit einer Linearisierung verbunden ist und dass es den Schreibprozess nicht vereinfacht, sondern kompliziert, auf Grundlage dieses Linearisierungsprozesses eine neue vernetzte und multilineare Struktur aufzubauen. Erschwerend kommt hinzu, dass sich bei einem zielgruppenorientierten Hypertext die Struktur des Hypertextes oft deutlich von der kognitiven Struktur des Textproduzenten unterscheidet.

Durch die Produktion kurzer Textsegmente und die Notwendigkeit für den Rezipienten Hilfen zum Aufbau eines kohärenten Textverständnisses auf lokaler, mittlerer und globaler Ebene bereitzustellen, ist der Textproduzent im Websiteformat gezwungen, viel häufiger die Arbeitsebene zu wechseln und mehr Entscheidungen zu treffen als beim Schreiben in anderen Formaten.

Die Analyse des komplexen Vorgangs des Schreibens im Websiteformat wird dadurch zusätzlich kompliziert, dass das, was ein Textproduzent beim Erstellen einer Website tatsächlich macht, von zahlreichen Faktoren abhängt:
- Welche Art von Editor wird benutzt?
- Werden die verschiedenen Arbeitsprozesse voneinander getrennt und in welchem Umfang geschieht dies?
- Arbeitet der Textproduzent allein oder im Team? Auf welchen Kriterien beruht die Arbeitsteilung?
- Besitzt der Textproduzent Erfahrungen mit dem Websiteformat und dem benutzten Editor, so dass damit zusammenhängende Prozesse teilweise automatisiert sind oder benötigen diese Prozesse seine volle Aufmerksamkeit und unterbrechen damit immer wieder den Schreibprozess?

Besonders die Art des benutzten Editors hat großen Einfluss auf die Ausführung des Schreibprozesses. Ein Textproduzent, der direkt mit einem WYSIWYG-Editor arbeitet, wird z.B. einige Zeilen Text schreiben, die Gestaltung des Textes der Seite anpassen, einen Link einfügen, wieder etwas schreiben, einen Text auf einer anderen Seite anpassen, eine Grafik bearbeiten und einpassen - und so ständig zwischen verschiedenen Tätigkeiten springen. Bei der Arbeit mit einem Quelltexteditor kommt dazu noch die Notwendigkeit, die verschiedenen HTML-Tags in den Text einzufügen und die HTML-Datei immer wieder zu speichern und im Browser zu betrachten, um zu kontrollieren, ob die HTML-Tags tatsächlich den gewünschten Effekt haben. Werden Texte zunächst von Hand oder mit Hilfe eines Textverarbeitungsprogramms geschrieben, wird der Wechsel zwischen den verschiedenen Ebenen reduziert. Allerdings muss sich der Textproduzent dabei die Erfordernisse des Websiteformats und die verschiedenen Kohärenzebenen ständig vergegenwärtigen und geistig zwischen ihnen hin- und herspringen, möchte er Texte erstellen, die für die Verwendung auf der geplanten Website wirklich geeignet sind.

Auch wenn beim Erstellen von Websites ständig zwischen den verschiedenen Ebenen der Kohärenz gesprungen wird, lassen sich dabei verschiedene Strategien unterscheiden. Es ist möglich bei der Erstellung einer Website mit der Gestaltung der globalen Ebene zu beginnen und diese dann nach und nach mit Inhalten auszugestalten. Diese Vorgehensweise setzt eine sehr umfassende und sorgfältige Planung voraus, da sonst die für eine sinnvolle Gestaltung der globalen Ebene notwendigen Entscheidungen nicht getroffen werden können. Bei dieser Vorgehensweise ist es zudem oft schwierig, nachträgliche Änderungen an der globalen Ebene vorzunehmen, was die Flexibilität des Textproduzenten deutlich einschränkt; sie hat allerdings den Vorteil, dass es nach der Erstellung der globalen Ebene relativ einfach ist Teilaufgaben zu delegieren und die

Arbeit mehrerer Personen an einer Website zu koordinieren. Deshalb ist dieses Verfahren bei der arbeitsteiligen Produktion von Websites vorzuziehen.

Eine andere mögliche Vorgehensweise besteht darin, zunächst die einzelnen textlichen und multimedialen Elemente zu erstellen und erst nachträglich die globale Ebene zu gestalten, die diese in einen kohärenten Zusammenhang stellt. Auf diese Weise bleibt der Produktionsprozess auf allen Ebenen lange Zeit flexibel und es kann während des Schreibens und Gestaltens mehr experimentiert werden. Dadurch ist es auch möglich, dass im Verlauf des Produktionsprozesses hinzukommende neue Inhalte und Ideen die Gestaltung der gesamten Website stärker beeinflussen. Die der Produktionsphase vorausgehende Planung muss bei dieser Vorgehensweise nicht so ausführlich sein, da Planungsvorgänge stärker in die Produktionsphase integriert werden. Allerdings ist es bei dieser Vorgehensweise sehr schwierig, im Team zu arbeiten und einzelne Aufgaben zu delegieren. Außerdem kann es sich mitunter als schwierig erweisen, die verschiedenen Mosaiksteinchen nachträglich zu einem sinnvollen Ganzen zusammenzusetzen.

Im Folgenden sollen besonders die Entscheidungen, die der Textproduzent treffen muss, um dem Rezipienten die Kohärenzbildung auf den verschiedenen Ebenen zu erleichtern, nochmals genau unter die Lupe genommen werden. Dabei sollen die Felder des im Zusammenhang mit dem Lesen im Websiteformat entwickelten Analyserasters zur Strukturierung genutzt werden.

Globale Ebene
Was die Gestaltung der globalen Ebene anbelangt, besteht der Hauptunterschied zu den meisten anderen kommunikativen Formaten darin, dass diese dort nicht oder nur rudimentär existiert. Die Notwendigkeit, Kohärenz zwischen verschiedenen Hypertextknoten herzustellen, ist jedoch spezifisch für das Schreiben von Texten im Websiteformat und einigen anderen auf Hypertext basierenden Formaten. Zur Unterstützung der Kohärenzbildung auf globaler Ebene können dabei sowohl sichtbar-materielle als auch sprachlich-kognitive Mittel eingesetzt werden.

Zugänglichkeit
Die sichtbar materiellen Mittel, die den Leser unabhängig vom Textinhalt dabei unterstützten, sich ein Bild vom Aufbau einer Website zu machen, werden unter dem Begriff der Zugänglichkeit zusammengefasst. Dazu gehören: ein globales Layout, eine seitenübergreifende Farbgestaltung, die Verwendung von Analogien und eine sinnvolle Gestaltung der Navigationselemente. Um diese Hilfsmittel gezielt einsetzen zu können, benötigt der Produzent einer Website selbst einen guten Überblick über deren Aufbau, den er entweder in einer dem Produktionsprozess vorgelagerten Planungsphase oder während des Produktionsprozesses selbst entwickelt hat. Außerdem sind bei der globalen Seitengestaltung Überlegungen zur Zielgruppe sehr wichtig, denn diese ist maßgeblich für das bereits erwähnte „Look and Feel" einer Website, das den entscheidenden ersten Eindruck prägt, den eine Website auf seine Besucher macht. In diesem Zusammenhang ist es auch wichtig, eine Gestaltung zu wählen, die es auf den ersten Blick ermöglicht, die verschiedenen Seiten einer Website als Bestandteile desselben Ganzen zu identifizieren.

Ein weiterer Aspekt, den der Websiteproduzent in punkto Zugänglichkeit beachten muss, ist die Browserkombatibilität. Wählt er eine aufwendige Gestaltung, die aber auf die neusten Browserversionen und Plugins angewiesen ist und deswegen von einem mehr oder weniger großen Teil der Nutzer nicht rezipiert werden kann; oder macht er bei der technischen Ausgestaltung Abstriche, um auch Nutzern mit einer betagteren Hard- und Softwareausstattung den Zugang zu ermöglichen? Die Entscheidung hängt auch hier wiederum von den Zielen des Produzenten und der Zielgruppe ab, die erreicht werden soll..

Nachvollziehbarkeit
Der Aspekt der Nachvollziehbarkeit bezieht sich auf die sprachlich kognitiven Mittel, die den Nutzer bei der Kohärenzbildung auf globaler Ebene unterstützen, z.B. ein klarer und intuitiver Aufbau der Sitestruktur, die verschiedenen Arten von Navigationshilfen und eine sinnvolle Linkgestaltung. Um den Besonderheiten des Lesens im Websiteformat gerecht zu werden, muss der Textproduzent dabei immer wieder aufs Neue einen Kompromiss zwischen den Erwartungen der Benutzer, der Struktur des Inhalts und den spezifischen Anforderungen des Mediums finden.

Da das Internet ständig wächst und dadurch auch immer unüberschaubarer wird, wird es immer wichtiger, Websites nicht nur für Menschen, sondern auch für Maschinen nachvollziehbar zu gestalten. Damit eine Website im informationellen Mahlstrom gefunden werden kann, muss der Textproduzent denjenigen Elementen einer Website, an denen sich Suchmaschinen orientieren seine besondere Aufmerksamkeit schenken. Dazu gehört die sinnvolle Gestaltung der Metatags, die für den menschlichen Benutzer in der Regel unsichtbar sind und sich ausschließlich an die Robots der Suchmaschinen wenden ebenso, wie die Wahl geeigneter Seiten- und Dokumentennamen. Es ist aber auch wichtig, darauf zu achten, dass in den verwendeten Texten relevante Stichworte in möglichst großer Zahl und in expliziter Form vorkommen, da auch dies die Kategorisierung durch die Suchmaschinen beeinflusst.

Der Textproduzent muss also die Robots der Suchmaschinen als zusätzliche Zielgruppe stets mitdenken. Sollte sich das vom World Wide Web Consortium propagierte Semantic Web durchsetzen, so wird der an Maschinen gerichtete Teil von Websites im Verhältnis zu dem Teil, der sich an Menschen richtet, stark anwachsen. Die Arbeit eines Websiteproduzenten wird dann immer mehr Aspekte der Arbeit eines Programmierers umfassen. Natürlich wird niemand gezwungen sein, diese maschinenlesbaren Elemente in eine Website zu integrieren. Durch das Fehlen dieser Elemente wird sie für die Suchmaschinen jedoch praktisch unsichtbar und ist dadurch auch für menschliche Nutzer kaum aufzufinden.

Insgesamt ist die Komplexität, mit der sich ein Textproduzent bei der Gestaltung der globalen Ebene von Websites konfrontiert sieht, weit größer als die Komplexität beim Schreiben in anderen Formaten und vom Komplexitätsniveau allenfalls mit der völligen Neukonzeption einer Zeitschrift zu vergleichen. Besonders in Hinblick auf die ständige technische Weiterentwicklung des World Wide Web, die auch den Produzenten von Websites immer neue Kenntnisse abverlangt, wird deutlich, dass bei der professionellen Gestaltung von Websites eine arbeitsteilige Vorgehensweise fast unvermeidlich ist.

Mittlere Ebene
Auf mittlerer Ebene geht es um die Gestaltung einer einzelnen Webseite. Diese weist deutliche Parallelen zur Gestaltung einer Zeitungs- oder Zeitschriftenseite auf. Die

verschiedenen Textsegmente und multimedialen Elemente müssen so auf der Lesefläche angeordnet werden, dass es für die Rezipienten möglichst einfach ist, daraus ein kohärentes Ganzes zu konstruieren. Während Zeitungs- und Zeitschriftenseiten vom Leser auf einmal überblickt werden können, wird der Blick auf Webseiten ab einer gewissen Größe durch den Monitor eingeschränkt. Der Textproduzent muss aus diesem Grund zusätzliche Hilfsmittel einsetzen, die es den Rezipienten erlauben, sich trotz dieser Einschränkung einen Überblick über die Website zu bilden und zu bewahren. Auch hierbei können wieder sichtbar-materielle und sprachlich-kognitive Mittel eingesetzt werden.

Überschaubarkeit

Die sichtbar-materiellen Gestaltungsmittel auf mittlerer Ebene dienen dazu, eine Webseite überschaubar zu machen. Die erste Entscheidung, die der Textproduzent hierbei treffen muss, ist, wie groß die Webseite sein soll. Eine Seite, die so klein ist, dass sie als Ganzes auf dem Monitor dargestellt werden kann, erfordert andere Gestaltungsmittel, als eine Seite bei der horizontales oder vertikales Scrollen erforderlich ist. Welche Alternative jeweils angebracht ist, wurde bereits im Abschnitt „Strukturierung von Inhalten" ausführlich erörtert. Im Abschnitt „konventionalisierter Aufbau" wurde darüber hinaus dargestellt, dass sich in Bezug auf die Anordnung häufig auf Webseiten vorkommender Elemente, wie Navigationsleiste, Warenkorb, Suchfeld, etc. inzwischen Konventionen herausgebildet haben. Hält sich der Textproduzent an diese Konventionen, kann er dem Rezipienten die Orientierung auf der Website sehr erleichtern. Ansonsten sollte der Produzent der Seite darauf achten, graphische und typographische Gestaltungsmittel so einzusetzen, dass dadurch die Beziehungen zwischen den Seitenelementen verdeutlicht werden.

Neben der Überschaubarkeit dient die sichtbar-materielle Gestaltung auf mittlerer Ebene jedoch auch dazu, die Aufmerksamkeit des Rezipienten zu erhalten und eine möglichst hohe Lesemotivation zu erzeugen. Denn was nützt die überschaubarste Seite, wenn sie so langweilig aussieht, dass sie sofort wieder weggeklickt wird?[332] Wie interessant eine Seite wirkt, hängt dabei stark von der Auswahl und Platzierung der verwendeten Bilder und Grafiken ab. In Einzelfällen kann auch ein bewusster Bruch der oben erwähnten konventionellen Anordnung von Standardelementen dazu dienen, beim Rezipienten einen kognitiven Konflikt zu erzeugen und so die motivationale Stimulanz der Seite erhöhen.

Zur kognitiven Entlastung des Textproduzenten bei der sichtbar-materiellen Gestaltung auf mittlerer Ebene bietet sich mitunter die Verwendung von „greeked"-Text an. Das bedeutet, dass zunächst Nonsenstexte oder beliebige fremdsprachige Texte an den Stellen der Webseite eingefügt werden, an denen später die tatsächlich für die entsprechende Webseite vorgesehen Texte stehen sollen. Auf diese Weise kann sich der Textproduzent einen Eindruck von der grafischen Wirkung der Texte machen, ohne durch deren Inhalt von der grafischen Gestaltung der Website abgelenkt zu werden.[333]

Zusammenfassend lässt sich sagen, dass der Textproduzent mit der sichtbar-materiellen Gestaltung auf mittlerer Ebene den Leser dabei unterstützen sollte, sich

---

[332] vgl. den Abschnitt „Motivationale Stimulanz" dieser Arbeit
[333] vgl. Onlinequellen: Bernard: Constructing User-Centered Websites

möglichst schnell auf der Lesefläche zurechtzufinden. Darüber hinaus dient die sichtbar-materielle Gestaltung der mittleren Ebene der Erregung von Aufmerksamkeit und der Erzeugung einer möglichst hohen Lesemotivation und prägt schließlich maßgeblich das „Look and Feel" einer Website, das oft darüber entscheidet, ob sie von der Zielgruppe angenommen wird oder nicht. Auf Grund der großen Bedeutung der grafischen Gestaltung einer Website, muss der Textproduzent entscheiden, ob er dieser Aufgabe selbst gewachsen ist oder Unterstützung bei einem professionellen Grafiker sucht.

Gestaffeltheit

Der Begriff der Gestaffeltheit beschreibt die inhaltlich-kognitive Gestaltung auf mittlerer Ebene. Eine besondere Bedeutung spielen hierbei die seiteninternen Kohäsionsmittel. Dabei hängt wieder viel davon ab, ob der Textproduzent sich für eine Webseite entscheidet, die als Ganzes auf den Monitor passt oder für eine, die darüber hinaus reicht. Wie im Abschnitt „Strukturierung von Inhalten" dieser Arbeit bereits erläutert wurde, stellen lange und kurze Seiten unterschiedliche Anforderungen an den Leser, was einen jeweils anderen Einsatz seiteninterner Kohäsionsmittel verlangt.

Je länger eine Seite ist, umso wichtiger werden zusätzliche Hilfen zur Gliederung, wie eine Übersicht über den Seiteninhalt am Beginn der Seite; eine klare Struktur mit Überschriften und Zwischenüberschriften, die so gewählt sind, dass sie dem Leser bereits beim Überfliegen einen Eindruck vom Inhalt des gesamten Dokuments und der einzelnen Abschnitte geben; und hervorgehobene Zusammenfassungen, die es dem Rezipienten ermöglichen, den ersten Eindruck vom Inhalt des Dokuments, den er sich beim Überfliegen gemacht hat, zu objektivieren. Ab einer gewissen Seitenlänge ist es auch notwendig, dem Rezipienten eine seiteninterne Navigation anzubieten, die es ihm ermöglicht, zwischen den verschiedenen Segmenten und Abschnitten einer Seite hin und her zu springen.

Für den Textproduzenten bedeuten diese Anforderungen an die inhaltlich-kognitive Gestaltung auf mittlerer Ebene, dass Texte nicht nur für das World Wide Web im Allgemeinen aufbereitet werden müssen, sondern für eine ganz spezifische Seitengröße. Selbst wenn der Produzent auf einen bereits bestehenden Text zurückgreifen kann, ist oft noch eine Menge Arbeit notwendig, da in der Regel Inhaltsübersichten und Zusammenfassungen erstellt, sowie zusätzliche Überschriften und Zwischenüberschriften eingefügt werden müssen.

Bei der Anordnung der Inhalte empfiehlt es sich, das Wichtigste, oftmals die Konklusion eines Textes, an den Beginn zu stellen. Zum einen damit der Leser auf den ersten Blick entscheiden kann, ob ihn der Inhalt einer Webseite interessiert oder nicht und zum anderen damit er nicht beim Überfliegen den am Ende versteckten entscheidenden Gedanken übersieht. Da wissenschaftliche und erörternde Texte oft genau umgekehrt aufgebaut sind, das heißt, mit den Vorrausetzungen beginnen und mit der Konklusion enden, müssen sie für eine sinnvolle Integration in Webseiten vom Textproduzenten oft vollständig umgeschrieben werden.

Bei der Arbeit an der inhaltlich-kognitiven Gestaltung von Webseiten empfiehlt sich die Verwendung einer Wireframe-Version der Seite, die eine ähnliche Funktion erfüllt, wie der Einsatz von „greeked"-Text bei der sichtbar-materiellen Gestaltung. Die Wireframe-Version besitzt nur ein Minimum an grafischer Gestaltung. Sämtliche Bilder und multimedialen Elemente sind durch einfache Platzhalter ersetzt, um den Textproduzenten nicht von der Konzentration auf die inhaltlich-kognitiven Aspekte der Gestaltung abzulenken.[334]

In den frühen Phasen der Arbeit an einer Website ist der Einsatz von Wireframe-Versionen und „greeked"-Text außerordentlich sinnvoll, um den Textproduzenten kognitiv zu entlasten. Ist der Arbeitsprozess aber bis zu einem gewissen Punkt fortgeschritten, ist es unabdingbar, beide Versionen zusammenzuführen, so dass die sichtbar-materielle und kognitiv-inhaltliche Gestaltung aufeinander abgestimmt werden können. Diese Zusammenführung ist besonders dann ein kritisches Unterfangen und muss mit besonderer Sorgfalt erfolgen, wenn die sichtbar-materielle und die kognitiv-inhaltliche Seitengestaltung von verschiedenen Personen durchgeführt wurde.

Lokale Ebene

Bei der Gestaltung der lokalen Ebene muss der Textproduzent die Eigenheiten des Lesens am Monitor in besonderer Weise berücksichtigen, wie sie im zweiten Kapitel dieser Arbeit bereits ausführlich erörtert werden.

Leserlichkeit

Was die sichtbar-materielle Gestaltung auf lokaler Ebene betrifft, bedeutet dies vor allem Schriftart, Schriftgröße und Schrift-Hintergrund-Verhältnis so zu wählen, dass der Text für den Rezipienten möglichst gut und schnell zu lesen ist. Diese Aufgabe wird für den Textproduzenten dadurch erschwert, dass er die unterschiedliche Soft- und Hardwareausstattung verschiedener Nutzer berücksichtigen muss.

Verstehbarkeit

Die kognitiv-inhaltliche Gestaltung der lokalen Ebene betrifft die Verstehbarkeit der Texte, die auf ihrer syntaktischen und semantischen Struktur beruht. Durch den sinnvollen Einsatz Textsegmentinterner Kohäsionsmittel, sprachliche Einfachheit und eine an Inhalt und Zielgruppe angepasste Informationsdichte, kann der Textproduzent Texte erzeugen, die auch beim Scannen und Skimmen leicht zu erfassen sind. Allerdings kann es auch hierbei wieder notwendig werden, bereits bestehende Texte gründlich zu überarbeiten.

Zusatztexte

Zur Ausführungsphase gehört nicht nur die Erstellung der Texte, die für menschliche Benutzer gedacht und auf der Website selbst zu lesen sind. In vielen Fällen müssen zusätzliche Texte erstellt werden, die für den Erfolg einer Website ebenfalls von großer Bedeutung sind. Zur ersten Art solcher Texte gehören die sogenannten Metatags, die in Zusammenhang mit der Struktur von HTML-Dokumenten bereits erwähnt wurden. Metatags sind Einträge im Kopf eines HTML-Dokumentes, die vor allem von Crawlern und Spidern ausgewertet werden, den Programmen, mit deren Hilfe Suchmaschinen das World Wide Web ständig nach neuen Inhalten durchstöbern. Diese Metatags enthalten in der Regel Informationen über den Autor und das Erstellungsdatum der Seite, aber auch – was wichtiger ist – eine Liste von für die Seite relevanten Schlagwörtern und eine Kurzbeschreibung des Inhaltes. Diese Informationen werden von den verschiedenen Suchmaschinen in ganz unterschiedlicher Weise berücksichtigt, haben aber

---

[334] vgl. Onlinequellen: Bernard: Constructing User-Centered Websites

in vielen Fällen großen Einfluss darauf, welche Platzierung eine Website in der Trefferliste der jeweiligen Suchmaschine erhält. Teilweise wird die in den Metatags hinterlegte Kurzbeschreibung des Inhaltes von den Suchmaschinen in der Trefferliste mitangezeigt, so dass der Autor damit zusätzlich die Möglichkeit hat, zielgruppenorientiert über den Inhalt einer Website zu informieren.

Bei der Erstellung von Texten, die von Programmen ausgewertet werden, ist es notwendig zu berücksichtigen, dass diese die Bedeutung der Texte nicht verstehen; sie können (bislang) weder Synonyme einander zuordnen, noch die Bedeutung einer Metapher auflösen. Der Textproduzent sollte sich aus diesem Grund überlegen, unter welchen Begriffen seine Website von Suchmaschinen gefunden werden soll und dann diese Begriffe, zusammen mit ihren geläufigsten Synonymen, explizit sowohl in der Schlagwortliste als auch in der Kurzbeschreibung verwenden. Eine Kurzbeschreibung wie: „Sie suchen einen fahrbaren Untersatz? – Unsere Website bringt Sie in Schwung, ohne Ihr Konto zu belasten.", für einen Autohändler, der sich im World Wide Web präsentiert, hört sich vielleicht pfiffig an, ist aber für die Auswertung durch Suchmaschinen absolut ungeeignet, da sie keines der Worte enthält, die eine Person auf der Suche nach einem Autohändler im Internet vermutlich in eine Suchmaschine eingeben wird. Besser wäre eine Formulierung wie: „Autohandlung Müller in 88250 Weingarten – Fahrzeuge aller Art. Sie suchen ein günstiges Auto? Wir bieten Gebrauchtwagen zahlreicher Fabrikate, wie VW, Mercedes, BMW, Opel, etc." Diese Beschreibung mag zwar etwas hölzern klingen, aber dafür enthält sie die Schlagworte „Auto", „Fahrzeug"[335] und „Gebrauchtwagen" sowie diverse Markennamen, also die Begriffe, die ein Nutzer, der im World Wide Web nach einem Gebrauchtwagen sucht, mit großer Wahrscheinlichkeit in eine Suchmaschine eingeben wird. Auch für den Fall, dass ein Nutzer speziell nach der Autohandlung Müller oder nach einer Autohandlung in Weingarten sucht, ist mit dieser Beschreibung vorgesorgt.

Eine ähnliche Funktion wie die Kurzbeschreibungen in den Metatags erfüllen die Texte, die eingegeben werden können, wenn eine Website bei Suchkatalogen angemeldet wird. Oft können sogar die gleichen Texte wie in den Metatags verwendet werden. Durch die Einordnung der Seite in die Baumstruktur des Kataloges, die in der Regel durch den Textproduzenten vorgeschlagen und von einem für den Katalogbetreiber tätigen Redakteur bestätigt wird, ist es hier aber nicht so wichtig, auf die „Maschinenkonformität" der Texte zu achten. Bei Katalogen, die sich speziell an eine bestimmte Zielgruppe richten, empfiehlt sich vielmehr eine Anpassung an deren Eigenheiten und Bedürfnisse.

Sucht man nach einer Entsprechung zu diesen Zusatztexten im Bereich traditioneller Printformate, so findet man diese am ehesten in den Klappentexten von Büchern und in den Kurztexten, mit denen Büchern in Verlagsprospekten vorgestellt und beworben werden. Allerdings richten sich diese ausschließlich an Menschen, so dass bei ihrer Erstellung die Auswertbarkeit durch Maschinen nicht berücksichtigt werden muss. Im Printbereich werden diese Zusatztexte in der Regel nicht vom Buchautor, sondern von den Marketingspezialisten der Verlage erstellt. Im Bereich der Websitegestaltung muss der Produzent entscheiden, ob er diese für den Erfolg einer Website außerordentlich wichtige Aufgabe selbst übernehmen oder Spezialisten hinzuziehen möchte.

---

[335] Die meisten Suchmaschinen erkennen inzwischen Substantivflektionen, so dass es keine Rolle spielt, ob im Text „Fahrzeug" im Singular oder Plural verwendet wird.

Zusammenfassung

Die Darstellung der Entscheidungsprozesse, die auf globaler, mittlerer und lokaler Ebene in Bezug auf die sichtbar-materielle und inhaltlich-kognitive Gestaltung getroffen werden müssen, macht deutlich, mit welcher ungeheuren Komplexität sich der Produzent von Websites konfrontiert sieht. Strategien, um mit dieser kognitiven Belastung sinnvoll umzugehen, sind noch in der Entwicklung begriffen. Vor dem Hintergrund der besonderen Eigenschaften des Websiteformats und des Modells von Beaugrande, das die Parallelität verschiedener kognitiver Prozesse im Schreibprozess betont, scheint es jedoch eine Reihe sinnvoller Ansätze zu geben:
- Eine umfassende Vorbereitung der Ausführungsphase durch eine sorgfältig ausgeführte Planungsphase.
- Eine gute Strukturierung der Ausführungsphase, die je nach Anforderung des Projekts, den Produktionsprozess von der globalen über die mittlere hin zur lokalen Ebene organisiert (top-down) oder umgekehrt (buttom-up).
- Die kognitive Entlastung des Produzenten durch die zeitweise getrennte Bearbeitung der sichtbar-materiellen und kognitiv-inhaltlichen Gestaltung der Homepage.
- Eine weitere kognitive Entlastung durch die Verlagerung von Korrekturprozessen in eine sorgfältig durchgeführte Evaluationsphase, die den Produzenten davon entbindet, während der Auseinandersetzung mit der Komplexität der Websitegestaltung allzu sehr auf Rechtschreibfehler und Ähnliches zu achten.

Betrachtet man die in der Ausführungsphase anfallenden Tätigkeiten, so weist vieles darauf hin, dass sich ähnlich wie im Bereich der Printprodukte auch im Bereich der Websiteproduktion in Zukunft eine arbeitsteilige Vorgehensweise durchsetzten wird.

Evaluationsphase

Evaluieren und Überarbeiten

Die einfachste Form der Evaluation ist das bloße Durchlesen eines Textes durch den Autor selbst, das in der Regel während des Schreibprozesses immer wieder stattfindet. Oft wird ein Text auch nach seiner vorläufigen Fertigstellung nochmals als Ganzes durchgelesen und bei Bedarf überarbeitet. Mitunter werden in den Überarbeitungsprozess zusätzlich weitere Personen, wie Bekannte des Autors oder – im Bereich des professionellen Schreibens – geschulte Lektoren miteinbezogen. Der Maßstab, der an einen Text angelegt wird und der über die Güte des Textes sowie darüber entscheidet, ob eine weitere Überarbeitung notwendig ist, beruht dabei entweder auf den selbstgesetzten Zielen des Autors – oder, wenn es sich um eine Auftragsarbeit handelt, auf den Zielen der Auftraggeber.

Auch bei der Evaluation von Websites behält das wiederholte Durchlesen des Geschriebenen während der Produktionsphase seine Bedeutung. Dass das nicht genug ist, müsste aber aus dem bisher Gesagten bereits klar hervorgegangen sein. Da sich das Lesen von Websites deutlich vom Lesen gedruckter Texte unterscheidet, ist es notwendig, zahlreiche Aspekte, die bei der Überarbeitung gedruckter Texte keine Rolle spielen, in den Evaluationsprozess miteinzubeziehen.

Evaluation mit Hilfe des Rasters zur Analyse von Websites

Das in dieser Arbeit entwickelte Raster zur Analyse von Websites eignet sich sehr gut als Hilfsmittel bei der Evaluation. In einem ersten Schritt kann diese Evaluation vom Textproduzenten selbst durchgeführt werden, wobei wieder der Rückgriff auf die bereits im vorherigen Abschnitt erwähnten „greeked"-Text und Wireframe Versionen einer Website sinnvoll ist, um dem Korrekturlesenden die Konzentration auf die sichtbar-materiellen bzw. kognitiv-inhaltlichen Aspekte der Website zu erleichtern. Auch hierbei sollten, wie in der Ausführungsphase, die drei Kohärenzebenen in einer festgelegten Reihenfolge durchlaufen werden. Die Überarbeitung einer Website durch den Textproduzenten selbst wird jedoch in den meisten Fällen nicht ausreichen, da er sich auf Grund seiner Vertrautheit mit Inhalt und Struktur der Website nur schwer in die Situation von Rezipienten hineinversetzen kann, welche die Website zum ersten Mal besuchen. Deswegen sollte die Website zusätzlich von Experten evaluiert werden die an der Entwicklung der Website nicht beteiligt waren und die mit den Gründen für das Scheitern und Gelingen von Kommunikationsprozessen im Allgemeinen, sowie mit den Eigenheiten des Lesens und Schreibens im World Wide Web im Besonderen vertraut sind. Auf Grund ihrer Erfahrung haben sie in der Regel ein scharfes Auge für die Probleme, die beim Erstellen von Websites auftreten können und sind so in der Lage, entsprechende Hinweise zur Verbesserung zu geben.

Wird das Analyseraster zur Evaluation von Websites durch den Textproduzenten oder Experten eingesetzt, so ist es sinnvoll es zu einer Checkliste zu erweitern, in die zusätzlich einige der Aspekte einfließen, die in diesem Kapitel in Bezug auf das Schreiben im Websiteformat und die Erstellung von Websites erörtert wurden. Besonders wenn Websites von Experten analysiert werden sollen, die an deren Erstellung nicht beteiligt waren, ist es wichtig, diesen eine Reihe von Informationen über den Entstehungsprozess der Website zur Verfügung zu stellen:

- Welche Person oder Institution hat die Website in Auftrag gegeben?
- Mit welchem Ziel, bzw. welchen Zielen wurde die Website erstellt?
- Welche Zielgruppe soll mit der Website erreicht werden?
- Wann wurde die Website ursprünglich erstellt und in welchem Umfang wurde sie seitdem verändert und überarbeitet?
- Welche Personen haben an der Gestaltung der Website mitgewirkt und welche Aufgaben haben Sie dabei übernommen?
- Mit Hilfe welcher Werkzeuge: Editoren, Grafikprogramme etc. wurde die Website erstellt?
- Wie wurde die Website bekannt gemacht?
- Gibt es bereits Rückmeldungen zur Website in Form von Webserverstatistiken, Gästebucheinträgen, E-Mails und Erwähnungen in anderen kommunikativen Formaten?
- Von welchen Websites führen Links auf die zu analysierende Website?

Eine Bewertung der sprachlich-kognitiven und sichtbar-materiellen Aspekte einer Website ist zwar auch allein auf Grund des Analyserasters möglich, diese zusätzlichen Informationen erleichtern es aber dem Analysten die Ursache von Problemen zu identifizieren und Hinweise zur Problembeseitigung zu geben. Eine Checkliste, die auf diesen Überlegungen beruht, findet sich im Anhang dieser Arbeit.

Evaluation durch Angehörige der Zielgruppe

Die auf Grund der Rückmeldung solcher Experten überarbeitete Website sollte schließlich noch von einer Gruppe von Testpersonen evaluiert werden, die in ihrer Zusammensetzung möglichst der Zielgruppe entspricht, die mit der Website erreicht werden soll. Da, wie bereits erwähnt, im Word Wide Web die Gruppe der Nutzer, die sich von sehr allgemeinen Zielen, wie dem Wunsch nach Zerstreuung und Unterhaltung leiten lassen und derjenigen, die gezielt nach bestimmten Informationen suchen, ungefähr die Waage halten, sollten auch hier beide gleichermaßen berücksichtigt werden. Das heißt, dass ein Teil der Testpersonen lediglich den Auftrag erhält, sich auf der Website umzusehen, während der andere Teil Arbeitsaufträge erhält, die sich an den Zielen orientieren, die der Textproduzent seiner Zielgruppe unterstellt.

Durch die Aufzeichnung des Nutzerverhaltens am Computer, lässt sich die Verweildauer auf einzelnen Seiten und die Zeit sowie die Anzahl der Mausklicks, die zur Bearbeitung der verschiedenen Aufgaben benötigt werden, objektiv erheben. Diese objektiven Daten geben wichtige Hinweise auf Probleme mit der Navigation und der Seitenstruktur. Brauchen z.B. mehrere Probanten für die Suche nach vermutlich häufig benötigten Informationen relativ lange, so besteht dringender Änderungsbedarf an der Navigation oder Struktur der Website.

Während der Nutzung der Website können die Probanten außerdem zum „lauten Denken" aufgefordert und ihre Kommentare aufgezeichnet werden. Auch aus den so entstehenden Aufzeichnungen lassen sich sehr präzise Hinweise auf Schwachstellen einer Website gewinnen. Zusätzlich ist es möglich im Anschluss an die Nutzung den subjektiven Eindruck der Probanten mit Hilfe von Interviews oder Fragebögen zu erheben. Auf diese Weise kann der Textproduzent erfahren, ob die Website die Bedürfnisse der Zielgruppe erfüllt, ob Inhalte vermisst oder als überflüssig empfunden werden und schließlich, ob das „Look and Feel" der Website bei der Zielgruppe ankommt.

Das Analyseraster sollte bei der Evaluation durch Angehörige der Zielgruppe nicht eingesetzt werden, weil durch den Einsatz eines komplexen Analyserasters die spontane und subjektive Reaktion der Rezipienten auf eine Website in erheblicher Weise beeinflusst und das Ergebnis der Evaluation dadurch verfälscht wird.

Evaluation nach der Veröffentlichung

Wenn eine Website auf diese Weise mit einer ausreichend großen Gruppe von Probanten getestet und auf Grund dieser Evaluation überarbeitet wurde, kann sie schließlich ruhigen Gewissens ins Netz gestellt werden, was aber keineswegs das Ende des Evaluationsprozesses bedeutet. In der nun folgenden Zeit müssen zum einen die direkten Rückmeldungen der Nutzer über E-Mail, Foren, Gästebücher, etc. und zum anderen die Websitestatistiken ausgewertet werden. An Hand der direkten Rückmeldungen lässt sich erkennen, in wie weit die Website von der Zielgruppe angenommen wird. Mit Hilfe der Websitestatistiken hingegen lässt sich erheben, wie viele Besucher wann, wie lange welche Webseite besuchten, woher sie kamen, wohin sie gingen und welchen Browser sie dabei verwendeten. Sollte dabei z.B. vom Betreiber eines Webshops festgestellt werden, dass innerhalb der letzten Woche von hundert Nutzern Waren in den Warenkorb gelegt worden sind, aber nur fünfzehn Nutzer den Bestellvorgang abgeschlossen haben, dann ist dies vermutlich ein Hinweis darauf, dass das verwendete Bestellformular dringend einer Überarbeitung bedarf.

Nachdem die Website bei den einschlägigen Suchmaschinen und Katalogen angemeldet wurde und einige Wochen im Netz stand, können die Informationen darüber, wie viele Nutzer auf den einzelnen Seiten einer Website landen und woher sie kommen, auch dazu verwendet werden, zu überprüfen, wie gut eine Website mit anderen Seiten vernetzt ist. Gleichzeitig ist der Einsatz sogenannter Ranking-Tools sinnvoll, die in Abhängigkeit von verschiedenen Suchbegriffen testen, an welcher Stelle der Trefferliste einer Suchmaschine eine Website geführt wird. Das Ergebnis einer solchen Erhebung kann die Notwendigkeit aufzeigen, die Website in Bezug auf die Auffindbarkeit in Suchmaschinen zu optimieren.

Zusammenfassung

Betrachtet man den Prozess der Evaluation und Überarbeitung von Websites als Ganzes, so kann man ihn in vier Phasen gliedern, wie sie in der untenstehenden Abbildung dargestellt sind. Der zeitliche und personelle Aufwand, der notwendig ist, um alle vier Phasen der Evaluation und Überarbeitung sorgfältig durchzuführen, wird das, was privaten Websiteproduzenten und selbst kleinen gewerblichen Produzenten möglich ist, mit Sicherheit oft übersteigen. Dennoch sollte, auch wenn die Ressourcen knapp sind, die Bedeutung der Evaluation und Überarbeitung von Websites nicht unterschätzt werden. Die Möglichkeit ständig Rückmeldungen entgegenzunehmen, Websites auf Grund dieser Rückmeldungen zu verbessern und fast ohne Verzögerung in überarbeiteter Form der Öffentlichkeit zugänglich zu machen, stellt eine der großen Stärken des Formats dar.

Überblick über die Evaluation und Überarbeitung von Websites

Phase 1: Evaluation durch den/die Textproduzenten selbst ➔ Überarbeitung
Phase 2: Evaluation durch unabhängige Experten ➔ Überarbeitung
Phase 3: Evaluation durch Testpersonen, die der Zielgruppe entsprechen ➔ Überarbeitung
Phase 4: Evaluation durch die tatsächlichen Nutzer ➔ Überarbeitung

---

Überblick über die Evaluation und Überarbeitung von Websites

Diese Möglichkeit zur ständigen Überarbeitung von Texten im öffentlichen Raum hat aber auch ihre Nachteile. So verschwindet der Text als fertiges Produkt immer mehr im steten Wandel des Vorläufigen. Auflagen, die der Entwicklung von Büchern eine klare Struktur geben oder Textversionen und -fassungen, wie sie die Editionswissenschaft dokumentiert, lassen sich praktisch nicht mehr ausmachen. Das bedeutet, dass der statische Bezug auf Websites mittels Zitat und Quellenangabe nur unter erschwerten Bedingungen möglich ist. Zum Fundort eines Zitats muss hier stets auch die genaue Fundzeit angegeben werden, weil jedes Dokument im World Wide Web vom einen auf den anderen Moment verändert oder ganz entfernt werden kann.[336] Und selbst das ist unbefriedigend, lässt sich doch im Nachhinein, außer mit Hilfe dokumentierender Ausdrucke kaum noch nachweisen, dass ein bestimmtes Zitat wirklich zu einer bestimmten Zeit auf einer bestimmten Website zu finden war. Ted Nelson, der Entwickler des Hypertextsystems Xanadu[337], sah diese Schwierigkeiten voraus und plante für Xanadu ein System, das die im Überarbeitungsprozess entstehenden Versionen eines Dokumentes automatisch verwalten und parallel abrufbar halten sollte.[338] Aus den im Abschnitt „Hypertext – die strukturelle Grundlage des World Wide Web" dieser Arbeit genannten Gründen, setzte sich aber Tim Berners-Lees Konzeption des World Wide Web, gegen Nelsons Xanadu durch, so dass das globale Hypertextsystem bis heute

---

[336] Runkehl u. Siever 2001 setzen sich ausführlich mit der Problematik des Zitierens von Texten im World Wide Web auseinander.
[337] vgl. den Abschnitt „Die strukturelle Grundlage des World Wide Web" dieser Arbeit
[338] vgl. Onlinequellen: Projekt Xanadu

keine Versionsverwaltung besitzt. Was als Ausweg bleibt, ist die Verwendung von dynamischen Verweisen mit Hilfe von Links, wodurch aber auch der Verweisende zur ständigen Pflege und Überarbeitung seiner Dokumente gezwungen ist, da sich die Inhalte der verlinkten Dokumente jederzeit ändern und dadurch Veränderungen auch am Ausgangsdokument der Links notwendig machen können. Auf diese Weise ist die ständige Überarbeitung und Veränderung gleichermaßen Segen und Fluch des World Wide Web.

Ausblick

Es hat sich gezeigt, dass die Planung, Erstellung und Überarbeitung von Texten im Websiteformat in vielen Aspekten komplexer ist, als die Planung, Erstellung und Überarbeitung von Texten für andere Formate. Dennoch reichen die traditionellen Modelle von Hayes und Flower, Bereiter und Beaugrande aus, um die Problematik, vor der ein Textproduzent hier steht, erfassen zu können, wenn man sie ihren jeweils spezifischen Stärken gemäß berücksichtigt. Auch lassen sich aus diesen Modellen einige wichtige Hinweise ableiten, die dem Textproduzenten als Hilfestellung beim Umgang mit dieser komplexen Situation dienen können. Worüber die Modelle jedoch nichts aussagen, ist, wie Textproduzenten beim Erstellen von Internetseiten tatsächlich vorgehen. Dies zu leisten wäre Aufgabe zukünftiger empirischer Untersuchungen.

Vieles spricht dafür, dass in Zukunft die Unterschiede zwischen den Websites von Amateuren, die alles selbst machen und arbeitsteilig erstellten professionellen Websites immer deutlicher sichtbar werden. Damit würden auch Teile des World Wide Web, das in der Vision von Tim Berners-Lee ein Format des gegenseitigen Austauschs sein sollte, Züge eines Massenmediums annehmen, das von wenigen professionellen Produzenten für eine ungleich größere Menge an selbst nicht produktiv tätigen Rezipienten erstellt wird. Eine Gegenbewegung stellen die im Abschnitt über die Schreibwerkzeuge bereits erwähnten Web-Logs dar. Diese mit einem Minimum an Kenntnissen und Aufwand zu erstellenden Onlinetagebücher stellen eine Einladung an alle dar, das World Wide Web im Sinne von Berners-Lee zu nützen.

Während bei der arbeitsteiligen Produktion von Websites heute Aufgabengebiete und Zuständigkeitsbereiche häufig noch ad hoc festgelegt werden, je nach dem, was die einzelnen Projektmitarbeiter können, ist für die Zukunft, ähnlich wie bei der Produktion von Printprodukten, eine Unterteilung in verschiedene Berufe mit klar umrissenen Zuständigkeitsbereichen zu erwarten. Auch die Angehörigen dieser Berufe müssen jedoch neben ihrem Spezialwissen über ein gemeinsames Grundwissen verfügen, um die Kooperation im Produktionsprozess zu ermöglichen. Ebenso ist zu erwarten, dass sich aus rationellen Gründen feste Strukturen herausbilden werden, an denen sich der Produktionsablauf orientiert und die Schnittstellen für den Austausch der verschiedenen Spezialisten vorsehen. Es ist schlicht zu zeitaufwendig den Produktionsprozess bei jedem neuen Projekt von Grund auf neu zu strukturieren.

Auf Grund der Anforderungen, welche die Produktion von Websites stellt, lässt sich die Herausbildung von fünf bis sechs Berufsbildern prognostizieren:[339]
- *Webproduzent*: Es wird Spezialisten geben, die sich um die Planung und Koordination einer Website kümmern. Sie begleiten eine Website vom ersten Kundenkontakt,

---

[339] Im Folgenden werden bewusst nicht die gängigen Bezeichnungen bereits vorhandener Webberufe verwendet, um deutlich zumachen, dass es sich nicht um die Beschreibung der aktuellen Berufsbilder, sondern um eine Prognose für die Zukunft handelt.

bis zur Endabnahme. Ihre Aufgabe ist es die Website zu planen und ihre Ausführung unter Hinzuziehung entsprechender Spezialisten aus den Bereichen Text, Gestaltung und Technik zu koordinieren sowie die Evaluation und Überarbeitung der Website zu überwachen. Die Rolle dieser Spezialisten ähnelt der Rolle des Architekten beim Bau eines Hauses. Sie müssen entscheiden was ihm Rahmen eines bestimmten Projektes sinnvoll und möglich ist und benötigen aus diesem Grund ein besonders umfassendes Wissen über das Websiteformat.

- *Webtexter*: Für die inhaltlich-kommunikative Gestaltung von Websites bedarf es Spezialisten, die sich vor allem mit den Besonderheiten des Lesens und Schreibens im Websiteformat auskennen und in der Lage sind auf der Grundlage dieses Wissens zielgruppenorientierte Texte zu verfassen.
- *Webgestalter*: Mit dem Webtexter kooperiert der Webgestalter, der für die sichtbar-materielle Ausführung einer Website zuständig ist. Webtexter und Webgestalter müssen eng zusammenarbeiten, um eine gute Abstimmung von inhaltlich-kognitiver und sichtbar-materieller Gestaltung sicherzustellen.
- *Webtechniker*: Für die Umsetzung der Vorschläge bzw. Rohfassungen von Webtextern und Webgestaltern auf hohem technischem Niveau sind Webtechniker zuständig, die Spezialisten für die technischen Grundlagen und Möglichkeiten des Websiteformats sind.
- *Webtester*: Um Websites zu testen, zu evaluieren und Hinweise zu ihrer Verbesserung machen zu können, wird es spezialisierte Webtester geben, die sich besonders mit den kommunikativen Besonderheiten des Websiteformats auskennen. Während Webtexter und Webgestalter vom Webproduzent möglichst früh in den Produktionsprozess miteinbezogen werden sollten, kommen Webtester erst spät zum Zug und sind an der Planung und Ausführung einer Website zunächst nicht beteiligt, damit sie sich ein unvoreingenommenes Urteil bilden können.
- *Webvermarkter*: Alles was dazu dient Websites bekannter und erfolgreicher zu machen, fällt in den Zuständigkeitsbereich der Webvermarkter. Ihnen obliegt es für ein hohes Ranking der Website in den verschiedenen Suchmaschinen und für eine Verlinkung in Suchkatalogen und anderen Websites zu sorgen. Sie sorgen auch dafür, dass Websites in Zeitung und Fernsehen Erwähnung finden und sind für eine langfristige Bindung von Besuchern an Websites zuständig. Um diese Aufgaben erfüllen zu können, müssen sie besonders gut über Zielgruppenorientierung und die Ausdifferenzierung von Zielen bescheid wissen und auf dieser Grundlage eng mit Webtextern und Webtechnikern zusammenarbeiten. Webvermarkter sind noch lange nach der Veröffentlichung mit der Betreuung einer Website beschäftigt.

In wie weit sich diese Berufsbilder tatsächlich in der Weise herausbilden, die hier prognostiziert wird, könnte ein Ansatzpunkt für weiterführende empirische Untersuchungen an der Schnittstelle von Sprach- und Gesellschaftswissenschaften sein.

Wegen der besonderen Anforderungen des Websiteformats wird auch nach der Herausbildung von Berufsbildern mit einer klaren Abgrenzung der jeweiligen Zuständigkeitsbereiche und einem konventionalisierten Ablauf des Produktionsprozesses, die Websiteproduktion immer komplexer sein und flexibler bleiben müssen, als die für Printprodukte üblichen Produktionsprozesse. Welche Möglichkeiten es gibt, sich die Kenntnisse anzueignen, die notwendig sind, um diesen komplexen Produktionsprozess zu meistern, wird im nächsten Kapitel erörtert.

Webdidaktik

In der Informationsgesellschaft, in der wir heute leben, besitzt Literalität eine große Bedeutung. Schrift durchzieht alle Bereiche des gesellschaftlichen Lebens und beherrscht die Arbeitswelt ebenso wie den Freizeitbereich. Selbst kommunikative Formate, bei denen das Lesen und Schreiben auf den ersten Blick keine große Rolle spielt, wie das Fernsehen oder DVDs, besitzen eine Verbindung zur Schrift, sei es die Fernsehzeitschrift, die zur gezielten Programmauswahl benötigt wird oder das Auswahlmenü der DVD. Der Prozess der Literalisierung in der Schule ist hoch institutionalisiert und für alle Heranwachsenden verbindlich vorgeschrieben. Illiteralität ist ein Stigma und wird von den Betroffenen aus Angst vor Ausgrenzung so gut wie möglich verborgen. Dabei gibt es nach Angaben des Bundesverbandes Alphabetisierung in Deutschland unter den Erwachsenen immerhin um die vier Millionen funktionelle Analphabeten.[340] Eine gut ausgebildete Lese- und Schreibfähigkeit eröffnet andererseits den Weg in gut bezahlte Berufe und zu gesellschaftlichem Ansehen. Durch die wachsende Verbreitung von Computern im privaten und beruflichen Bereich und nicht zuletzt durch das Wachstum des World Wide Web, das immer mehr gesellschaftliche Funktionen übernimmt, hat die Literalität in den letzten Jahren zusätzlich an Bedeutung gewonnen. Das Schreiben von Texten für und das Gestalten von Websites stellt die Schreibenden dabei vor neue Herausforderungen.

In diesem Kapitel soll begründet werden, warum die zunehmende gesellschaftliche Bedeutung des World Wide Web es notwendig macht, der Gestaltung von Websites in der Schule einen festen Platz einzuräumen. Zunächst werden dazu vor dem Hintergrund gesellschaftlicher Veränderungen und der aktuellen bildungspolitischen Debatte die Gründe für eine Behandlung von Websitegestaltung im Schulunterricht herausgearbeitet und die Ziele dargestellt, die damit erreicht werden sollen. Anschließend wird auf der Grundlage der Erkenntnisse, die in dieser Arbeit über das Lesen und Schreiben im World Wide Web gesammelt wurden, erörtert, welche Kompetenzen zum Erstellen von Websites benötigt werden und wie diese zusammenhängen. Darauf aufbauend werden die Mindestanforderungen dargestellt, die von den Schülern erreicht werden müssen, um die gesellschaftlich erwünschten Ziele sinnvoll umzusetzen. Für die Gestaltung eines Unterrichts, der es den Schülern erlaubt, diese Mindestanforderungen zu erreichen, müssen an den Schulen die notwendigen Rahmenbedingungen geschaffen werden. Daher wird zu erörtern sein, welchen organisatorischen Rahmen die Gestaltung von Websites in der Schule erfordert und wie sich die damit zusammenhängenden Inhalte am besten in das bestehende Fächerspektrum integrieren lassen.

Diese Arbeit schließt damit an die Diskussion um nationale Bildungsstandards an, wie sie in der Expertise des Bundesministeriums für Bildung und Forschung[341] dargestellt und momentan in den verschiedenen Fachdidaktiken geführt wird und arbeitet Bildungsstandards für den Bereich der Websitegestaltung aus. Aus diesem Grund soll das Verständnis von Bildungsstandards, wie es aus der Expertise hervorgeht, zunächst kurz dargestellt werden.

---

[340] vgl. Döbert u. Hubertus 2000
[341] vgl. Klieme u.a. 2003

Bildungsstandards

Warum sind nationale Bildungsstandards notwendig?

Die Ergebnisse internationaler Vergleichsstudien wie TIMSS oder PISA haben in den letzten Jahren dazu geführt, dass die Leistungsfähigkeit des deutschen Bildungssystems zunehmend in Frage gestellt und ihm ein großer Reformbedarf attestiert wurde. Als eine Ursache der Missstände wurde eine jahrzehntelange Vernachlässigung der wissenschaftlichen Evaluation der Lernergebnisse an deutschen Schulen identifiziert: „Wurde unser Bildungssystem bisher hauptsächlich durch den ‚Input' gesteuert, d.h. durch Haushaltspläne, Lehrpläne und Rahmenrichtlinien, Ausbildungsbestimmungen für Lehrpersonen, Prüfungsrichtlinien usw., so ist nun immer häufiger davon die Rede, die Bildungspolitik und die Schulentwicklung sollten sich am „Output" orientieren, d.h. an den Leistungen der Schule, vor allem an den Lernergebnissen der Schülerinnen und Schüler."[342] Bildungsstandards erlauben es, Input- und Outputsteuerung miteinander zu verbinden, indem sie auf der Grundlage der politisch gewollten Bildungsziele festlegen, welche Kompetenzen die Schüler bis zu einer bestimmten Jahrgangsstufe mindestens erworben haben müssen und diese Kompetenzen so konkret beschreiben, dass sie zu Aufgabenstellungen umgesetzt und mit Hilfe von Testverfahren überprüft werden können.[343] Bildungsstandards haben in diesem Zusammenhang also eine doppelte Funktion: Sie helfen den Lehrkräften und Schulen, die angestrebten Bildungsziele im Unterricht umzusetzen, indem sie in Form von Kompetenzmodellen ein verbindliches Referenzsystem schaffen, das viel Freiraum für die individuelle Planung lässt. Gleichzeitig erlauben sie die systematische Erfassung und Bewertung von Lernergebnissen und machen es damit möglich, festzustellen, in wie weit die angestrebten Bildungsziele durch das Bildungssystem tatsächlich erreicht werden.[344]

Was sind Bildungsstandards?

„Im Grunde lässt sich die Funktion von Bildungsstandards mit einem Satz beschreiben: *Sie arbeiten in klarer und konzentrierter Form heraus, worauf es in unserem Schulsystem ankommt.*"[345] Um diese Funktion erfüllen zu können, müssen Bildungsstandards gewissen Anforderungen genügen. In der Expertise „Zur Entwicklung nationaler Bildungsstandards" des Bundesministeriums für Bildung und Forschung heißt es: „Nationale Bildungsstandards formulieren verbindliche Anforderungen an das Lehren und Lernen in der Schule. [...] Bildungsstandards benennen präzise, verständlich und fokussiert die wesentlichen Ziele der pädagogischen Arbeit, ausgedrückt als erwünschte Lernergebnisse der Schülerinnen und Schüler. Damit konkretisieren sie den Bildungsauftrag, den die Schule zu erfüllen hat."[346] Bildungsstandards beruhen also auf gesellschaftlichen und pädagogischen Zielentscheidungen, konkretisieren diese unter Berücksichtigung wissenschaftlicher Aussagen zum Aufbau von Kompetenzen und bilden auf diese Weise die Grundlage für die Entwicklung von Aufgaben und Tests.[347]

---

[342] Klieme u.a. 2003: S. 11f
[343] vgl. Klieme u.a. 2003: S. 9
[344] vgl. Klieme u.a. 2003: S. 9f
[345] Klieme u.a. 2003: S. 47
[346] Klieme u.a. 2003: S. 9
[347] vgl. Klieme u.a. 2003: S. 19

Damit Bildungsstandards das leisten können, müssen sie einer Reihe von Kriterien genügen:
- *Fachlichkeit*: Die Bildungsstandards orientieren sich an den Kernideen der einzelnen Fächer und arbeiten diese so gut wie möglich heraus.[348]
- *Fokussierung*: Im Gegensatz zu vielen bisherigen Lehrplänen und Curricula konzentrieren Bildungsstandards sich auf die verbindlichen, zentralen Aspekte eines Fachbereichs und lassen darüber hinaus Raum für Variationen.[349]
- *Kumulativität*: Bildungsstandards gehen über die Beschreibung des Lernstoffes für einzelne Unterrichtseinheiten oder Schuljahre hinaus: „Sie legen fest, welche Kompetenzen *bis* zu einem bestimmten Zeitpunkt *insgesamt* erworben sein müssen."[350] Dadurch soll sichergestellt werden, dass „Inhalte und Prozesse aufeinander aufbauen, systematisch vernetzt, immer wieder angewandt und aktiv gehalten werden."[351]
- *Verbindlichkeit für alle*: Bildungsstandards legen Mindestanforderungen fest, die für alle Schüler der verschiedenen Schularten gelten. Dadurch soll verhindert werden, dass Leistungsschwächere zurückgelassen werden.[352]
- *Differenzierung*: Die in Niveaustufen und Teilkompetenzen aufgeschlüsselten Kompetenzmodelle machen es für einzelne Länder, Schulen und Schularten möglich Profile zu bilden, indem sie über die Mindestanforderungen heraus höhere Anforderungen an leistungsstärkere Schüler stellen. Diese Profile sind allerdings nicht in den Bildungsstandards selbst festgelegt.[353]
- *Verständlichkeit*: „Die Bildungsstandards sind klar, knapp und nachvollziehbar formuliert."[354]
- *Realisierbarkeit*: „Die Anforderungen stellen eine Herausforderung für die Lernenden und die Lehrenden dar, sind aber mit realistischem Aufwand erreichbar."[355]

Kompetenzen und Kompetenzmodelle

Die in den Bildungsstandards verwendeten Kompetenzmodelle schlüsseln Kompetenzen nach Teilkompetenzen und Niveaustufen auf, um auf diese Weise die Grunddimensionen der Lernentwicklung in einem Gegenstandsbereich abzubilden.[356] Sie beschreiben dadurch zum einen, welche Kenntnisse von Schülern in den verschiedenen Altersstufen und Fachbereichen erwartet werden und zum anderen, welche Wege zur Entwicklung dieser Kenntnisse führen.[357] Die Anforderungen, die dabei in den Kompetenzmodellen festgelegt werden, müssen zumutbar, sowohl in Bezug auf den Bildungsauftrag als auch unter fachdidaktischen Gesichtspunkten begründbar und mit Hilfe von Testverfahren überprüfbar sein. Darüber hinaus sollen die Kompetenzmodelle auch beschreiben, „in welchen Kontexten, bei welchen Altersstufen und unter welchen Einflüssen sich die einzelnen Kompetenzbereiche entwickeln"[358], um den Schulen eine entsprechende Umsetzung zu erleichtern.

---

[348] vgl. Klieme u.a.: S. 25f
[349] vgl. Klieme u.a.: S. 26
[350] Klieme u.a. 2003: S. 26 (Hervorhebung dort)
[351] Klieme u.a. 2003: S. 27
[352] vgl. Klieme u.a.: S. 27f
[353] vgl. Klieme u.a.: S. 28f
[354] Klieme u.a. 2003: S. 25
[355] Klieme u.a. 2003: S. 25
[356] vgl. Klieme u.a. 2003: S. 21f
[357] vgl. Klieme u.a. 2003: S. 71
[358] Klieme u.a. 2003: S. 23

Die Autoren der Expertise zur Entwicklung nationaler Bildungsstandards verstehen unter Kompetenzen „die bei Individuen verfügbaren oder von ihnen erlernbaren kognitiven Fähigkeiten und Fertigkeiten, bestimmte Probleme zu lösen, sowie die damit verbundenen motivationalen, volitionalen und sozialen Bereitschaften und Fähigkeiten, die Problemlösungen in variablen Situationen erfolgreich und verantwortungsvoll nutzen zu können. Kompetenz ist nach diesem Verständnis eine Disposition, die Personen befähigt, bestimmte Arten von Problemen erfolgreich zu lösen, also konkrete Anforderungssituationen eines bestimmten Typs zu bewältigen."[359]

Betrachtet man den Kompetenzbegriff genauer, so lassen sich zwei Aspekte herausarbeiten, die in dieser Definition nicht klar voneinander abgegrenzt werden. Zum einen gibt es die Kompetenzen, über welche die Schüler bereits verfügen und die mit Hilfe geeigneter Aufgabenstellungen empirisch erhoben werden können. Zum anderen gibt es die normativ festgelegten Kompetenzen, deren Beherrschung zu einem bestimmten Zeitpunkt von den Schülern erwartet wird. Aufgabe der Schule ist es, dafür zu sorgen, dass die Schüler empirisch feststellbare Kompetenzen entwickeln, die den Erwartungen entsprechen, welche durch die politisch festgelegten Bildungsziele gesetzt werden.

Die Kompetenzen der Schüler lassen sich empirisch nur mit Hilfe von Aufgaben, also in Bezug auf konkrete Anforderungssituationen erfassen. Solche Anforderungssituationen bringen es mit sich, dass zu ihrer Bewältigung eine einzelne Kompetenz oder gar Teilkompetenz zumeist nicht ausreicht, sondern dass dazu das Zusammenwirken eines ganzen Spektrums verschiedener Kompetenzen notwendig ist.

Das komplexe Zusammenwirken von Kompetenzen und Teilkompetenzen bei der Bewältigung konkreter Aufgaben wird von sogenannten Kompetenzmodellen beschrieben.[360] Dabei spielt neben dem parallelen Zusammenwirken verschiedener Kompetenzen die Berücksichtigung von Kompetenzstufen eine entscheidende Rolle. „Jede Kompetenzstufe ist durch kognitive Prozesse und Handlungen von bestimmter Qualität spezifiziert, die Schülerinnen und Schüler auf dieser Stufe bewältigen können, nicht aber auf niedrigeren Stufen."[361]

In der Expertise zur Entwicklung nationaler Bildungsstandards wird weiter davon ausgegangen, dass sich höhere Kompetenzstufen in einem Fachbereich unter anderem durch zwei Charakteristika auszeichnen:
- Zunächst lediglich deklarativ abrufbares Wissen wird nach und nach prozeduralisiert und wandelt sich dadurch in Können.
- Die einzelnen Wissenselemente werden zunehmend miteinander vernetzt und eine Reflektion über die Struktur und die Anwendbarkeit des eigenen Wissens wird möglich. – Metawissen entwickelt sich.[362]

Teilweise mag der Wissenserwerb auf diese Weise stattfinden, insgesamt zeigt sich hier in der Expertise jedoch eine sehr simplifizierte Sichtweise auf das Zusammenspiel von Wissen und Können. So gibt es viele Fälle, in denen Menschen etwas können, ohne sich vorher entsprechendes deklaratives Wissen angeeignet zu haben, z.B. beim Erlernen des Fahrradfahrens. Das Können wird in solchen Fällen durch Nachahmung oder

---
[359] Weinert 2001: S. 27f, zitiert nach Klieme u.a. 2003: S. 72
[360] Kliene u.a. 2003: S. 74
[361] Kliene u.a. 2003: S. 76
[362] Kliene u.a. 2003: S. 78f

durch die Verfolgung von Versuchs- und Irrtumsstrategien erlangt. Zur Entwicklung von Metawissen muss darüber hinaus gesagt werden, dass dieses nicht zwangsläufig dadurch entsteht, dass ein hohes Maß an deklarativem Wissen und Handlungskompetenz in einem Fachbereich vorhanden ist, sondern einen Akt der Reflexion voraussetzt. So beruht besonders die Handlungskompetenz von Experten oft auf implizitem Wissen, dass von diesen zwar intuitiv angewendet, aber nicht in Worten ausgedrückt oder gar in Regeln gefasst werden kann.[363] Für die Schule taugliche Kompetenzmodelle müssen diese verschiedenen Ausprägungen von Kompetenzen und die komplexen Zusammenhänge zwischen ihnen berücksichtigen, ohne sie auf den Dreischritt: deklaratives Wissen, Handlungswissen, metakognitives Wissen zu verkürzen. Das in dieser Arbeit vorgestellte Modell der Entwicklung von Schreibstrategien nach Bereiter ist ein gutes Beispiel für ein Kompetenzmodell, in dem sowohl die zunehmende Proceduralisierung und Automatisierung von Wissen, als auch die Vernetzung verschiedener Kompetenzen deutlich hervortreten, ohne dass die Zusammenhänge übermäßig simplifiziert werden.

Kompetenzmodelle lassen sich zunächst auf Grund einer gründlichen Analyse des Gegenstandsbereiches aufstellen. Wissenschaftlich besitzen sie damit jedoch lediglich den Status einer begründeten Hypothese. Mit Hilfe geeigneter Aufgabenstellungen muss in empirischen Studien überprüft werden, ob die einzelnen Kompetenzen und Teilkompetenzen wirklich in der Art zusammenhängen und aufeinander aufbauen, wie es das Kompetenzmodell vorhersagt. Abhängig vom Ausgang dieser empirischen Überprüfung muss das Kompetenzmodell gegebenenfalls ausdifferenziert oder angepasst werden.

Ist ein Kompetenzmodell auf diese Weise empirisch bestätigt, können auf seiner Grundlage Bildungsstandards aufgestellt und Testverfahren zu ihrer Überprüfung entwickelt werden. Diese Testverfahren müssen sowohl die Teilaspekte als auch die Niveaustufen der Kompetenzmodelle in angemessener Weise berücksichtigen.[364]

Da die Kompetenzmodelle zwar empirisch überprüft, die Bildungsstandards jedoch normativ festgelegt wurden, muss nun auf der Grundlage der Testergebnisse nochmals überprüft werden, ob die in der Schule herrschenden Bedingungen den Schülern erlauben, die Standards zu erfüllen. Ist dies nicht der Fall, müssen entweder die Lehr- und Lernbedingen in der Schule entsprechend angepasst oder die in den Bildungsstandards festgelegten Anforderungen auf ein realistisches Maß zurückgeschraubt werden.

Bildungsstandards für das Schreiben im Websiteformat

In Bezug auf die Entwicklung von Bildungsstandards für das Schreiben im Websiteformat soll in dieser Arbeit die analytische Grundlage für die weiterführende empirische Forschung gelegt werden. Dazu sind mehrere Schritte notwendig:
- Auf der Grundlage gesellschaftlich sinnvoller und politisch gewollter Bildungsziele muss entschieden werden, ob und in welchem Umfang das Erstellen von Websites im Schulunterricht behandelt werden soll.
- Unter Rückgriff auf fachwissenschaftliche und fachdidaktische Erkenntnisse, wie sie in dieser Arbeit für das Lesen und Schreiben im Websiteformat erörtert werden,

---

[363] vgl. Neuweg 2005: S. 8f
[364] Kliene u.a. 2003: S. 81f

muss ein Kompetenzmodell entwickelt werden, welches das Zusammenwirken, der für die Erstellung von Websites notwendigen Kompetenzen beschreibt.
- Auf dieser Grundlage müssen Bildungsstandards in der Form von Minimalanforderungen festgelegt werden, die von den Schülern erreicht werden sollen.
- Schließlich müssen die Rahmenbedingungen beschrieben werden, unter denen diese Bildungsstandards in der Schule verwirklicht werden können.

Sowohl das so entstehende Kompetenzmodell, das den Status einer begründeten These besitzt, als auch die aus den Bildungszielen abgeleiteten und normativ festgelegten Bildungsstandards stehen dabei unter dem Vorbehalt einer empirischen Überprüfung.

Bildungsziele und das Erstellen von Websites

Auf Grund der herausragenden Bedeutung der Schulbildung in der heutigen Informationsgesellschaft nicht nur für den Einzelnen, sondern für das gesamte Gemeinwesen, ist es in einer Demokratie folgerichtig, dass die Politik in Zusammenarbeit mit Pädagogen und Didaktikern die Richtlinien für den Unterricht in Form von Bildungszielen und ihrer Ausarbeitung in Form von Bildungsstandards vorgibt.

„Bildungsziele fallen nicht vom Himmel und sie haben nicht den Status unbefragter Gewissheit, sondern verdanken sich historischen Kontexten und nationalen Traditionen."[365] Das bedeutet zwangsläufig auch, dass Bildungsziele beeinflusst sind von gesellschaftlichen Strömungen und Machtverhältnissen. Trotz dieser oft irrationalen Einflüsse und hitziger Debatten über die Zukunft von Schule und Bildung gibt es eine Reihe allgemeiner Grundsätze über deren Bedeutung für die Erstellung von Bildungszielen ein weitgehender gesellschaftlicher Konsens besteht.

Menschen sind verschieden. Sie bringen unterschiedliche Vorrausetzungen mit und haben unterschiedliche Bedürfnisse. Bildungsziele müssen aus diesem Grund so weit gefasst sein, dass sie dem einzelnen Raum zur individuellen Entwicklung geben. Andererseits soll der Prozess schulischen Lernens allen Lernenden unabhängig von Status oder Herkunft gleichermaßen die „selbstständige Teilhabe an Gesellschaft und Kultur ermöglichen, und er soll zugleich einen Mindeststandard an kulturellen Gemeinsamkeiten [...] sichern, auf die alle Gesellschaften angewiesen sind [...]."[366] Bildungsziele müssen zwischen diesen beiden Polen der Gleichheit und der Individualisierung die Balance halten.

Bildungsziele stehen außerdem im Spannungsfeld zwischen den aktuellen Bedürfnissen und den Erwartungen an eine Zukunft, die niemand mit Sicherheit vorhersagen kann und die zudem oft von Gruppeninteressen bestimmt werden. Da die Aufgaben und Anforderungen, die sich den Schülern von heute in Zukunft stellen werden, nicht sicher sind, müssen Bildungsziele möglichst offen und anschlussfähig für Neues sein und sich, was zukünftige Entwicklungen betrifft, im Bereich des gesellschaftlichen Mainstreams bewegen.[367]

Berücksichtigt man diese Aspekte, gelangt man zu einem Bildungsauftrag, der auf einem latenten gesellschaftlichen Konsens beruht, der in einer modernen demokrati-

---
[365] Klieme u.a. 2003: S. 58
[366] Klieme u.a. 2003: S. 59
[367] vgl. Klieme 2003: S. 59ff

schen Gesellschaft allgemeine Akzeptanz findet: „Dieser Konsens bezieht sich sowohl, gesellschaftlich gesehen, auf die Erwartung, dass das Bildungssystem mit daran arbeitet, auf die Staatsbürgerrolle vorzubereiten, also zur Teilhabe am öffentlichen Leben zu befähigen, als auch, im Blick auf die Subjekte, auf die Erwartungen, dass im Bildungswesen die Fähigkeiten erworben werden, das eigene Leben als Lernprozess selbst gestalten zu können, trotz der Unsicherheit von Beruf und Arbeit, Karriere und sozialer Lage."[368]

Die Bildungsziele, die auf diesem Grundkonsens aufbauen, können unter Rückgriff auf fachdidaktische Erkenntnisse zu Bildungsstandards konkretisiert werden. Verlangt der gesellschaftliche Grundkonsens beispielsweise die Beherrschung von Kulturtechniken wie Lesen, Schreiben, Rechnen usw., so beschreiben Bildungsstandards, welche Schreib-, Lese- und Rechenkompetenzen von den Schülern einer bestimmten Altersstufe vor dem Hintergrund der aktuellen gesellschaftlichen Situation mindestens erwartet werden.

Auf dieser Grundlage muss gefragt werden, ob die momentane gesellschaftliche Situation und die Erwartungen an die Zukunft es rechtfertigen, die Auseinandersetzung mit Lesen und Schreiben im Websiteformat bei der Konkretisierung grundlegender Kulturtechniken im Unterricht zu berücksichtigen. Dies ist umso wichtiger als die verbindliche Festlegung von Inhalten in Form von Bildungsstandards erhebliche Konsequenzen nach sich zieht: An sämtlichen Schulen müssen Rahmenbedingungen geschaffen werden, die eine sinnvolle Vermittlung dieser Inhalte ermöglichen. In Bezug auf das Lesen und Schreiben im Websiteformat bedeutet dies unter anderem die zahlenmäßig ausreichende Bereitstellungen von Computern auf dem aktuellen Stand der Technik sowie die Fortbildung der betroffenen Lehrkräfte. Sind diese institutionellen Rahmenbedingungen gegeben, so lässt sich das Lesen im Websiteformat z.B. in Form der Recherche mit Hilfe von Suchmaschinen relativ nahtlos und mit geringem Aufwand in bestehende Unterrichtsgänge einfügen. Die Behandlung des Schreibens im Websiteformat – also das Erstellen kompletter Websites – erfordert jedoch zusätzlich einen erheblichen planerischen und zeitlichen Aufwand und zieht grundlegende Änderungen an bestehenden Curricula sowie die Verdrängung anderer Inhalte nach sich.

Vergleicht man das Schreiben im Websiteformat mit dem Lesen im Websiteformat, so wird deutlich, dass es sich beim Schreiben um die umfassendere und komplexere Kompetenz handelt. Während es für das Lesen im Websiteformat nicht wichtig ist zu wissen, wie Websites erstellt werden, sind für das Erstellen von Websites, die ihren kommunikativen Zweck erfüllen, umfangreiche Kenntnisse über die Besonderheiten des Lesens im Websiteformat notwendig.

Dieser komplexere und damit strittigere Fall – das Schreiben im Websiteformat Websites – soll im Folgenden im Vordergrund stehen. Dabei soll diskutiert werden, ob das, was die Schüler bei der Gestaltung von Websites lernen, so wichtig ist, dass die Erhebung der Websitegestaltung zum verbindlichen Curriculumsbestandteil und der damit verbundene zeitliche, organisatorische und finanzielle Aufwand gerechtfertigt ist oder ob es nicht ausreichend wäre, die Gestaltung von Websites an einzelnen Schulen als optionales Zusatzangebot zu behandeln wie es heute bereits geschieht.

---

[368] Klieme 2003: S. 62f

Die Neuheit und Popularität des World Wide Web allein reicht als Begründung für die verbindliche Behandlung der Websitegestaltung mit Sicherheit nicht aus. Es lässt sich an zahlreichen Beispielen zeigen, dass Pädagogik und Didaktik Modeströmungen unterworfen sind und dass das enthusiastische Verfolgen neuer und populärer Ideen für die Bildungsträger zwar oft teuer, aber nicht immer fruchtbar ist. Man denke in diesem Zusammenhang nur an die überschwänglich gefeierten Sprachlabore, die in vielen Schulen inzwischen als Abstellraum genutzt werden, an das „programmierte" Lernen oder an die „neue" Mathematik.

Im Folgenden sollen daher die verschiedenen Argumente, die für eine Behandlung der Websitegestaltung in der Schule sprechen, angeführt und auf ihre Gewichtigkeit geprüft werden.

Bedeutung für die Gesellschaft

Wie ich bereits im Kapitel „Kommunikation mit den Fingerspitzen" geschildert habe, übernimmt das Websiteformat auf Grund seiner großen Flexibilität und hohen Verfügbarkeit immer mehr Funktionen aus anderen Formaten und Bereichen des gesellschaftlichen Lebens. Unter anderem wird der Prozess der politischen Meinungsbildung und der gesellschaftlichen Diskussion inzwischen stark durch das World Wide Web beeinflusst. Möchte man sich ausführlich über die Programme politischer Parteien oder aktuelle Gesetzesvorhaben informieren, so kann man diese auf den Websites der Parteien und Ministerien direkt einsehen. Unabhängige Nachrichtenwebsites und Weblogs bieten einen alternativen Blick auf das aktuelle Zeitgeschehen, den die etablierten kommunikativen Formate wie Zeitungen, Radio und Fernsehen mitunter vermissen lassen. Diejenigen, die keinen Zugang zu den Informationen haben, die das World Wide Web bietet, sind daher in ihrer Möglichkeit, am gesellschaftlichen Leben teilzunehmen, deutlich eingeschränkt. In Bezug auf den oben erörterten Grundkonsens würde dies stark für eine Auseinandersetzung mit dem World Wide Web im Schulunterricht sprechen.

An dieser Stelle lässt sich natürlich fragen, ob es, um den Schülern den Zugang zu der Informationsfülle des World Wide Web zu eröffnen und so die umfassende Teilhabe am gesellschaftlichen Leben zu ermöglichen, nicht genug ist, in der Schule den rezeptiven Umgang mit dem Websiteformat zu lehren; das wäre weit weniger aufwändig als die Integration der Websitegestaltung in den Unterricht. Mehrere Argumente sprechen dagegen: Zum ersten gehört zu einer umfassenden Teilhabe am gesellschaftlichen Leben nicht nur die Möglichkeit, sich passiv zu informieren, sondern auch die Fähigkeit, sich aktiv in die Diskussion einzubringen. Zum zweiten ist das Websiteformat auf Grund seiner Offenheit und fehlenden institutionellen Kontrolle anfällig für die Verbreitung manipulativer und tendenziöser Informationen. Diese Gefahr lässt sich weit besser einschätzen, wenn man durch eigene Erfahrung gelernt hat, wie leicht sich Inhalte im World Wide Web veröffentlichen und verändern lassen. Und schließlich ermöglicht der produktive Umgang mit einem Gegenstand ein tiefergehendes Lernen als eine lediglich rezeptive Nutzung.

Nicht zu vernachlässigen ist natürlich auch die zunehmende Bedeutung des World Wide Web als Produktivitätsfaktor. Ganz abgesehen von der zunehmenden Menge an Waren, die der Handel über das World Wide Web absetzt, erwarten laut der Studie „Deutschland Online – Das Internet in Wirtschaft und Gesellschaft" ca. 50% der befragten Unternehmen für das Jahr 2005 einen hohen Einfluss des Word Wide Web auf ihre Geschäftstätigkeit.[369] Vor diesem Hintergrund ist es für die Wirtschaft, die unsere Gesellschaft am Leben erhält, wichtig, dass die heranwachsende Generation über Kompetenzen im Umgang mit dem World Wide Web verfügt.

Bedeutung für die Zukunft der Schüler

Bereits heute spielen die rezeptive Nutzung des World Wide Web und die Gestaltung von Websites in zahlreichen Berufen eine wichtige Rolle:
- Da immer mehr Inhalte, die bisher in anderen Formaten veröffentlicht wurden, ins Websiteformat übertragen werden, sind diejenigen, die bislang Inhalte für diese anderen Formate bereitgestellt haben, nun oftmals gezwungen, sich umzuorientieren und Inhalte für das Websiteformat zu gestalten. Darüber hinaus werden auch immer mehr Funktionen von Orten und Personen, wie Einkaufszentren, Bibliotheken, Auktionshäusern, Beratern, etc. in das Websiteformat integriert, wodurch ein zusätzlicher Bedarf an Textproduzenten entsteht, die in der Lage sind, Inhalte speziell für das Websiteformat aufzubereiten oder, bei einer arbeitsteiligen Vorgehensweise, zu dieser Aufbereitung beizutragen.
- In vielen Fällen werden diese Arbeiten von Spezialisten übernommen, die an der arbeitsteiligen Erstellung von Websites beteiligt sind und die einer Gruppe neuer, teilweise bereits existierender, teilweise sich noch herausbildender Berufsbilder zuzuordnen sind. Aber auch von Berufstätigen, die keinem dieser Spezialberufe angehören, wird immer häufiger die Mitwirkung an der Gestaltung und Pflege von Websites erwartet, da sich besonders kleine Unternehmen die dauerhafte Beschäftigung von Spezialisten nicht leisten können.
- Immer mehr wissenschaftliche Forschungsergebnisse werden im World Wide Web präsentiert. Daher wird es auch für Akademiker immer wichtiger, im Web recherchieren zu können und in der Lage zu sein, dort eigene Forschungsergebnisse zu veröffentlichen.
- Nicht nur für diejenigen, die im Angestelltenverhältnis arbeiten, auch für Selbstständige werden Kenntnisse im Bereich der Websitegestaltung immer wichtiger. Schon heute ist es für Geschäftsleute ein Vorteil, im World Wide Web präsent zu sein. Das gilt nicht nur, wenn sie das World Wide Web als Vertriebskanal nutzen, sondern auch, wenn sie ihre Waren und Dienstleistungen nur lokal anbieten, denn immer mehr Menschen nutzen bei der Suche nach Dienstleistungen, Einkaufsmöglichkeiten und Freizeitangeboten nicht mehr die klassischen Gelben Seiten, sondern das World Wide Web. Wer sich dort gut präsentiert und leicht auffindbar ist, besitzt einen entscheidenden Wettbewerbsvorteil. Auf Agenturen und Spezialisten wollen Kleinunternehmer dabei oft nicht zurückgreifen. Die Gründe dafür liegen auf der Hand: Spezialisten kosten oft mehr Geld, als Kleinunternehmer sich leisten können, das Arbeitsergebnis, das diese Spezialisten abliefern entspricht nicht immer den Erwartungen des Unternehmers und dieser ist relativ unflexibel in der Um- und Neugestaltung seines Webauftritts. Diejenigen, die in der Lage sind, selbst Websites zu gestalten, sind hier also deutlich im Vorteil.

Die zunehmende Bedeutung der Websitegestaltung in zahlreichen Berufen führt außerdem dazu, dass entsprechende Kompetenzen bei Bewerbungen für Arbeits- und Ausbildungsplätze eine immer größere Rolle spielen und diejenigen, die diese Kompetenzen nachweisen können, entsprechend bessere Chancen haben.

---

[369] vgl. Onlinequellen: T-Online Deutsch: Pressemitteilung

Nach ihrem Selbstverständnis ist Schule in Deutschland nicht Zulieferer für die Wirtschaft oder gar einzelne Berufe, sondern der Vermittlung von möglichst universell einsetzbarem Wissen und einer allgemeinen Bildung im oben beschriebenen Sinne verpflichtet. Andererseits sollten alle Schüler mit der Möglichkeit aus der Schule entlassen werden, sich beruflich zu verwirklichen, auch wenn sie aus Familien kommen, bei denen kein Computer zu Hause steht. Da in Zukunft das Gestalten von Websites in fast allen Berufen eine mehr oder weniger große Rolle spielt und bereits heute auf manche Stellen im IT- und Medienbereich eine Bewerbung im Websiteformat erwartet wird, ist es wichtig, dass Kinder und Jugendliche in der Schule auf die Anforderungen vorbereitet werden, die auf sie zukommen. Ansonsten besteht die Gefahr, dass sich langfristig eine neue Unterschicht von Webanalphabeten herausbildet.

Auch jenseits des Berufslebens hat die Gestaltung von Websites eine Bedeutung für die Zukunft der Schüler. Lebten die Menschen früher oft lange Zeit am selben Ort und konnten auf diese Weise Freundschaften und soziale Kontakte pflegen, so verlangt ihnen die heutige Arbeitswelt immer mehr Mobilität ab. Kommunikative Formate wie Telefon, Fax, etc. können dabei helfen, trotz der räumlichen Trennung Kontakt zu Familie und Freunden zu halten. Durch seine multimedialen Eigenschaften, die Fähigkeit Inhalte nicht nur zu übertragen, sondern auch zu speichern und seine weltweite Zugänglichkeit, wird das World Wide Web in Zukunft bei der Kontaktpflege über große Entfernungen eine immer wichtigere Rolle spielen. Allerdings werden nur diejenigen die Möglichkeiten, die das World Wide Web in dieser Hinsicht bietet, voll nutzen können, die über Kenntnisse in der Gestaltung von Websites verfügen.

Bedeutung für das aktuelle Leben der Schüler
Der Anteil der gelegentlichen Onlinenutzer lag im Jahr 2003 nach der ARD/ZDF-Online-Studie in der Gruppe der Vierzehn- bis Neunzehnjährigen in Deutschland bei einem Anteil von 91,6%.[370] Für die Gruppe der unter Vierzehnjährigen finden sich in der Studie keine Zahlen. Der hohe Anteil bei Jugendlichen lässt jedoch vermuten, dass es auch unter den jüngeren Schülern zahlreiche Onlinenutzer gibt.

Gibt man in eine Suchmaschine wie Google den Begriff „Schülerhompages" ein, so erhält man eine ganze Menge von Beispielen für die Aktivitäten von Schülern in World Wide Web. Bereits eine flüchtige Sichtung solcher Schülerwebsites zeigt, dass diese vor allem auf kommunikative Zwecke wie die Selbstdarstellung und den Aufbau und die Pflege von Freundschaften ausgerichtet sind.

Die Auseinandersetzung mit der Gestaltung von Websites im Unterricht besitzt also nicht nur große Bedeutung für die Zukunft der Schüler, sondern auch einen starken Bezug zu ihrer aktuellen Lebenswelt. Die im zweiten Kapitel dieser Arbeit geschilderten Gefahren des World Wide Web lassen es dabei ratsam erscheinen, die Schüler mit diesem komplexen Format nicht alleine zu lassen, sondern ihnen einen kritischen Umgang damit zu ermöglichen, indem ihre Erfahrungen im Unterricht aufgearbeitet werden.

---

[370] Eimeren, Gerhard u. Frees 2003: S. 340

Ausdifferenzierung des Bildungsauftrags

Es herrscht in unserer Gesellschaft ein weitreichender Konsens darüber, dass Schule die Schüler dazu befähigen soll, am öffentlichen Leben teilzuhaben und ihr eigenes Leben als Lernprozess selbst zu gestalten. Bereits heute spielt das World Wide Web als Informationsquelle und als Kommunikationsmittel im Leben zahlreicher Schüler eine wichtige Rolle. In Zukunft wird die Bedeutung der rezeptiven und gestalterischen Nutzung des World Wide Web für den Einzelnen und die Gesellschaft als Ganzes noch weiter zunehmen. Diejenigen, die nicht über entsprechende Kenntnisse verfügen, sind im gesellschaftlichen und beruflichen Leben deutlich benachteiligt. Um vor diesem Hintergrund dem oben beschriebenen Grundkonsens gerecht zu werden, ist es unabdingbar, dass sowohl die Nutzung des World Wide Web zu Informations- und Recherchezwecken als auch die Gestaltung von Websites zu einem Pflichtbestandteil des Schulunterrichts werden. Dabei sollen die folgenden Bildungsziele verfolgt werden, die eine Ausdifferenzierung des zuvor erläuterten Grundkonsenses darstellen:

- Die Schüler lernen die Möglichkeiten und Gefahren des World Wide Webs kennen. Dadurch können sie Inhalte im World Wide Web realistisch einschätzen und kritisch bewerten.
- Die Schüler lernen Websites zu erstellen, mit denen sie das World Wide Web aktiv als Kommunikationsmittel nutzen und am gesellschaftlichen Meinungsbildungsprozess teilnehmen können.
- Die Schüler erwerben grundlegende Kenntnisse über die Gestaltung von Websites, die es ihnen ermöglichen, sich weitere Kenntnisse selbstständig anzueignen, wenn sie diese z.B. aus beruflichen Gründen benötigen.

Im Folgenden wird erörtert, welche Kompetenzen die Schüler zur Gestaltung von Websites benötigen und welche Mindestanforderungen dabei an sie gestellt werden müssen, um die angeführten Bildungsziele zu erreichen.

Kompetenzen für das Erstellen von Websites

Ein Erstklässler kann, weist man ihn in einen einfachen WYSIWYG-Editor ein, mit rudimentärer Schreibkompetenz innerhalb kurzer Zeit etwas produzieren, was sich als Website im World Wide Web veröffentlichen lässt. Aber besitzt er damit bereits Kompetenzen im Bereich der Websitegestaltung? Geht man davon aus, dass Kompetenzen denjenigen, der über sie verfügt, dazu befähigen, sie in variablen Situationen zur Problemlösung einzusetzen, dann aller Wahrscheinlichkeit nach nicht. Das liegt nicht daran, dass die Einführung in den Editor möglicherweise zu kurz oder zu oberflächlich war, sondern daran, dass zur Gestaltung von Websites zahlreiche weitere Kompetenzen notwendig sind, die der Schüler erst im Laufe der nächsten Jahre entwickeln wird und die zu breit gefächert sind, als dass sie mit einer kurzen Einführung abgedeckt werden könnten.

Bereits im ersten Kapitel dieser Arbeit wurde dargelegt, dass Text das dominierende Element des Websiteformats ist. Gut entwickelte Lese- und Schreibkompetenzen spielen bei der Gestaltung von Websites daher eine entscheidende Rolle. Wie aus den Kapiteln über das Lesen und Schreiben im Websiteformat hervorgeht, reicht das aber für die Gestaltung von Websites nicht aus. Es sind eine ganze Reihe weiterer Kompetenzen notwendig.

Um die Liste von Kompetenzen, die zur Gestaltung von Websites notwendig sind, nicht ausschließlich von der in dieser Arbeit vorliegenden Analyse des Schreibens und Lesens im Websiteformat abhängig zu machen, sondern auf eine breitere Basis zu stellen, werden im Folgenden einige Ratgeber zur Gestaltung von Websites daraufhin untersucht, welche Kompetenzen darin vermittelt werden sollen.

Kompetenzen in Ratgebern und Seminaren

Betritt man einen Buchladen auf der Suche nach einem Ratgeber, mit dessen Hilfe man das Gestalten von Websites erlernen kann, so sieht man sich einem fast unüberschaubaren Angebot gegenüber. Beschäftigt man sich jedoch etwas eingehender mit den einzelnen Ratgebern, so wird rasch deutlich, dass sich diese vier Gruppen zuordnen lassen, bei denen jeweils unterschiedliche Kompetenzbereiche im Vordergrund stehen.

Liste der untersuchten Ratgeber

Gruppe 1: Ratgeber, bei denen Handlungskompetenz im Vordergrund steht
- Deutscher, Udo: Websites geil gestalten. Lichtenau: AOL 2001.
- Franke, Jochen u.a.: Webauftritt - echt einfach. Poing: Franzis 2001.
- Lieder, Ralf und Filinski, Peter: WebDesign – Power! Düsseldorf: Sybex 2000.
- Ströh, Christian: Die eigene Homepage. Südwest 1999.

Gruppe 2: Ratgeber, bei denen technische Kompetenzen im Vordergrund stehen
- Abrar, Marco: Das große Webdesigner Buch. Düsseldorf: Data Becker 2001.
- Müller, Peter: Eigene Homepage optimieren. So machen Sie das Beste aus Ihrer Website. Düsseldorf: Data Becker 1999.
- Pusher, Frank: Die Tricks der Internet-Künstler. Heidelberg: dpunkt 2000.
- Wimmeroth, Ulrich und Brochhagen, Thomas: Webdesign Cult-Guide. Düsseldorf: Data Becker 2001.

Gruppe 3: Ratgeber, bei denen kommunikative Kompetenzen im Vordergrund stehen
- Lynch, Patrick J. und Sarah Horton: Erfolgreiches Web-Design. München: Humboldt 1999.
- Nielsen, Jakob: Erfolg des Einfachen. Jakob Nielsen's Web-Design. München: Markt und Technik 2000.
- Siegel, David: Web Site Design. Killer Web Sites der 3. Generation. Frankfurt a. M.: Zweitausendeins 1999.
- Wirth, Thomas: Missing Links. Über gutes Webdesign. München und Wien: Hanser 2002.

Gruppe 4: Ratgeber, bei denen Schreibkompetenzen im Vordergrund stehen
- Blaß, Bettina; Teufel, Stefanie: Texte schreiben fürs Web. München: Markt und Technik 2003.
- Goldmann, Martin; Hoofacker, Gabriele: Online publizieren. Für Web-Medien texten, konzipieren und gestalten. Reinbek bei Hamburg: Rowohlt 2001.

Liste untersuchter Ratgeber

Die erste Ratgebergruppe legt den Schwerpunkt auf Handlungskompetenz. Die Ratgeber dieser Gruppe versprechen den Lesern, schnell und einfach zur eigenen Website zu kommen. Die Ratgeber der zweiten Gruppe stellen technische Kompetenzen in den Vordergrund, die Ratgeber der dritten Gruppe betonen kommunikative Kompetenzen und die Ratgeber der vierten Gruppe stellen schließlich Kompetenzen in den Vordergrund, die sich speziell auf das Schreiben im Websiteformat beziehen. Im Folgenden werden die Charakteristika der einzelnen Gruppen an Hand von einigen Beispielen herausgearbeitet.

Die Ratgeber, die der ersten Gruppe angehören, ähneln sich vor allem darin, dass sie den Lesern in Aussicht stellen, die notwendigen Kompetenzen zu vermitteln, um selbst ohne Vorwissen schnell und einfach zur eigenen Website zu gelangen. In dieser Arbeit wird dafür zusammenfassend der Begriff der Handlungskompetenz verwendet, weil im Vordergrund steht, die Leser zu eigener Aktivität zu befähigen. Betrachtet man die Ratgeber jedoch genauer, so wird deutlich, dass es bei dem was vermittelt wird, um die grundlegenden technischen Kompetenzen handelt, die zur Gestaltung und Veröffentlichung einer Website notwendig sind. Das Besondere dabei ist, dass diese in einer Weise vermittelt werden, die eine möglichst rasche Proceduralisierung des neu Gelernten sicherstellen soll.

So heißt es zum Beispiel: „Sie wollen endlich einen eigenen Internet-Auftritt? Sie möchten Ihre Website so gestalten, dass man sie gerne besucht und weiter empfiehlt? Sie wollen schnelle Ergebnisse, wenig Stress und viel Spaß? Dann brauchen Sie dieses Buch!"[371] Auf weiteren Ratgebern dieser Gruppe finden sich folgende Aussagen, die ganz Ähnliches zum Ausdruck bringen: „Das Buch zeigt selbst Internet-Neulingen, wie in kürzester Zeit die erste eigene Homepage steht, wie sie den richtigen Feinschliff erhält und mit Multimedia zur interaktiven Homepage wird."[372] „Die Stufe 2: Der PC ist da, die ersten E-Mails wurden erfolgreich verschickt – nun fehlt eigentlich nur noch die eigene Homepage. Jetzt will ich selbst ran: Ich mache meine eigene Homepage und zwar so, dass sie das Portal zu mir und meiner Familie, zu meiner Firma, zu meiner Lebensidee ist. Mit wenig Aufwand, aber professionell. Das alles kann ich jetzt mit Websites geil gestalten verwirklichen."[373] „Schnell und einfach zur eigenen Homepage! Dieses Buch zeigt Einsteigern und fortgeschrittenen Anwendern, wie sie eindrucksvolle Webseiten erstellen und gestalten, ohne in die Tiefe von HTML vordringen zu müssen."[374]

Von Inhalt und Aufbau her ähneln sich die Ratgeber dieser Gruppe sehr. Überlegungen zur Planung von Websites werden – wenn überhaupt – sehr kurz abgehandelt. Dann wird sofort übergegangen zu einer Schritt für Schritt Anleitung zur Erstellung und Veröffentlichung von Websites mit einem gängigen WYSIWYG-Editor, die sich nur wenig von dem unterscheidet, was sich im Benutzerhandbuch eines solchen Editors findet und allenfalls didaktisch etwas besser aufbereitet ist. Oft finden sich gegen Ende von Ratgebern dieser Kategorie Zusatzkapitel oder Anhänge mit ergänzenden technischen Informationen. Auf die Besonderheiten des Lesens und Schreibens im Websiteformat wird praktisch gar nicht eingegangen. Alles ist auf die Vermittlung von Handlungskompetenz ausgerichtet, die dadurch erlangt werden soll, dass man den, in den Ratgeber dargestellten, Schritt-für-Schritt-Anleitungen folgt. Dabei wird schlicht unterstellt, dass der Leser später fähig sein wird, das auf diese Weise erworbene Wissen auf andere Situationen und Problemstellungen zu übertragen.

---

[371] Franke 2001: Buchrückseite
[372] Ströh 1999: Buchrückseite
[373] Deutscher 2001: Buchrückseite
[374] Lieder u. Filinski 2000: Buchrückseite

Die zweite Ratgebergruppe legt den Schwerpunkt auf die Vermittlung der technischen Kompetenzen, die zur Websitegestaltung notwendig sind. Dass die Leser in der Lage sind, mit WYSIWYG- und Quelltexteditoren umzugehen, wird dabei häufig bereits vorausgesetzt. Diese Ratgeber haben es sich zum Ziel gesetzt, den Lesern die Kompetenzen zu vermitteln, die notwendig sind, um Websites zu erstellen, welche die technischen Möglichkeiten des Websiteformats voll ausnutzen: „Die Möglichkeiten des Webdesigns sind nahezu unbegrenzt. Es wird immer leichter, aus der eigenen Homepage einen echten Webhit zu machen. Mit verblüffenden Animationen, Effekten, Interaktionen und den neuesten technischen Finessen."[375] „Bei dem vorliegenden Buch war es unser Ziel, eine erprobte Auswahl der besten Programme, Anleitungen, Tipps und Tricks für den Einsatz rund um das Design von Webseiten zusammenzustellen."[376] Zu diesem Zweck beschäftigen sich die Ratgeber nicht nur mit den aktuellen HTML- bzw. XHTML-Standards, sondern auch mit Themen wie JavaScript, Java, verschiedenen Arten von Plugins, der Aufbereitung von Grafiken und der Datenbankprogrammierung. Oft wird dabei lediglich die Anwendung verschiedener Techniken erklärt – auf die kommunikative Funktion ihrer Anwendung wird nur am Rande oder gar nicht eingegangen. Es gibt jedoch auch Ratgeber, die zu dieser Gruppe gehören und die technischen Anwendungen in einen kommunikativen Kontext einbinden: „Dieses Buch widmet sich all denen, die HTML träumen, Shockwave vergöttern, und denen die Mailbox näher ist als der Briefkasten. In insgesamt acht Kapiteln wird das Netz in all seinen Facetten dargestellt. Im Vordergrund steht immer die Idee einer Web-Applikation, dann kommt der Nutzwert, und schließlich – das besagt ja der Titel des Buches – soll den Designern auf die Finger geschaut werden. So besitzt jedes Kapitel einen technischen Teil."[377]

Die dritte Gruppe von Ratgebern stellt die kommunikativen Kompetenzen, die bei der Websitegestaltung eine Rolle spielen, in den Vordergrund. Die Ratgeber dieser Gruppe unterscheiden sich weit stärker voneinander als die Ratgeber der ersten beiden Gruppen. Gemeinsam ist dieser Gruppe von Ratgebern, dass sie diskutieren, wie eine Website gestaltet werden muss, um eine bestimmte kommunikative Funktion zu erfüllen: „Dass sich die Wirkung von Websites größtenteils aus der Psychologie der Besucher ergibt, liegt eigentlich auf der Hand. Doch bisher gibt es kaum etwas Fundiertes zu diesem Thema zu lesen. Dieses Buch versucht, einige der ‚Missing Links' zu knüpfen, die es zwischen dem Wissen der Grundlagenforschung, Erkenntnissen aus Nutzer-Studien und den Kriterien für die Bewertung und Gestaltung von Websites gibt."[378]

Die Ratgeber dieser Gruppe setzen sich in der Regel ausführlich mit den kommunikativen Stärken und Schwächen des Websiteformats sowie mit den Besonderheiten des Lesens im World Wide Web auseinander. Was die Besonderheiten des Schreibens im Websiteformat betrifft, so wird in dieser Ratgebergruppe vor allem Konzeptions- und Planungsprozessen viel Raum gegeben. Hinweise zur technischen Umsetzung sind hingegen oft gar nicht vorhanden oder werden sehr knapp abgehandelt. Die entsprechenden technischen Kompetenzen werden vorausgesetzt oder es wird auf einschlägige Literatur aus der ersten und zweiten Ratgebergruppe verwiesen: „Aller Wahrscheinlichkeit nach werden Sie zwei Bücher kaufen müssen (Buchhändler werden das gerne

---

[375] Müller 1999: Buchrückseite
[376] Wimmeroth u. Brochhagen 2001: S. 7
[377] Puscher 2000: S. X
[378] Wirth 2002: Buchrückseite

hören): dieses Buch, um zu erfahren, *was* Sie mit Ihrer Website machen sollen, und ein weiteres Buch darüber, *wie* Sie Ihr Design ins Internet bringen."[379]

Die Schlüsse, die Ratgeber dieser Gruppe aus der Analyse des Websiteformats ziehen, sind ganz unterschiedlich und lassen sich in der Regel einem von zwei Lagern zuordnen, die sich relativ unversöhnlich gegenüber stehen: „Es gibt im Grunde zwei Designansätze: das künstlerische Ideal der Selbstverwirklichung und das Ideal des Entwicklers – ein Problem des Kunden zu lösen."[380] Die Ratgeber, die sich dem sogenannten Usability-Ansatz verschrieben haben, stellen die Bedürfnisse der Benutzer in den Mittelpunkt, wobei sie dem Bedürfnis, schnell bestimmte Inhalte finden zu können, ein besonderes Gewicht beimessen: „Auf der Grundlage umfassender Untersuchungen und der ständigen Zusammenarbeit mit Internet-Nutzern kam Jakob Nielsen zu zwei einfachen, aber nichtsdestoweniger wegweisenden Erkenntnissen: 1. Ein Web-Anwender möchte möglichst schnell das finden, was er sucht, und 2. wenn die Besucher nicht wissen, was sie suchen, möchten sie trotzdem schnell browsen können und Informationen in logischer Struktur vorfinden."[381] Künstlerische Aspekte, aber auch das, was ich in dieser Arbeit unter dem Begriff des „Look and Feel" beschrieben habe, wird von den Anhängern des Usability-Ansatzes vernachlässigt und allenfalls als Mittel zum Zweck akzeptiert: „Mit diesem Buch wollen wir Ihnen Grundlagen des Web-Designs vermitteln, damit Sie Ihre Online-Inhalte so klar und anschaulich wie möglich darstellen. Dabei verstehen wir Design lediglich als Instrument, nicht als Ziel. [...] All diese Hilfen dienen nur einem Zweck: Ihren Lesern das Anliegen, das Sie mit Ihrer Site verbinden, deutlich zu machen."[382] Ganz anders die Vertreter des künstlerischen Ansatzes: „Viele Designer haben Erfahrung im Bereich TV oder mit CD-ROMs, mit Bewegung und zeitgesteuerten Ereignissen. Sie wollen Online-Galerien, Freizeitparks, Film-Sites, TV-Kanäle, Underground-Magazine oder Gemeindezentren erstellen – Web Sites, die um die Aufmerksamkeit der Verbraucher kämpfen und so schöne Erlebnisse vermitteln, dass die Leute regelmäßig zurückkommen. Effekte und frische Inhalte sind für viele Sites wichtiger als eine überprüfbare strukturelle Auszeichnung. Designer wissen, dass Leute den Inhalt (sofern dieser interessant ist) unabhängig von der Qualität einer Seitenstruktur konsumieren."[383]

Nur wenige Ratgeberautoren erkennen die Notwendigkeit, die Kluft zwischen den beiden Lagern zu überwinden: „Ein Internet-Auftritt lässt sich nicht von Experten einer Disziplin herstellen – genauso, wie ein Haus nicht von Maurern, Installateuren, Schreinern, Zimmerleuten oder Architekten jeweils im Alleingang gebaut werden kann. Nach meinen Erfahrungen entstehen die wirklich schwerwiegenden Probleme im Web eben dadurch, dass Auseinandersetzungen um Technik, Formen und Inhalte als Verdrängungswettbewerb oder Vernichtungsfeldzug geführt werden. Jeder versteht alles, und die anderen sind (bestenfalls) Banausen."[384]

Hinweise zum Schreiben im engeren Sinn werden in den meisten Ratgebern dieser Gruppe, wie auch der zwei zuvor beschriebenen relativ kurz abgehandelt. Die Ratgeber der vierten Gruppe setzen sich hingegen intensiv mit der Thematik des Schreibens im

---

[379] Nielsen 2000: S. 14f (Hervorhebungen dort)
[380] Nielsen 2000: S. 11
[381] Nielsen 2000: Klappentext
[382] Lynch 1999: S. 8
[383] Siegel 1999: S. 7f
[384] Wirth 2002: S. 14

Websiteformat auseinander, z.B. „Texte schreiben fürs Web"[385] und „Online publizieren. Für Web-Medien texten, konzipieren und gestalten."[386] Die in diesen Ratgebern enthaltenen Überlegungen zum Schreiben im World Wide Web gehen deutlich über das hinaus, was sich in anderen Ratgebern findet. Die Darstellungen orientieren sich jedoch stark am journalistischen Schreiben und gehen aus diesem Grund auf viele der Kompetenzen, die in dieser Arbeit erarbeitet werden, nicht ein.

Auch der Aspekt der Teamarbeit, der zumindest im Bereich der professionellen Gestaltung von Websites immer mehr an Bedeutung gewinnt, wird in den Ratgebern aller drei Gruppen nur wenig berücksichtigt. Allerdings gibt die deutliche Trennung, die zwischen den Ratgebern zur technischen und zur kommunikativen Gestaltung von Websites besteht, Hinweise auf eine sich vermehrt durchsetzende arbeitsteilige Vorgehensweise; diese zeichnet sich jedoch bislang auf dem Ratgebermarkt noch nicht in dem Umfang ab, in dem sie im vorherigen Kapitel dieser Arbeit prognostiziert wurde.

Mit den verschiedenen Kompetenzen, die sie vermitteln, wenden sich die Ratgeber an verschiedene Zielgruppen.
- Die Ratgeber der ersten Gruppe wenden sich an Leser, die sich rasch in die Funktionsweise eines WYSIWYG-Editors einarbeiten und einfache Websites erstellen wollen, die den im Ratgeber dargestellten Beispielen ähnlich sind. Für einen ersten Kontakt mit dem Schreiben im Websiteformat und das Erstellen kleiner privater und bedingt geschäftlicher Websites ist das ausreichend; bei größeren und anspruchsvolleren Projekten stoßen diese Ratgeber jedoch schnell an ihre Grenzen.
- Die Ratgeber der zweiten Gruppe vermitteln den Lesern auf unterschiedlichem Niveau technisches Wissen. Die Kompetenzen, die mit Hilfe dieser Ratgeber erworben werden können, sollten mit den Kompetenzen kombiniert werden, welche die Ratgeber der dritten Gruppe vermitteln, da sonst leicht technisch überfrachtete Websites entstehen, die den kommunikativen Prozess eher stören als fördern.
- Die Kompetenzen, welche die Ratgeber der dritten Gruppe vermitteln, ergänzen die, durch die Ratgeber der zweiten Gruppe vermittelten, technischen Kompetenzen. Hier erfährt der Leser, wie er die technischen Möglichkeiten des Websiteformats sinnvoll einsetzen kann.
- Die Ratgeber der vierten Gruppe schließlich vermitteln Kompetenzen, die sich auf das Schreiben im Websiteformat beziehen. Um diese sinnvoll einsetzen zu können, muss auf kommunikative und technische Kompetenzen zurückgegriffen werden, wie sie die Ratgeber der ersten drei Gruppen vermitteln.

Es wird deutlich, dass zur Gestaltung guter Websites das Zusammenspiel einer ganzen Reihe verschiedener Kompetenzen notwendig ist. Da keine Ratgebergruppe alle diese Kompetenzen vermittelt, wird der Leser, soweit er selbstständig Websites erstellen möchte, aus dem großen Angebot mehrere Ratgeber auswählen müssen, die seinen Bedürfnissen und seinem aktuellen Kenntnisstand entsprechen.

Aufstellen eines Kompetenzmodells

Kompetenzen auf einem Gebiet und das gilt auch für das Gebiet der Websitegestaltung, kann man eigentlich nie genug besitzen und vorhandene Kompetenzen lassen sich ein Leben lang verbessern und ausbauen. Der Versuch, *alle* Kompetenzen zu erfassen, die

---

[385] Blaß u. Teufel 2003
[386] Goldmann u. Hoofacker 2001

in irgendeiner Weise zur Gestaltung von Websites beitragen können, würde deshalb schnell ausufern. Im Folgenden soll daher ein Modell erstellt werden, aus dem das Zusammenspiel der *wichtigsten* Kompetenzen ersichtlich ist, die zur Gestaltung von Websites notwendig sind. Dabei soll der Zweck des Modells – als Grundlage zur Formulierung von Bildungsstandards zu dienen – von Anfang an berücksichtigt werden.

Die konkrete Anforderungssituation, auf die sich das Kompetenzmodell bezieht, ist das Erstellen von Websites. Betrachtet man die verschiedenen Ratgebergruppen und die Erörterungen in den vorhergehenden Kapiteln dieser Arbeit, so ist es nahe liegend, die dazu notwendigen Kompetenzen in drei große Kompetenzbereiche einzuteilen:
- Die *technischen Kompetenzen* beinhalten alles, was man in technischer Hinsicht wissen und können muss, um eine Website zu erstellen und zu veröffentlichen.
- Bei den *kommunikativen Kompetenzen* handelt es sich um das Wissen über die besonderen Eigenschaften des Websiteformats und ihre Auswirkungen auf den Leseprozess. Dazu gehören auch gestalterische Kenntnisse, die z.B. die Wirkung von Farben und Bildern betreffen.
- Da das Websiteformat stark textorientiert ist, lässt sich die Erstellung von Websites als erweiterter Schreibprozess betrachten. Zur Planung, Ausführung und Evaluation dieses Prozesses sind *Schreibkompetenzen* notwendig.

Bei der Untersuchung von Ratgebern wurde der ersten Ratgebergruppe der Begriff der *Handlungskompetenz* zugeordnet. Dabei handelt es sich jedoch um eine Kategorie, die quer zu den drei eben genannten Kompetenzbereichen liegt. Wie oben bereits angedeutet, können in jedem dieser Kompetenzbereiche verschiedene Formen der Kompetenz erlangt werden: *Deklaratives Wissen*, das zwar wiedergegeben werden, aber nur bedingt in Handlungen umgesetzt werden kann; *Handlungskompetenz*, die mitunter dadurch entsteht, dass deklaratives Wissen durch wiederholte Anwendung nach und nach *prozeduralisiert* wird, die sich aber auch unabhängig von deklarativem Wissen z.B. durch Nachahmung oder die Ausprobieren entwickeln kann; und *Metawissen*, die durch Reflektion und die Bildung von Verknüpfungen zu anderen Kompetenzen entstehende Fähigkeit, die verschiedenen Handlungsmöglichkeiten, die einem zu Verfügung stehen zu vergleichen und kritisch gegeneinander abzuwägen.

Um das Zusammenspiel dieser drei Kompetenzbereiche bei der Erstellung von Websites zu verdeutlichen, soll im Folgenden überlegt werden, was geschieht, wenn jeweils einer davon vernachlässigt oder gar nicht entwickelt wird:
- Wird der Bereich der technischen Kompetenzen nicht ausgebildet, lassen sich mit Hilfe der Schreibkompetenzen und der kommunikativen Kompetenzen immer noch Websites planen und konzipieren – allerdings nur auf dem Papier. Diese Entwürfe können von hoher Qualität sein und als Vorlage für die spätere technische Umsetzung dienen – wenn sie auch vereinzelt Elemente enthalten können, deren technische Umsetzung schwierig oder unmöglich ist.
- Sind nur Schreibkompetenzen und technische Kompetenzen vorhanden, so können Websites erstellt werden, die allerdings in verschiedenen Bereichen starke Mängel aufweisen werden. So wird die Gestaltung auf allen drei Kohärenzebenen den Besonderheiten des Formats nicht angemessen sein und besonders die Eigenheiten des Lesens im Websiteformat nicht in ausreichendem Maße berücksichtigen. Websites mit diesen Mängeln findet man immer wieder, besonders dann, wenn Texte aus anderen Formaten ohne weitere Bearbeitung ins Websiteformat übertragen werden.

- Fehlen schließlich die Schreibkompetenzen, ist die resultierende Gesamtkompetenz noch stärker eingeschränkt, als wenn die technischen oder kommunikativen Kompetenzen fehlen. Es lassen sich zwar eventuell noch eindrucksvolle multimediale Arrangements erstellen, es ist jedoch fraglich, ob die Bezeichnung Website für diese angemessen ist. Hier zeigt sich, dass der Bereich der Schreibkompetenzen bei der Erstellung von Websites eine zentrale Rolle einnimmt.

Eine Frage, die sich in diesem Zusammenhang aufdrängt, ist, warum in den meisten Ratgebern zur Erstellung von Websites den technischen und kommunikativen Kompetenzen weit mehr Raum und Bedeutung zugemessen wird als den zentralen Schreibkompetenzen. Die Antwort ist einfach: weil die zur Erstellung von Websites benötigten Schreibkompetenzen keine grundlegend anderen sind als diejenigen, die in der Schule erworben werden. Im vorigen Kapitel wurde deutlich, dass vorhandene Schreibmodelle gut in der Lage sind, als Grundlage für eine Analyse des Schreibens im Websiteformat zu dienen. Zwar stehen beim Schreiben für das Websiteformat einzelne Aspekte des Schreibprozesses und bestimmte Teilkompetenzen stärker im Vordergrund als beim Schreiben für andere Formate und diese müssen darüber hinaus mit technischen und kommunikativen Kompetenzen in Verbindung gebracht werden, die grundlegenden Schreibkompetenzen bleiben aber die gleichen.

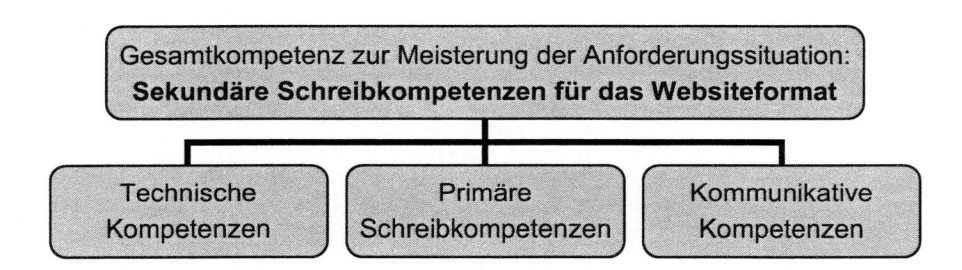

```
                Gesamtkompetenz zur Meisterung der Anforderungssituation:
                     Sekundäre Schreibkompetenzen für das Websiteformat
                ┌──────────────────────┼──────────────────────┐
          Technische              Primäre               Kommunikative
         Kompetenzen         Schreibkompetenzen          Kompetenzen
```

Zusammenwirken der drei Kompetenzbereiche

In diesem Zusammenhang ist es sinnvoll, zwischen *primären* und *sekundären* Schreibkompetenzen zu unterscheiden. Primäre Schreibkompetenzen sind die von verschiedenen Formaten weitgehend unabhängigen Schreibkompetenzen, wie sie in der Regel zunächst in der Schule erworben werden. Aufbauend auf diesen primären Schreibkompetenzen können sekundäre Schreibkompetenzen entwickelt werden. Unter sekundären Schreibkompetenzen sollen hier die Fähigkeiten verstanden werden, die notwendig sind, um Texte zu erstellen, die von ihrer inneren und äußeren Form her den Ansprüchen bestimmter kommunikativer Formate genügen, also z.B. Texte für Zeitungen, wissenschaftliche Zeitschriften, das Radio oder eben das Websiteformat. Die primären Schreibkompetenzen müssen mit den Kenntnissen über die Funktionsweise des jeweiligen Formats im kommunikativen Prozess und seine technische Handhabung verbunden werden, um die sekundären Schreibkompetenzen für das Format zu erlangen. Bei der Gesamtkompetenz, die notwendig ist, um die konkrete Anforderungssituation – das Erstellen von Websites – zu meistern, handelt es sich um diese sekundäre Schreibkompetenz.

Auf der Grundlage dieser Grobeinteilung werden für die drei Kompetenzbereiche die Niveaustufen und die Teilkompetenzen herausgearbeitet, welche die Schüler beherrschen müssen, um die weiter oben beschriebenen Bildungsziele zu erreichen.

In vielen Fächern, in denen einzelne Kompetenzbereiche während der gesamten Schullaufbahn der Schüler vertieft und ausdifferenziert werden, ist es dabei sinnvoll und notwendig, die Kompetenzen sehr sorgfältig zu stufen und in den Bildungsstandards für jedes Schuljahr das Kompetenzniveau anzugeben, das die Schüler erreichen müssen, um dem Bildungsauftrag gerecht zu werden. Für die Kompetenzen im Bereich der Websitegestaltung ist dies nicht der Fall. Die Kenntnisse, die die Schüler in diesem Bereich benötigen, lassen sich, wenn die notwendigen Vorrausetzungen, auf die später noch einzugehen sein wird, gegeben sind, innerhalb weniger Wochen erwerben. Eine Zuordnung von Kompetenzen zu einzelnen Schuljahren ist hier deswegen unnötig. Stattdessen soll in den Bildungsstandards kumulativ angegeben werden, welche Kompetenzen die Schüler schulartübergreifend bis zum Ende der neunten Klasse mindestens beherrschen müssen. Wann die Schüler diese Kompetenzen erwerben, bleibt den jeweiligen Institutionen und Lehrkräften überlassen.

Dennoch ist auch für die Kompetenzen zur Websitegestaltung eine Stufung in unterschiedliche Kompetenzniveaus sinnvoll. Auf Grund der Unterschiede zwischen den einzelnen Kompetenzbereichen kann diese Stufung jedoch nicht in allen Bereichen nach einheitlichen Kriterien vorgenommen werden – so wird z.B. im Bereich der Schreibkompetenzen das Modell zur Entwicklung von Schreibstrategien nach Bereiter eine wichtige Rolle spielen. Insbesondere soll eine irreführende Zuordnung zwischen den Kompetenzstufen einerseits und deklarativem, prozeduralem sowie metakognitivem Wissen andererseits vermieden werden; denn auch im Bereich der Websitegestaltung ist es oft so, dass die Schüler wissen, wie man etwas macht, bevor sie über das entsprechende deklarative Wissen verfügen. Zusammenfassend lässt sich jedoch sagen, dass auf der ersten Kompetenzstufe grundlegendes prozedurales Wissen im Vordergrund steht, welches dort, wo es notwendig erscheint, durch deklaratives Wissen ergänzt wird.[387] Auf der zweiten Kompetenzstufe liegt der Schwerpunkt auf der Erweiterung und zunehmenden Verknüpfung dieses Wissens, so dass die Schüler nicht nur Wissen „wie", sondern auch „warum" man etwas macht. Auf der dritten Kompetenzstufe schließlich geht es um eine zunehmende Reflexion und Abstraktion, die zur Entwicklung von metakognitivem Wissen führt. Diese Ausdifferenzierung in unterschiedliche Kompetenzniveaus macht es möglich, nicht nur die Mindestanforderungen darzustellen, die die Schüler erfüllen sollen, sondern darüber hinaus Hinweise auf den Weg dorthin und zur Förderung leistungsfähiger Schüler zu geben.

Technische Kompetenzen

Die Analyse der Ratgeber hat gezeigt, dass in den ersten beiden Gruppen der Schwerpunkt eindeutig im Bereich der technischen Kompetenz gelegt wird. Angefangen von den Kenntnissen die notwendig sind, um einen einfachen WYSIWYG-Editor zu bedienen, bis hin zu Spezialkenntnissen im Bereich der Datenbankprogrammierung gibt es hier ein breites Angebot. Durch die allmähliche Weiterentwicklung des World Wide Web zum Semantic Web und die Entwicklung immer neuer Plugins gibt es auf technischem Ge-

---

[387] Die Diskussion über das Verhältnis von deklarativem und prozeduralem Wissen ist sehr umfassend. Es würde den Umfang dieser Arbeit sprengen, sie an dieser Stelle weiter zu vertiefen.

biet für diejenigen, die auf dem neuesten Stand bleiben möchten, immer etwas dazu zu lernen. Dies ist vermutlich auch der Grund dafür, dass der Markt für Ratgeber gerade in diesem Bereich boomt.

Der Bereich der technischen Kompetenzen ist vor allem wichtig für die Umsetzung der Websites, deren Konzeption und Planung auch allein auf Grund der kommunikativen Kompetenzen in Kombination mit den Schreibkompetenzen möglich wäre. Für diesen Kompetenzbereich werden drei Niveaustufen unterschieden. Die erste Kompetenzstufe beinhaltet dabei die grundlegenden Kenntnisse, die zur Umsetzung einfacher Websites benötigt werden, und entspricht damit dem, was in der ersten Ratgebergruppe angestrebt wird. Auf der zweiten Kompetenzstufe werden diese Kompetenzen zunehmend routiniert angewendet und durch Kompetenzen, wie sie die Ratgeber der zweiten Gruppe vermitteln, ergänzt. Auf der dritten Kompetenzstufe wird schließlich ein Überblick über den gesamten Bereich der technischen Kompetenzen erlangt, der eine sehr gezielte Auswahl der zur technischen Umsetzung notwendigen Mittel erlaubt.

In Hinblick auf die Schule und die Ziele, die dort erreicht werden sollen, lassen sich diese Kompetenzstufen folgendermaßen konkretisieren:
- Stufe 1: Die Schüler kennen die grundlegenden Funktionen eines WYSIWYG-Editors und eines Grafikprogramms und sind in der Lage, damit einfache Websites zu erstellen, wobei sie teilweise darauf angewiesen sind, im Handbuch nachzuschlagen, nachzufragen oder Funktionen auszuprobieren.
- Stufe 2: Die Schüler benutzen Standardwerkzeuge zur Erstellung einfacher Websites (WYSIWYG-Editoren und Grafikprogramme) routiniert und können unter Rückgriff auf Nachschlagewerke und durch Ausprobieren auch zusätzliche technische Möglichkeiten nutzen. (z.B. Einsatz eines Quelltexteditors, Integration von JavaScripts, Erstellen animierter Grafiken etc.)
- Stufe 3: Die Schüler verfügen über ein großes Repertoire an technischen Mittel zur Erstellung von Websites, aus denen sie je nach Bedarf gezielt auswählen und die sie routiniert anwenden können.

Es stellt sich die Frage, welche dieser Kompetenzstufen in der Schule verpflichtend für alle angestrebt werden soll. Es gibt eine Reihe von Gründen, die dafür sprechen, die in der Schule vermittelten technischen Kompetenzen auf ein Minimum zu beschränken. Die Kompetenzen, die den Schülern in Bezug auf die Gestaltung von Websites vermittelt werden, sollen es ihnen zum einen ermöglichen, am gesellschaftlichen Kommunikations- und Meinungsbildungsprozess im World Wide Web teilzuhaben und sie zum anderen auf die Anforderungen vorbereiten, die im Berufsleben auf sie zukommen. Dazu sind technische Kompetenzen nur in relativ geringem Umfang notwendig. Den Schülern detaillierte technische Kompetenzen zu vermitteln, wie sie sie in manchen Berufen möglicherweise einmal brauchen, in vielen anderen aber nicht, ist hingegen nicht Aufgabe der Schule, sondern der entsprechenden berufsbildenden Institutionen. Darüber hinaus verändert sich das World Wide Web sehr schnell. Technische Kompetenzen, die den Schülern in diesem Bereich vermittelt werden, können deswegen schon veraltet sein, bis sie schließlich im Berufsleben stehen. Und schließlich kann die Schule die Vermittlung umfassender technischer Kompetenzen, wie sie der dritten Kompetenzstufe entsprechen, zeitlich gar nicht leisten, ansonsten müsste auf sehr große Bereiche des übrigen Unterrichtsstoffes verzichtet werden. Aus diesen Gründen ist es nicht nur sinnvoll, sondern notwendig, die technischen Kompetenzen, die in Bezug auf die Websitegestaltung in der Schule vermittelt werden sollen, auf ein Minimum zu beschränken.

Die erste hier beschriebene Kompetenzstufe stellt daher den Mindeststandard dar, den alle Schüler bis zum Ende der neunten Klasse erreichen müssen. Die zweite Kompetenzstufe, auf der die Schüler über etwas mehr deklaratives Wissen verfügen, vor allem aber die Kompetenzen der ersten Stufe routinierter anwenden können, kann stärkeren Schülern zur Orientierung dienen, wohingegen das Erreichen der dritten Kompetenzstufe umfangreiches Spezialwissen voraussetzt, dessen Vermittlung in der Schule nicht notwendig ist.

Im Folgenden sollen die Teilkompetenzen herausgearbeitet werden, die zur Meisterung der ersten und bedingt der zweiten Kompetenzstufe notwendig sind und als Grundlage zur Festlegung der Bildungsstandards für den Bereich der technischen Kompetenzen dienen.

Nutzung eines WYSIWYG-Editors: Grundvoraussetzung für die Erstellung von Websites sind Kompetenzen in der Handhabung eines Editors. Dies ersieht man auch aus den zahlreichen einführenden Ratgebern zur Websitegestaltung, die genau diese Kompetenzen vermitteln wollen. Mit den heutigen WYSIWYG-Editoren lassen sich mit relativ wenig Aufwand gute Ergebnisse erzielen und da die Schüler in der Regel bereits Erfahrung mit Textverarbeitungsprogrammen haben, die in ihrer Bedienung WYSIWYG-Editoren ähneln, ist der Umgang mit ihnen für die Schüler einfach zu erlernen. Der Aufwand, der notwendig ist, um mit einem Quelltexteditor ähnliche Ergebnisse wie mit einem WYSIWYG-Editor zu erzielen, ist ungleich höher und für die Erreichung der Ziele, die mit der Websitegestaltung in der Schule verfolgt werden, nicht notwendig. Die bekannten WYSIWYG-Editoren wie Adobe GoLive, Macromedia Dreamweaver, Microsoft FrontPage oder NetObjects Fusion bieten alle einen Funktionsumfang, der dem, was in der Schule benötigt wird, völlig genügt und teilweise weit darüber hinaus geht. Aus diesem Grund ist es nicht notwendig, einen bestimmten WYSIWYG-Editor vorzuschreiben oder zu empfehlen. Es gibt jedoch einige Handlungen, die zur sinnvollen Gestaltung von Websites notwendig sind und die daher alle Schüler beherrschen müssen:
- Öffnen und Speichern von Dateien
- Manipulieren von Schriftart, -größe und -farbe
- Manipulieren der wichtigsten Seiteneigenschaften: Hintergrundfarbe, Seitenbreite, Seitentitel und Metatags
- Setzen von Links
- Einfügen von Grafiken
- Einfügen und Manipulieren von Tabellen
- Verwenden von Tabellen zur Gestaltung des Seitenlayouts

Natürlich gibt es noch zahlreiche weitere Dinge, die man mit WYSIWYG-Editoren machen kann und die im Bedarfsfall vermittelt werden können. Diese werden jedoch zum Erreichen der ersten Kompetenzstufe nicht benötigt.

Kenntnisse über das HTML-Format: Auch wenn es für die Schüler nicht notwendig ist, die Verwendung eines Quelltexteditors zu erlernen und auch wenn man bei der Arbeit mit einem WYSIWYG-Editor kaum mit dem HTML-Quelltext in Berührung kommt, ist es wichtig, dass die Schüler einige grundlegende Kenntnisse über das HTML-Format besitzen, denn viele Beschränkungen und Besonderheiten, die den Schülern bei der Arbeit mit dem Editor im Vergleich mit Textverarbeitungs- oder Desktop-Publishing-Programmen auffallen werden, lassen sich nur so erklären. Aus diesem Grund müssen die Schüler zunächst einmal wissen, dass der von ihnen verwendete Editor Dateien im HTML-Format erzeugt. Sie müssen weiter wissen, dass sich eine HTML-Datei mit Hilfe eines Texteditor auch im Quelltext betrachten und bearbeiten lässt und die wichtigsten Elemente einer solchen Datei: Head, Body und HTML-Tags unterscheiden und benennen können. Auf Grund dieser Kenntnisse über das Format können sie die Einschränkungen des Editors verstehen und wissen, dass es zur Überwindung dieser Einschränkungen zusätzliche Hilfsmittel, wie z.B. JavaScript, Java, Flash etc. gibt. Die Beherrschung dieser Hilfsmittel ist für die Schüler auf der ersten Kompetenzstufe jedoch nicht notwendig.

Bearbeitung von Grafiken: Neben Text spielen Bilder und Grafiken im Websiteformat eine herausragende Rolle. Für die Schüler, die oft selbstgestaltete Grafiken oder selbstgemachte Fotos auf ihren Websites verwenden wollen, ist es nicht ausreichend zu wissen, wie diese im Editor eingefügt werden. Da viele Internetverbindungen nach wie vor relativ langsam sind, müssen die oft sehr großen Fotos und Grafiken für die Verwendung auf Websites vorbereitet werden. Die Schüler müssen daher in der Lage sein, Bilder mit Hilfe eines Grafikprogramms so zu manipulieren, dass sie möglichst wenig Speicherplatz benötigen.

Veröffentlichung von Websites: Ist eine Website fertig gestellt, so muss diese, um ihren kommunikativen Zweck erfüllen zu können, auch veröffentlicht werden. Um eine Webseite zu veröffentlichen, benötigt man einen Webspaceprovider. Die Schüler müssen zumindest einen der Webspaceprovider kennen, die kostenlosen Webspace anbieten und wissen, wie sie sich dort anmelden und eine Website veröffentlichen können, damit sie die Möglichkeit haben, auch unabhängig von der Schule, in der ihnen eventuell schuleigener Webspace zur Verfügung gestellt wird, Inhalte zu veröffentlichen.

Auf der Grundlage dieser Teilkompetenzen lassen sich die Bildungsstandards für den Bereich der technischen Kompetenzen formulieren:

Bildungsstandards für den Bereich der technischen Kompetenzen

Zu erreichende Gesamtkompetenz:
Die Schüler kennen die grundlegenden Funktionen eines WYSIWYG-Editors und eines Grafikprogramms und sind in der Lage, damit einfache Websites zu erstellen, wobei sie teilweise darauf angewiesen sind, im Handbuch nachzuschlagen, nachzufragen oder Funktionen auszuprobieren.

Zu erreichende Teilkompetenzen:
- Die Schüler sind in der Lage folgende Funktionen eines WYSIWYG-Editor zu nutzen:
    o Öffnen und Speichern von Dateien
    o Manipulieren von Schriftart, -größe und -farbe
    o Manipulieren der wichtigsten Seiteneigenschaften: Hintergrundfarbe, Seitenbreite, Seitentitel und Metatags
    o Setzen von Links
    o Einfügen von Grafiken
    o Einfügen und Manipulieren von Tabellen
    o Verwenden von Tabellen zur Gestaltung des Seitenlayouts
  und damit sowohl Websites nach bestimmten Vorgaben als auch nach eigenen Vorstellungen zu erstellen.
- Die Schüler wissen, dass der WYSIWYG-Editor Dateien im HTML-Format erzeugt und kennen die wichtigsten Elemente eines HTML-Dokuments.
- Die Schüler kennen die Begrenzungen des HTML-Formats und wissen, dass zur Erzielung mancher Effekte zusätzliche Hilfsmittel wie JavaScript, Java, Flash usw. notwendig sind.
- Die Schüler können mit Hilfe eines Grafikprogramms Bilder zur Verwendung im Websiteformat vorbereiten.
- Die Schüler kennen Provider von Gratiswebspace und können eine fertiggestellte Website veröffentlichen.

Bildungsstandards für den Bereich der technischen Kompetenzen

Erreichen die Schüler die hier aufgelisteten Standards, so reicht dies zur Auseinadersetzung mit der Gestaltung von Websites im schulischen Rahmen völlig aus. Sie erlauben es den Schülern, das World Wide Web nicht nur als Rezipienten, sondern auch als Produzenten zu nutzen und geben ihnen eine solide Grundlage, die es ihnen ermöglicht, sich bei Bedarf selbstständig zusätzliche technische Kompetenzen anzueignen. Durch die Beschränkung auf ein Minimum sind diese Kenntnisse von den Schülern in relativ kurzer Zeit zu erlernen und auch die Lehrkräfte, die diese Inhalte vermitteln sollen, können mit relativ wenig Aufwand geschult werden.

Kommunikative Kompetenzen

Mit den zuvor beschriebenen technischen Kompetenzen in Kombination mit Schreibkompetenzen lassen sich bereits Websites erstellen. Um jedoch *gute* Websites erstellen zu können – Websites, die den vom Websiteproduzenten intendierten kommunikativen Zweck erfüllen – sind zusätzlich eine Reihe von kommunikativen Kompetenzen notwendig. Diese Art von Kompetenzen werden in den Ratgebern der dritten Gruppe ausführlich erörtert, die dabei, wie bereits erwähnt, zu sehr unterschiedlichen Schlussfolgerungen und Empfehlungen kommen. Der Unterricht in der Schule darf sich deswegen auch nicht auf diese Schlussfolgerungen konzentrieren, sondern muss grundlegender argumentieren und sich dabei an den besonderen Eigenschaften des Websiteformats orientieren, wie sie in dieser Arbeit diskutiert werden.

Auch für den Bereich der kommunikativen Kompetenzen lassen sich drei Kompetenzstufen unterscheiden, die sich vor allem durch ihr unterschiedliches Abstraktionsniveau unterscheiden. Auf der ersten Kompetenzstufe stehen grundlegende Verhaltensregeln für den rezeptiven und produktiven Umgang mit dem World Wide Web im Vordergrund. Auf der zweiten Kompetenzstufe ist das Wissen über die Besonderheiten des Websiteformats so weit durchdrungen, dass es als Grundlage für eigenständige Entscheidungen dienen kann. Die dritte Kompetenzstufe schließlich umfasst die Fähigkeit, die Merkmale des Websiteformats und anderer kommunikativer Formate selbständig herauszuarbeiten.

In Hinblick auf den Unterricht in der Schule können die drei Kompetenzstufen folgendermaßen konkretisiert werden:
- Stufe 1: Die Schüler beachten grundlegende Verhaltensregeln bei der rezeptiven Nutzung des World Wide Web und verstehen die Sinnhaftigkeit dieser Regeln auf Grund ihres Wissens über die wichtigsten Besonderheiten des Websiteformats. Auf Grund dieses Wissens können sie auch Hinweise zur sinnvollen Gestaltung von Websites verstehen und bei der Umsetzung ihrer Websites berücksichtigen.
- Stufe 2: Die Schüler besitzen umfassendes Wissen über die Besonderheiten des Websiteformats. Aus diesem Wissen können sie im konkreten Einzelfall selbst ableiten, welche Verhaltensweisen bei der rezeptiven Nutzung des World Wide Web ungefährlich und sinnvoll sind. Es befähigt sie außerdem dazu, Entscheidungen darüber zu treffen, wie sie eine Website gestalten müssen, damit ihre kommunikativen Ziele erreicht werden.
- Stufe 3: Die Schüler sind in der Lage, ihnen unbekannte kommunikative Formate selbstständig zu analysieren und die charakteristischen Merkmale dieser Formate herauszuarbeiten. Auf Grund ihres Wissens über das jeweilige Format können sie allgemeine Verhaltensregeln für seine Nutzung und Hinweise für seine Gestaltung ableiten.

Auch was die kommunikativen Kompetenzen betrifft, bildet die erste Kompetenzstufe das Mindestniveau, das von allen Schülern schulartübergreifend erreicht werden muss, um dem Bildungsauftrag gerecht zu werden. Darüber hinaus ist es wünschenswert, dass eine möglichst große Zahl an Schülern die zweite Kompetenzstufe zumindest teilweise erreicht, weil erst hier die Schüler in der Lage sind, wirklich eigenständige Entscheidungen über die Gestaltung von Websites zu treffen. Die dritte Kompetenzstufe verlangt ein hohes Maß an analytischen Fähigkeiten und Abstraktionsvermögen, die in der Schule vermutlich selten erreicht werden und in Bezug auf die Erfüllung der Bildungsziele auch nicht notwendig sind.

Im Folgenden sollen als Grundlage für die Festlegung der Bildungsstandards die Teilkompetenzen dargestellt werden, welche die Schüler meistern müssen, um die erste und bedingt die zweite Kompetenzstufe zu erreichen.

Stärken des Websiteformats: Um bei der Planung und Konzeption von Websites zielgerichtete Entscheidungen treffen zu können, bzw. in der Lage zu sein, solche Entscheidungen nachzuvollziehen, müssen die Schüler die wichtigsten Stärken des Websiteformats im Vergleich mit anderen kommunikativen Formaten kennen. Dazu gehört vor allem die Möglichkeit, die Eigenschaften *übertragender* und *speichernder* sowie *multimedialer* und *schriftbasierter* Formate miteinander zu verbinden. Wie im zweiten Kapitel herausgearbeitet wurde, gibt es noch weitere Besonderheiten des Websiteformats im kommunikativen Prozess, wie die Kombination der Vorzüge *dialogischer* und *monologischer* Formate sowie von *individueller Kommunikation* und *Massenkommunikation*. Diese sind im Hinblick auf die angestrebte Kompetenzstufe aber zu vernachlässigen.

Gefahren des Websiteformats: Was jedoch nicht vernachlässigt werden darf, ist das Wissen über die Gefahren des World Wide Web, die ebenfalls im zweiten Kapitel dieser Arbeit erörtert wurden:
- die mangelnde Qualität und der mitunter zweifelhaften Wahrheitsgehalt von Inhalten im World Wide Web auf Grund fehlender institutioneller Kontrolle
- die Gefahr, auf pornografische, gewaltverherrlichende und illegale Inhalte zu stoßen
- die Vorsicht, die bei der Preisgabe persönlicher Daten geboten ist

Die Schüler werden dadurch in die Lage versetzt, Verhaltensmaßregeln in Bezug auf die rezeptive Nutzung des World Wide Web zu verstehen und gefährliche Verhaltensweisen zu vermeiden.

Rechtliche Vorschriften für das Veröffentlichen: In diesem Zusammenhang müssen die Schüler auch wissen, dass das World Wide Web zwar schwierig zu kontrollieren, aber kein rechtsfreier Raum ist. Besonders bei der Veröffentlichung eigener Websites sind die gesetzlichen Regelungen zu beachten: Viele der im World Wide Web veröffentlichten Inhalte sind urheberrechtlich geschützt und dürfen nur mit ausdrücklicher Erlaubnis des Rechteinhabers in eigenen Websites weiterverwendet werden. Inhalte, welche die Persönlichkeitsrechte anderer verletzen oder gegen die guten Sitten verstoßen, sind verboten. Das gilt auch für Links, die auf Seiten verweisen, auf denen solche Inhalte dargeboten werden. Darüber hinaus muss jede in Deutschland veröffentlichte Website ein Impressum besitzen, das bestimmten Kriterien genügt.[388] Wird diesen Vorschriften zuwider gehandelt, so drohen ernsthafte rechtliche Konsequenzen, die bei der Erstellung von Websites im Unterricht auch auf den Lehrer zurückfallen, der gegenüber seinen Schülern aufsichtspflichtig ist.

Die Besonderheiten des Lesens im Websiteformat: Zusätzlich zu den Möglichkeiten und Gefahren des Websiteformats und den rechtlichen Rahmenbedingungen ist es für das zielgerichtete Erstellen von Websites notwendig, dass die Schüler die wichtigsten Besonderheiten des Lesens im Websiteformat kennen. – Denn nur wenn diese den Schülern bekannt und bewusst sind, können sie bei der Gestaltung von Websites berücksichtigt werden. Diese Besonderheiten wurden im dritten Kapitel dieser Arbeit bereits ausführlich erörtert, können aber in dieser Ausführlichkeit schon allein aus zeitlichen Gründen nicht in der Schule behandelt werden. Das Wissen um einige Kernpunkte, das die Schüler dazu befähigt ihre Websites auf unterer, mittlerer und globaler Ebene sinnvoll zu gestalten, ist jedoch für das angestrebte Kompetenzniveau unabdingbar:

---

[388] Auf der Website der Forschungsstelle Abmahnwelle e.V. findet sich ein guter Überblick über die rechtlichen Fallstricke, die im World Wide Web lauern und eine Anleitung zur Erstellung eines rechtlich einwandfreien Impressums. (Onlinequellen: Forschungsstelle Abmahnwelle e.V.)

- *Einfluss des Monitors:* Die Schüler müssen wissen, dass das Lesen am Monitor anstrengender ist und mehr Zeit benötigt als das Lesen auf Papier, weswegen Texte am Monitor häufig nur überflogen werden. Dadurch erkennen sie die Notwendigkeit, Texte aus anderen Formaten nicht eins zu eins ins Websiteformat zu übernehmen, sondern auf unterer und mittlerer Kohärenzebene sowohl in inhaltlich-kognitiver als auch in sichtbar-materieller Hinsicht so zu gestalten, dass ihr Inhalt auch beim bloßen Überfliegen schnell und einfach aufgenommen werden kann.
- *Gestalterische Kompetenz:* Auch gestalterische Kompetenzen spielen bei der Gestaltung von Websites eine große Rolle, dazu gehört z.B. der gesamte Bereich der psychologischen Wirkung von Bildern und Farben, der in dieser Arbeit nur angedeutet wurde. Um die dabei auftretenden teilweise sehr komplexen Wechselwirkungen wirklich zielgerichtet nutzen zu können, sind umfangreiche Spezialkenntnisse notwendig, die im Rahmen des Schulunterrichts kaum vermittelbar und auch in Hinblick auf die Ziele, die mit der Websitegestaltung in der Schule erreicht werden sollen, nicht notwendig sind. Die Schüler müssen jedoch wissen, dass eine Wechselwirkung zwischen Bildern und Texten besteht und dass diese sich sowohl gegenseitig verstärken als auch gegenseitig stören können. Dies versetzt sie in die Lage, auf ihren Websites Bilder bewusst zur Erzielung bestimmter Effekte einzusetzen und die mittlere Kohärenzebene sinnvoll zu gestalten.
- *Multilineare Struktur:* Eine der charakteristischen Eigenschaften des Websiteformats, die das Lesen besonders stark beeinflusst, ist seine multilineare Struktur. Diese zwingt den Leser dazu, ständig Entscheidungen zu treffen und sich immer wieder neu zu orientieren, wodurch ein großer Teil seiner kognitiven Kapazität gebunden wird. Dieses Wissen ist für die Schüler notwendig, um zu verstehen, warum es wichtig ist, eine klare Websitestruktur zu entwickeln und Websites mit Navigationshilfen auszustatten, die dem Leser die Orientierung und das Treffen von Entscheidungen erleichtern. Sie erlangen dadurch die Fähigkeit, die sie benötigen, um die globale Ebene sinnvoll zu gestalten.

Auf Grund der hier aufgelisteten Teilkompetenzen können folgende Bildungsstandards für den Bereich der kommunikativen Kompetenzen formuliert werden:

Bildungsstandards für den Bereich der kommunikativen Kompetenzen

Zu erreichende Gesamtkompetenz:
- Die Schüler beachten grundlegende Verhaltensregeln bei der rezeptiven Nutzung des World Wide Web und verstehen die Sinnhaftigkeit dieser Regeln auf Grund ihres Wissens über die wichtigsten Besonderheiten des Websiteformats. Auf Grund dieses Wissens können sie auch Hinweise zur sinnvollen Gestaltung von Websites verstehen und bei der Umsetzung ihrer Websites berücksichtigen.

Zu erreichende Teilkompetenzen:
- Die Schüler können auf Grund ihres Wissens über die Stärken des Websiteformats Hinweise für die Planung und Konzeption von Websites nachvollziehen und sinngemäß umsetzen. Unter anderem wissen sie,
    - dass das Websiteformat die Stärken speichernder und übertragender Formate verbindet
    - dass das Websiteformat die Qualitäten multimedialer und schriftbasierter Formate vereint
- Die Schüler kennen die Gefahren des World Wide Web und verhalten sich auf dieser Grundlage beim rezeptiven Umgang mit dem World Wide Web entsprechend vorsichtig. Sie wissen insbesondere um,
    - die mangelnde Qualität und den mitunter zweifelhaften Wahrheitsgehalt von Inhalten im World Wide Web auf Grund fehlender institutioneller Kontrolle
    - die Gefahr, auf pornografische, gewaltverherrlichende und illegale Inhalte zu stoßen
    - die Vorsicht, die bei der Preisgabe persönlicher Daten geboten ist
- Die Schüler kennen die rechtlichen Rahmenbedingungen für das Veröffentlichen im World Wide Web.
- Die Schüler kennen die wichtigsten Besonderheiten des Lesens im Websiteformat und können auf dieser Grundlage Hinweise zur Gestaltung der unteren, mittleren und globalen Kohärenzebene verstehen und bei der Umsetzung ihrer Websites berücksichtigen. Insbesondere wissen sie:
    - wie der Monitor das Lesen im Websiteformat beeinflusst
    - dass Texte und Bilder sich gegenseitig verstärken und stören können
    - wie die multilineare Struktur das Lesen im Websiteformat beeinflusst

---

Bildungsstandards für den Bereich der kommunikativen Kompetenzen

Mit der Beherrschung der hier beschriebenen Standards sind die Schüler in der Lage, in Verbindung mit den Schreibkompetenzen Websites zu planen und in Verbindung mit den technischen Kompetenzen umzusetzen, die den oben beschriebenen Zielen gerecht werden. Sie haben zudem allgemeine Grundkenntnisse in der Analyse kommunikativer Formate erworben, die sich in auch bei der Entwicklung sekundärer Schreibkompetenzen für andere Formate positiv auswirken können.

Schreibkompetenzen

Kulturgeschichtlich hat es sich überall auf der Welt gezeigt, dass Kinder am günstigsten im Alter von fünf bis sechs Jahren ins Schreiben einzuführen sind. Dabei entwickeln sie zunächst eine primäre Schreibkompetenz, die es ihnen erlaubt, einigermaßen zu lesen und zu schreiben und auf diese Weise am kulturellen Leben ihrer Gesellschaft teilzuhaben. Je nach Dauer und Intensität des Schreibunterrichts kann die dabei entwickelte primäre Schreibkompetenz besser oder schlechter ausgeprägt sein.

Es wird heute allgemein davon ausgegangen, dass der Prozess der primären Literalisierung in mehreren Stadien erfolgt. Eine mögliche Darstellung solcher Stadien stellt Bereiters Modell der Entwicklung von Schreibstrategien dar, das bereits im vorherigen Kapitel erörtert wurde.

Betrachtet man die kognitive Entwicklung, die zur Meisterung der einzelnen Stadien notwendig ist, genauer, so wird deutlich, dass der Prozess der Literalisierung weit mehr erfordert, als das Erlernen der Laut-Buchstaben-Zuordnung und die Einhaltung orthografischer Normen. Wie bereits erläutert wurde, unterscheidet sich schriftliche Kommunikation in einigen wesentlichen Aspekten von mündlicher Kommunikation. Schriftliche Kommunikation ist in der Lage, Raum und Zeit zu überwinden und richtet sich damit an einen nichtanwesenden Leser, dessen Zeigefeld und Kontext sich in aller Regel von denen des Schreibers unterscheiden. Im Prozess der Literalisierung müssen die Schüler lernen, ihren eigenen egozentrischen Standpunkt zu relativieren und diesen nichtanwesenden Leser mit seinen Bedürfnissen, Verständnisproblemen und möglichen Einwänden zu berücksichtigen. So erlernen die Schüler eine völlig neue Art zu denken und machen den Schritt von der konzeptionellen Mündlichkeit zur konzeptionellen Schriftlichkeit. Eine voll ausgebildete primäre Schreibkompetenz wäre somit „die Fähigkeit, einen Text, abstrahiert vom Hier und Jetzt, über die unmittelbare Schreibzeit und den Schreibort hinaus prinzipiell für jedermann lesbar verfassen zu können."[389] Wann die für diesen Schritt notwendige Dezentralisierung stattfindet und die Fähigkeit, sich in einen abwesenden Leser hineinzuversetzen, erlangt wird, hängt nicht von einem bestimmten Alter ab, sondern allein vom Fortschritt im Prozess der Literalisierung.[390]

Aufbauend auf diesen primären Schreibkompetenzen – auch wenn sie noch nicht voll ausgebildet sind – können sekundäre Schreibkompetenzen entwickelt werden, die von ihrer inneren und äußeren Form her den Ansprüchen bestimmter kommunikativer Formate genügen. Dazu sind neben den primären Schreibkompetenzen die technischen und kommunikativen Kompetenzen notwendig, die für das Websiteformat soeben beschrieben wurden. Die primären Schreibkompetenzen müssen mit diesen Kenntnissen über die Funktionsweise des jeweiligen Formats im kommunikativen Prozess und seine technische Handhabung verbunden werden, um die sekundären Schreibkompetenzen für das Format zu erlangen.

Im Folgenden wird geklärt, welche Aspekte der primären Schreibkompetenzen für die Entwicklung der sekundären Schreibkompetenzen zur Erstellung von Websites von besonderer Bedeutung sind und welche Entwicklungsstadien nach dem Modell von Bereiter dabei eine besondere Rolle spielen. Dabei wird auf die Erörterungen über die Besonderheiten des Schreibens im Websiteformat im vorhergehenden Kapitel dieser Arbeit zurückgegriffen.

Erkennen von Komplexität: Der Schreibprozess ist ein komplexer Vorgang, der an die Schreibenden enorme kognitive Anforderungen stellt. Für Schüler, die ihre Schreibkompetenz gerade erst entwickeln, ist die kognitive Belastung besonders groß, weil manche

---

[389] Ossner 1995: S. 46
[390] vgl. Ossner 1995: S. 46f

Aspekte des Schreibprozesses bei ihnen noch nicht oder nur teilweise automatisiert ablaufen. In Bezug auf die Gestaltung von Websites ist für die meisten Schüler darüber hinaus der Umgang mit dem Editor und die Auseinandersetzung mit dem kommunikativen Format neu. Sollen die Schüler nun gleichzeitig den Schreibprozess koordinieren, den Editor handhaben und die Besonderheiten des Websiteformats berücksichtigen, so stellt dies eine kognitive Überforderung dar, als deren Resultat vermutlich sehr dürftige Websites entstehen, an denen ersichtlich ist, dass einer oder mehrere Aspekte im Gestaltungsprozess stark vernachlässigt wurden. Um mit dieser Komplexität umgehen zu können, müssen die Schüler diese zunächst einmal erkennen, damit sie motiviert sind, Methoden zur kognitiven Entlastung anzuwenden, wie z.B. die bewusste Trennung von Planungs-, Ausführungs- und Evaluationsprozessen. In diesem Prozess erlangen sie Kompetenzen, die im Modell von Bereiter dem Stadium des reflektierten Schreibens zuzuordnen sind, das dadurch charakterisiert ist, dass der Schreibende in der Lage ist, seinem Text bewusst als Leser gegenüberzutreten und ihn vor dem Hintergrund des Entstehungsprozesses zu bewerten.[391]

Auswahl und Formulierung von Schreibzielen: Besonders Planungsprozesse spielen bei der Gestaltung von Websites eine große Rolle. So müssen die Schüler in der Lage sein, Schreibziele auszuwählen und zu formulieren. Die Auswahl und Formulierung geeigneter Schreibziele durch die Schüler ist außerordentlich wichtig, da diese als die Kontrollinstanz dienen, mit der die fortschreitende Arbeit an einer Website immer wieder abgeglichen wird. Im vorhergehenden Kapitel dieser Arbeit wurde erläutert, wie Schreibziele durch Konkretisierung, Dekomponierung und Strukturierung nach und nach zu einer rhetorischen Planung ausgebaut werden können. Diesen Aspekt in der Schule zu sehr zu vertiefen ist aber nicht sinnvoll, da es die kognitive Komplexität nicht verringern, sondern erhöhen würde. Um dem Planungs- und Produktionsprozess Richtung zu geben, müssen die Schüler sich jedoch darüber klar sein, wozu ihre Website dienen soll. Sie müssen daher auf die Frage „Was möchte ich mit meiner Website erreichen?" eine klare und konkrete Antwort geben können. Bei Bereiter ist „[...] writing that is calculated to have a desired effect on an audience."[392] der Stufe des kommunikativen Schreibens zugeordnet.

Zielgruppenorientierung: Im vorhergehenden Kapitel wurde erläutert, dass die uneingeschränkte Zugänglichkeit von Websites es notwendig macht, sich beim Schreiben möglichst klar an einer bestimmten Zielgruppe zu orientieren. Die Fähigkeit, sich auf eine Gruppe nichtanwesender Leser und deren Bedürfnisse auszurichten, rührt an den Kern konzeptioneller Schriftlichkeit und erfordert von den Schülern ebenfalls die Beherrschung von Kompetenzen, die auf der Ebene des kommunikativen Schreibens nach Bereiter angesiedelt sind. Auch hier ist es in Hinblick auf die besondere Situation in der Schule nicht notwendig, dass die Schüler sich mit sämtlichen Feinheiten der Zielgruppenfindung und -orientierung auseinandersetzen. Sie müssen jedoch in der Lage sein, die Fragen „Wer soll meine Website lesen?" und „Was interessiert diese Gruppe von Leuten?" klar zu beantworten.

Sammeln und Strukturieren von Ideen: Die Formulierung eines Schreibziels und die Orientierung an der Zielgruppe geben dem Planungsprozess Richtung. Damit die Schüler bei der späteren Umsetzung der Websites mit dem Editor tatsächlich entlastet sind,

---

[391] vgl. Bereiter 1980: S. 87
[392] Bereiter 1980: S. 86

ist es notwendig, dass sie in der Lage sind, den Prozess des Sammelns und Strukturierens von Ideen separat durchzuführen. Dazu müssen sie die geeigneten Methoden wie Brainstorming, Mindmapping und Clustering kennen und selbstständig anwenden können. Da diese bewusste Auslagerung einzelner Aspekte des Schreibvorganges wieder den Blick auf den Schreibprozess als Ganzes erfordert, benötigen die Schüler hierfür Kompetenzen, die dem Stadium des reflektierten Schreibens zuzuordnen sind.

Erstellung der Websitestruktur: Für die Gestaltung von Websites reicht eine Strukturierung der Ideen nach inhaltlichen Aspekten nicht aus. Es muss zusätzlich entschieden werden, wie die Inhalte auf die einzelnen Knoten einer Website verteilt werden sollen. Hierzu ist es notwendig, dass die Schüler ihre inhaltliche Strukturierung vor dem Hintergrund ihres Wissens über den Einfluss der Multilinearität auf das Lesen im Websiteformat weiter bearbeiten. Um dies zu bewerkstelligen, benötigen sie geeignete Methoden. Im vorigen Kapitel wurden mit der „concept analysis" und dem „mental modelling" zwei Methoden angeführt, um dies zu bewerkstelligen, die jedoch beide für eine verbindliche Einführung im Schulunterricht zu komplex sind. Die Schüler müssen aber dazu in der Lage sein, ihre Ideen mit Hilfe einer einfachen Strukturlegetechnik zu einer Website zu strukturieren. Dabei benötigen sie sowohl Kompetenzen aus dem Bereich des kommunikativen als auch des reflektierten Schreibens.

Erstellen eines Schreibplans: Besonders bei umfangreichen Websites ist zur kognitiven Entlastung während der Umsetzung die Erstellung eines Schreibplanes sinnvoll. Die Schüler müssen aus diesem Grund wissen, wie ein solcher Plan erstellt und genutzt wird. Ein solcher Schreibplan besteht aus einer Liste der Tätigkeiten, die bis zur Fertigstellung einer Website noch auszuführen sind. Optional kann vermerkt werden, wie lange die Erledigung dieser Arbeiten vermutlich dauern wird und in welcher Reihenfolge sie erledigt werden sollen. Die so entstehende Liste arbeiten die Schüler dann nach und nach ab und behalten so den Überblick über den Schreibprozess. Da die Schüler dabei sowohl den Schreibprozess als Ganzes als auch seine einzelnen Aspekte im Blick haben, benötigen sie Kompetenzen aus dem Bereich des reflektierten Schreibens.

Schreiben von Texten: Ist die Planung so weit fortgeschritten, geht es darum sie umzusetzen, also die drei Kohärenzebenen der Website mit Hilfe des Editors und unter Berücksichtigung der vorausgegangenen Planung und der Besonderheiten des Formats zu gestalten. Dabei muss immer wieder gewechselt werden zwischen dem Schreiben von Texten und Operationen mit dem Editor, die dazu dienen, diese Texte zu manipulieren und in die Website zu integrieren. Hierzu müssen die Schüler über Kompetenzen im Bereich des performativen Schreibens verfügen und so in der Lage sein, Texte zu erstellen, die den orthographischen und grammatikalischen Normen entsprechen.

Kognitive Entlastung während der Umsetzung: Besonders Schüler, bei denen die Ebene des performativen Schreibens noch nicht vollständig automatisiert ist, benötigen während der Umsetzung weitere Hilfe zur kognitiven Entlastung. Die im vorherigen Kapitel geschilderten Verfahren wie der Einsatz von Wireframed oder Greeked-Text Versionen einer Website sind für den Einsatz in der Schule zu komplex. Eine Methode, die die Schüler jedoch kennen müssen, ist die Planung mit Stift und Papier. Wie der Name bereits sagt, werden dabei einzelne Textsegmente und Webseiten zunächst auf Papier entworfen, bevor sie mit dem Editor umgesetzt werden.

Evaluation und Überarbeitung: Auf Grund des öffentlichen Charakters von Websites erkennen die Schüler die Notwendigkeit zu ihrer Evaluation und Überarbeitung. Hierbei ist es nicht notwendig, dass die Schüler den ganzen vierstufigen Evaluationsprozess anwenden können, der im vorigen Kapitel dieser Arbeit beschrieben wurde. Sie müssen aber in der Lage sein, ihre Website in Bezug auf die Anfangs aufgestellten Schreibziele kritisch zu bewerten und dabei auch die Hinweise anderer Personen berücksichtigen können. Auf der Grundlage dieser Bewertung müssen sie in der Lage sein, ihre Website in Hinblick auf das Schreibziel zu überarbeiten. Da die Schüler auch hierbei ihrem eigenen Text als Leser gegenübertreten müssen, benötigen sie Kompetenzen auf der Ebene des reflektierten Schreibens.

Betrachtet man die verschiedenen Teilkompetenzen, so fällt auf, dass wegen der großen Komplexität des Schreibens im Websiteformat Teilkompetenzen eine besondere Bedeutung zukommt, bei denen die kognitive Entlastung des Schreibenden im Vordergrund steht. Das ist auch der Grund dafür, dass es sich bei einem Großteil der Kompetenzen um solche handelt, die der Planungsphase zuzuordnen sind.

In Bezug auf die einzelnen Teilkompetenzen spielen bestimmte Stadien nach dem Modell von Bereiter eine besondere Rolle. Bei den Teilkompetenzen, die sich auf die Umsetzung beziehen, ist dies das performative Schreiben, bei den Teilkompetenzen, die sich auf die Planung und Evaluation beziehen, das kommunikative und das reflektierte Schreiben. Um Websites nach den Vorgaben der zuvor erörterten Ziele gestalten zu können, ist es notwendig, dass die Schüler das Stadium des performativen Schreibens weitgehend automatisiert haben und solide Kompetenzen auf dem Gebiet des kommunikativen und reflektierten Schreibens entwickeln. Dabei ist zu betonen, dass diese Kompetenzen nicht die Voraussetzung dafür sind, mit der Arbeit an Websites beginnen zu können, sondern die Kenntnisse beschreiben, die die Schüler am Ende des Lehrgangs erreicht haben sollen. In wie weit das Gestalten von Websites zur Entwicklung der primären Schreibkompetenzen beitragen kann, wird noch zu diskutieren sein.

Ein wichtiger Unterschied, der zwischen den Bereichen der technischen und kommunikativen Kompetenzen einerseits und dem Bereich der Schreibkompetenzen andererseits besteht, ist jedoch, dass die Schreibkompetenzen zumindest teilweise bei den Schülern schon vorhanden sind, wenn sie mit der Gestaltung von Websites beginnen. Vorrangiges Ziel ist es deshalb hier, die Schreibkompetenzen zu den von den Schülern neu erworbenen technischen und kommunikativen Kompetenzen in Beziehung zu setzen.

Bildungsstandards für den Bereich der Schreibkompetenzen

Zu erreichende Gesamtkompetenzen:
Die Schüler verfügen über primäre Schreibkompetenzen, die zur Gestaltung von Websites notwendig sind, insbesondere über Fähigkeiten auf den Gebieten des performativen, kommunikativen und reflektierten Schreibens:
- Performatives Schreiben: Die Schüler können weitgehend automatisiert Texte erstellen, die orthographischen und grammatikalischen Normen folgen.
- Kommunikatives Schreiben: Die Schüler können sich beim Schreiben an potentiellen Adressaten orientieren.
- Reflektiertes Schreiben: Die Schüler können ihren Texten als kritische Leser gegenübertreten und sie in Bezug auf ihre eigenen Ansprüche und Ziele bewerten.

Zu erreichende Teilkompetenzen:

Planungsphase
- Die Schüler erkennen die Gestaltung von Websites als komplexen kognitiven Vorgang und verstehen auf dieser Grundlage die Notwendigkeit, Methoden zur kognitiven Entlastung anzuwenden.
- Die Schüler sind in der Lage, sich ein Schreibziel zu setzen, indem sie die Frage „Was möchte ich mit meiner Website erreichen?" beantworten.
- Die Schüler können ihr Schreiben an einer Zielgruppe orientieren und die Fragen „Wer soll meine Website lesen?" und „Was interessiert diese Gruppe von Leuten?" beantworten.
- Die Schüler kennen Methoden zur Generierung und Strukturierung von Ideen und können diese selbstständig anwenden.
- Die Schüler sind in der Lage, ihre Ideen mit Hilfe der Strukturlegetechnik zu einer Website anzuordnen.
- Die Schüler sind in der Lage, Schreibpläne aufzustellen und als Hilfsmittel zur kognitiven Entlastung zu nutzen.

Ausführungsphase
- Die Fähigkeit zur Erstellung orthographisch und grammatisch korrekter Texte ist bei den Schülern weitgehend automatisiert.
- Die Schüler kennen die Methode der „Planung mit Stift und Papier" und können diese zur kognitiven Entlastung während der Ausführungsphase anwenden.

Evaluationsphase
- Die Schüler sind in der Lage, ihre Websites unter Einbeziehung der Meinung Dritter in Hinblick auf ihr Schreibziel zu bewerten und zu überarbeiten.

Bildungsstandards für den Bereich der Schreibkompetenzen

Mit den beschriebenen Kompetenzen im Bereich des Schreibens besitzen die Schüler in Kombination mit den entsprechenden technischen und kommunikativen Kenntnissen eine gute Grundlage zur Gestaltung von Websites im Rahmen des Bildungsauftrags. Darüber hinaus haben sie die Grundlage für eine sinnvolle Auseinandersetzung mit anderen kommunikativen Formaten erworben.

Rahmenbedingungen

Nachdem nun die Mindestkompetenzen erarbeitet wurden, die notwendig sind, um die aus dem Bildungsauftrag abgeleiteten Ziele zu erfüllen, ist es notwendig zu klären, welche Rahmenbedingungen in der Schule dafür notwendig sind und in welchen Fächern und welchem Zeitfenster sich diese Kompetenzen am besten vermitteln lassen.

Institutioneller Rahmen

Was die institutionellen Bedingungen betrifft, so muss zunächst einmal eine quantitativ und qualitativ ausreichende Computerausstattung an der Schule vorhanden sein. Dies bedeutet nicht unbedingt, dass jeder Schüler seinen eigenen Laptop benötigt, aber zumindest, dass die Schule über Computerräume verfügt, die jeweils mit einer Anzahl von Computern ausgestattete sind, die mindestens dem halben Klassenteiler entspricht. Ein einziger Computerraum wird dabei – abhängig natürlich auch von der Größe der Schule – in der Regel nicht ausreichen, da er zumeist bereits durch den verbindlich vorgeschriebenen Informatikunterricht völlig ausgebucht ist und somit für die Gestaltung von Websites im Rahmen des Fachunterrichts oder in Form von Projekten nicht zur Verfügung steht.

Im Idealfall steht im Computerraum jedem Schüler ein eigener Computer zur Verfügung. Bei der Gestaltung von Websites ist es aber auch möglich, dass die Schüler in Zweierteams arbeiten und entweder eine gemeinsame Website erstellen oder sich wechselseitig beraten und unterstützen. Teilen sich mehr als zwei Schüler einen Arbeitsplatz, verliert die Arbeit stark an Effektivität. Schon allein aus Platzgründen ist es bei drei Schülern nicht mehr zu gewährleisten, dass alle eine gute Sicht auf den Monitor haben. Bei der Arbeit an einer gemeinsamen Website steht daher zu befürchten, dass ein Schüler passiv bleibt und nicht wirklich in den Arbeitsprozess integriert wird. Wird hingegen wechselseitig an Einzelwebsites gearbeitet, bedeutet dies bei drei oder mehr Schülern, die nacheinander am selben Computer arbeiten, einen enormen Zeitaufwand.

Um den Computerraum sinnvoll nutzen zu können, ist es darüber hinaus notwendig, dass die Hardware- und Softwareausstattung neueren Datums ist. Eine aktuelle Softwareausstattung ist bei der Arbeit mit dem Websiteformat wichtig, da wegen der ständigen Weiterentwicklung der Standards bereits mit einem drei Jahre alten Browser viele Websites nicht mehr korrekt angezeigt werden können. Der Einsatz aktueller Software zieht zwangsläufig den Einsatz neuer Hardware nach sich, weil jede neue Softwaregeneration auch höhere Anforderungen an die Speicherkapazität und die Rechenleistung stellt.

Zusätzlich ist zur Arbeit mit dem Websiteformat eine schnelle Internetanbindung notwendig – in der Regel eine der verschiedenen DSL-Varianten. Damit von jedem Rechner auf das World Wide Web zugegriffen werden kann, ist es dabei notwendig, die einzelnen Rechner zu vernetzen. Das hat den zusätzlichen Vorteil, dass es bei einer entsprechenden Einrichtung des Netzwerks möglich ist, Dateien zwischen den einzelnen Rechnern hin und her zu schicken und von einem Lehrercomputer aus zentral auf die Schülercomputer zuzugreifen, z.B. um diese zeitweise zu sperren oder um das, was gerade auf einem Schülercomputers zu sehen ist, zu Demonstrationszwecken über einen Beamer an die Wand zu werfen.

Die Einrichtung und Pflege eines solchen Netzwerkes benötigt viel Sachkompetenz und Zeit, besonders wenn es dem ständigen Zugriff lernbegieriger und experimentierfreudiger Schüler ausgesetzt ist. In der Industrie wird pro 30 – 50 Nutzer eines Netzwerkes eine volle Administratorenstelle eingeplant.[393] Die „Empfehlungen zu Beschaffung und Betrieb von Informatikmitteln an allgemeinbildenden Schulen" der Eidgenössischen Technischen Hochschule Zürich raten dazu, pro Computer mindestens ein Stellenprozent einzuplanen, was sicherlich nicht zu hoch gegriffen ist, wenn man die zahlreichen Aufgaben eines Schulrechnerbetreuers berücksichtigt, wie sie auf der Website der Kreismedienstelle Waldshut nachzulesen sind.[394]

Erfolgt die Pflege des Rechnernetzes nicht in ausreichendem Maße, so wird die Qualität des Netzwerkes darunter zwangsläufig leiden.[395] Lehrer, die mit ihrer Klasse aus dem Fachunterricht heraus in den Computerraum gehen, werden dann oft wertvolle Unterrichtszeit verlieren, bis alles so funktioniert wie es soll, was bei dem 45-Minuten-Rhythmus an unseren Schulen leicht dazu führen kann, dass eine Unterrichtsstunde, die eigentlich zur Gestaltung von Websites genutzt werden sollte, ganz ins Wasser fällt.

Abgesehen von den Fachkräften, welche die Computerausstattung der Schule betreuen, müssen natürlich auch die Lehrer, die die Gestaltung von Websites in ihren Unterricht integrieren möchten, über die dafür notwendigen Kompetenzen verfügen. Das bedeutet, sie müssen neben Kenntnissen in der Gestaltung von Websites auch grundlegende Kenntnisse in der Handhabung des Schulnetzes besitzen.

Fachliche Verortung

Bei den Kompetenzen zur Erstellung von Websites handelt es sich nicht um grundlegend neue Kompetenzen, sondern um sekundäre Kompetenzen, die eine Erweiterung der primären Schreibkompetenzen der Schüler darstellen. Aus diesem Grund ist der natürliche Ort der Websitegestaltung in der Schule der Deutschunterricht.

Dies wird noch deutlicher, wenn man die zur Erstellung von Websites notwendigen Kompetenzbereiche im Einzelnen betrachtet:
- Der Bereich der Schreibkompetenzen beinhaltet vor allem Teilkompetenzen, die im Rahmen des Deutschunterrichts sowieso erlangt werden sollen, auch wenn auf diese Teilkompetenzen normalerweise kein solcher Schwerpunkt gelegt wird wie bei der Erstellung von Websites.
- Auch der Bereich der kommunikativen Kompetenzen, bei dem der Umgang mit dem kommunikativen Format und die Besonderheiten des Lesen in diesem im Vordergrund stehen, ist im Deutschunterricht gut aufgehoben – gehört doch auch der Bereich der Medienerziehung zu dessen Aufgabengebiet.
- Der Bereich der technischen Kompetenzen schließlich lässt sich auch im Informatikunterricht verorten. Auf Grund der starken Verzahnung der Kompetenzen aus den verschiedenen Bereichen ist aber eine separate Behandlung dieses Kompetenzbereichs nur wenig sinnvoll. In Anbetracht der Tatsache, dass die zur Gestaltung von Websites notwendigen technischen Mindestkenntnisse nicht sehr umfangreich sind und deswegen in relativ kurzer Zeit vermittelt werden können, ist es sinnvoll, diese

---

[393] vgl. Onlinequellen: Grepper u. Döbeli
[394] vgl. Onlinequellen: Kreisbildstelle Waldshut: Schulnetzberatung
[395] vgl. Blatt 2000: S. 215

gemeinsam mit den Kompetenzen der beiden anderen Bereichen ebenfalls im Deutschunterricht zu vermitteln.

Inwiefern die Verortung der Websitegestaltung im Deutschunterricht für diesen nicht nur eine Belastung und einen Verzicht auf andere Inhalte bedeutet, sondern auch eine Bereicherung, wird im Folgenden noch erörtert.

Zeitliche Verortung

Für die Frage, wann die Gestaltung von Websites am besten im Unterricht behandelt wird, spielt die Entwicklung der primären Schreibkompetenzen eine große Rolle. Auch wenn diese Kompetenzen während der Gestaltung von Websites bis auf das in den Bildungsstandards festgelegte Niveau weiterentwickelt werden können, muss eine gewisse Grundlage schon am Beginn der Auseinandersetzung mit der Gestaltung von Websites vorhanden sein. Das absolute Minimum ist dabei, dass die Schüler das Stadium des performativen Schreibens bereits automatisiert haben, so dass orthographische und grammatische Fragen ihre Aufmerksamkeit während der Arbeit an Websites nicht zu sehr beanspruchen. In Bezug auf das kommunikative und reflektierte Schreiben ist eine Automatisierung nicht notwendig, die Schüler müssen sich aber bereits mit entsprechenden Fragestellungen auseinandergesetzt haben. Ein solcher Entwicklungsstand in Bezug auf die primären Schreibkompetenzen ist normalerweise frühestens in der siebten Klasse zu erwarten, so dass die Behandlung der Gestaltung von Websites, abhängig vom Entwicklungsstand der jeweiligen Schüler sinnvoller Weise in der siebten, achten oder neunten Klasse zu verorten ist.

Da die zur Erstellung von Websites notwendigen Kompetenzen sehr eng miteinander verknüpft sind, ist es angebracht, die Gestaltung von Websites im Block, innerhalb eines relativ eng umrissenen Zeitraumes einzuführen und die Behandlung der einzelnen Kompetenzbereiche und Teilkompetenzen nicht zu sehr auseinander zu reißen. Um eine intensive Auseinandersetzung mit dem Thema zu gewährleisten und sicherzustellen, dass alle Schüler die Gelegenheit haben, die in den Bildungsstandards festgelegten Kompetenzen zu entwickeln, sind ca. sechs Wochen des Deutschunterrichts am Stück notwendig, also je nach Schulart und Bundesland ca. 24 – 30 Unterrichtsstunden. Das mag auf den ersten Blick sehr viel erscheinen und Sorge in Bezug auf die Inhalte erregen, die für die Websitegestaltung geopfert werden müssen. Aus der Beschreibung der einzelnen Teilkompetenzen sollte jedoch deutlich geworden sein, dass bei der Behandlung der Gestaltung von Websites viele Inhalte auf sinnvolle Weise miteinbezogen werden können, die in den Klassen sieben, acht und neun sowieso behandelt werden, so dass sich der Zeitverlust in einem erträglichen Rahmen hält.

Wechselwirkungen mit anderen Inhalten des Deutschunterrichts

Vor allem in zwei Bereichen gibt es Wechselwirkungen zwischen den Kompetenzen, die zur Gestaltung von Websites notwendig sind und anderen Kompetenzen, die im Deutschunterricht vermittelt werden. Beide wurden in diesem Kapitel bereits angedeutet. So kann die Auseinandersetzung mit der Gestaltung von Websites sich sowohl auf die Entwicklung einzelner Teilkompetenzen der primären Schreibkompetenz positiv auswirken, als auch die Entwicklung sekundärer Schreibkompetenzen für andere Formate fördern.

Auf welche Weise sich die Gestaltung von Websites in den Deutschunterricht einfügen lässt und auf diesen zurückwirken kann, hängt dabei von der Art und Weise ab, in welcher der Schreibunterricht durchgeführt wird. Daher sollen an dieser Stelle zwei verschiedene Ansätze des Schreibunterrichts kurz beschrieben und ihre Auswirkungen auf den Erwerb sekundärer Schreibkompetenzen erörtert werden.

Um die Komplexität des Schreibens in den Griff zu bekommen, wird in der Deutschdidaktik schon lange versucht, verschiedene Problembereiche des Schreibenlernens isoliert voneinander zu behandeln. So wurde die Rechtschreibdidaktik von der Aufsatzdidaktik getrennt und der Anfangsunterricht eingeführt, in dem die Technik des Schreibens weitgehend unabhängig vom Schreiben von Inhalten erlernt werden sollte. Zwar findet durch diese traditionelle Aufteilung tatsächlich eine Komplexitätsreduzierung statt, gleichzeitig bringt sie aber einige gravierende Nachteile mit sich: den Schülern, die sich mit den eigentlich zusammengehörigen Kompetenzbereichen separat auseinandersetzen, fehlt der Blick für das Ganze. Dadurch sind sie zum einen für das Üben einzelner Teilkompetenzen nur schwer zu motivieren und können zum anderen die in verschiedenen Bereichen erworbenen Kompetenzen nur bedingt miteinander verbinden.[396]

Einen anderen Weg geht die prozessorientierte Schreibdidaktik, die sich an drei wesentlichen Aspekten des Schreibens orientiert: an der Fertigkeit, der schriftlichen Problemlösung und der Konventionalität. Aus dem Aspekt der Fertigkeit ergibt sich der Arbeitsbereich „Schreiben und Gestalten", der sich mit dem gestalterischen Akt des Schreibens, dem technischen oder äußeren Format der geschriebenen Sprache beschäftigt. Der Aspekt des schriftlichen Problemlösens führt zum Arbeitsbereich „Texte schreiben", der sich zum einen mit Inhalt und Struktur eines Textes, also dem strukturellen oder inneren Format geschriebener Sprache, aber auch mit der Wirkung und Funktion von Texten und damit ihrem kommunikativen Format auseinandersetzt. Der Aspekt der Konventionalität schließlich bildet die Grundlage für den Arbeitsbereich „Rechtschreiben", denn soll der eigene schriftliche Ausdruck von anderen rezipiert werden, ist die Einhaltung von Konventionen unumgänglich. Die Arbeit in diesen drei Bereichen kann als prozessorientiert angesehen werden, weil dabei nicht das fertige Produkt im Vordergrund steht, sondern – sowohl in Bezug auf den einzelnen Text, als auch auf den Erwerb der Schriftlichkeit insgesamt – der Weg vom Unvollkommenen zum Vollkommenen.[397]

Auf Grund dieser beiden Versuche, die Komplexität des Schreibens in den Griff zu bekommen, ergeben sich auch verschiedene Herangehensweisen an das Verfassen von Texten in der Schule. Die klassische Unterteilung in Rechtschreibdidaktik, Aufsatzdidaktik und Anfangsunterricht führt zum *traditionellen* Aufsatzunterricht, bei dem das Einüben von Aufsatzformen oder Textsorten, wie Erzählung, Bericht, Erörterung etc., im Vordergrund steht. Es wird dabei davon ausgegangen, dass die Schüler durch das wiederholte Einüben dieser Textsorten die Kompetenz entwickeln, diese zu reproduzieren und bei Bedarf auch auf neue Aufgabenstellungen zu übertragen. Ob eine den Schülern gestellte Schreibaufgabe erfüllt wird, misst sich dabei unter anderem daran, in wie weit die Merkmale der verschiedenen Aufsatzformen eingehalten werden. Das Problem bei dieser Art des Aufsatzunterrichts ist, dass den Schülern die kommunikative

---

[396] vgl. Ossner 1995: S. 32f
[397] vgl. Ossner 1995: S. 32ff

Funktion des Geschriebenen oft nicht hinreichend deutlich wird, da die Einübung der Textsorten nicht in einem für den Schüler nachvollziehbaren kommunikativen Kontext stattfindet. Auf diese Weise haben sie auch nur bedingt die Möglichkeit zu lernen, den nichtanwesenden Leser als relevante Größe bei der Textproduktion zu reflektieren – was ja einer der Kernpunkte beim Erwerb von Schreibkompetenzen ist.[398]

Die *prozessorientierte* Modellierung des Schreibens hingegen führt zu einem Schreibunterricht, der sich an der *Funktion* des Schreibens orientiert und danach fragt, welchen Zweck ein Text für einen bestimmten Schreiber im Hinblick auf eine bestimmte Leserschaft und Situation hat. Ausgangspunkt des *funktionalen* Schreibens ist die Entwicklung eines themen- und leserorientierten Schreibziels durch den Schreiber selbst. Dieses Schreibziel und nicht die Einhaltung von Textsortenmerkmalen ist hier der Maßstab für die erfolgreiche Bewältigung einer Schreibaufgabe. Der Schreibende versucht sich diesem Ziel durch das Verfassen und Überarbeiten seines Textes so lange anzunähern, bis eine zufriedenstellende Angleichung zwischen Ist- und Sollzustand erreicht ist. Diese Vorgehensweise macht eine ständige Evaluation des Geschriebenen durch den Schreiber selbst und andere notwendig. Trotz der Orientierung an einem Schreibziel und an der Funktion von Texten sind Textsorten auch in einem funktional orientierten Schreibunterricht nicht überflüssig, sie können als bewährte Muster angesehen werden, die der Schreibende bei Bedarf einsetzt, um sein Schreibziel zu erreichen.

Es ist offensichtlich, dass die primären Schreibkompetenzen, die bei einem funktional orientierten Schreibunterricht im Vordergrund stehen, genau diejenigen sind, die auch zur Entwicklung sekundärer Schreibkompetenzen im Bereich der Websitegestaltung benötigt werden. Von daher stellt ein funktional orientierter Schreibunterricht eine sehr gute Vorbereitung für die Gestaltung von Websites dar. Durch die Formulierung von Schreibzielen und den fortlaufenden Abgleich dieser Ziele mit dem Text ist der Schreibende ständig damit konfrontiert, sich Gedanken über seine Leserschaft zu machen, wodurch die Entwicklung von Kompetenzen im Bereich des kommunikativen und reflektierten Schreibens gefördert wird.

Dem Lehrer fordert ein solcher Schreibunterricht allerdings ab, genügend reale oder wenigstens realitätsnah modellierte Schreibanlässe und damit Handlungsziele zur Verfügung zu stellen, mit denen die Schüler zur Entwicklung von Schreibzielen motiviert werden können. Dies stellt eines der größten Probleme bei der Umsetzung dieses ansonsten gut durchdachten didaktischen Ansatzes in der Schule dar. Die Gestaltung von Websites ermöglicht den Schülern die Herstellung von Produkten für eine echte Leserschaft und erfüllt damit den Prozess der Hervorbringung von Schreibzielen und einer an diesen Zielen orientierten Textgestaltung und Überarbeitung mit Sinn. Dadurch entsteht eine Vielzahl neuer situativer Handlungsziele, die zu authentischen Schreibanlässen führen können. Auf diese Weise kann durch die Gestaltung von Websites in der Sekundarstufe ein ähnlicher Effekt erzielt werden, wie durch den Einsatz der Freinetschen Schuldruckerei in der Primarstufe, bei der ebenfalls Texte für „echte" Leser erstellt werden und so die Orientierung an Schreibziel und Leserschaft mit Sinn erfüllt wird.[399]

---

[398] vgl. Baurmann u. Ludwig 2001, S. 7f und Ossner 1995, S. 34f
[399] vgl. Ossner 1999

Durch die direkte und indirekte Rückmeldung, welche die Schüler bei der Gestaltung von Websites über E-Mail, Gästebücher und Webserverstatistiken erhalten, bekommen sie darüber hinaus einen besonderen Anreiz dazu, ihren Texten immer wieder als Leser gegenüberzutreten und sie kontinuierlich zu überarbeiten, wodurch Kompetenzen im Bereich des reflektierten Schreibens vertieft werden können. Dazu trägt auch die Komplexität des Schreibens im Websiteformat bei. Um diese Komplexität zu reduzieren, sind eine sorgfältige Planung und der Einsatz geeigneter Methoden notwendig, wodurch die Aufmerksamkeit der Schüler immer wieder auf den Schreibprozess als Ganzes und seine einzelnen Aspekte gelenkt wird.

Zusammenfassend lässt sich sagen, dass die Gestaltung von Websites einen funktional orientierten Schreibunterricht sehr gut ergänzt und insbesondere in der Sekundarstufe dazu beitragen kann, eines der Hauptprobleme dieses Ansatzes zu lindern, das Schaffen einer ausreichenden Zahl realer Schreibanlässe.

Während ein funktional orientierter Schreibunterricht die zur Gestaltung von Websites notwendigen Kompetenzen sehr gut vorbereitet, haben Schüler, die einen textsortenorientierten Schreibunterricht genossen haben besonders auf dem Gebiet des kommunikativen Schreibens tendenziell Schwächen, da sie das Formulieren von und das Orientieren an themen- und leserbezogenen Schreibzielen weniger geübt haben. Die Arbeit an der Gestaltung von Websites kann helfen, Defizite der Schüler in diesem Bereich auszugleichen, weil die entsprechenden primären Schreibkompetenzen, dabei zwangsläufig immer wieder benötigt und thematisiert werden. Allerdings ist mit einem etwas größerem Arbeits- und Zeitaufwand zu rechnen als bei Schülern, die einen funktional orientierten Schreibunterricht genossen haben.

Neben den positiven Rückwirkungen auf die primären Schreibkompetenzen im Bereich des kommunikativen und reflektierten Schreibens wirkt sich die Gestaltung an Websites auch positiv auf die Entwicklung sekundärer Schreibkompetenzen für andere Formate aus. Auf Grund der „Neuheit" des World Wide Web und des deutlichen Unterschieds zwischen dem Websiteformat und anderen Textformaten, kann hier die Art und Weise, in der die Merkmale eines Textes von den Eigenschaften des Formats beeinflusst werden, exemplarisch aufgezeigt werden. Bei der Erarbeitung sekundärer Schreibkompetenzen für andere Formate lässt sich auf diese Erfahrungen der Schüler zurückgreifen.

Gleichgültig, welche Art von Deutschunterricht die Schüler bislang genossen haben, durch die Gestaltung von Websites lässt er sich auf jeden Fall bereichern und die Schüler können in den Bereichen des kommunikativen und reflektierten Schreibens sowie bei der Entwicklung sekundärer Schreibkompetenzen gefördert werden. Aus diesem Grund lohnt sich der zeitliche und materielle Einsatz, der für die Gestaltung von Websites in der Schule und das Erreichen der beschrieben Bildungsstandards notwendig ist, nicht nur in Hinblick auf die am Anfang dieses Kapitels beschrieben Bildungsziele, sondern auch aus deutschdidaktischer Sicht.
Voraussetzung dafür, dass diese Ziele erreicht werden und eine positive Rückwirkung auf die Schreibkompetenzen der Schüler stattfindet, ist allerdings, dass in diesem Unterricht die Besonderheiten des Lesens und Schreibens im Websiteformat berücksichtigt werden, wie sie in dieser Arbeit dargestellt wurden. Aufbauend auf dieser Grundlage sind mannigfaltige methodische Umsetzungen denkbar, die ihrer Erprobung in der Schule harren.

Zusammenfassung

Am Beginn dieser Arbeit stand das Ziel, die Besonderheiten des Lesens und Schreibens im World Wide Web herauszuarbeiten und auf dieser Grundlage die Kompetenzen zu ermitteln und in Beziehung zueinander zu setzen, die zur Erstellung von Websites notwendig sind. Diese analytische Arbeit sollte zum einen als Grundlage für die weiterführende empirische Forschung dienen und zum anderen dazu, die Möglichkeiten für eine Integration der Arbeit an Websites in den Schulunterricht auszuloten. Im Folgenden wird noch einmal der Weg nachvollzogen, der dabei eingeschlagen wurde und aufgezeigt in welcher Weise in Unterricht und Forschung sinnvoll an diese Arbeit angeknüpft werden kann.

Die Geschichte des World Wide Web

Im ersten Kapitel wurde die Entwicklung geschildert, die das World Wide Web möglich machte und seine Eigenschaften prägte. Dabei wurden zwei Entwicklungsstränge unterschieden: zum einen die Entwicklung der technischen Grundlagen vom Telegraphen bis zum modernen Computernetzwerk und zum anderen die Entwicklung des Hypertextformats, das in seiner besonderen, durch HTML geprägten Form, dem World Wide Web seine Struktur gibt. Aus dem Zusammenspiel dieser beiden Entwicklungsstränge ließen sich wichtige Erkenntnisse ableiten, auf die in den nachfolgenden Kapiteln immer wieder zurückgegriffen werden konnte:
- Aus den im ersten Kapitel beschriebenen technischen Möglichkeiten und Grenzen des Formats und aus der besonderen Art und Weise, in der das Hypertextprinzip umgesetzt wurde, konnten im zweiten Kapitel die Stärken und Schwächen des Websiteformats im Vergleich mit anderen Formaten abgeleitet werden.
- Die Überlegungen zu den Strukturen, die mit Hilfe von Links verwirklicht werden können, führten zur Identifizierung von sechs Strukturebenen im World Wide Web, die im dritten und vierten Kapitel eine wichtige Rolle bei der Analyse der Lese- und Schreibprozesse spielten und die entscheidend zur Entwicklung des dort vorgestellten Rasters zur Analyse von Websites beitrugen.
- Schließlich ermöglichten die Erörterungen über die technischen Grundlagen des World Wide Web eine fundierte Diskussion über die zur Gestaltung von Websites notwendigen technischen Kompetenzen im fünften Kapitel.

Kommunikation mit den Fingerspitzen

Im zweiten Kapitel wurden die Besonderheiten des Websiteformats im kommunikativen Prozess herausgearbeitet:
- die Verbindung der Eigenschaften übertragender und speichernder Formate
- die Verbindung der Eigenschaften multimedialer und schriftbasierter Formate
- die Vereinigung der Vorzüge dialogischer und monologischer Formate
- die Vereinigung der Vorzüge von individueller Kommunikation und Massenkommunikation

Es zeigte sich, dass diese Stärken des Websiteformats dazu führen, dass nach und nach immer mehr Funktionen von anderen kommunikativen Formaten sowie von Orten und Personen der wirklichen Welt ins World Wide Web übernommen werden.

Hingewiesen wurde aber auch auf einige Probleme des World Wide Web:
- die mangelnde Qualität und der mitunter zweifelhafte Wahrheitsgehalt von Inhalten auf Grund fehlender institutioneller Kontrolle

- die Gefahr, auf pornografische, gewaltverherrlichende und illegale Inhalte zu stoßen
- die Vorsicht, die bei der der Preisgabe persönlicher Daten geboten ist

Schließlich wurde auf der Grundlage der gegenwärtigen technischen Entwicklung ein Blick in die Zukunft gewagt, in der sich eine weitere Zunahme der Bedeutung des World Wide Web abzeichnet.

Die Erkenntnisse, die in diesem Kapitel über die Funktion des Websiteformats im kommunikativen Prozess gesammelt wurden, bildeten eine wichtige Grundlage für die Analyse des Lesens und Schreibens im Websiteformat in den beiden folgenden Kapiteln. Sie spielten außerdem eine wichtige Rolle bei der Diskussion darüber, ob die Gestaltung von Websites in der Schule behandelt werden sollte und welche Kompetenzen im kommunikativen Bereich die Schüler dabei benötigen.

Webliteralität

Im dritten Kapitel wurden zunächst einige Erkenntnisse der Leseforschung dargestellt, wobei ein Schwerpunkt dabei der Optimierung von Texten in Bezug auf den Leseprozess galt. Darauf aufbauend wurden die Besonderheiten des Lesens im Websiteformat herausgearbeitet, die stark von den im zweiten Kapitel beschriebenen spezifischen Eigenschaften des Formats beeinflusst werden. Unter Berücksichtigung dieser Besonderheiten wurde daraufhin diskutiert, wie sich Texte am besten für das Websiteformat optimieren lassen.

Nachdem die Besonderheiten des Lesens im Websiteformat und die Kriterien zu seiner Optimierung aufgelistet waren, tat Systematisierung not. Was fehlte war ein umfassendes Modell, das als Grundlage für die Analyse von Websites in Hinblick auf ihre Lesbarkeit dienen konnte. Dieses wurde unter Rückgriff auf das Gröninger Textverständlichkeitsmodell entwickelt, indem die dort eingeführte Trennung in „sichtbar-materielle" und „sprachlich-kognitive" Textaspekte zu den Ebenen der Kohärenzbildung beim Lesen im Websiteformat in Beziehung gesetzt wurde. So entstand ein Raster, das sich gut dazu eignet, Websites zu beschreiben und zu analysieren.

Die im dritten Kapitel gewonnenen Erkenntnisse wurden in den beiden folgenden Kapiteln in Zusammenhang mit der Gestaltung von Websites bzw. mit den Schreibkompetenzen, die Schüler zur Gestaltung von Websites beherrschen sollten, wieder aufgegriffen.

Webrhetorik

Im vierten Kapitel wurden zunächst die Besonderheiten der Schriftsprachlichkeit beschrieben, wobei immer auch die besondere Ausprägung der Schriftsprachlichkeit im Websiteformat berücksichtigt wurde. Um zu zeigen, wie die verschiedenen Aspekte der Schriftsprachlichkeit zusammenspielen, wurden im Anschluss daran die wichtigsten Schreibmodelle dargestellt. Diese Modelle bildeten die Grundlage für die folgenden Überlegungen zum Schreiben im Websiteformat. In diesem Zusammenhang wurden zunächst die Unterschiede zwischen dem Schreiben *für* und dem Erstellen *von* Websites herausgearbeitet und die verschiedenen Schreibwerkzeuge vorgestellt, die bei der Produktion von Websites genutzt werden können. Im Anschluss daran wurde der Schreibprozess unterteilt in Planungs-, Ausführungs- und Evaluationsphase diskutiert: Dabei zeigte sich, dass der *Planungsphase* bei der Gestaltung von Websites besondere Bedeutung zukommt, da der Produktionsprozess komplexer ist als beim Erstellen von

Texten in anderen Formaten. Für die Darstellung der Entscheidungsprozesse, die der Produzent von Websites während der *Ausführungsphase* in Bezug auf die Gestaltung der inhaltlich-kognitiven und sichtbar-materiellen Aspekte auf den drei Kohärenzebenen treffen muss, bildete das im vorhergehenden Kapitel erarbeitete Analyseraster die Grundlage. Auch für die *Evaluationsphase* konnte eine besondere Bedeutung in Bezug auf das Websiteformat festgestellt werden, da Websites trotz ihres öffentlichen Charakters die Möglichkeit zur kontinuierlichen Überarbeitung bieten. Das im vorhergehenden Kapitel erarbeitete Analyseraster wurde in diesem Zusammenhang unter Einbeziehung verschiedener Aspekte des Schreibprozesses zu einer Checkliste erweitert, die sich gut als Werkzeug zur Evaluation von Websites einsetzen lässt.

Das gesamte vierte Kapitel bildete eine wichtige Grundlage für die Erstellung eines Kompetenzmodells zur Gestaltung von Websites im fünften Kapitel.

Webdidaktik

Im letzten Kapitel wurde zunächst die aktuelle Diskussion um nationale Bildungsstandards dargestellt. Im Anschluss daran wurde ausführlich begründet, warum es angesichts der derzeitigen gesellschaftlichen Situation notwendig ist, die Gestaltung von Websites als verbindlichen Unterrichtsinhalt an deutschen Schulen einzuführen. Aufbauend auf dieser grundlegenden Entscheidung wurde ein Kompetenzmodell entwickelt, in dem dargestellt wurde, welche Teilkompetenzen zur Gestaltung von Websites notwendig sind und wie diese zusammenwirken. Auf der Grundlage dieses Kompetenzmodells wurden die Mindeststandards festgelegt, die von den Schülern in Bezug auf die Gestaltung von Websites in der Schule erreicht werden müssen. Abschließend wurden die Rahmenbedingungen diskutiert, die notwendig sind, um diese Bildungsstandards in der Schule umsetzen zu können.

Was noch zu tun bleibt

Die analytischen und strukturellen Grundlagen, die in dieser Arbeit gelegt wurden, können zum Ausgangspunkt für weiterführende empirische Forschungen in verschiedenen Bereichen werden. Einen wichtigen Anknüpfungspunkt stellt dabei das im dritten Kapitel vorgestellte Raster zur Analyse von Websites dar.

In Bezug auf das Lesen im Websiteformat kann dieses Analyseraster zu vergleichenden Untersuchungen von Websites genutzt werden. Bei der Untersuchung einer größeren Anzahl von Websites mit Hilfe des Rasters wäre es unter anderem interessant herauszufinden, ob sich eine Typologie von Websites bilden lässt, die auf den Stärken und Schwächen beruht, die Websites in Bezug auf die einzelnen Felder des Rasters aufweisen.

Aber nicht nur zur empirischen Analyse von Websites, auch in Bezug auf die Schreibprozessforschung kann das Analyseraster sinnvoll eingesetzt werden. Anknüpfend an die Vorgehensweise von Hayes und Flower wäre es hier sinnvoll, eine ganze Reihe von Probanden mit unterschiedlichen Voraussetzungen beim Erstellen von Websites zu vorgegebenen Themen zu beobachten. Sie sollten dabei, ähnlich wie in der Untersuchung von Hayes und Flower, dazu aufgefordert werden, ihr Vorgehen während der gesamten Arbeitszeit durch lautes Denken zu kommentieren. Ihre Aktivitäten am Computer sollten durch entsprechende Programme und ihre sonstigen Aktivitäten auf Video aufgezeichnet werden. In der Auswertungsphase ließe sich festhalten, in welcher Weise die Probanden zwischen den verschiedenen Feldern des Analyserasters wechseln und welche kognitiven und mechanischen Aktivitäten dabei jeweils im Vordergrund stehen. Auf Grund dieser Daten ließen sich Hypothesen über die Problemlösestrategien der Probanden im Umgang mit der komplexen Herausforderung der Websiteerstellung gewinnen. Es ist zu vermuten, dass sich dabei verschiedene Typen von Websiteproduzenten herauskristallisieren. In nachfolgenden Interviews mit den Probanden wäre es möglich zu erheben, in wie weit ihnen die Problematik, mit der sie sich beim Erstellen von Websites konfrontiert sehen, gegenwärtig ist und wie bewusst sie entsprechende Problemlösestrategien einsetzen. Eine solche Untersuchung könnte schließlich zu einem umfassenden Modell der kognitiven Prozesse beim Erstellen von Websites führen und ähnlich Grundlegendes leisten wie es das Modell von Hayes und Flower für die Untersuchung des Schreibprozesses getan hat.

Ein weiterer Bereich, in dem in dieser Arbeit Forschungsbedarf festgestellt wurde, ist die Browsergestaltung. Im dritten Kapitel dieser Arbeit wurde deutlich, wie wichtig die vom Browser zur Verfügung gestellten Optionen für den Ablauf des Leseprozesses im Websiteformat sind. In diesem Zusammenhang ist es verwunderlich, dass es zwar eine ganze Reihe empirischer Untersuchen über den Einfluss bestimmter Merkmale von Websites auf das Lesen gibt, aber keine, die sich mit der Browsergestaltung beschäftigt. Bezeichnend ist auch, dass sich das Design des marktbeherrschenden Microsoft Internet Explorers in den letzten Jahren kaum verändert hat. Dabei ließe sich mit einer Verbesserung des Browserdesigns auf einen Schlag die Lesbarkeit unzähliger Websites verbessern. Dass in diesem Bereich Veränderungen möglich sind, zeigen Nischenprodukte, wie zum Beispiel der Browser Opera.[400] Eine wissenschaftlich fundierte Auslotung möglicher Veränderungen und Optimierungen auf der Grundlage von Erkenntnissen der Leseforschung steht jedoch noch aus.

Wie im Zusammenhang mit der Diskussion um Bildungsstandards bereits erwähnt wurde, besteht auch im didaktischen Bereich noch erheblicher empirischer Forschungsbedarf. Für das auf Grund analytischer Überlegungen erstellte Kompetenzmodell ist an Hand entsprechend konzipierter Aufgaben im Schulversuch festzustellen, ob die verschiedenen Kompetenzen und Teilkompetenzen tatsächlich in der Weise zusammenhängen, wie es das Modell unterstellt. Ist das Modell bestätigt, so müssen Aufgaben erarbeitet werden, mit deren Hilfe das Erreichen der festgelegten Bildungsstandards überprüft werden kann. Auch diese Aufgaben müssen im empirischen Schulversuch auf ihre Angemessenheit hin untersucht werden. In diesem Zusammenhang ist auch zu klären, ob die normativ festgelegten Bildungsstandards tatsächlich auf einem Niveau angesiedelt sind, das sich an deutschen Schulen flächendeckend erreichen lässt. Falls dies nicht der Fall ist, muss untersucht werden, ob die Situation durch eine Veränderung der schulischen Rahmenbedingungen verbessert werden kann oder ob das Niveau der Bildungsstandards angepasst werden muss.

Schlusswort

Zu Beginn der Arbeit stand die Konfrontation mit der fast unüberschaubaren Fülle an Formen und Inhalten, der sich der Sprachwissenschaftler im World Wide Web gegenüber sieht. Während die Arbeit fortschritt, fügten sich Überlegungen zu den verschiedenen Aspekten des Websiteformats, seinen Wurzeln, seiner kommunikativen Funktion,

---

[400] vgl. Onlinequellen: Opera Software

seiner rezeptiven und produktiven Nutzung sowie seiner Bedeutung im schulischen Kontext immer mehr zu einem Ganzen, bis schließlich ein Bild entstand, aus dem die Zusammenhänge der verschiedenen Teilbereiche klar hervortraten. Am Ende der Arbeit steht der Wunsch, dass die Grundlage, die durch die analytische Auseinandersetzung mit dem Websiteformat für die zukünftige Forschung und die Umsetzung der Websitegestaltung in der Schule geschaffen wurde, auch genutzt wird.

Danksagungen

Ich danke Herrn Prof. Dr. Jakob Ossner aus ganzem Herzen für seine Hilfe bei der Planung und Umsetzung dieser Arbeit sowie Herrn Prof. Dr. Ulrich Schmitz für seine zusätzliche Unterstützung.

Außerdem danke ich den vielen Leuten, die Teile der entstehenden Arbeit gelesen haben und durch ihre konstruktive Rückmeldung dazu beitrugen, sie stetig zu verbessern. Ein besonderer Dank geht an Michael Weißhaupt für die Gestaltung des Buchcovers und die Aufbereitung der Grafiken für die Buchausgabe.

Vor allem aber danke ich meiner Frau, deren liebevolle Fürsorge mir die Kraft gab, diese Arbeit zu schreiben und allen meinen Lehrern, die mir geholfen haben, zu dem zu werden, was ich heute bin.

Stuttgart, 1. Mai 2007, Jörg Dieter

Literaturverzeichnis

Abrar, Marco: Das große Webdesigner Buch. Düsseldorf: Data Becker 2001.

Anderson, John R.: Kognitive Psychologie. Heidelberg: Spektrum 1989.

Alexander, Janet E. und Tate, Marsha A.: Web Wisdom: How to Evaluate and Create Information Quality on the Web. Lawrence Erlbaum Associates 1999.

Antos, Gerd: Laien-Linguistik: Studien zu Sprach- und Kommunikationsproblemen im Alltag; am Beispiel von Sprachratgebern und Kommunikationstrainings. Tübingen: Niemeyer 1996.

Assmann, Aleida: Spurloses Informationszeitalter. In: Cover 4, 2004, S. 75-77.

Ausubel, David P.: Psychologie des Unterrichts. Band 1. Weinheim und Basel: Beltz 1974.

Bartel, Stefanie: Farben im Webdesign. Berlin: Springer 2003.

Baurmann, Jürgen und Ludwig, Otto: Schreibaufgaben und selbst organisiertes Schreiben. In: Praxis Deutsch 168, 2001, S. 6-11.

Beck, Klaus; Glotz, Peter und Vogelsang, Gregor: Die Zukunft des Internet. 2000.

Beißwenger, Michael: Kommunikation in virtuellen Welten: Sprache, Text und Wirklichkeit. Eine Untersuchung zur Konzeptionalität von Kommunikationsvollzügen und zur textuellen Konstruktion von Welt in synchroner Internet-Kommunikation, exemplifiziert am Beispiel eines Webchats. Stuttgart: Ibidem-Verlag 2000.

Bereiter, Carl: Development in Writing. In: Gregg, Lee W. und Steinberg, Erwin R. (Hg.): Cognitive Processes in Writing. Hillsdale: Erlbaum 1980, S. 73-93.

Berners-Lee, Tim: Der Web-Report. München: Econ 1999.

Berners-Lee, Tim; Hendler, James; Lassila, Ora: The Semantic Web. A new form of Web content that is meaningful to computers will unleash a revolution of new possibilities. In: Scientific American. May 2001 (Internetausgabe)

Biere, Ulrich und Holly, Werner: Medien im Wandel. Wiesbaden: Westdeutscher Verlag 1998.

Blaß, Bettina; Teufel, Stefanie: Texte schreiben fürs Web. München: Markt und Technik 2003.

Blatt, Inge: Lernziel „Medien-Schrift-Kompetenz im Deutschunterricht". In: Witte, Hansjörg; Garbe, Christine; Holle, Karl; Stückrath, Jörn und Willenberg, Heiner (Hg.): Deutschunterricht zwischen Kompetenzerwerb und Persönlichkeitsbildung. Tagungsband zum Germanistentag 1999 in Lüneburg. Baltmannsweiler: Schneider-Verlag Hohengehren 2000, S. 212-230.

Blatt, Inge und Hartmann, Wilfried (Hg.): Schreibprozesse im medialen Wandel. Baltmannsweiler: Schneider 2004.

Bucher, Hans-Jürgen und Barth, Christof: Rezeptionsmuster der Online-Kommunikation. Empirische Studie zur Nutzung der Internetangebote von Rundfunkanstalten und Zeitungen. In: Media Perspektive 10, 1998, S. 517-523.

Bucher, Hans-Jürgen: Die Zeitung als Hypertext. Verstehensprobleme und Gestaltungsprinzipien für Online-Zeitungen. In: Lobin, Henning (Hg.): Text im digitalen Medium. Opladen u. Wiesbaden: Westdeutscher Verlag 1999, S. 9-32.

Bucher, Hans-Jürgen: Von der Verständlichkeit zur Usability. Rezeptionsbefunde zur Nutzung von Online-Medien. In: OBST 63. Hypermedien und Wissenskonstruktion. Osnabrück: 2001, S. 45-66.

Bucher, Hans-Jürgen und Püschel, Ulrich (Hg.): Die Zeitung zwischen Print und Digitalisierung. Wiesbaden: Westdeutscher Verlag 2001.

Christmann, Ursula und Groeben, Norbert: Psychologie des Lesens. In: Franzmann, Bodo u.a. (Hg.): Handbuch Lesen. Baltmannsweiler: Schneider 2001, S. 145-223.

Cölfen, Hermann; Liebert, Wolf-Andreas und Storrer, Angelika: Hypermedien und Wissenskonstruktion. Editorial. In: OBST 63. Hypermedien und Wissenskonstruktion. Osnabrück: 2001, S. 5-7.

Crystal, David: Die Cambridge Enzyklopädie der Sprache. Frankfurt a. M.: Campus 1995.

Crystal, David: Language and the Internet. Cambridge: Cambridge University Press 2001.

Curtis, Hillman: MTIV. Process, Inspiration and Practice for the New Media Designer. München: Markt und Technik 2003.

Deutscher, Udo: Websites geil gestalten. Lichtenau: AOL 2001.

Diemer, Wolf; Burchert, Heiko: Chronische Schmerzen – Kopf- und Rückenschmerzen, Tumorschmerzen. (Gesundheitsberichterstattung des Bundes – Heft 7). Hg. vom Robert-Koch Institut. Berlin: Verlag Robert Koch Institut. (nicht datiert)

Döbert, Marion; Hubertus, Peter: Ihr Kreuz ist die Schrift. Analphabetismus und Alphabetisierung in Deutschland. Münster und Stuttgart: Bundesverband Alphabetisierung e.V. 2000.

Dörner, Dietrich: Die Logik des Misslingens. Strategisches Denken in komplexen Situationen. Reinbek: Rowohlt 1989.

Duden Etymologie. Hg. vom wissenschaftlichen Rat der Dudenredaktion. Mannheim, Wien, Zürich: Duden 1963.

Dürscheid, Christa: Zwischen Mündlichkeit und Schriftlichkeit: die Kommunikation im Internet. In: Papiere zur Linguistik 60, Heft 1, 1999, S. 17-30.

Dürscheid, Christa: Sprachliche Merkmale von Webseiten. In: Deutsche Sprache. Zeitschrift für Theorie, Praxis, Dokumentation 1, S. 60-73. 2000.

Eigler, Gunther: Textverarbeiten und Textproduzieren. Entwicklungstendenzen angewandter kognitiver Wissenschaft. In: Unterrichtswissenschaft 4, 1985, S. 301-318.

Eimeren, Birgit van; Gerhard, Heinz und Frees, Beate: ARD/ZDF-Online-Studie 2003. In: Media Perspektive 8, 2003, S. 338-358.

Eimeren, Birgit van; Gerhard, Heinz und Frees, Beate: ARD/ZDF-Online-Studie 2004. In: Media Perspektive 9, 2004, S. 350-370.

Eisenführ, Franz und Weber, Martin: Rationales Entscheiden. Berlin, u.a.: Springer 1994.

Flender, Jürgen: Vom Durchklicken zum Durchklingen – Musikalische Kohärenzbildungshilfe in Hypermedia-Anwendungen. In: OBST 63. Hypermedien und Wissenskonstruktion. Osnabrück: 2001, S. 5-7.

Franke, Jochen u.a.: Webauftritt – echt einfach. Poing: Franzis 2001.

Freisler, Stefan: Problemfelder industrieller (Hyper)textproduktion. In: OBST 63. Hypermedien und Wissenskonstruktion. Osnabrück: 2001, S. 67-77.

Gaebert, Hans Walter: Der große Augenblick in der Physik. Von den frühen physikalischen Versuchen bis zur Kernphysik. Bayreuth: Loewes 1974.

Gillies, James und Caillia, Robert: Die Wiege des Web. Die spannende Geschichte des WWW. Heidelberg: dpunkt 2002.

Goldmann, Martin und Hoofacker, Gabriele: Online publizieren. Für Web-Medien texten, konzipieren und gestalten. Reinbek bei Hamburg: Rowohlt 2001.

Groeben, Norbert und Ursula Christmann: Textoptimierung unter Verständlichkeitsperspektive. In: Antos, Gerd und Krings, Hans P. (Hg.): Textproduktion. Tübingen: Niemeyer 1989, S. 165-196.

Haarmann, Harald: Universalgeschichte der Schrift. Frankfurt und New York: Campus 1991.

Hafner, Katie und Lyon, Matthew: Arpa Kadabra. Die Geschichte des Internet. Heidelberg: dpunkt 1997.

Hartmann, Wilfried: Geschichte der Schriftmedien. In: Blatt, Inge und Hartmann, Wilfried (Hg.): Schreibprozesse im medialen Wandel. Baltmannsweiler: Schneider Verlag Hohengehren 2004, S. 8-29.

Hayes, John R. und Flower, Linda S.: Identifying the Organization of Writing Processes. In: Gregg, Lee W. und Steinberg, Erwin R. (Hg.): Cognitive Processes in Writing. Hillsdale: Erlbaum 1980, S. 3-30.

Hofert, Svenja: Internet-Jobs. Karriere mit Internet und Multimedia. Frankfurt a. M.: Eichborn 2001.

Hoffmann, Ludger: Textoptimierung am Beispiel Grammatik. In: Antos, Gerd und Augst, Gerhard (Hg.): Textoptimierung. Frankfurt a. M.: Peter Lang 1992.

Holly, Werner: Zur Einführung. Was sind Medien und wie gehen wir mit Medien um?
In: Der Deutschunterricht Nr. 3, 1997, S. 3-9.

Holly, Werner: Was sind 'Neue Medien' - was sollen 'Neue Medien' sein? In: Voß, Günter; Holly, Werner und Boehnke, Klaus (Hg.). Neue Medien im Alltag. Opladen: Leske + Budrich, 2000, S. 79-106.

Holly, Werner und Habscheid, Stephan: Die sprachliche Aneignung von Computermedien - Vorstellung eines Projekts. In: Kallmeyer, Werner (Hg.): Sprache und neue Medien. Berlin und New York: de Gruyter, 2000, S. 127 – 141.

Ipsen, Guido: Dynamische Verweise in Hypertexten. In: Jakobs, Eva-Maria; Knorr, Dagmar und Pogner, Karl-Heinz (Hg.): Textproduktion – HyperText, Text, KonText. Frankfurt/M.: Peter Lang 1999, S. 11-27.

Jakobs, Eva-Maria; Knorr, Dagmar und Pogner, Karl-Heinz (Hg.): Texproduktion - Hypertext, Text, KonText. Frankfurt a. M.: Peter Lang 1999.

Jansen, B. J.; Spink, A. und Saracevic, T: Real life, real users, and real needs: A study and analysis of user queries on the web. In: Information Processing and Management, Nr. 36, 2000, S. 207-227. (auch abrufbar unter: http://ist.psu.edu/faculty_pages/jjansen/academic/pubs/ipm98/ ipm98.pdf)

Keseling, Gisbert: Schreibprozess und Textstruktur. Empirische Untersuchungen zur Produktion von Zusammenfassungen. Tübingen: Niemeyer 1993.

Klieme, Eckhard u.a.: Expertise zur Entwicklung nationaler Bindungsstandards. Berlin: Bundesministerium für Bildung und Forschung 2003.

Kluth, Andreas: Now you see it, now you don't. In: The Economist, A survey of information technology, October 30th 2004, S. 6.

Knorr, Dagmar und Jakobs, Eva Maria (Hg.): Textproduktion in elektronischer Umgebung. Frankfurt a. M.: Peter Lang 1997.

Kubicek, Herbert: Offline in der Online-Welt. In: Cover 4, 2004, S. 32-33.

Kuhlen, Rainer: Hypertext: Ein nicht-lineares Medium zwischen Buch und Wissensbank. Berlin u.a.: Springer 1992.

Leiter-Köhrer, Ursula: Über die Medienkompetenz zur Textkompetenz. Schulisches Schreiben und die neuen Medien. In: Krumm, Hans-Jürgen und Portmann-Tselikas, Paul R.: Textkompetenz. Neue Perspektiven für das Lernen und Lehren. Innsbruck u.a.: Studienverlag 2002. S. 177-196.

Lieder, Ralf und Filinski, Peter: WebDesign – Power! Düsseldorf: Sybex 2000.

Linke, Angelika u.a.: Studienbuch Linguistik. 3. unveränderte Auflage. Tübingen: Niemeyer 1996.

Lobin, Henning (Hg.): Text im digitalen Medium. Opladen und Wiesbaden: Westdeutscher Verlag 1999.

Lobin, Henning: Intelligente Dokumente. Linguisitsche Repräsentation komplexer Inhalte für die hypermediale Wissensvermittlung. In: Lobin, Henning (Hg.): Text im digitalen Medium. Opladen und Wiesbaden: Westdeutscher Verlag 1999, S. 156-177.

Lynch, Patrick J. und Horton, Sarah: Erfolgreiches Web-Design. München: Humboldt 1999.

Maier-Rabler, Ursula und Latzer, Michael (Hg.): Kommunikationskulturen zwischen Kontinuität und Wandel. Universelle Netzwerke für die Zivilgesellschaft. Konstanz: UVK 2001.

McLuhan, Marshall und Quentin Fiore: The Medium is the Massage. New York: Bantam Books 1967.

Meutsch, Dietrich: Text- und Bildoptimierung. In: Antos, Gerd und Augst, Gerhard (Hg.): Textoptimierung. Frankfurt a. M.: Peter Lang 1992.

Molitor, Sylvie: Kognitive Prozesse beim Schreiben. Tübingen: Deutsches Institut für Fernstudien an der Universität Tübingen 1984.

Molitor-Lübbert, Sylvie: Schreiben und Kognition. In: Antos, Gerd und Krings, Hans P. (Hg.): Textproduktion. Tübingen: Niemeyer 1989, S. 278-296.

Molitor-Lübbert, Sylvie: Wissenschaftliche Textproduktion unter elektronischen Bedingungen - Ein heuristisches Modell der kognitiven Anforderungen. In: Knorr, Dagmar und Jakobs, Eva-Maria (Hg.): Textproduktion in elektronischer Umgebung. Frankfurt a. M.: Peter Lang 1997, S. 47-66.

Müller, Peter: Eigene Homepage optimieren. So machen Sie das Beste aus Ihrer Website. Düsseldorf: Data Becker 1999.

Neverla, Irene (Hg.): Das Netz-Medium. Kommunikationswissenschaftliche Aspekte eines Mediums in Entwicklung. Opladen und Wiesbaden: Westdeutscher Verlag 1998.

Neuweg, Georg Hans: Wie grau ist alle Theorie, wie grün des Lebens goldner Baum? LehrerInnenbildung im Spannungsfeld von Theorie und Praxis. In: Österreichische Gesellschaft für Forschung und Entwicklung im Bildungswesen (Hg.): ÖFEB-Newsletter 1, 2005, S. 5-15.

Neuberger, Christoph und Tonnemacher, Jan: Online. Die Zukunft der Zeitung? Das Engagement deutscher Tageszeitungen im Internet. Opladen und Wiesbaden: Westdeutscher Verlag 2000.

Nielsen, Jakob: Multimedia, Hypertext und Internet. Braunschweig: Vieweg 1996.

Nielsen, Jakob: Erfolg des Einfachen. Jakob Nielsen's Web-Design. München: Markt und Technik 2000.

Nielsen, Jakob und Tahir, Marie: Homepage Usability – 50 enttarnte Websites. München: Markt und Technik 2002.

Ossner, Jakob: Prozeßorientierte Schreibdidaktik in Lehrplänen. In: Baurmann, Jürgen und Weingarten, Rüdiger (Hg.): Schreiben - Prozesse, Prozeduren und Produkte. Opladen und Wiesbaden: Westdeutscher Verlag 1995, S. 29-50.

Ossner, Jakob: Schreibhandeln und Schriftdenken. In: Adrion, Dieter; Lukawec, Manuela; Schäfer, Eckhard und Schneider, Karl (Hg.): Besinnen und Beginnen. Ludwigsburg: Schuldruckzentrum 1999, S. 159-178.

Pusher, Frank: Die Tricks der Internet-Künstler. Heidelberg: dpunkt 2000.

Rada, Holger: Von der Druckerpresse zum Web-Server. Zeitungen und Magazine im Internet. Berlin: wvb 1999.

Ramm, Frederik: Recherchieren und Publizieren im World Wide Web. Braunschweig und Wiesbaden: Vieweg 1995.

Rosebrock, Cornelia: Lesen im Medienzeitalter. Weinheim: Juventa 1995.

Rothkegel, Annely: Textproduktion mit Hypertext. In: Knorr, Dagmar und Jakobs, Eva-Maria (Hg.): Textproduktion in elektronischer Umgebung. Frankfurt a. M.: Peter Lang 1997, S. 191-204.

Rothkegel, Annely: Produktionswerkzeug und Anwendungsdesign. In: Jakobs, Eva-Maria; Knorr, Dagmar und Pogner, Karl-Heinz (Hg.): Texproduktion - Hypertext, Text, KonText. Frankfurt a. M.: Peter Lang 1999, S. 41-53.

Runkehl, Jens; Schlobinski, Peter und Siever, Torsten: Sprache und Kommunikation im Internet. Überblick und Analysen. Opladen und Wiesbaden: Westdeutscher Verlag 1998.

Runkehl, Jens und Siever, Torsten: Das Zitat im Interent. Ein Electronic Style Guide zum Publizieren, Bibliografieren und Zitieren. Hannover: Revonnah 2001.

Sauer, Christoph: Die Verständlichkeit von Texten, Visualisierungen und Bildschirmen. In: Jakobs, Eva-Maria; Knorr, Dagmar und Pogner, Karl-Heinz (Hg.): Texproduktion - Hypertext, Text, KonText. Frankfurt a. M.: Peter Lang 1999, S. 94-109.

Schmitz, Ulrich: Computerlinguistik. Opladen und Wiesbaden: Westdeutscher Verlag 1992.

Schmitz, Ulrich: Schriftliche Texte in multimedialen Kontexten. In: Weingarten, Rüdiger (Hg.): Sprachwandel durch Computer. Opladen und Wiesbaden: Westdeutscher Verlag 1997, S. 131-158.

Schmitz, Ulrich: Stets heikle Kohärenz in Text-Bild-Gefügen. Sinnsuche auf Papier und Sinnkonstruktion am Computer. In: Hess-Lüttich, E. W. B. (Hg.): Medien, Texte und Maschinen. Angewandte Mediensemiotik. Opladen und Wiesbaden: Westdeutscher Verlag 2001, S. 141-165.

Schön, Erich: Geschichte des Lesens. In: Franzmann, Bodo u.a. (Hg.): Handbuch Lesen. Baltmannsweiler: Schneider 2001, S. 1-58.

Schütte, Wilfried: Sprache und Kommunikationsformen in Newsgroups und Mailinglisten. In: Kallmeyer, Werner (Hg.): Sprache und neue Medien. Berlin und New York: de Gruyter 2000, S. 142-178.

Siegel, David: Web Site Design. Killer Web Sites der 3. Generation. Frankfurt a. M.: Zweitausendeins 1999.

Siegel, David: Das Geheimnis erfolgreicher Web Sites. Frankfurt a. M.: Zweitausendeins 1999b.

Stiebner, Erhardt D.: Bruckmann's Handbuch der Schrift. München: Bruckmann 1985.

Storrer, Angelika: Vom Text zum Hypertext. Die Produktion von Hypertexten auf der Basis traditioneller wissenschaftlicher Texte. In: Knorr, Dagmar und Jakobs, Eva Maria (Hg.): Textproduktion in elektronischer Umgebung. Frankfurt a. M.: Peter Lang 1997, S. 122-139.

Storrer, Angelika: Kohärenz in Text und Hypertext. In: Lobin, Henning (Hg.): Text im digitalen Medium. Opladen und Wiesbaden: Westdeutscher Verlag 1999, S. 33-66.

Ströh, Christian: Die eigene Homepage. München: Südwest 1999.

TNS Emnid und Initiative D21 (Hg.): (N)onliner Atlas 2004. Eine Topographie des digitalen Grabens durch Deutschland. Berlin: Königsdruck 2004.

Vater, Heinz: Einführung in die Textlinguistik. München: Fink 1992.

Weinert, F. E.: Vergleichende Leistungsmessung in Schulen – eine umstrittene Selbstverständlichkeit. In F. E. Weinert (Hg.): Leistungsmessung in Schulen. Weinheim und Basel: Beltz 2001, S. 17-31.

Weingarten, Rüdiger: Textstrukturen in neuen Medien: Cluster und Aggregation. In: Weingarten, Rüdiger (Hg.): Sprachwandel durch Computer. Opladen und Wiesbaden: Westdeutscher Verlag 1997, S. 215-237.

Weinhold, Swantje: Text als Herausforderung. Zur Textkompetenz am Schulanfang. Freiburg: Fillibach 2000.

Wimmeroth, Ulrich und Brochhagen, Thomas: Webdesign Cult-Guide. Düsseldorf: Data Becker 2001.

Wirth, Thomas: Missing Links. Über gutes Webdesign. München und Wien: Hanser 2002.

Wrobel, Arne: Schreiben als Handlung. Überlegungen und Untersuchungen zur Theorie der Textproduktion. Tübingen: Niemeyer 1995.

Ziegler, Arne: Textstrukturen internetbasierter Kommunikation. In: OBST 68, Internetbasierte Kommunikation. Osnabrück 2004, S. 159-173.

Zumbach, Jörg und Andreas Rapp: Wissenserwerb mit Hypermedien. Eine kognitionswissenschaftliche Betrachtung. In: OBST 63. Hypermedien und Wissenskonstruktion. Osnabrück: 2001, S. 27 - 43.

Onlinequellen

Adams, Carol und Kleiss, Jim: An Overview of ergosoft's Mental Modeling Method. Gefunden unter: www.ergolabs.com/mental_modeling.pdf Am: 5.12.2003.

Amazon.com. Gefunden unter: http://www.amazon.com Am: 14.12.2003.

Baker, Ryan; Bernard, Michael und Riley, Shannon: Reading Online News: A Comparison of Three Presentation Formats. (Usability News 4.2, 2002). Gefunden unter: http://psychology.wichita.edu/surl/usabilitynews/42/depth.htm Am: 3.12.2003.

Basislexikon. 3.4.3 elocutio. Gefunden unter: http://www.fernuni-hagen.de/EUROL/termini/welcome.html?page=/EUROL/termini/3430.htm Am: 13.2.2005.

Beck, Klaus: Das Computernetz als pädagogische "Wunschmaschine". Prognose über den Einsatz und die Folgen computervermittelter Kommunikation im Bildungswesen. Gefunden unter: http://www-user.tu-chemnitz.de/~koring/sem-medien/beck1-int-comp-bildung.htm Am: 15.11.2004.

Bernard, Michael: Criteria for optimal web design (designing for usability). Gefunden unter: http://psychology.wichita.edu/optimalweb/print.htm Am: 4.12.2003.

Bernard, Michael: Examining the Effects of Hypertext Shape on User Performance. (Usability News 4.2, 2002) Gefunden unter: http://psychology.wichita.edu/surl/usabilitynews/42/hypertext.htm Am: 25.11.2003.

Bernard, Michael: Preliminary Findings on the Use of Sitemaps. (Usability News 1.1, 1999). Gefunden unter: http://psychology.wichita.edu/surl/usabilitynews/1w/Sitemaps.htm Am: 25.11.2003.

Bernard, Michael: Constructing User-Centered Websites: Design Implications for Content Organization. (Usability News 2.2, 2000). Gefunden unter: http://psychology.wichita.edu/surl/usabilitynews/2S/webdesign.htm Am: 12.6.2004.

Bernard, Michael: Sitemap Design: Alphabetical or Categorical? (Usability News 1.2, 1999). Gefunden unter: http://psychology.wichita.edu/surl/usabilitynews/1s/sitemap.htm Am: 25.11.2003.

Bernard, Michael: Constructing User-Centered Websites: The Early Design Phases of Small to Medium Sites. (Usability News 2.1, 2000). Gefunden unter: http://psychology.wichita.edu/surl/usabilitynews/2W/webdesign.htm Am: 25.11.2003.

Bernard, Michael; u.a.: A Comparison of Popular Online Fonts: Which is Best and When? (Usability News 3.2, 2001). Gefunden unter: http://psychology.wichita.edu/surl/usabilitynews/3S/font.htm Am: 3.12.2003.

Bernard, Michael: Developing Schemas for the Location of Common Web Objects. (Usability News 3.1, 2001). Gefunden unter: http://psychology.wichita.edu/surl/usabilitynews/3W/web_object.htm Am: 24.11.2003.

Bernard, Michael: Examining User Expectations for the Location of Common E-Commerce Web Objects. (Usability News 4.1, 2002). Gefunden unter: http://psychology.wichita.edu/surl/usabilitynews/41/web_object-ecom.htm Am: 24.11.2003.

Berners-Lee, Tim; Hendler, James und Lassila, Ora: The Semantic Web. Gefunden unter: http://www.sciam.com/2001/0501issue/0501berneslee.html Am: 15.5.2001.

Bush, Vannevar: As We May Think. Zuerst in: Atlantic Monthly, Juli 1945. Gefunden unter: http://www.w3.org/History/1945/vbush/ Am: 22.12.2002.

Certo GmbH: Suchmaschinetricks. Gefunden unter: http://www.suchmaschinentricks.de Am: 24.1.2004.

Charlier, Michael: Jakob Nielsen's Web Design: Erfolg des Einfachen. Veröffentlicht 2000. Gefunden unter: www.webwriting-magazin.de/nielsen.htm Am: 22.7.2003.

Dippelhofer, Mischa: Wie schreibe ich ein HTML-Dokument? Gefunden unter: http://gaius.jura.uni-sb.de/HTML/Kapitel2.html Am: 3.2.2004.

Dk-Computerschule – Kursangebot. Gefunden unter: http://www.edv-seminar.org/schulung/internet/index.htm Am: 21.7.2004.

Erziehungswissenschaftliches Institut der Universität Heidelberg. Gefunden unter: http://www.ews.uni-heidelberg.de/ Am: 3.12.2004.

Forschungsstelle Abmahnwelle e.V. Gefunden unter: http://www.abmahnungswelle.de/ Am: 24.10.2004.

Google. Gefunden unter: www.google.com Am: 20.8.2003.

Grepper, Yvan und Döbeli, Beat: Empfehlungen zu Beschaffung und Betrieb von Informatikmitteln an allgemeinbildenden Schulen. 3. erweiterte Auflage Juni 2001. Gefunden unter: http://www.educeth.ch/informatik/berichte/wartung/docs/wartung.pdf Am: 7.4.2005.

Hobbes Internet Timeline v5.6. Erstellt von: Zakon, Robert H'obbes'. Gefunden unter: http://www.zakon.org/robert/internet/timeline Am: 16.12.2006.

Institut für Demoskopie Allensbach: ACTA 2002. Computer- und Telekommunikationsmärkte im Transformationsprozess. Gefunden unter: www.acta-online.de Am: 15.1.2002.

Ito, Joichi: Weblogs and Emergent Democracy. Editedby Jon Lebkowsky. Version 3.2. Gefunden unter: http://joi.ito.com/static/emergentdemocracy.html Am: 5.1.2005.

Karlsruher Virtuelle Katalog (KVK). Gefunden unter: http://www.ubka.uni-karlsruhe.de/kvk.html Am: 20.8.2003

Kreisbildstelle Waldshut: Schulnetzberatung. Gefunden unter: http://www.kreismedienzentrum.landkreis-waldshut.de/netzwerk.htm Am: 7.4.2005.

Kresic, Marijana: Kommunikationstheorie und Internet. Networx 15. Veröffentlicht 2000. Gefunden unter: http://www.websprache.net/networx/docs/networx-15.pdf Am: 20.12.2002.

Linguatec: Grundlagen der Spracherkennung. Gefunden unter: http://www.spracherkennung.de/service/sebuch.htm Am: 30.10.2004.

Max Hueber Verlag. Gefunden unter: www.hueber.de Am: 1.2.2004.

Metaluna – Webpublishing und Computertraining. Gefunden unter: http://www.metaluna.de/ Am: 21.7.2004.

Münz, Stefan: Arno Schmidt und sein „Zettels Traum". Veröffentlicht 1996. Gefunden unter: http://carpacio.cs.tu-berlin.de/~jp/Muenz/hypertext/htxt304.htm Am: 24.7.2003.

Münz, Stefan: SELFHTML – Software. Veröffentlicht 2001. Gefunden unter: http://selfhtml.teamone.de/intro/hilfsmittel/software.htm Am: 17.1.2004.

Muter, Paul und Maurutto, Paula: Reading and skimming from computer screens and books: the paperless office revisited? Gefunden unter: http://www.psych.utoronto.ca/~muter/pmuter2.htm Am: 9.9.2003 (Auch in: Behaviour & Information Technology, 10, 1991, S. 257-266.)

Nelson, Ted: I don't buy it. Gefunden unter: http://ted.hyperland.com/buyin.txt Am: 2.1.2002.

Networx. Online-Publikationsreihe. Gefunden unter: http://www.mediensprache.net/de/networx/index.asp Am: 18.11.2004.

Nielsen, Jakob: Site Map Usability (Alertbox, January 6, 2002). Gefunden unter: http://www.useit.com/alertbox/20020106.html Am: 26.8.2003.

Nielsen, Jakob: How Users Read on the Web (Alertbox October 1, 1997). Gefunden unter: http://www.useit.com/alertbox/9710a.html Am: 9.9.2003.

Nielsen, Jakob und Morkes, John: Concise, Scannable, and objective: How to write for the web. Veröffentlicht 1997. Gefunden unter: http://www.useit.com/papers/webwriting/writing.html Am: 27.12.2001.

Olympus. Gefunden unter: http://www.olympus.de/ Am: 4.1.2005.

Opera Software: Gefunden unter: http://www.opera.com/ Am: 10.5.2005.

Patel, M. R.: Examining Web Design Conventions Across Site Types. (Usability News 5.1, 2003). Gefunden unter: http://psychology.wichita.edu/surl/usabilitynews/51/guest.htm Am: 20.11.2003.

Projekt Gutenberg. Gefunden unter: http://gutenberg.spiegel.de/index.htm Am: 20.1.2004.

Projekt Xanadu. Gefunden unter: http://xanadu.com/ Am: 19.6.2003.

Prokopczuk, Klaudia und Tiutenko, Arthur: Text im Hypertext. Ein Textlinguistischer Blick auf die Informationsgestaltung im Internet. Gefunden unter: http://computerphilologie.uni-muenchen.de/jg01/tiutenko.html Am: 7.1.2002.

Russel, Mark C.: Fortune 500 Revisited: Current Trends in Sitemap Design. (Usability News 4.2, 2002). Gefunden unter: http://psychology.wichita.edu/surl/usabilitynews/42/sitemaps.htm Am: 25.11.2003.

Schönefeld, Tim: Bedeutungskonstitution im Hypertext. Networx 19. Veröffentlicht 2001. Gefunden unter: http://www.websprache.net/networx/docs/networx-19.pdf Am: 20.12.2002.

Schlobinski, Peter: David Crystal (2001): Languae and the Internet. Rezensiert von Prof. Dr. Peter Schlobinski (Hannover). Gefunden unter: http://www.mediensprache.net/en/literatur/rezensionen/docs/1452.pdf Am: 13.11.2004.

Schmitz, Ulrich: Zur Sprache im Internet. Skizze einiger Eigenschaften und Probleme. URL: http://www.linse.uni-essen.de/papers/sprache_internet.htm (zuletzt besucht am 30.12.01)

Shannon, Ross: HTMLSource. Gefunden unter: http://www.yourhtmlsource.com Am: 2.1.2002.

Stadt Ravensburg. Gefunden unter: http://www.ravensburg.de Am: 23.3.2004.

T-Online: Pressemitteilung: Studie „Deutschland Online – Das Internet in Wirtschaft und Gesellschaft". Gefunden unter: http://www.t-online.net/c/10/26/71/1026712.html Am: 6.6.2005.

Tagesschau. Die Nachrichten der ARD. Gefunden unter: http://www.tagesschau.de Am: 14.12.2003.

The Internet Archive: Gefunden unter: http://www.archive.org/ Am: 14.6.2003.

Touchgraph: Gefunden unter: http://www.touchgraph.com/ Am: 9.11.2003.

Trägerkreis Unitopia e.V.: Unitopia. Gefunden unter: http://unitopia.uni-stuttgart.de/ Am: 22.12.2002.

Varney, Alan Leon (AT&T Network Systems): ...a chronologie of Telegraph, Telephone and Radiotelephone. Gefunden unter: http://www.internetvalley.com/archives/mirrors/telegraph_radio_timeline-3.htm Am: 8.12.2002.

VHS-Stuttgart: Schnellübersicht. Gefunden unter: http://www2.vhs-stuttgart.de/vhs_dasprogramm/vhs_schnelluebersicht.html Am: 20.7.2004.

VHS Stuttgart: Kurs 9600 – Die eigene Homepage. Gefunden unter: http://www2.vhs-stuttgart.de/EDV/E_Web_und_Multimedia/E.4_Webpublishing/E.4.1_Einsteiger/9600.html Am: 20.7.2004.

VHS Stuttgart: Kurs 9603 – Screendesign für das Internet. Gefunden unter: http://www2.vhs-stuttgart.de/EDV/E_Web_und_Multimedia/E.4_Webpublishing/E.4.2_Der_Weg_zum_erfolgreichen_Internetprojekt/9603.html Am: 20.7.2004.

Warth, Dora: Guided Tour. Gefunden unter: http://www.fask.uni-mainz.de/user/warth/hypertext/diplom/Hypertext-3.5.4.1-4.html Am: 27.8.2003. Ausschnitt aus: Diplomarbeit an der Johannes Gutenberg-Universität Mainz in Germersheim von Dora Warth. Referent: Univ.-Prof. Dr. Dieter Huber; Koreferent: Dr. Frank Krüger; Prüfungstermin: WS 1998/99.

Warth, Dora: Navigation. Gefunden unter: http://www.fask.uni-mainz.de/user/warth/hypertext/diplom/Hypertext-3.5.4.1.html Am: 27.8.2003. Ausschnitt aus: Diplomarbeit an der Johannes Gutenberg-Universität Mainz in Germersheim von Dora Warth. Referent: Univ.-Prof. Dr. Dieter Huber; Koreferent: Dr. Frank Krüger; Prüfungstermin: WS 1998/99.

Webhits: Web-Statistiken. Gefunden unter: http://www.webhits.de Am 16.12.2006.

Webmasters akademie - Kursübersicht. Gefunden unter: http://www.webmasters.de/kurstermine/kursuebersicht.html Am: 21.7.2004.

Webmasters akademie – Interface Design. Gefunden unter: http://www.webmasters.de/kurstermine/awd02.html Am: 21.7.2004.

Wichita State University. Software Usability Research Laboratory. Gefunden unter: http://psychology.wichita.edu/surl/ Am: 13.11.2004.

Wikipedia. Die freie Enzyklopädie. Gefunden unter: http://de.wikipedia.org/wiki/Hauptseite Am: 30.10.2004.

Wikipedia – Convention. Gefunden unter: http://en.wikipedia.org/wiki/Convention Am: 2.1.2005.

Wikipedia – Semantic Web. Gefunden unter: http://en.wikipedia.org/wiki/Semantic_Web Am: 24.11.2004.

Wikipedia – Topic Maps. Gefunden unter: http://de.wikipedia.org/wiki/Topic_Maps Am: 3.12.2004.

Wirth, Thomas: KommDesign.de. Gefunden unter: www.kommdesign.de Am: 15.8.2003.

Wilson, Brian: Index DOT Html. Gefunden unter: http://www.blooberry.com/indexdot/html/index.html Am: 2.1.2002.

World Wide Web Consortium. Gefunden unter: www.w3c.org Am: 19.6.2003.

Wyder, David; Rychen, Martina: Das Internet ist kein Buch: Lesen im Web. Gefunden unter: http://visor.unibe.ch/WS00/Internet/protokolle/lesen%20im%20web.pdf Am: 9.9.2003.

Yahoo Deutschland. Gefunden unter: http://de.yahoo.com/ Am: 27.8.2003.

ZDF: heute. Gefunden unter: http://www.heute.t-online.de/ZDFheute/artikel/7/0,1367,COMP-0-2040583,00.html Am: 18.8.2003.

Anhang: Checkliste zur Analyse von Websites

Checkliste zur Analyse von Websites – Hintergrundinformationen

Allgemeine Informationen

Titel der analysierten Website:

URI der analysierten Website:

Datum der Analyse:

Name des Analysten:

Informationen zum Entstehungsprozess

Welche Person oder Institution hat die Website in Auftrag gegeben?

Mit welchem Ziel bzw. mit welchen Zielen wurde die Website erstellt?

Welche Zielgruppe soll mit der Website erreicht werden?

Wann wurde die Website ursprünglich erstellt und in welchem Umfang wurde sie seitdem verändert und überarbeitet?

Welche Personen haben an der Gestaltung der Website mitgewirkt und welche Aufgaben haben Sie dabei übernommen?

Mit Hilfe welcher Werkzeuge: Editoren, Grafikprogramme etc. wurde die Website erstellt?

Wie wurde die Website bekannt gemacht?

Bisherige Rückmeldungen zur Website

Wie haben sich die Webserverstatistiken seit der ersten Veröffentlichung entwickelt?

Welche Rückmeldungen gibt es in Form von Gästebucheinträgen und E-Mails?

Von welchen Websites führen Links auf die zu analysierende Website?

Welche Erwähnung findet die Website in anderen kommunikativen Formaten?

Checkliste zur Analyse von Websites - Globale Ebene

Es können jeweils die Wertungen ++, +, 0, -, -- vergeben werden.

Zugänglichkeit – Äußerer Ausdruck der Websitestruktur

Gibt es ein durchgängiges globales Layout, das deutlich macht, dass die einzelnen Seiten zur selben Website gehören? [   ]

Werden Farben eingesetzt, um zusammengehörige Teile der Website zu kennzeichnen? [   ]

Werden Analogien (Zeitung, Karteikasten, etc.) verwendet, um dem Leser die Orientierung auf der Website zu erleichtern? [   ]

Sind die globalen Navigationselemente einfach zu erkennen und in ihrer Funktionalität zu erfassen? [   ]

Gesamtwertung: [   ]

Weitere Auffälligkeiten:

Verbesserungsvorschläge:

Nachvollziehbarkeit – Innere Strukturierung der Website

Besitzt die Website eine Struktur, die einfach zu erfassen und nachvollziehbar ist? [   ]

Gibt es Überblickshilfen, die die Navigation erleichtern? [   ]

Gibt es Kontextualisierungshilfen, die die Navigation erleichtern? [   ]

Gibt es retrospektive Hilfen, die die Navigation erleichtern? [   ]

Gibt es wegweisende Hilfen, die die Navigation erleichtern? [   ]

Sind die Links gut als solche erkennbar? [   ]

Gesamtwertung: [   ]

Weitere Auffälligkeiten:

Verbesserungsvorschläge:

Checkliste zur Analyse von Websites - Mittlere Ebene

Es können jeweils die Wertungen ++, +, 0, -, – vergeben werden.

Überschaubarkeit – Äußere Gestaltung der einzelnen Seiten

Besitzen die einzelnen Seiten der Website eine Größe bzw. Länge, die, vor [   ]
dem Hintergrund gängiger Bildschirmauflösungen, den Inhalten und der
Platzierung innerhalb der Websitestruktur angemessen ist?

Sind die verschiedenen Elemente wie Navigationsleisten, Bilder, Texte, etc. [   ]
auf den einzelnen Seiten sinnvoll angeordnet?

Werden die Beziehungen zwischen den verschiedenen Elementen der einzel- [   ]
nen Seiten durch die grafische Gestaltung (Linien, Rahmen, Hintergrund etc.)
unterstützt?

Werden die Beziehungen zwischen den verschiedenen Elementen der einzel- [   ]
nen Seiten durch die Gestaltung der Schrift (Schriftart, Schriftgröße, Schriftfarbe) unterstützt?

Gesamtwertung: [   ]

Weitere Auffälligkeiten:

Verbesserungsvorschläge:

Gestaffeltheit – Innere Strukturierung der einzelnen Seiten

Gibt es Überschriften und Zwischenüberschriften, die zeigen, wie die ver- [   ]
schiedenen Inhalte einer Website zusammengehören?

Gibt es Bildunterschriften, die zeigen, in welcher Beziehung die Bilder zum [   ]
Text stehen?

Sind die Links, die Inhalte innerhalb einer Webseite miteinander verbinden, [   ]
so gestaltet, das sich erkennen lässt, was sich hinter den Links verbirgt?

Gibt es Zusammenfassungen, die einen Überblick über die Inhalte der einzel- [   ]
nen Seiten geben?

Gibt es sonstige Formulierungen oder Texte, die verdeutlichen, in welcher [   ]
Beziehung die Inhalte einer Seite zueinander stehen?

Gesamtwertung: [   ]

Weitere Auffälligkeiten:

Verbesserungsvorschläge:

Checkliste zur Analyse von Websites - Lokale Ebene

Es können jeweils Wertungen die Wertungen ++, +, 0, -, -- vergeben werden.

Leserlichkeit – Gestaltung der verwendeten Schriften

Kann die verwendete Schriftart in der verwendeten Schriftgröße am Monitor gut gelesen werden? [   ]

Ist die Schriftfarbe vor dem verwendeten Hintergrund gut zu erkennen? [   ]

Gesamtwertung: [   ]

Weitere Auffälligkeiten:

Verbesserungsvorschläge:

Verstehbarkeit – Inhaltliche und sprachliche Gestaltung der einzelnen Texte

Sind die einzelnen Texte logisch aufgebaut? [   ]

Ist der verwendete Sprachstil einfach zu verstehen? [   ]

Gibt es zu viele Informationen auf engem Raum, so dass ein ausführlicherer Text verständlicher wäre? [   ]

Gibt es zu wenig Informationen und zu viele Widerholungen, so dass ein gestraffter Text verständlicher wäre? [   ]

Gesamtwertung: [   ]

Weitere Auffälligkeiten:

Verbesserungsvorschläge:

Checkliste zur Analyse von Websites - Zusammenfassung

Wie lässt sich die untersuchte Website in einem Satz charakterisieren?

Was ist besonders negativ aufgefallen?

Was ist besonders positiv aufgefallen?

Lassen sich mit der Website die vom Auftraggeber gewünschten Ziele erreichen (Begründung)?

Was muss an der Website verändert werden, damit diese Ziele (besser) erreicht werden können?

Welche Vorgehensweise ist bei der Umsetzung dieser Veränderungen sinnvoll?